U0034031

沈迦——著

蘇慧廉和他的時代

敬獻給我的祖母

| 蘇慧廉（William Edward Soothill, 1861-1935）

已有的事後必再有；
已行的事後必再行。
日光之下並無新事。

——《聖經‧傳道書》1：9

自序　千萬里，我追尋著你

一

　　還很小的時候，我就跟隨祖母去教堂。祖母去的教堂，就是這本書裡將屢屢提到的溫州城西堂。教堂主殿有六根黑色的大圓柱，非常醒目。小時聽教堂裡的老人說，大柱子是從英國運來的。於是，幼小的我便好奇，是哪些英國人將這些高達十餘米的木頭不遠萬里運到小城溫州？

　　大學畢業後回到家鄉，那時祖母已去世十年。我在《溫州日報》做副刊編輯，因工作的關係獲知溫州市圖書館善本書庫裡有兩本外國傳教士撰寫的回憶錄。因是英文寫的，鮮有人知道書裡到底記錄了什麼。一九九九年底，為迎接新世紀的到來，報社組織「百年溫州」專版，我與攝影記者專程去圖書館借出這兩本回憶錄，並翻拍了其中幾張照片。這兩書的作者就是蘇慧廉夫婦，那是我第一次知道蘇慧廉的名字。我當時想，是不是就是他，把六根黑色的圓柱運到溫州？

　　世紀之交，老城市、老照片風靡一時。在新千年的第一年，我與同年分配到報社的同事金丹霞有了合作撰寫《老溫州》的想法。老溫州就從傳教士寫起吧，我提出了這個想法。於是，我們一起去採訪老牧師及基督教歷史的研究者。那時溫州師範學院的莫法有教授剛在香港出版了《溫州基督教史》，在他家書房裡，他甚驚訝，怎麼還有來自黨報的年輕人，對這段諱莫如深的歷史表示興趣。當然，也就是在那天，我對蘇慧廉有了點粗淺的瞭解。

　　合作《老溫州》，我把自己定位在動動嘴皮子的策劃角色上，而要求金丹霞擔綱全部的寫作重任。她終於不堪重負，在僅寫出兩三節後便宣告這個「偉大」策劃的夭折。之後沒幾個月，我也離開報社，「下海」折騰去了。

商海洶湧，唯利是圖。但逢週日，還會被母親提醒去城西堂禮拜。坐在熟悉的聖殿裡，看見這幾根黑色的柱子，便會想起蘇慧廉，覺得我似乎可以做點什麼。

隨後的幾年，在忙碌的商餘，也斷斷續續收集些有關蘇慧廉的資料，不過，溫州歷史對他的記錄實在吝嗇。中間也曾慫恿愚剛退休賦閒的杭州姑媽，將這兩本回憶錄全文譯出。她對歷史有興趣，又有美國工作的經歷。但經幾天思考後，她終還是沒聽從我的「忽悠」。

二○○七年春的一個下午，太太開車，我們一起去溫哥華附近的衛星城烈治文（Richmond）吃飯。當時我們全家已移民加拿大，我也「主動從領導崗位上退下來」，正在謀劃如何面對「退居二線」後的生活。

「我想寫蘇慧廉。」看著車窗外飛馳向後的大橋欄杆，我向太太吐露了醞釀已久的想法。沒想到，我這「不務正業」的想法馬上得到她的首肯。她說，你還有別人不具備的條件——吃飽了沒事幹。

這次我終於決定不再慫恿、「忽悠」別人了。

事非經過不知難，一開工我就知道難處了。首先是資料稀缺，不是一般的稀缺，而是相當的稀缺。我去過溫州檔案館、圖書館、博物館，也走訪過從事地方史、教會史研究的人，所有當時溫州能找到的材料，連一篇蘇慧廉的簡歷都拼湊不全。我後來查Google，不論中文還是英文，也都只有短短的幾百字，大多還是重複溫州媒體抄來抄去的報導。而關於他離開溫州後的行蹤，更是付之闕如。

但即便是這樣，我還是開始了。所幸家在UBC大學（The University of British Columbia，英屬哥倫比亞大學，簡稱UBC）附近，於是一頭扎進了該校圖書館。加拿大曾是英聯邦成員，該校圖書館英國文獻尤為宏富。報章雜誌、年鑑索引、公文檔案，應有盡有，並免費開放。西人的歷史向人民敞開。

除了UBC大學圖書館，我後來還去過英國國家圖書館、英國國家檔案館、大英博物館、牛津大學圖書館、劍橋大學圖書

館、香港大學圖書館、台北胡適紀念館、台灣大學圖書館等。北美哈佛、康乃爾、明尼蘇達等幾所名校的圖書館也調閱過資料。英國循道公會還授權我查閱目前存放在倫敦大學圖書館的教會檔案。我的英語屬「硬讀」（硬著頭皮讀）水平，但憑著當年考托福、雅思時訓練的閱讀能力，我吃力地在世界各地打撈被中國有意無意遺忘的歷史。當然，也是因著語言能力的局限，在原始材料的涉獵上，還留有很多遺憾。

除了圖書館、檔案館找資料，近年來我還走訪了蘇慧廉曾經工作、生活過的城市。從溫州到太原，從上海到北京，從香港到澳門，從牛津到劍橋，英倫半島也去了兩趟。重返歷史現場，尋找歷史後人，這些尋蹤故事多已寫入書中，此不贅述。這本書的主線，雖是以傳主的生平展開，其實也是沿著尋訪的過程一路走來。我雖已離開媒體多年，但當年採訪寫作課時老師的教導仍記憶深刻——好文章是用腳寫成的。

二〇〇九年春，牛津尋訪蘇慧廉墓地歸來。抵滬還在倒時差時，朱學勤老師的電話把我從睡夢中叫醒。他邀我去他執教的上海大學與學生做個交流。「講座的題目你擬一個，我要做個廣告。」「那就叫《千萬里，我追尋著你》吧。」在迷迷糊糊中，我隨口說出了這個題目。這是句歌詞，我們這代人都耳熟能詳。劉歡在《北京人在紐約》中，把它唱得盪氣迴腸：

千萬里我追尋著你，

可是你卻並不在意。

你不像是在我夢裡，

在夢裡你是我的唯一。

……

二

大學讀的是新聞，後來從商，至今沒有受過史學的基本訓練。因此寫作此書的過程，也是我學習歷史並思考的過程。

其間補讀了一兩百本書，關注的重點是蘇慧廉的時代。他一八六一年（咸豐十一年）出生，正是中國結束與英法的敵

對，以開放的姿態邁向「同治中興」的開始。隨後有洋務運動，為自強求富，中國邁開了師夷長技以制夷的改良步伐。一八八二年，蘇慧廉抵達上海時，經過「改革開放」的晚清政府，其GDP已躍居亞洲第一位。蘇慧廉在中國生活了三十年，直至辛亥革命前離開。這三十年，無疑是一個集權的時代，同時也是一個努力從傳統的大一統中擺脫出來並走向世俗化的時代。其間，江河滾滾，泥沙俱下。一八九八年，蘇慧廉去北方度假，不經意間親歷了標誌著改良結束的「百日維新」。他離開北京的那個早晨，火車莫名延誤，後來才知道是滿城搜捕康有為。隨後的中國，河潰魚爛，炸彈與改良開始賽跑，中國終於陷入革命的洪流。一九三五年蘇慧廉去世，那年中國的南方有遵義會議，北方有熱火朝天的「一二九」運動。

有史家將晚清這段歷程稱為中國第一波現代化，以別於上世紀七十年代開始的第二波現代化。我在閱讀寫作的過程中，強烈感受到這兩波現代化竟然是如此相似。它們都是以改革開放為導向，並且均在七十年代開始中興，九十年代戛然而止。政治與經濟在其間交織往返，纏纏綿綿，歷史只能以一種混沌的姿態向前寸進。當然，這不是我的發現，我僅是感慨於這一發現，並試著想借蘇慧廉的酒杯，倒下中國一個世紀的歌哭，並期待蘇慧廉及他的時代成為我們今人回首百年時一個可資分析和詠嘆的角度。當然，我更希望，讀者在閱讀時能感受到，我將這一對象置於宏觀背景中進行思考的努力，儘管它可能是一個雄心和能力失衡的產物。

二〇一一年夏回家鄉採訪蘇慧廉養女的後人方保羅先生，當時溫州正經歷震驚中外的「七二三」動車追尾事件。去方先生位於溫州西郊的老人公寓的途中，會經過追尾事故的現場。在冷冷的夜裡，面對車窗外的漆黑與眾矢蝟集的鐵軌，我不能不想起辛亥年的保路浪潮及蘇慧廉在中國經歷過的歷次動盪。

前轍依然，故吾猶是。

三

　　還要說明一點的是，在本書的寫作中，我有意將與溫州歷史相關的細節做了繁瑣的記錄，哪怕有些與傳主不是直接關聯。個中的原因也許僅因溫州是我的家鄉。我從故鄉來，知道這些細節，對至今還模糊不清的溫州近代史、尤其是溫州基督教史有著一定的價值。

　　有好友在閱讀本書初稿時，認為書中引用原文過多，擔心因此影響可讀性。其實，這是我的故意為之。中國的歷史，離今天越近竟然越模糊，稍一深入就會發現與教科書裡講的大不一樣。在這個缺乏信任的時代，我只能儘量用這些來自第一手，並用第一人稱記錄的材料，提醒讀者，這才是當事人眼中實實在在的歷史細節與角度。

　　自知這本書離標準的學術性傳記還有很遠的距離，但我在追尋、整理歷史時，努力遵守學術規範。為此，我在書中添加了千餘條注釋。蘇慧廉的老師理雅各在翻譯中國的「四書五經」時，曾就冗長的注解做過說明：「可能一百個讀者當中，九十九個會對長長的評論性的注釋絲毫也不在意；但是，第一百個讀者將產生出來，他會發現這些所謂長長的注釋其實一點也不長。就只為了這第一百個讀者，我也應該將這些注釋寫出來。」我也期待拙書的「第一百個讀者」，能沿著這些雖粗糙但頗費力搭建的路標，走向更遠方。

　　還有幾點說明，羅列如下：

　　本書中提到的外國人，如有通用的慣譯姓名或其本人認可的漢名，即按約定俗成原則處理。暫不可考者依商務版《英語姓名譯名手冊》音譯。外方機構、西文專有名稱、特殊稱謂也照此例處理。除常用地名外，所有外國名稱第一次出現時或加注釋，或用括弧標出原文。

　　本書中提到的西文作品，一般按照先中文譯名後西文書名的順序排列。少數作品原已有中文譯名，則遵從原著。

當時用西文記錄的中國地名、人名、機構名稱，筆者已盡力加以考釋還原，個別無法定奪者，暫用音譯，或保留原文。

　　書中用英文寫就的注釋，表明材料直接來自西文。

　　書中引用的西文文獻，若已有通行的中文譯本，則儘量採用。蘇慧廉回憶錄、李提摩太傳記等有多種譯本的，比較後選擇使用。當然，個別處筆者認為自己的翻譯，可能更能反映作者的原意。

　　書中引用的中文文獻，若底本中有脫、衍、訛、倒之處，除個別明顯並影響文意者稍作改動外，皆一仍其舊，以示尊重原著。少數幾處辨識不清的，則以□代替，並期方家指教。

　　為豐富史料，增加可讀性，本書也引用了不少圖片。圖片未注明出處者，均由筆者拍攝。

　　寫這篇序言時，回想起在倫敦大學亞非學院（School of Oriental and African Studies, University of London）圖書館查閱循道公會檔案的時光。很多個下午，到了三四點時，我會走出位於地下的善本書室，去街面透透氣。端杯咖啡，獨自站在轉角的人行道上。早春的氣候有點濕冷，街道雜蕪，老英國正是夕暉晚照時分。看大紅色的雙層巴士在樹影間叮咚過往，我會突然想起小時坐在城西教堂裡的情景，歷經苦難的祖母在禱告，我則偷偷睜開眼睛，好奇地打量那六根據說來自英國的黑色柱子。

沈迦

二〇一一年十月十二日

上午草於溫哥華寓齋，十二月三日改定

目錄
content

主要人物

蘇慧廉（William Edward Soothill）：英國循道公會派駐溫州傳教士，後任山西大學堂西齋總教習、牛津大學漢學教授。

蘇路熙（Lucy Farrar Soothill）：蘇慧廉夫人，溫州藝文女校創辦人。

謝福芸（Dorothea Hosie）：蘇慧廉女兒，作家。

李提摩太（Timothy Richard）：英國浸禮會傳教士，山西大學堂西齋總理，廣學會總辦。

闞斐迪（Frederic Galpin）：英國循道公會傳教士，寧波教區負責人。

曹雅直（George Stott ）：內地會傳教士，基督新教第一位赴溫傳教士。

海和德（James W. Heywood）：英國循道公會傳教士，繼蘇慧廉後任溫州教區長。

謝道培（W. R. Stobie）：英國循道公會派駐溫州傳教士。

山邇獵（Arthur H. Sharman）：英國循道公會派駐溫州傳教士 。

霍厚福（Alfred Hogg）：英國循道公會醫療傳教士，溫州定理醫院首任院長。

包蒞茂（W. E. Plummer）：英國循道公會醫療傳教士，溫州白累德醫院首任院長。

蔡博敏（T. W. Chapman）：英國循道公會傳教士，溫州藝文學堂校長。

金先生：溫州第一代基督徒，曾任蘇慧廉僕人，其三女金達玲、金崇美、金崇福由蘇氏夫婦收養。

夏正邦：字殿士，溫州第一代牧師，曾任蘇慧廉書童。

徐定鼇：永嘉教徒，楓林教案主要人物。

翁之憙：翁同龢後人，翁萬戈生父。謝福芸好友，書中稱其Li Chen。

巴克斯（Edmund Trelawny Backhouse）：英國人，莫里循助理，曾角逐牛津大學漢學教授。

尤樹勳：溫州循道公會牧師，後創辦溫州中華基督教自立會。

小引

　　一個中年英國男人手裡拿著張簡易的地圖，指著腳下一圈沒有墓碑的沙土向我們確認，這就是我們要找的B1-147號墓地。

　　這是二〇〇九年三月三十日的中午，在英國牛津的玫瑰山墓園（Rose Hill Cemetery）。當我和何大偉（David Helliwell）尋進這座墓園時，偌大的草地上只有這個花匠在修剪花草。

　　竟然是一塊沒有墓碑的墳地，僅有四條淺色的花崗岩嵌於土中，表明它的地界。這就是蘇慧廉（William Edward Soothill）的墓嗎？當我還在遲疑時，大偉已趴在地上，似乎要從幾已沉於土中的墓沿界石上找出什麼。

　　何大偉是英國人，現任牛津大學博多林圖書館（Bodleian Library）東方善本部負責人。這位年逾六十的英國紳士，不知已從哪裡找了個鐵製的花架當鏟子，正迅速地挖開界石邊的泥土。

　　在南面的界石上，首先出現的是路熙（Lucy）的名字。「Lucy是蘇慧廉夫人的名字！」我明知何大偉知道，還是叫了出來。

　　大偉繼續挖，界石上的銘文逐漸清晰：「路熙、傳教士、蘇慧廉牧師愛妻，一八五六年生，一九三一年卒。」[1]

　　「蘇慧廉的名字應該寫在對面那條石上。」何大偉對英國習俗很瞭解。果然，在北面的界石上顯露出如下銘文：「威廉・愛德華・蘇西爾、碩士、傳教士、牛津大學漢學教授，一八六一年生，一九三五年卒。」[2]

　　說真的，那一刻，當蘇慧廉、路熙等熟悉的名字清晰地展現在眼前時，我有些感動。多少年了，這些名字被埋於塵土。

　　大偉手上的花架宛如洛陽鏟，隨著不停的鏟刮，歷史終於抖落塵土。另兩邊的銘文也出來了，是兩句典出《聖經》的格言：

The path of the just shall shine.[3]

---

[1] 原文為：LUCY -MISSIONARY - BELOVED WIFE OF THE REV W. E. SOOTHILL / 1856-1931。

[2] 原文為：WILLIAM EDWARD SOOTHILL - MA - MISSIONARY - PROFESSOR OF CHINESE OXFORD UNIVERSITY / 1861-1935。

[3] 語出《聖經・箴言》4：18，King James Bible原文為「But the path of the just *is* as the shining light, that shineth more and more unto the perfect day.」

Their work abideth. [4]

我也趴到地上，給這些銘文拍照。大偉問我是否知道
「Abideth」的意思？他不等我回答即道：「It means remain.」

Remain，保持！Abideth，長存！

長焦鏡頭裡，「Abideth」這個單詞顯得格外清晰。

上 ｜ 中間這一方就是蘇慧廉墓。（2009年3月30日
攝於牛津）

下 ｜ 墓沿界石上寫著「THEIR WORK ABIDETH」。
（2009年3月30日攝於牛津）

（但義人的路好像黎明的光，越照越明，直到日午。）本書《聖經》中
文譯文均引自現代標點和合本。
[4] 語出《聖經‧哥林多前書》3：14。King James Bible原文為「If any
man's work abide which he hath built thereupon, he shall receive a reward.」
（人在那根基上所造的工程若存得住，他就要得賞賜。）

第一章　陌生人（1861-1890）

> 每一個國家都稱其他國家為未開化的國家。
>
> ——蘇格蘭諺語

第一節　溫州城裡的陌生人

我關注這個漢名叫「蘇慧廉」的英國傳教士，是因為他曾在我的家鄉溫州[1]生活了二十四年。

溫州僅是浙江省東南部的一個小城，不過，近三十年來以商品經濟活躍而廣為人知。溫州人善賈，因此被稱為「中國的猶太人」。猶太人是上帝的選民，不少信基督教[2]的溫州人也以此自居。溫州信基督教的人很多，據說教徒人口比為中國之冠。海外學界有稱溫州為「中國的耶路撒冷」，溫州教會則被稱為「中國的安提阿」。[3]

「溫州信教的人為什麼這麼多？與傳教士有關嗎？」常有好奇的朋友這樣問我。

「當然。」為此我常常會講蘇慧廉的故事。不過，我同時要強調，蘇慧廉僅是晚清西方來華數以千計的傳教士中的一個，即便對溫州而言，也不是西來第一人。[4]

---

[1] 溫州市位於浙江省東南部，地理座標為東經119°37'-121°18'、北緯27°03'-28°36'。溫州歷史悠久，現為浙江省第三大城市。2010年10月，全市常住人口為912.21萬。舊時外國人稱溫州為Wenchow。

[2] 基督新教（Protestantism）與羅馬公教（中國稱天主教）、正教（中國稱東正教）並列，為廣義上的基督宗教（Christianity）三大派別中的一大教派。此為十六世紀宗教改革運動中脫離天主教而形成的新教派，也稱作抗議宗、抗羅宗。目前全球約有五億九千萬教徒，約占基督徒總數的百分之二十七。中國基督新教各教會則因傳教方便的原因，自稱耶穌教或基督教，而不稱為新教。

[3] 北京大學社會學系教授張敏認為，目前溫州基督徒（含天主教徒和新教徒）人數占人口的七分之一上下是一個較為合理的推斷。見張敏：〈基督徒身分認同——浙江溫州案例〉，載《身分認同研究》（上海：上海人民出版社，2006），第85頁。安提阿（Antioch），西元一世紀羅馬帝國敘利亞省首府。據《聖經·使徒行傳》記載，司提反殉道後，就有信徒到這裡開始向外邦人傳福音。安提阿是早期基督教會的中心之一，耶穌的門徒被稱為基督徒就是從此地開始。

[4] 可參拙文〈曹雅直、李華慶、蘇慧廉抵溫時間考〉，載《甌風》（合肥：黃山書社，2012），第四集。

1861年

蘇慧廉是以接棒者的身分於一八八三年初春來到溫州，因為他的前任李華慶[5]（Robert Inkerman Exley）病逝了。

蘇慧廉一八六一年一月二十三日出生於英格蘭西約克郡（West Yorkshire）的哈利法克斯市（Halifax）。[6]我後來到英國，才知道哈利法克斯在英人眼中並不是一個好地方。這座城市最有名的可能是以城市名命名的哈利法克斯銀行，已有百餘年的歷史，不過在前不久爆發的金融海嘯中飽受重創。

蘇慧廉出生的這一年，中國人稱為辛酉年，也稱咸豐十一年。是年八月，咸豐皇帝病逝於熱河，六歲的同治繼位。他的生母慈禧發動了「辛酉政變」，從此走向權力中心。在二十六歲的慈禧當政的同年，亞伯拉罕·林肯（Abraham Lincoln）也走向美國的權力中心，他開啟的是北美洲的一個新紀元。

同治在位的十三年，身居紫禁城的小皇帝與慈禧都不知道世界發生了很大的變化。除了林肯完成美國的統一外，德意志與義大利也都在這一時期完成了統一。這些國家在統一後便開始國內的大建設，並由此迎來經濟的大發展。史家發現，同治之前，在國外行帝國主義的大國僅英、俄、法三國，同治以後，便增加了美、德、意。這種變化，對中國而言，不僅面對的世界大不一樣，而且是更加困難了。

起初，我只是因蘇慧廉生於一八六一年才關注這個貌似平常的年份。但當一些史料在這一年交滙時，我看到了大歷史中充滿詭譎的安排，以及歷史通向未來必然的路徑。

與蘇慧廉同齡的印度詩人泰戈爾寫道：

我今晨坐在窗前，

世界如一個路人似的，

---

[5] 亦有譯作李應克。見湯清：《中國基督教百年史》（香港：道聲出版社，1987），第462頁。

[6] 蘇慧廉出生時，他們家住在哈利法克斯的貝德福德苑4號（4 Bedford Yard），與從事羊毛生意的叔叔亞伯拉罕（Abraham Soothill，1842-?）一家住在一起。

停留了一會，

向我點點頭又走過去了。

模糊的蘇慧廉

蘇慧廉的英文名為William Edward Soothill，直譯的話，應叫他「威廉·愛德華·蘇西爾」，亦有人譯為「蘇威廉」、「蘇熙洵」、「蕭塞爾」、「蘇慈爾」、「蘇赫爾」、「蘇惠廉」、「蘇特爾」、「蘇維伊」等。[7]這些不同的譯法為我們後來探索他的歷史足跡，增添了諸多不便。

關於蘇慧廉早年的材料很少，我至今還只能勾勒出一個粗線條的輪廓：

他出生於一個貧寒的家庭，其祖父曾陷入一場官司，從此家道中落。[8]蘇慧廉的父親叫威廉·蘇西爾（William Soothill，1836-1893），是個普通的工人，從事布料、原材料的染色、壓製工作。[9]蘇慧廉的母親叫瑪格麗特（Margaret Ashworth，1840-1919），一九五八年嫁給蘇慧廉的父親後，先後為他生了十二個孩子，六男六女，老大就是蘇慧廉。[10]蘇慧廉的父親是個虔誠的基督徒，工作之餘為所在的教會從事佈道工作。父親的信仰及言傳身教後來改變了蘇慧廉一生的志業。蘇慧廉有一

---

[7] 蘇慧廉的中文譯名曾莫衷一是。莫法有《溫州基督教史》中稱他為蘇威廉；莫東寅《漢學發達史》、方豪《中西交通史》、李約瑟《中國科學技術史》則稱為蘇熙洵；胡適在日記中稱蕭塞爾；《中英佛學辭典》稱蘇慈爾；《最新漢英佛學大辭典》稱蘇赫爾；游汝傑《西洋傳教士漢語方言著作書目考述》稱蘇惠廉；《國外佈道英雄集第六冊——李提摩太傳》稱蘇特爾；湯清《中國基督教百年史》稱蘇維伊；《第二次中國教育年鑑》（上海：商務印書館，1948）記錄1925年中英庚款代表團訪華時稱蘇德赫，並誤以為是女士。

[8] Dorothea Hosie , The Pool of Ch'ien Lung : A Tale of Modern Peking (London:Hodder and Stoughton Limited, 1948), 106. 筆者暫將書名譯為《青龍潭》。蘇慧廉祖父名大衛（David Soothill，1775-？），是個染色工人，祖母名裘蒂（Judith ，1771-？）。他們一直居住在哈利法克斯。有五個孩子，蘇慧廉父親排行老四。

[9] 《紐約時報》蘇慧廉訃告稱其父是個Cloth presser。 Catalogue of the Pictures at the Methodist Mission House則說其父是Foreman dyer.

[10] 蘇慧廉後裔：〈小傳〉，載《李提摩太傳》（香港：世華天地出版社，2002），第1頁。

個叫艾爾弗雷德（Alfred Soothill，1863-1926）的弟弟後來也成了牧師，一八八五年開始傳道，並長期擔任阿什維爾學校（Ashville College）校長。創立於一八七七年的阿什維爾學校今天仍在招生，是英格蘭北部哈羅蓋特鎮（Harrogate）最古老的私立學校。

來華前蘇慧廉沒有經過大學的教育，他的學校生涯只到十二歲。畢業後即進入一家律師事務所工作，因為他起初的想法是做個律師。後來改變初衷，除了家庭的信仰外，據說還因聽聞一個傳教士在非洲冒險宣教的故事。這位英國倫敦會（London Missionary Society）遣往東非的傳教士叫查理斯‧紐（Charles New），同時也是個探險家，曾於一八七一年徒

│ 1.1　中英庚款委員會赴華代表團合影，右邊第一人即
　　　是蘇慧廉。（《胡適及其友人（1904-1948）》）

| 1.2 溫州市圖書館珍藏的兩本回憶錄上
都蓋有「夏作銘」印章。 （2010年3月
30日 攝於溫州）

步登上乞力馬札羅山，並成功穿越雪線。蘇慧廉年輕、激情的
內心一時因這個故事充滿夢想與渴望。[11]

　　蘇慧廉從此有了去異域傳教的想法。為了獲得更多的神
學知識，蘇慧廉去曼徹斯特的神學院進修。他自學法語與拉丁
語，並通過利茲市（Leeds）的入學考試。[12]

　　僅看這些背景，很難想像，這個沒有接受過正規教育、
職業規劃還漂移不定的年輕人後來會有驚人的成就，不論是在
傳教領域，還是學術領域。不過有一點是肯定的，蘇慧廉自小
就非常勤奮。據他妻子路熙（Lucy Farrar Soothill）回憶，蘇
慧廉年輕時經常在書房裡讀書直到半夜，天亮後又早早起床，
接受老師的教誨。蘇慧廉自己在回憶錄中也說小時候曾因為能
背《希伯來書》第十一章而獲獎。《聖經新約》中的《希伯來

---

[11] John Naylor, "The Rev.W.E.Soothill, MA," *The Massionary Echo*（1914）: 75. 並參考端木敏靜〈英人蘇慧廉與晚清溫州〉，載《甌風》（合肥：黃山書社，2011），第二集。

[12] *Catalogue of the Pictures at the Methodist Mission House* .London. 出版年份不詳，原件藏倫敦大學圖書館。

書》第十一章很長，有三十九節，這可從側面說明他既勤奮又天賦甚高。

我一直不知道蘇慧廉的長相，直至二○○七年底在加拿大英屬哥倫比亞大學圖書館書架上看見《胡適及其友人（1904-1948）》[13]一書。這本大陸稀見的港版書收錄了胡適很多的舊照，其中一張是中英庚款委員會赴華代表團的合影（圖1.1）。我當時已開始蘇慧廉資料的收集，這張攝於一九二六年的舊照讓我驀然發現，右邊第一人即是蘇慧廉。那是我第一次看見正面的蘇慧廉。

以前溫州歷史寫到蘇慧廉時，總會用一張他戴帽的照片。這張照片來自他傳教回憶錄第三章中的一張插圖（圖1.3）。在這張題為《在路上》的黑白照片裡，一個穿著白色洋裝、戴著圓形帽子的白衣男子坐在山轎上。照片中的人物是中景，帽沿讓原本不大的臉顯得更加模糊。路熙說這個白衣男子就是蘇慧廉。蘇慧廉一直就以這樣的形象留在溫州過去百年的歷史裡。[14]

如果沒有夏鼐（字作銘，1910-1985），溫州人可能連這張模糊的照片都沒有。夏鼐是中國現代考古學的奠基人，溫州人。上世紀五十年代，他在北京西單市場一舊書攤發現了兩本與溫州有關的英文書——《中國傳教紀事》[15]與《中國紀行》[16]。前者一

---

[13] 耿雲志：《胡適及其友人（1904-1948）》（香港：商務印書館，1999）。

[14] 《溫州基督教》《溫州第二人民醫院百年紀念冊》均截取此圖之頭像為蘇慧廉肖像。

[15] Willam Edward Soothill, *A Mission in China* (Edinburgb and London: Oliphant, Anderson & ferrier, 1907). 此書中文名，陳兆魁譯為《一個傳道團在中國》，吳慧譯為《拓荒佈道》，張永蘇、李新德譯為《中國傳教紀事》（2011年出版時改為《晚清溫州紀事》）。筆者贊同張李之譯。本書提到《中國傳教紀事》時即指該書。亦有譯為《在華宣教中》《在中國的一個差會》等。上世紀九十年代，陳兆魁曾將該書中與溫州相關的五章譯出，以《一個傳道團在中國（節錄）》為題刊於《溫州文史資料》第七輯。

[16] Lucy Soothill, *A Passport to China* (London: Hodder and Stoughton, 1931). 此書中文名周朝森譯為《走向中國》，吳慧譯為《樂往中國》，李新德譯為《中國紀行》，筆者贊同後譯，本書提到《中國紀行》即指該書。亦有港人譯為《中國見聞錄》。1994年3月出版的《溫州文史資料》第九輯刊登了周朝森譯文《外國傳教士在溫州的遭遇——（英）蘇露絲〈走向中國〉節選》，此文選譯該書第一章第二節中關於甲申教案之部分內

九〇七年出版於倫敦，作者是蘇慧廉；後者一九三一年出版，作者是蘇慧廉的夫人蘇路熙。夏鼐知道蘇慧廉，他早年留學英倫，一次去牛津遊學，還邂逅了蘇慧廉的女兒。[17]

上世紀六十年代初，溫州曾向夏鼐借閱這兩書，以撰寫文史資料。在時任溫州市圖書館館長梅冷生與夏鼐的通信中，保留了當時借閱、擬譯、催還的記錄。雖經數次催還，但它們終沒有回到夏鼐的書房，直至他一九八五年去世。[18]

這兩本英文回憶錄今天保存在溫州圖書館善本書庫裡（圖1.2），成為近幾十年來溫州人瞭解蘇慧廉及其溫州事工的唯一來源。

呼召

蘇路熙在《中國紀行》一書中這樣寫道：

一天夜闌人靜的時候，他合上書本，為了消遣，他翻了翻手頭邊的一本雜誌。這本雜誌上說正在招募一個年輕人去溫州接替另一個年輕人。蘇慧廉這時突然感到「自己就是那一個人」。[19]

當時是一八八一年夏天，英國偕我公會[20]派駐溫州的唯一一位傳教士李華慶剛剛去世。

容。筆者2007年8月12日電話採訪周朝森問當年譯事，他說當時因溫州要做外事史，應朱沫蘇老師之要求翻譯了此章。

[17] 夏鼐：《夏鼐日記》（上海：華東師範大學出版社，2011），卷二，第112頁。

[18] 梅冷生：《梅冷生集》（上海：上海社會科學院出版社，2006）收錄梅冷生致夏鼐信函二十四通，其中多信言及此書。《夏鼐日記》（卷六，第299頁）1962年12月16日記寄兩書給梅冷生。

[19] 蘇路熙：《樂往中國》，吳慧譯（溫州：自印本，2007），第112頁。

[20] 偕我公會（United Methodist Free Church，簡稱 UMFC）創立於1857年，由原從循道會（Wealeyan Methodist Church）分裂出來的兩個團體循惠社（Wealeyan Methodist Association）和循改派（Wealeyan Reformers）合併而成。1864年開始進入中國傳教，主要傳教地為浙江的寧波、溫州。1907年與同宗派的聖道會（Methodist New Connexion）、美道會（Bible Christians）合併，稱「聖道公會」（United Methodist Church，簡稱 UMC）；1932年又與同宗派的循道會（Wesleyan Methodists Church）、循原會（Primitive Methodist Church）合併，改稱循道公會（The Methodist Church）。

上左 | 1.3　路熙説，這個白衣男子就是蘇
　　　　慧廉。（A Mission in China）
上右 | 1.4　闞斐迪牧師。（TME）
　下 | 1.5　蘇慧廉當年搭乘的「尼扎姆」
　　　　號蒸汽郵輪。（陳一梁提供）

「溫州失去了唯一的傳教士之後，差會（Missions）只能在很短的時間裡尋找另一個。一八八一年春季的時候，筆者曾被利茲和布拉德福德（Bradford）教區提名為牧師候選人。不過，在隨即召開的年度會議上，通過了當年不招收新牧師的決議——那也是唯一的一年。這消息好比晴天霹靂，他只能靜靜地求學以待來年。現在尋求接替李華慶牧師人選的工作以呼籲信的形式展開，上面用委婉的措辭表示很少有人能比前任更優秀。」蘇慧廉一九〇六年離開溫州時，寫下這段當年赴華的因緣。[21]

蘇慧廉相信這是上帝在呼召他，與差會無關，他於是跪下來禱告：「主，我願意去，但除了中國，除了中國！」

為什麼除了中國？「因為傳教士居然到世界上最現實的民族面前出售一個純粹的理論，這個理論不能給他們帶來現世的利益。」蘇慧廉後來這樣解釋。[22]

在一百三十多年前的英國人眼裡，中國是片太過陌生的土地。

大約二十五年以前，有一位能幹的牧師，被稱為「神學博士」，因為他多年前曾榮獲這一學位，當他聽到我要去中國，就連忙勸我不要去，如果我一定要當傳教士，那就去日本，因為比起「骯髒的中國人」，與日本人相處令人愉快得多了。[23]

蘇慧廉儘管報了名，但他還在幻想，如果報名不被接納，那他就可以不去中國。他知道還有個志願者也在競爭這個職位，這是他內心的一線希望。但蘇慧廉最後還是被選中了，他終於無路可逃。

儘管這並非我的本願，但這是命運的安排。從那一天起，我就沒有為接受這一命運而後悔過。[24]

蘇慧廉後來寫的回憶錄，寫到這段經歷時，引用了《聖經》中的一句話：「被召的人多，選上的人少。」[25]他有意將「選擇」

---

21 W.E.Soothill, "Our Mission in China," *The Missionary Echo* (1906) :131.

22 蘇慧廉：《拓荒佈道》，吳慧譯（溫州：自印本，2007），第346頁。

23 蘇慧廉：《晚清溫州紀事》，張永蘇、李新德譯（寧波：寧波出版社，2011），第2頁。

24 W.E.Soothill, "Our Mission in China," *The Missionary Echo* (1906): 131.

25 語出《馬太福音》22：14，原文是Many are the called, but few are chosen，

這個詞從被動時態改為主動，表明了自己那時的態度。

與蘇慧廉同時代、在中國最廣為人知的傳教士李提摩太（Timothy Richard）當年要起行時，也有人問他為什麼要選擇中國。他的回答是：中國是非基督教國家中最文明的一個。只要中國人皈依了基督教，他們就可以幫助將福音[26]傳到不發達的國家去。[27]

當時已是十九世紀後半葉，相對於中國的封閉，經歷過工業革命的西方世界正顯現出全球化的特徵。[28]連通歐亞非三大洲的蘇伊士運河一八六九年開通後，西方到東方的距離一下子縮短了。由英國人發明的一種叫「金本位」的金融制度，也在一八七〇年前後覆蓋了世界貨幣交易的三分之二。法、美、德、俄、義、日等經濟大國都相繼在十九世紀後半葉搭上了這趟時代列車。[29]

從十九到二十世紀，有超過二十萬名來自英語國家的青年人，[30] 帶著《聖經》及上帝的使命，前往世界各地傳播福音。李提摩太、蘇慧廉是其中之一，他們充滿理想，如他的同伴，亦如他的祖國。

一八八二年（光緒八年）九月十三日，週三，二十一歲的蘇慧廉搭乘大英輪船公司（P&O）的「尼扎姆」（Nizam）號蒸汽郵輪（圖1.5）由格雷夫森德（Gravesend）離開英國，前往遠東。[31] 就在那一週的週日晚上，蘇慧廉在布倫瑞克偕我公會教會（Brunswick Free Church）做了他在家鄉的最後一次佈道，他以《馬可福音》十六章十五節那句代表「大使命」的話為題——你們往普天下去，傳福音給萬民聽。[32]

蘇慧廉改為 Many are the called, but few ——choose.

[26] 福音（Gospel），《聖經》中原意為「天國來的好消息」。

[27] 蘇慧廉：《李提摩太在中國》，關志遠、關志英、何玉譯（桂林：廣西師範大學出版社，2007），第12頁。

[28] Dana Robert 認為，基督教的宣教運動是第一個全球化運動。詳見吳梓明等：《邊際的共融——全球地域化視角下的中國城市基督教研究》（上海：上海人民出版社，2009），第7頁。

[29] 吳曉波在《跌盪一百年》（北京：中信出版社，2009）中認為，世界經濟史上1870年正是全球化的開始之年。

[30] 梁家麟：《基督教會史略——改變教會的十人十事》（香港：更新資源有限公司，2002），第343頁。

[31] 蘇慧廉坐「尼扎姆」號到可倫坡後，轉換「倫巴第」號蒸汽船抵達上海。

[32] *The United Methodist Free Churches Magazine* (1882): 693.

偕我公會的中國版圖

十一月二日偕我公會派往溫州的傳教士蘇慧廉由歐洲乘倫巴第（Lombardy）號蒸汽郵輪抵達上海。[33]

二〇〇九年三月底的一個下午，我在倫敦大學亞非學院圖書館打開一八八二年十一月號的《教務雜誌》，這句話是「傳教士新聞」（Missionary News）欄目中的一條。

蘇慧廉一八八二年十一月二日抵達上海後即轉往寧波。那時的寧波，是英國偕我公會在中國的傳教中心。英國偕我公會為循道宗之一支。循道宗由英國著名神學家約翰‧衛斯理[34]創立。英國著名歷史學家普拉姆（J. H. plumb）認為，英國若沒有循道宗的興起，能否避免像法國那樣的革命也是一個問題。[35]

循道，即遵循上帝之道，過循規蹈矩的聖潔生活。循道友被人稱作Methodists，其實這名稱來自當時別人嘲笑這些聖潔教徒是一群循規蹈矩的人而起的渾號。不同流合污，反被嘲笑。古今中外，概莫能外。廣為中國人所知的林樂知[36]、宋慶齡的父親宋耀如都是循道宗的牧師。

十九世紀新教很多宗派都專門成立差派傳教士赴海外開展傳教活動的組織——差會，向世界傳播福音。偕我公會一八

[33] *The Chinese Recorder and Missionary Journal* 13 (Nov 1882)：465.《教務雜誌》（*The Chinese Recorder and Missionary Journal*），1868年美國傳教士保靈（S. L. Baldwin）創刊於福州，原名為*Missionary Recorder*，1869年起改名為 *Chinese Recorder*。1872 年5月停刊。1874 年英國傳教士、漢學家偉烈亞力（A. Wylie）復刊於上海。1941年終刊。

[34] 約翰‧衛斯理（John Wesley，1703-1791），英國十八世紀著名基督教牧師、神學家，領導英國宗教復興，亦是衛斯理宗（Methodist Church）和衛理公會的創立者。從1739年起開始露天佈道，一直到去世為止，五十二年間走遍英國每一角落，講道超過四萬次。帶領的復興運動震撼了英倫三島，為英國家喻戶曉的人物。

[35] 薛華：《前車可鑑：西方思想文化的興衰》（北京：華夏出版社，2008），第95頁。

[36] 林樂知（Young John Allen，1836-1907），美國監理會傳教士。 1860年來華，先在上海、杭州等地傳教，1864年起在上海方言館任教習，為江南製造局翻譯館譯書，主編《上海新報》。1868年創辦《教會新報》並任主編，此報後改名《萬國公報》，影響甚廣。曾在上海開設中西書院，在蘇州開設博習書院、中西書院，三校1901年合併為東吳大學。著有《中東戰紀本末》《各國婦女》《文學興國策》等。

五七年創立後不久便建立海外傳教基金，將目光投向非洲與亞洲。據記載，是內地會（China Inland Mission）創始人戴德生（James Hudson Taylor）向偕我公會推薦他曾經生活過的寧波，於是該會將目標鎖定浙江。[37]

偕我公會的中國先行者叫富納（William Robert Fuller），他擁有一定的醫學知識，赴華前又在倫敦一間醫院接受了進一步的訓練。差會很早就意識到，海外傳教，醫術與《聖經》一樣重要。富納夫婦同行，一八六四年十月抵達寧波。翌年八月，偕我公會派遣梅約翰（John Mara）牧師增援。但富、梅二人因健康原因，不久均離開寧波。一八六八年，闞斐迪（Frederic Galpin，圖1.4）前來接替。闞氏後來獨立支撐，成為偕我公會在華的負責人。一八八二年蘇慧廉抵達上海，來迎接他的就是專程從寧波趕來的闞斐迪。[38] 闞氏在華三十年，至一八九六年退休返回故國。[39] 他在中國的大部分歲月是在寧波度過的，堪稱寧波偕我公會的奠基人之一。其實對溫州偕我公會而言，他亦被稱為「拓荒者」（Pioneer Missionary）。[40]

「清光緒元年（1875），英國偕我會教士闞斐迪自寧波來溫窺視情況，見溫州已有內地會設立，不日返甬。」至今唯一公開出版的《溫州基督教史》一書如此記載偕我公會在溫州的開篇。[41]

一八七五年四月十六日闞氏一行抵達溫州。[42] 他們在城裡逗留了五天，四月二十日在內地會英國牧師曹雅直（George

[37] Henry Smith et. al., *The Story of the United Methodist Church* (London: Henry Hook), 393.

[38] W.E.Soothill, "Our Mission in China," *The Missionary Echo* (1906): 131.

[39] 文國偉：《循道衛理入神州》（香港：基督教循道衛理聯合教會，1995），第59頁。

[40] *The United Methodist Church: Report of the Missions(Home and Foreign) for the Year Ended April, 1914* .(London: The United Methodist Publishing House).

[41] 莫法有：《溫州基督教史》（香港：建道神學院，1998），第58頁。

[42] F. Galpin, "Later Years in Ningpo," *The Missionary Echo* (1899). 全文計四章，其中第二章Over land to Wenchow提到1875年去溫州的前後經過。

Stott）的陪同下去了青田[43]。同行的萊昂（D. N. Lyon）牧師用「迷人」兩字來形容溫州，並說這是他所見過的最乾淨的城市，「對溫州及周邊的環境瞭解越多，越能感受它作為傳教中心的重要性與合適性。」[44]

蘇慧廉說：「這趟旅程讓闞牧師留下深刻印象的便是在溫州傳教的必要性和可行性。一八七七年他回英國述職時向差會提交報告，建議將溫州納入我們的傳教範圍。」[45] 當時《煙台條約》剛剛簽訂，溫州與宜昌、蕪湖、北海一起被闢為新一批的通商口岸。

李華慶的生命與愛情

一八七七年（光緒三年）十月底，一個後來取漢名「李華慶」（圖1.6）的英國年輕人，在闞氏的感召下來到寧波。他稍作休整後，於十二月十一日前往溫州。那年李華慶還只有二十三歲。

據英國偕我公會的資料：「李華慶牧師一八五五年五月出生在英國沃特利鎮（Wortley），現屬利茲城的一部分。少時便參加偕我公會的主日學校[46]，十七歲那年成為該教會的一員。他做事總是力求完美，於是很快被教會列入本地傳道人的培養計劃。他視對外傳教為自己的職分，並主動請纓，『我在這裡，請差遣我。』[47]通過一系列準備和常規考試後，他的申請被接納，並被派往了中國溫州。」[48]

李華慶抵達溫州後，首先要解決的問題就是找個落腳點。晚清，租房給洋人是非法的。蘇慧廉在《李提摩太在中國》一

---

[43] 青田，位於浙江省東南部，位於甌江中下游。清時屬溫處道處州府，民國時屬甌海道，1949年後隸屬溫州專區，1963年改屬麗水專區。相關英文文獻亦寫作Green field。

[44] *The Chinese Recorder* 6 (1875): 259.

[45] W.E.Soothill, "Our Mission in China," *The Missionary Echo* (1906): 130-131.

[46] 主日學校（Sunday School）：基督教新教所開設的星期日（主日）兒童宗教班。最初作為救濟貧窮家庭幫助流浪兒童的慈善事業，後逐漸正式化，並擴展到成人。主要進行宗教教育，也講授文化知識。

[47] 《聖經·以賽亞書》6:8。

[48] "Robert Inkermann Exley," *The Missionary Echo* (1900): 96.

| 1.6　李華慶。（TME）

書中，提到當時在江蘇，一個中國人到處向人打聽哪裡可租房
子，官府的人在他身上搜出一封外國人寫的信，結果他就被
處死了。[49] 當然也有人鋌而走險，有的是出於愛，更多的為了
錢。據說有些房東將質量低劣的房屋高價出租給外國人。

　　李華慶在內地會蔡文才[50] 牧師的幫助下，終於在嘉會里巷
找到一個住處。「我成功地找了一個住處，可用十年，花了三
百八十個墨西哥元[51]。當然，還得另外開支一百，以便改造得

[49] 蘇慧廉：《李提摩太在中國》（桂林：廣西師範大學出版社，2007），
　　第114頁。蘇慧廉著 *Timothy Richard of China, Seer, Statesman, Missionary &
　　the Most Disinterested Adviser the Chinese Ever Had* (London: Seeley, Service
　　& Co. 1924.) 已有多種漢譯本。上海廣學會1924年出版梅益盛、周雲路
　　的譯述本，列入《國外佈道英雄集》叢書，《李提摩太傳》為第六冊，
　　該譯本僅為節譯，並加上譯者一些看法；香港基督教文藝出版社1957年
　　推出周雲路譯本，書名為《李提摩太傳》；2007年香港基督教文藝出版
　　社出版全譯本，譯者凌愛基，書名為《李提摩太》；2002年山西大學為
　　慶祝百年校慶，曾在該校外語學院組織翻譯組譯出全本，書名《李提摩太
　　傳》，香港世華天地出版社出版；廣西師範大學出版社2007年出版的《李
　　提摩太在中國》，為「基督教傳教士傳記叢書」（周振鶴主編）之一。
[50] 蔡文才（Josiah Alexander Jackson，? -1909），內地會傳教士，1866年9月
　　30日來華，主要在浙江台州傳教。十九世紀七十年代曾一度來溫州協助
　　曹雅直宣教，後赴處州（今麗水）傳教。
[51] 墨西哥銀元，俗稱墨銀、鷹洋、英洋，1860年前後大量進入上海，並成

適合英國人生活。」李華慶一八七八年二月五日在給英國差會的一封信中這樣寫道。[52]嘉會里巷位於溫州舊城中心，這條小巷今天仍叫這個名字。 蘇慧廉說這個巷名很有意思，他把它翻成英文，叫作「快樂相會巷」（Happy Meeting Place Lane）。[53]

李華慶在嘉會里巷購置的物業面積不小，經改建，除住宅外，還有座小教堂及一間教室。[54] 蘇慧廉後來到溫州也住在這裡。他擴建教堂，並使之成為偕我公會溫州總部。溫州城西教堂今天依然屹立於嘉會里巷與城西街的交界處。

李華慶那時雖年輕，但身體並不強壯。「我認為在去中國之前，對他進行體檢的醫生可能弄錯了什麼。……他們有時將一個並不能經受域外傳教磨難的年輕人送了出去，而將身體強健的人留在了國內。」後來偕我公會會刊《傳教士回聲》[55]的編輯在緬懷這位開拓者時，帶點幽默的筆調如此寫道。[56]

李華慶牧師一八八一年六月八日病逝，年僅二十六歲。雖然他在溫州前後不到四年，但受到後人高度的評價。著名基督教史學家季理斐在《基督教新教在華傳教百年史（1807-1907）》一書中讚揚他努力工作，不顧病體，為溫州福音事業成功打下根基。[57]闞斐迪則說：「擰繩子，第一碼最重要。」[58]

因為那時溫州沒有醫生，當疾病向李華慶襲來時，他不得不前往寧波。他後來就長眠在寧波。在墓園裡，他的同事為他

為主要流通貨幣。晚清溫州，墨銀也是通用貨幣。

[52] *The United Methodist Free Churches Magazine* (1878): 447.

[53] W.E.Soothill, "Opening of Wenchow City Chapel," *The Missionary Echo* (1899): 18.

[54] Soothill, *A Mission in China* , 14.

[55] *The Missionary Echo of the United Methodist Free Churches*，偕我公會會刊，筆者暫譯為《傳教士回聲》。本書出注時，簡稱為*The Missionary Echo*，圖片標明出處時簡稱為*TME*。

[56] "Robert Inkermann Exley", *The Missionary Echo* (1900): 96.

[57] Donald MacGillivray, *A Century of Protestant Missions in China (1807-1907)* (Shanghai: The American Presbyterian Mission Press, 1907), 131. 作者季理斐（Donald MacGillivray，1862-1931），加拿大人，1888年受加拿大長老會委派來華，在河南傳教。1899年調任上海廣學會編輯，1921年升為總幹事。著有《中國官話拉丁化字典》《基督教新教在華傳教百年史》等。

[58] F.Galpin, "A Voice from Wenchow," *The Missionary Echo* (1907): 126.

豎立了一塊墓碑，上面鐫刻著他最喜歡的一句話：「在你面前有滿足的喜樂，在你右手中有永遠的福樂。」[59]

李華慶在溫州時，他的未婚妻從遙遠的英國來到中國，不過，當她抵達時，李華慶已經病倒。他們決定推遲婚禮，以期待康復，但最終這場婚禮沒有舉行。今天的城西教堂，仍是不少溫州年輕人舉行結婚典禮的地方。當他們穿起禮服，面對聖架，接受牧師的問詢與祝福時，有誰會知道，一百三十年前那場已做好了準備但沒能舉行的婚禮，可能是溫州有史以來的第一場西式婚禮。

蘇慧廉記下了這個為愛情不遠萬里而來的英國女孩，她的名字叫露西・克羅夫特（Lucy Croft）。[60]

第二節　那時溫州

小城圖景

一八八三年一月十二日，尚是春寒料峭。在闞斐迪的帶領下，稚氣未脫的蘇慧廉由寧波來到溫州。同行的還有一個學生、一個中國僕人。幾個溫州信徒到碼頭迎接。[61]

隨後幾天，闞斐迪帶蘇慧廉去溫州鄉村考察。他們一起旅行了四十英里，最遠到達青田。「結束旅行返回溫州，闞牧師即坐『永寧』號回寧波。剩下一個悲傷的我，沿著狹小、擁擠並且還有股難聞氣味的街道回到冷清的家。我不會說當地人的語言，我前面的生活也許是死亡，誰又知道呢？」蘇慧廉四十年後回憶道。[62]

[59] Lucy Soothill, "The Story of the Wenchow Mission," *The Missionary Echo* (1894):27。語出《聖經・詩篇》16：11。
[60] W.E.Soothill, "Our Mission in China," *The Missionary Echo* (1906): 131.
[61] *The United Methodist Free Churches Magazine* (1883): 437-438.
[62] W.E.Soothill, "Our Veteran Missionary," *The Missionary Echo* (1923): 31.

親愛的爸爸媽媽：

　　我幾乎不能想像，在年關時節，你們待在一個沒有壁爐的地方，但我此刻，就在這樣一個氛圍裡，這裡沒有壁爐……

　　二〇〇九年初春的一個上午，我在倫敦大學亞非學院圖書館善本書室裡，閱讀蘇慧廉一八八三年二月十四日在溫州寫給父母的一封信（圖1.7）。這封信是手寫體，甚難辨認，但我在字裡行間依稀能讀出「爆竹」、「過年」、「熱鬧」、「華麗的衣裳」、「除夕還債」等詞彙。一八八三年的二月八日是中國農曆新年，這是蘇慧廉在溫州度過的第一個春節。

　　溫州有山有水，向東是一片廣袤的平原，一直延伸至海灣。那裡遍佈的島嶼上生活著一群漁民，其中很多人不願過誠實本分的生活，而是冒險做起了海盜的勾當。溫州向北的群山中居住著許多勤勉的農民，不過他們中也出了不少荷槍實彈的強盜。這群強盜中鮮有人具備搶劫大村落的能力，不過在夜間闖入民居，搶劫受驚住戶的財物也讓他們感到心滿意足。……由此可見，溫州周邊的群山和海岸從來都不缺少恐怖活動，給那些不得不生活在溫州的人帶來無限恐慌。

　　但是不管怎麼說，溫州依然是享譽中國的最美麗的地方之一。到處都是起伏的山巒，到處都是河流小溪，它們賞心悅目，讓人身心舒暢。甌江雖然在中國地圖上並不明顯，但卻和塞文河[63]一樣長，而且在很多方面都與之相似。溫州的人口主要由農民和地主構成的，這兩大階層也是大清國的脊樑。溫州的經濟地位可能不如寧波，但是從傳教的角度來看，它即使不比寧波重要，也起碼與它旗鼓相當，因為溫州地域更為廣闊，人口也更為稠密。粗略計算，溫州長一百英里，寬五十英里，面積約為四千七百平方英里。換句話說，大約是威爾士的三分之二大小。溫州擁有二百五十萬人口，大約是威爾士的一半。

---

[63] 塞文河（Severn River），英國最長河流，長約354公里。

他們說當地方言，溫州方言不比中國其他方言易懂，就像威爾士語那樣。龐大的人口遍佈在六個縣[64]、十個城鎮、二十餘個集鎮和四千多個鄉村中。[65]

如上是蘇慧廉的描述。路熙的描述則是：

溫州城內的人口大約有十萬，約是城牆之外郊區人口的三分之一。有七座門的溫州城坐落在大片栽種水稻的平原上。毗連北門的是甌江，而在南門外則有一條美麗塘河，山上的溪水滙入其中，在旱季的時候常被用來灌溉稻田。[66]

那麼，那時溫州到底是什麼模樣？

現在能見到的屈指可數的幾張溫州舊城照片竟然都來自蘇慧廉夫婦回憶錄中的插圖。這幾張舊影時不時會出現在報刊、明信片上，成為溫州人回首過去的記憶載體。其中最有名的一張是《溫州東門外鳥瞰》（圖1.8）。當時的攝影者（書中沒有明確說明是蘇慧廉）應是站在海壇山上，他端起相機，城牆、屋宇、山景皆入鏡頭。照片裡甌江蜿蜒而過，對岸羅浮山及矗立其上的蛇龜雙塔也依稀可見。

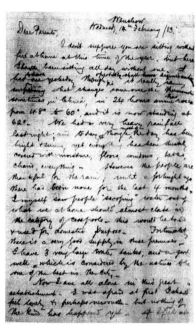

| 1.7　蘇慧廉致母親信。

舊時溫州城裡是有很多河流湖泊的，「昔

[64] 當時溫州府轄永嘉、樂清、瑞安、平陽、泰順五縣及玉環廳。
[65] W.E.Soothill, "Our Mission in China," *The Missionary Echo* (1906): 129-130.
[66] Lucy Soothill, "The Story of the Wenchow Mission," *The Missionary Echo* (1894): 27.

人謂一渠一坊，舟楫畢達，居者有澡潔之利，行者無負載之勞」。[67] 路熙的回憶錄中，附了一張溫州城內舟楫林立的照片（圖1.9），照片說明這樣寫道：「我們的城市佈滿河流，宛如威尼斯。」[68] 溫州老基督徒包思恩醫生與其外孫女吳慧共同整理、翻譯路熙的回憶錄時，考證這張照片拍攝的是溫州南門茶院寺的場景。近三十年來，溫州和中國的很多城市一樣，追求著日新月異的發展速度，許多舊跡悄然消逝。茶院寺也已於二〇〇七年消失在最新一輪的舊城改造運動中。

李華慶在評價溫州是中國最精緻的港口城市時認為：「如果更為整潔的話，溫州將變得更加吸引人。」路熙則寫得更直白：

據說溫州是中國最乾淨的城市，我會懷疑這個說法的真實性。街道上很多廁所，空氣很臭，而且沒有淨化環境的設施。一個來拜訪我的女士無法忍受，對我這個比她更難受的女人說：「親愛的，我什麼時候能把臉上的手帕拿下。」所以不用奇怪這裡經常爆發瘟疫。[69]

溫州街道的一個重要特徵就是乞丐和狗，這是無法忽視的。我們避免接觸這些乞丐，其中大多數骯髒的程度無人能夠匹敵，並且很多還是鴉片吸食者。他們要比想像的更為活躍。進入商鋪，在角落胡攪蠻纏，除非得到滿足，否則絕不離開。五分鐘到一個小時不等，他們就會得到一個銅板，大概一百個銅板值一個四便士的銀幣。……溫州的乞丐與其說是乞討，還不如說是索要。他們得到了一個幫會的保護，那個幫會還有一個「王」。如果誰怠慢他們中的一員的話，那就要算他倒楣了。他可能會被拎著耳朵從商鋪中拉出，以此作為一個小小的懲罰。

我們對一些房子和商鋪裡狗的瞭解要超過對人的瞭解。它們的吠叫聲又大又兇殘，如果有點動靜，那可就叫得更歡了。

---

[67] 光緒版《永嘉縣誌》。
[68] Lucy Soothill, *A Passport to China*, 64.
[69] 蘇路熙：《樂往中國》，第25-26頁。

上 ｜ 1.8 溫州東門外鳥瞰。（A Mission in China）
下 ｜ 1.9 溫州南門茶院寺。（A Passport to China）

常常在我的腳後會跟著六條狗，彼此之間互相競爭，看誰的嘴巴咧得更大，誰的叫聲最大，或者誰敢靠得更近。因此，步行外出的時候，帶一根棍子，或一把雨傘來自衛是非常必要的。它們看起來視我們這些外國人為天敵。狗的主人偶爾會大聲呵斥這些狗，說要「打死」它們，不過他們是不會這麼做的。[70]

　　十九世紀末期，溫州還沒有電燈。到了晚上，整個城市就全黑了。蘇慧廉也說，乞丐和狗是街道上不該忽視的重要公民。

煙台條約

　　在溫州綿長的歷史中，一八七六年是個轉捩點。那一年的九月十三日（光緒二年七月二十六日），北洋大臣李鴻章與英國駐華公使威妥瑪[71]簽訂了一份中英會議條約。因簽約地在煙台，這份合約通常被簡稱為《煙台條約》。

　　《煙台條約》的起因是「馬嘉理事件」。馬嘉理（Augustus Raymond Margary）這個名字，在中國歷史教科書上是個侵略者的形象：

　　清光緒元年（1875）英國在中國雲南製造的邊境事件。也稱「雲南事件」或「滇案」。英國為向中國西南擴張勢力，陰謀修建從緬甸仰光到中國雲南思茅地區的鐵路。同治十三年（1874），英國派上校軍官柏郎（Horace Aibert Brown, 1832-1914）率領武裝「探路隊」近二百人，由緬甸出發，到雲南探測路線；駐北京英使館派翻譯官馬嘉理從北京經雲南入緬甸接應。光緒元年正月，馬嘉理等帶領武裝「探路隊」由緬甸侵入

---

[70] Lucy Soothill, "The Story of the Wenchow Mission, " *The Missionary Echo* (1894)：91.

[71] 威妥瑪（Thomas Francis Wade，1818-1895），英國外交官、漢學家，曾在中國生活四十餘年，因發明用羅馬字母標注漢語發音系統「威妥瑪拼音」而著稱。1841年隨英軍來華，1853年任英國駐上海副領事。1854年被委任為上海海關第一任外國稅務司。1858年任英國全權專使額爾金的翻譯，參與中英《天津條約》《北京條約》的簽訂活動。1871年升任駐華公使，1883年退職回國，1888年任劍橋大學首任漢語教授。在華期間曾編漢語課本《語言自邇集》，並著有《尋津錄》等。

雲南騰越地區。當地人民立即予以阻攔，馬嘉理竟然開槍行兇。群眾激於義憤，將馬嘉理打死，並把侵略軍趕出雲南。英國借此向清政府提出廣泛的侵略要求，並一再以斷絕外交關係、增派軍艦來華等手段進行恫嚇，於光緒二年強迫清政府簽訂了《煙台條約》。[72]

在蘇慧廉寫的李提摩太傳記中，也提到這個震驚中外的歷史事件：

李提摩太提及有一晚，他跟巴醫生與英領事馬嘉理、李列等吃飯，不久馬嘉理啟程赴緬甸，護送由緬甸回中國的英國探路考察團。馬嘉理在一八七五年二月初迎接考察團，正準備護送該團時收到對他們不利的風聲。於是馬嘉理作先頭部隊前往偵察，在中國雲南境內第一個市鎮曼允遭襲擊遇害，英國考察團因為採取迅速行動得以平安抵緬甸，許多人都認為馬嘉理被殺是中國官方的挑唆所引致的。中英談判拖延了很久才達成《煙台條約》。根據該條約，清政府要派遣代表團到英國致歉，此外中國要再開放四個商埠，其中一個是溫州，筆者在那兒住了廿五年。[73]

《煙台條約》全文分十六款，及另議專條一款。與溫州命運有關的內容僅幾行字，掩藏在第三款「通商事務」的第一條中：「……隨由中國議准在於湖北宜昌、安徽蕪湖、浙江溫州、廣東北海四處添開通商口岸，作為領事官駐紮處所。」

馬嘉理這個從沒來過溫州的英國人的死，竟然成為溫州改變運行軌跡的導火索。蘇慧廉後來在英國的南肯辛頓酒店（South kensington Hotel）邂逅了馬嘉理的姐妹，「他的姐妹告訴我，馬嘉理曾去信對她們說，當他們在前往緬甸的途中時，已經找到了上帝。」[74] 那一年，距馬嘉理被殺已整整四十年。

---

[72] 《中國通史詞典》（上海：上海人民出版社，2008），第638-639頁。
[73] 蘇慧廉：《李提摩太》，凌愛基譯（香港：基督教文藝出版社，2007），第52頁。
[74] 同上，第52頁。

英人為什麼在沿海眾多的港口城市中，選擇名不見經傳的溫州？時任英國駐華公使、也是著名漢學家的德庇時[75]在一份題為《戰時與締和後的中國》的分析報告中認為：

　　我表明基於種種原因，不贊同完全放棄寧波港口，替換港口問題只限於福州一個港口（假若要換的話）。這樣，我們的損失會很小，反而會得到些好處。我們同中國的四個沿海省份進行貿易，實際上看來四省中的每個省都是要有一個好港口。廣州港口和香港很近，位於其本省；廈門港口（福州港口除外）在福建；上海港口在江蘇，四個省中三個有了。剩下的唯一缺陷是在浙江省沿海少一個位於江蘇的上海和福建的廈門之間中點處左右的良港。浙江省的溫州府城正好適合這條件，它恰好位於北緯二十八度以下，在浙江省沿海。海軍上校柯林森（Collinson）的勘測查明了一些有關的水路運輸能力，而杜霍爾德（Du Halde）評述說：「潮水漲至海岸時，一大批小船和許多中國人都躲進了一個安全而又方便的避風港。」我們的商船容易駛進貿易現場早被認作是我們同中國通商的最重要的貿易條件；廣州港口不是這樣的，我們的商船不能像上海和廈門那樣直接駛近城市，而是像福州港口那樣只能停泊在八英里以外。

　　假定溫州（或其他某個城鎮）是個優良港口，而且可以和福州港口交換，那麼，我們就可以有廣州、廈門，這一新港和上海四個港口，每個港口彼此間的距離幾乎完全相等，在廣東、福建、浙江和江蘇四省，足以滿足我們目前的貿易需要。[76]

　　「以英國為首的外國侵略者，從鴉片戰爭爆發後就已覬覦溫州」。[77]魯迅說：「中國者，中國人之中國。可容外族之研究，不容外族之探撿；可容外族之讚歎，不容外族之覬覦者也。」[78]

[75] 德庇時（John Francis Davis, 1795-1890），英國人。1813年來華，曾任駐華商務總監督、駐華公使、香港總督等。亦是英國中國學的開創者之一，與理雅各、翟理思並稱為英國漢學的三大星座。著有《中國人：中華帝國及其居民概述》《中國見聞錄》《戰時與締和後的中國》等。

[76] 德庇時：〈戰時與締和後的中國〉，載《太平天國史譯叢》（北京：中華書局，1983），第二輯，第241頁。

[77] 胡珠生：《溫州近代史》（瀋陽：遼寧人民出版社，2000年），第84頁。

[78] 魯迅：〈中國地質略論〉，載《魯迅全集》（北京：人民文學出版社，

客觀的事實是，溫州這座背山面海的古老小城，從此正式打開了大門。溫州隨後的「國際交往」記錄如下：

　　一八七七年一月，海關總稅務司赫德[79]委派英人好博遜[80]籌備溫州海關事宜。三月二日，好氏乘海關巡邏艇「凌風」號來到了溫州。在溫處道方鼎銳[81]的協助下，對沿江岸邊一帶進行了視察。最後把關址選定在溫州北門（朔門）城外沿江岸邊，即今解放北路和望江東路轉角一帶。

　　四月一日，溫州海關建立。從此溫州港正式對外開放，成為名副其實的商埠。溫州海關始稱「溫海關」，半年後改稱「甌海關」。

　　四月，英國領事官阿查理[82]乘英艦「蚊子」（Mosquito）號抵溫，以江心嶼的孟樓為臨時領事館。

　　四月十日，英國怡和洋行[83]所屬的三百十八噸客貨輪康克斯特（Conquest）號自上海運載棉布等洋貨駛抵溫州，這是溫州開埠後第一艘進港的外國商輪。Conquest意為「征服」，英國人因此還將江心嶼命名為「征服島」（Conquest Island）。[84]

2005），第八卷，第6頁。
[79] 赫德（Robert Hart，1835-1911），英國人，字鷺賓。曾擔任晚清海關總稅務司整整半個世紀。著有《中國論集》等。
[80] 好博遜（Herbert Edgar Hobson，1844-1922），英國人，1862年進中國海關，1864年任常勝將軍戈登的翻譯。在海關五十年，先後在上海、寧波、汕頭、漢口、煙台、淡水、溫州、廈門等地任職。1901-1902年任上海郵政總局兼職郵政司，1912年退休回國。
[81] 方鼎銳，字子穎，號退齋，江蘇儀征人。咸豐二年（1852）舉人，官至浙江溫處道。著有《且園賡唱集》《退齋詩稿》等。溫處道，清代浙江省行政區劃之一。康熙九年（1670）設杭嘉湖、寧紹台、金衢嚴、溫處四道於浙江省內，介於省與府之間。行政長官俗稱「道台」。溫處道轄溫州、處州兩府，治所溫州。
[82] 阿查理（Chaloner Grenville Albaster，1838-1898），亦譯為阿查立、阿查利。1855年來華，初為使館翻譯生。1858年英法佔據廣州後，曾奉令押送兩廣總督葉名琛到印度。後在汕頭、寧波、廣州等地任領事。1892年退休回國，受封爵士。
[83] 怡和洋行（Jardine Matheson & Co.）舊稱渣甸洋行，老牌英國洋行，晚清時即從事與中國的貿易，是第一家在上海開設的歐洲公司。
[84] 〈光緒三年（1877年）甌海關貿易報告〉，載《近代浙江通商口岸經濟社會概況——浙海關、甌海關、杭州關貿易報告集成》（杭州：浙江人民出版社，2002），第468頁。

從一八七六年的秋天到一八七七年的春天，與傳教有關的事件是：

一八七七年五月十日至二十四日，英人曹雅直攜夫人（圖1.10）赴上海英租界工部局禮堂參加全國基督教傳教士大會。此為近代史上第一次傳教士大會。溫州代表的名字，第一次出現。[85]

是年八月八日戴德生來溫視察，逗留約一週。[86]

曹雅直獨腿「開教」

曹雅直其實在《煙台條約》前就已潛入溫州。他是第一個來到溫州的新教傳教士。

曹雅直屬於內地會，這是西方近代新教教會史上唯一一家僅為中國傳教而設的差會組織。內地會是跨宗派的，傳教士來自不同的國籍和宗派。他們不設籌款制度，傳教士也沒有固定薪酬，純憑信心奔赴遠方。內地會的創始人叫戴德生，中國新教傳教史上與李提摩太並肩的偉人。戴氏想仿效使徒保羅[87]，不在有基督名傳過的地方宣教，於是將目光落在中國內地。「我若有千磅英金，中國可以全數支取；我若有千條性命，絕對不留下一條不給中國。」這是他的名言。後世的史學家稱其為：「自使徒保羅以後，能夠心懷『廣大異象，而按部就班』，將福音遞傳如此廣袤疆域的人，十九世紀來，首推戴德生為第一人。」[88]

曹雅直就是直接受戴德生的感召來到中國的。

一八六五年十月三日，在戴德生的安排下，曹雅直和結婚才三個星期的范明德（J.W. Stevenson）夫婦一同從英國啟帆，經過四個多月的艱辛漂泊，於一八六六年二月十日抵達中國寧

---

[85] *Records of the General Conference of the Protestant Missionary of China*，held at shanghai, May 10-24,1877. Shanghai: 1877.

[86] *China's Millions* (London),1877,160.

[87] 保羅（前5－67），原名掃羅，信基督教後改名為保羅。天主教稱為聖保祿。神所揀選，將福音傳給外邦人的使徒，被歷史學家公認為對早期教會發展貢獻最大的使徒。

[88] 褚嘉路得（Ruth Tucker）：《宣教披荊斬棘史》（台北：中國信徒佈道會，2007），第158頁。轉引自維基百科。

波。曹雅直在寧波逗留了十八個月，在那裡學習當地語言。一八六七年十一月他來到溫州。[89]

一八六七年十一月為內地會在溫州傳教之始，也是溫州近代史上基督教新教傳播之始。是年堪稱溫州「開教之年」。

曹雅直，這位溫州傳教事業的開路先鋒，是個瘸子。十九世紀八十年代曾任英國駐溫領事的莊延齡[90]打趣地說，曹的獨腿，讓溫州人誤以為英國人都只有一條腿。[91]

曹雅直是蘇格蘭亞伯丁郡（Aberdeen）人，一八二八年出

| 1.10　曹雅直夫婦。（Twenty-Six Years of Missionary Work in China）

[89] Grace Stott, *Twenty-Six Years of Missionary Work in China* (London: Hodder and Stoughton, 1898), 10. 筆者暫將書名譯為《在華傳教廿六年》。

[90] 莊延齡 (Edward Harper Parker，1849-1926)，英國領事官。1869年來華，1871年起先後在天津、大沽、漢口、九江及廣州等領事館任職，1883-1884年署理溫州領事。1889-1894年任福州、海口、瓊州領事。1895年退休回國，翌年任利物浦大學學院中文講師，1901年任曼徹斯特維多利亞大學漢學教授。著譯有《蒙古遊記》《中國通史》《韃靼千年史》《緬甸──兼論與中國的關係》《中國宗教之研究》等。

[91] Edward Harper Parker，*China:Past and Present* (London: Chapman & Hall, 1903), 108.

| 1.11　興文里花園巷教堂，當年內地會溫州
總部。（2012年3月13日攝於溫州）

生於一個農民家庭。十九歲那年，有一天不小心在路上滑倒，
左膝蓋撞在一塊石頭上。這個看似小小的意外，卻讓他的左腳
異常腫脹，兩年後更被迫截肢。曹雅直無助地在病床上躺了九
個月。也就在這段痛苦的經歷裡，他皈依了上帝。後來成為她
夫人的曹明道[92]說：「是神的恩典臨到他並拯救了他的生命。
從此，他在無助和被漠視的情況下從耶穌基督得到了神無比的
愛。」[93] 曹雅直身體康復後，在一間學校裡教書。

　　一八六五年戴德生在倫敦創立中國內地會後，便欲招募
一批同去中國的年輕人，這個消息傳到了曹雅直耳中。當時英
國有諸多差會派遣年輕人去中國，但沒有一家願意接受獨腳的
人。關於這點，曹雅直日後特別感激戴德生，因為只有他願意
冒這個險。

---

[92] 曹明道（Grace Stott，1846-1922），曹雅直夫人，亦稱薛氏。其漢名緣
自清光緒十九年（1893）浙江全省教堂調查報告（台灣中央研究院近代
史研究所編：中國近代史資料彙編《教務教案檔》，第五輯第一冊，第
1815頁）。

[93] Stott, *Twenty-Six Years of Missionary Work in China*, 2.

當有人問曹雅直：「為什麼是你，一個只有一隻腳的人，想到中國去呢？」他說：「因為我沒有看到兩隻腳的人去，所以我必須去。」這句話打動了戴德生，也打動了這一百年來陸續聽聞這段對話的人。蘇慧廉後來到溫州見到這位獨腳戰士，在給母親的信中，也重複了這段名言。

曹雅直獨腿宣教是內地會歷史中的閃光點。溫州基督教就這樣在這位瘸腿人的帶領下，蹣跚起步。

第三節　蘇慧廉來了

沒有人期待他的到來

蘇慧廉一八八三年初來到溫州時，曹雅直已在這座城市裡艱難地生活了十五年。十五年過去了，但溫州人對洋人的看法仍沒有多大好轉。

曹雅直夫人的回憶錄，說她初到溫州時，所到之處引來無數圍觀的人，因為她是溫州人見到的第一個外國女子。好一段時間，她不敢輕易出門，必須出門時，也是坐著轎子前去。不過，轎夫們仍會被那些好奇的人攔住，要等到他們都看夠了之後，才允放行。路熙的回憶錄也說自己路上常受圍觀。她當時穿著裙撐，溫州人不明白這後面翹起來的東西是什麼？[94] 甚至還有人想掀起她的裙子，看下面是否什麼也沒有穿。[95]

儘管當時溫州已開埠，但城裡的西方人還是很少。據記載，蘇慧廉抵達溫州時，這座小城裡連英國領事、法國海關專員在內，只有十二個外國人。[96]

在當地人眼裡，這些碧眼赤鬚者是怪物。中國人那時很驕傲，自稱天朝，是世界的中心。梁啟超曾感歎，在甲午戰爭前

---

[94] 蘇路熙：《樂往中國》，第43頁。
[95] 同上，第22頁。
[96] *The United Methodist Free Churches Magazine* (1883): 438.

後，堂堂的北京書鋪竟找不到一張世界地圖。[97] 或許，那時很
多人認為，他們不需要世界地圖。

蘇慧廉記下了一個有趣的故事。一個中國男孩在教會學校
接受人種知識的測試，老師問他：

「黑人是什麼膚色？孩子。」考官問。

「黑色，先生。」

「不錯，那美國印第安人是什麼膚色？」

「紫銅色，先生。」

「對極了，英國人呢？」

「白色，先生。」

「現在問你，中國人是什麼膚色？孩子。」

「人的顏色，先生。」孩子驕傲地回答。[98]

中國人眼中白人的膚色，可用的比喻是「白得像死人一
樣」。很不幸，蘇慧廉就是這樣的膚色。

人群中只有一個半怯半羞的白臉青年，因為這些人的習
俗、心智、風氣、道德素養與這青年大相徑庭，他們不理解為
什麼這個人要來到這裡，肯定沒安好心吧？來教育他們嗎？這
個「死人白」青年要來教化他們這些孔聖人的後代？那真可笑
之至！[99]

另一個打擊我們英國人優越感的是我們美妙的字母印刷體
被中國人說成蒼蠅腳沾了墨水爬出來的痕跡。[100]

路熙說：「沒有同伴喊他，沒有空曠地區可去。即使有
空曠地方，他也不敢走得太遠，以免走失了。偶爾他冒險獨自
一人出去散步，起初單獨出去感覺非常勇敢，每一條路的轉彎
處都很小心，恐怕找不到回來的路。他大步往家趕時，東拐西
拐，一旦他無法辨別出周圍環境時，心跳便加快。人們盯著他
看，那奇怪的眼神看上去有種惡意與恐怖。連狗也成了他的敵

---

[97] 蕭功秦：《儒家文化的困境：近代士大夫與中西文化碰撞》（桂林：廣
西師範大學出版社，2006），第99頁。
[98] 蘇慧廉：《晚清溫州紀事》，第29頁。
[99] 同上，第13-14頁。
[100] 蘇慧廉：《拓荒佈道》，第44-45頁。

上 ｜ 1.12 在倫敦大學所藏蘇慧廉致父母信件中，有一張既小又模糊的照片，或許這就是蘇慧廉啟程遠赴溫州時的形象。
下 ｜ 1.13 Yang氏全家福。（A Mission in China）

人，居然不認得他是個外國人，把他當作衣衫襤褸的乞丐，惡狠狠地追著他的腳後跟狂吠。他渾身冒汗很是著急，他以超常的勇氣往家趕，速度很快，還未來得及發現自己到了哪裡，已闖進自家的院門，不由得大大鬆了一口氣。多麼令人放心！從那可怕的大街回來後，他住的房子看起來多漂亮！緊張之後的感覺真是太好了！不過他後來很可笑地發現，他離開家門的距離始終不到半英里！」[101]

「最糟糕的是，在中國沒有一個人期待他的到來和他的福音。」[102] 蘇慧廉自己也一聲歎息。

好在當時有位姓顧的信徒，是個商人，早年遊歷過美國與澳大利亞，會說流利的英語。蘇慧廉初抵第一年，受他幫助不少。不過顧先生是永嘉剩莊人，不常來城裡，大多數時候蘇慧廉仍是孤獨的。[103]

說溫州話　做溫州人

蘇慧廉決定效法耶穌的門徒保羅，「和猶太人在一起就做猶太人，和希臘人在一起就做希臘人。」到了溫州，就和溫州人在一起做溫州人。

做溫州人，他碰見的第一個挑戰就是語言。

這裡所說的語言，包括漢語及方言。如果分得更細點，其中的漢語又有書面語（文言文）與口頭語（當時稱為官話[104]），而作為官話的口頭語，與溫州本地方言還差異很大。溫州雖屬吳語地區，但因地處偏僻，本地方言與周邊迥異，幾乎可以用自成體系來形容。外地人今天到溫州，都覺得溫州話像鳥語，更何況是對外國人，還是在一百年前的清代。

---

[101] 蘇慧廉：《晚清溫州紀事》，第19頁。
[102] 蘇慧廉：《拓荒佈道》，第19頁。
[103] *The United Methodist Free Churches Magazine* (1883): 438-439. 文中提到的「Kü」先生之姓暫譯為「顧」，其為永嘉剩莊（Yin Tsoh）人。
[104] 官話最早是對官方標準話的稱呼，漢語官方標準語早期稱為雅言、雅音、通語、正音，明清稱為官話。分南方官話（南京官話）、北方官話（北京官話）二類。晚清又開始稱為國語，1956年改稱普通話。至今外國人稱漢語還是Mandarin。

清代有些法令在今天聽來匪夷所思：不准中國人出洋；不准外商（當時貶稱「夷商」）在廣州過冬；不准洋人購買中國書籍和學習中國語言文字。據說，當時一個叫劉亞匾的中國人，因教外國商人學習漢語，於乾隆二十四年（1759）被斬首。[105] 基督教第一位西來傳教士馬禮遜[106]出了讓洋人都覺甚高的價錢，才聘請到一位「不怕死」的中文教師。這個老師「每次去授課的時候，身旁必須隨帶一隻鞋子和一瓶毒藥，鞋子表示他是去買鞋子，而不是去教書的，毒藥是預備萬一官府查出，可以自盡」。[107]

　　好在蘇慧廉到溫州時，這些法令已有所鬆弛。

　　他挨著一個中國人坐著，面前放著一本中文《新約》，一本北方官話辭書和一本《中英字典》。他不識一個漢字，學會發音後不知怎樣拼讀，費力地拼會後，又弄不懂字義。他像一個初學速記者，最初未能清晰讀出自己所記的東西。[108]

　　挨著他坐的中國人就是偕我公會請來的本地牧師，也是蘇慧廉的第一個漢語老師。這個牧師據說叫「Alas」，是個舉人。他原屬內地會，因脾氣不好被解雇，遂轉聘於偕我公會。

　　這位老人每天盡忠職守地打開教堂的大門，不管來人是誰，他都會花上一兩個小時宣講福音。有時，筆者也會坐在一側學習當地方言，半是充當吸引路人注意力的角色，半也是很有成就感地從他的講道稿上認出一兩個字來。每個星期日和每天晚上，我們都為信徒準備了禮拜，這是一項緩慢而枯燥的工作。佈道毫無吸引力，吟唱讚美詩像在受刑。[109]

---

[105] 張德昌：〈清代鴉片戰爭前之中西沿海通商〉，載《清華學報》第十卷第一期，1935年1月。

[106] 馬禮遜（Robert Morrison，1782-1834），西方赴中國大陸第一位基督新教傳教士，在華二十五年，多有首創之功。首次將全本《聖經》譯為中文並出版；編纂第一部《華英字典》，成為漢英字典編撰之圭臬；創辦《察世俗每月統紀傳》，為第一份中文月刊；開辦「英華書院」，開傳教士創辦教會學校之先河；和東印度公司醫生在澳門開設眼科醫館，首創醫療傳教的方式。

[107] 蔣廷黻：《中國近代史》（上海：上海古籍出版社，2004），第13頁。

[108] 蘇慧廉：《晚清溫州紀事》，第15頁。

[109] W.E.Soothill, " Our Mission in China," *The Missionary Echo* (1906) : 131.

除了這位牧師外，蘇慧廉還向周邊的人拼命學習溫州話。據路熙回憶，廚子、鴉片抽食者都曾是他們的語言老師。

　　路熙回憶錄中，對另一位姓Yang的老師有頗詳的記錄。Yang先生當時住在她家附近。開始時，他與蘇慧廉彼此無法用語言交流。為解決這個問題，小個子的Yang先生只能用動作來表示。比如教「死」字，他會躺在地板上，一動不動裝死；教「旋轉」這個詞，他則會自己滾來滾去。

　　Yang先生這種聾子對話式的動作教學法，儘管後來無法教蘇慧廉更多的東西，但它啟蒙了他的漢語學習。路熙的回憶錄中收錄了一張蘇慧廉親自拍攝的Yang氏全家福（圖1.13）。照片上Yang先生穿著長衫，手裡拿著本書。他的太太則坐在左邊，手裡拿把摺扇。「她是一個很自尊的人，穿著非常整潔，也因此出名。」[110] 他們的中間坐著小孫女Ngachiae，這是個孤兒，那時還只有九歲。路熙回憶說，Ngachiae小時候常和她的兩個孩子一起玩耍。Yang太太還向她提過親，要把「如清水芙蓉、如芳香玫瑰」的Ngachiae許配給她的兒子海生。當時海生還只有四歲。向老外提娃娃親，路熙說自己當場就嚇得逃走了。[111]

　　看著照片中的Yang先生，我想知道他到底是誰？Yang 對應的是哪個姓？

　　中國社科院研究員鄭張尚芳是溫州人，專業從事漢語方言、古音、漢藏語言比較研究，是語言學界古音韻研究的權威。在他二〇〇八年出版的著作《溫州方言志》中，提到一位叫任銘東的當地人曾任蘇慧廉的老師。[112]「我聽我岳父說過，他的父親做過蘇慧廉的漢語老師。我岳父還給過我幾張那時候的識字卡片。」已是滿頭白髮的鄭張先生二〇〇八年底接受我採訪時這麼說。

　　Yang先生會是任銘東嗎？

---

[110] 蘇路熙：《樂往中國》，第175頁。
[111] 同上，第176頁。
[112] 鄭張尚芳：《溫州方言志》（北京：中華書局，2008），第46頁。

因為我未及見銘東先生，我岳父亦已去世，不能確定照片中人。但Yang不知記的是官話，還是溫州話，溫州話「任」應作nyang。……我今年寫書忙，不回溫州了，我妻女將來京團聚。她們來時我會打聽其上代親眷中有沒有叫Ngachiae的。[113]

那麼Yang與Ngachiae該譯為哪幾個字？

Yang準一點是邪，音近的有殷、應iang（任Nyang也可算音近的）。……Ngachiae是顏嬌。[114]

為溫州話注音

外國人學漢語，難點在發音，因為中國語言近音同音字多。即便是同音，聲調還各不一樣。

馬禮遜初學中文時也困惑於此。如「Shu」這個音，就有「書」、「熟」、「暑」、「疏」、「輸」等不同的字。即使同一個字，有時是動詞，有時是名詞，有時又是形容詞。繼馬禮遜後第二位來華的傳教士米憐（Willam Milne）因此論斷：「人要學會中文，身體需銅造，肺腑需鐵製，檞木為頭，鋼簧為手，有鷹兒的眼，使徒的心，瑪土撒拉的長壽。」[115]

現在這難題擺在蘇慧廉面前：

北方話有五種變調而在一些南方話中有八種聲調，真是千差萬別。不懂語調的交談一般不大可能聽懂，因為中國語言的音韻很重要，除非你對語調有豐富的知識，否則就不能正確地朗讀出中國字或在談話中用重音講任何特殊的字。普通的中國人對這些問題尚不能瞭解，即使文人學士中間也只有少數人能確切辯明它，可是老百姓日常會話中從來不會出錯。

我們英語中也有聲調，不過是很隨意的，每個人都有一套自己的聲調規則。例如英文中的「What」一詞，你可以表示疑問，可以表示驚奇，可以懶洋洋地說，甚至可以傲慢地說。……在

---

[113] 鄭張尚芳，致筆者郵件，2009年1月6日。其中「親眷」為溫州方言，意為親戚。

[114] 鄭張尚芳，致筆者郵件，2009年1月7日。

[115] 此故事摘自香港建道神學院院長梁家麟在「馬禮遜來華200周年紀念講座」上的發言。

英國你可以隨時用「what」來表達出你的「what」之意，它仍就是「what」一詞，然而在漢語中，同樣是個「ping」音，你用一種聲調與另外地一種聲調所表示的字肯定不同。一位著名的官員曾如是說，一次他外出參加一個派對，那天天氣很熱，香檳也是如此。他們在一家中國人開的店子裡吃午餐，於是向老闆要冰塊（ping）。「多少？」店老闆問。「一盤。」他回答。想想看大家被逗樂的情景吧，大家等了不知多長時間後，發現服務員端來一大盤剛出鍋的大餅，餅子也讀ping啊，只是聲調不一樣！

有一次我曾跟一位是基督徒的泥水匠有過爭論，他本意不想讓我多花錢。當地有一種帶黃色的白色塗料我不喜歡，聽說其中加一點藍色粉末能夠更白，我就跟那個泥水匠說：

「去買些『la』來，混進白色塗料裡面。」

「『La』！蠟是不能混進白塗料裡面的。」

「不，可以，」我毫無經驗卻很自信地說，「趕快買些來。」

「沒有什麼用，只能浪費您的錢。」

「沒關係，我不在乎，去買吧。」我說。

「不，」那個身材矮小的泥水匠很固執，「它沒法混合在一起。」

我有點不高興了，查了字典，我用漢字寫下來，遞給他，「趕快買些過來。」

「噢！」他看了看漢字說，「您說的是『la』—蠟，可您想要的是『la』—藍。」就是因為語調的不同造成如此的誤會。

甚至就在我寫作這一章時，我聽到一位女士讀約翰福音「我是葡萄樹，你們是枝子。」時讀音有些錯誤，念成了「我是葡萄樹，你們是鑽子。」儘管有語調和別的方面的困難，中文也決不會像有些人認為是不可能學好的語言。只要具備了一般的語言能力就能夠學會使用它，那些有語言天賦的人幾乎能講得跟當地人一樣。[116]

---

[116] 蘇慧廉：《晚清溫州紀事》，第15-16頁。溫州方言中「藍」「蠟」同音，僅聲調略有差別，「藍」入聲，「蠟」上聲。

路熙也犯過類似的錯誤。她叫僕人去買楊梅，結果僕人買了羊尾給她。[117] 謝福芸也說自己曾將「菇」聽成「鬼」。[118]

解決之道，就是給漢字注音。其實赴華的西人早有此想法，他們發現，中文可以用拉丁字母（也稱羅馬字母）拼寫出來。[119]

一六〇五年，義大利傳教士利瑪竇（Matteo Ricci）最早採用拉丁字母為漢字注音。一六二六年法國傳教士金尼閣（Nicolas Trigault）在利瑪竇方案的基礎上採用音素字母為漢字注音，進一步完善了拉丁字母注音法。注音法的集大成者是晚清在華任職的英國外交官威妥瑪，他根據北京官話制定的拉丁字母拼音方案，即「威妥瑪拼音」方案，曾被普遍用來拼寫中國的人名、地名等。[120]

西來傳教士不僅用拉丁字母給官話注音，也給各地方言注音。給方言注音，其最初的目的是為了讓沒有多少文化的的普羅大眾也能讀《聖經》。這種用拉丁字母拼音的方言文字，因始於教會，稱為「方言教會羅馬字」，也叫「白話字」或「話音字」。方言教會羅馬字，對不識字的普通中國人而言，堪稱福音，因為它比漢字簡單。據說當時鄉村婦孺學習一兩個月，即可用以通信。當然，後來的外國傳教士也使用這方案學習各地方言。

蘇慧廉自然也想到用拉丁字母給溫州方言注音，他總結道：「正如多數語言學家所做的那樣，最佳拼音方案採用英語的輔音和義大利語的母音發音，……經過艱苦努力，他把拼法

---

[117] Lucy Soothill, *A Passport to China*, 33.

[118] Dorothea Hosie, *Two Gentlemen of China* (London: Seeley, Service& Co, 1924), 174-175. 筆者暫將書名譯為《名門》。

[119] 中國古人亦曾用直切、反切等法為漢字注音，唐朝時日本人創造的假名，可能是最早用於拼注漢字語音的注音符號。

[120] 威妥瑪的拼音方案，後經翟理思稍加修訂，合稱WG威氏拼音法（Wade-Giles System），亦稱韋氏拼音法。1958年中國頒佈《中文拼音方案》後，威氏拼音在內地停止使用。1979年聯合國通過決議，以中文拼音取代威氏拼音，國際標準化組織也於1982年開始以中文拼音作為拼寫漢語的國際標準。今天「清華」（Tsinghua）、「蔣介石」（Chiang Kai-shek）等國際通用的英文拼寫仍用威妥瑪此方案。在東南亞、港澳及歐美華人聚居處，威氏拼音仍有較強生命力。

進行分類，編制了一個體系，發現十分容易用『拉丁字母』拼讀漢語。」[121] 蘇慧廉筆下的「他」就是蘇慧廉自己。有人說給溫州方言注音是蘇慧廉的發明，其實更準確的說法是蘇慧廉採用了這樣方法，因為在他之前（或同時），已有多位傳教士用此法為所居地的方言注音。據《中國拼音文字運動史簡編》記載，在十九世紀末和二十世紀初，當時至少有十七種方言用羅馬字注音。[122]

溫州話因有了蘇慧廉這套注音方法，就不那麼難讀難說了。除了用拉丁字母為溫州方言編了一套拼寫系統外，蘇慧廉還編了本日常用語表。後來赴溫的傳教士多是用這套辦法學習溫州話。

一八九一年來溫的英國傳教士海和德[123]甫抵，就用溫州話給大夥唱了首讚美詩。他「秀」完後，旁邊的中國人面面相覷：「這是怎麼回事？海先生還不會說中文就已經會用溫州話唱歌？」其實，海和德只是根據拉丁字母的注音念出這些字而已。[124] 再後來的傳教士孫光德[125]則說自己是依照用拉丁字母寫成的材料佈道的。「有一次，一個人走到講台前，拿起我的筆記稿看了看，然後對聽眾大聲說：太精彩了，我一個字都看不懂，但他居然是用中文講的。」[126]

蘇慧廉後來成為溫州方言專家。另一個英國人孟國美編寫《溫州方言入門》（*Introduction to the Wenchow dialect*）時，蘇慧廉亦施以援手。「從編輯到校對，整個過程他都有熱情的建

---

[121] 蘇慧廉：《晚清溫州紀事》，第15頁。

[122] 倪海曙：《中國拼音文字運動史簡編》（北京：時代出版社，1950），第11頁。

[123] 海和德（James W. Heywood，1867-？），英國人，偕我公會傳教士，1891年來溫協助蘇慧廉工作，1896年底轉赴寧波。1912年又回溫，任溫州教區負責人，1927年離溫。寓溫二十餘年，溫州教徒習稱為「海牧師」或「海先生」，路熙根據慣稱直譯英文為Mr. Sea。

[124] Lucy Soothill, *A Passport to China*, 33.

[125] 孫光德（Irving Scott），英國人，1925年受聖道公會派遣來溫，繼海和德後任溫州教區長，1938年回英。1946年再來溫州，1948年離開。著有《溫州印象》（*Pictures of Wenchow*）一書。

[126] Irving Scott, *Pictures of Wenchow* (London: The Cargate Press)：85.

議，尤其是在單字聲調方面，他的見解尤有價值。」孟國美一八九二年十二月在此書的前言中予以感謝。[127]

街頭與教堂

「我第一次試著講道始於一八八三年六月，那時我來溫州還不到半年。我找到《聖經》經文，欣然發現有一篇中華聖公會（Church Missionary Society）慕稼谷[128]副主教用寧波方言寫成的佈道詞。我想我懂得這篇訓諭，於是隨意摘抄一些並以自己的話語進行加工，然後，某個晚上我費勁給約有三十人的基督徒團體講了這篇佈道詞。末了，我問大家是否懂得，他們都笑著用溫州話回答：「Oh tung-djah ba.」[129]

「Oh tung-djah ba」是溫州方言「沃聽著罷」的羅馬字注音，意即我們「都聽見了」。

這是蘇慧廉的自述。極有語言天賦的他竟然只用了半年就能用溫州話講道。在一八八三年十二月十日蘇慧廉寫給英國差會的一封信中，他也自豪地稱，在過去的三個月，為自己在這難懂的語言方面所取得的進步深感欣慰。[130]

蘇慧廉不久後便能講一口流利的溫州話。有一次，做完禮拜回家，那晚星光滿天，他看奧秘的星空入了神，結果忘了進自家的門，撞到本地一家商店的大門上，手裡的鑰匙也掉了。為了找鑰匙，他用溫州話請裡面的人點一下燈借個光。沒想到裡面傳來罵聲：「你真的丟了鑰匙？真是好藉口，快滾，要不

[127] P.H.S. Montgomery，*Introduction to the Wenchow dialect* (Shanghai: kelly and Walah, 1893)，Preface. 作者孟國美（P.H.S.Montgomery），英國人。1876年入中國海關，1888年10月任頭等幫辦。1889年9月25日至1891年4月3日任溫州甌海關代理稅務司。

[128] 慕稼谷（G. E. Moule，1828-1912），英國聖公會（安立甘會）傳教士，1858年來華，先後在寧波、杭州傳教。1880年升任該會華中區主教，1908年回國。著有《杭州記略》。其弟慕雅德（Arthur Evans Moule，1836-1918）、子慕阿德（A. C. Moule，1873-1957）均為知名傳教士、漢學家。

[129] 蘇慧廉：《晚清溫州紀事》，第18頁。

[130] *The United Methodist Free Churches Magazine* (1884): 3.

我就喊人了！」蘇慧廉只能逃走，因為他發音地道，別人已把他當成本地的騙子了。[131]

「哇，他連我們罵人的話也聽得懂。」溫州人驚歎。[132]「不過，這些髒話，他從來不說。」蘇太太說。因為他是基督徒。

一旦打破了語言的僵局，傳教的工作就可展開了。蘇慧廉到溫州的目的是傳教，但中國傳統一向講究「禮聞來學，不聞往教」，中西文化的差異及衝突，在根源上決定了傳教的不易。

晚清新教初來時，傳教士曾被人稱為「太妃糖先生」[133]，說他們為了吸引國人的注意，經常用太妃糖開路。蘇慧廉的書中，記錄了這樣一個故事：

中國的一條大街，一位魔術師在變把戲，也許是那有名的芒果戲法，一大群人圍著他。一位傳教士走過來，帶著要賣的書和要傳播的福音。人們看到他，會與傳教士一樣，注意力集中在正在長大的芒果樹。在戲法結束之前，魔術師已收了好幾次錢，因此不會有人說傳教士利用這夥聚集起來的人群使魔術師受損。魔術師變完了戲法，有人就問傳教士，外國人會不會玩這種把戲？「你們是想讓我來一個？」他反問。於是人群就圍了過來，想看一看外國人變把戲。「你能把牙齒拔下，又裝回去嗎？」他問一位滿口亮晶晶牙齒的男人。「但是我能，來看！」牙齒取出來了，人群發出「哎呀」的叫聲。隨後牙齒又裝回去了，「哇！哇！」大家又是一片叫聲。「現在我可以為你們取下我的頭嗎？」他又問。「哦，不！先生，不，不，不要啊！」大家喊開了。「好，我這裡有幾本書能教大家比拔牙，甚至砍頭更神奇事。這些書會告訴我們怎樣給人換心，教他愛好人不愛壞人。」[134]

蘇慧廉當時有沒有在溫州街頭以此把戲吸引路人，他的書中沒有說。

---

[131] Soothill, *A Mission in China*, 19.

[132] 同上，8。

[133] Scott, *Pictures of Wenchow*, 46.

[134] 蘇慧廉：《晚清溫州紀事》，第8頁。

一八八三年秋，溫州舉行府試，一時學子雲集。蘇慧廉也抓住這個機會派發福音小冊子。因為是免費，取閱者蜂擁而至。[135]

　　蘇慧廉初抵溫州的歲月，住在嘉會里巷的寓所裡。那裡除居所外，還有個小教堂。雖稱之教堂，其實僅是一間店鋪，狹小而黑暗。蘇慧廉後來對它做了簡單裝修，並配置桌椅，成為他在溫州的第一個工作站。這個小教堂臨街，因此亦可稱之為街頭教堂。

　　基督教入華初期，街頭教堂佈道是慣用的傳播福音方式。曹雅直初到溫州，也於同治九年（1872）「租得五馬街胡東昇店屋，即寶城銀樓大新隆布店舊址，作為禮拜佈道之所，每天開門傳教」。[136]

　　每天去街頭小教堂佈道是那時傳教士的慣例，……這種方式無疑源自那些說書人。他們或坐在一個茶棚裡，或露天而坐，記述歷史故事和逸聞趣事，還不時穿插一些幽默故事和熱門的俏皮話。[137]

　　溫州城區當時已有十萬人口，街上也是車水馬龍，但進入教堂的很少。

　　人群川流不息，急著趕時間去工作。也沒人想到他們需要我們的寶貝，不過他們確實很需要，他們的需求會向我們伸出渴望的雙臂。我們坐在那裡等候，我們感受到他們正有力地牽動著我們的心弦，不要期望哪位中國人會大喊「請你過來，幫助我們！」……差不多是同樣的情景，在我們門前匆匆而過的幽靈般人群中，「中國人」出現在我們面前，他渴求救贖，但又想逃避。[138]

　　終於有人進來了。傳教士讓他坐下，自己卻站著，想辦法激起他的興趣。對於一百多年前的中國人而言，聽一個洋人站著講話是很有吸引力的。外面經過的人，看到屋內有人，也進

[135] *The United Methodist Free Churches Magazine* (1884)：4-5.
[136] 高建國：〈基督教最初傳入溫州片斷〉，載《溫州文史資料》第七輯，第345頁。
[137] 蘇慧廉：《李提摩太在中國》，第34頁。
[138] 蘇慧廉：《晚清溫州紀事》，第22頁。

來看熱鬧。據蘇慧廉記載,當時街頭教堂為了吸引路人進來,還為來訪者提供茶水與香煙。

在那樣一個懷疑、厭惡外國人的年代,採取這樣的方式是明智的。有些傳教士甚至還不止提供香煙——如果可能的話——每週日還會為信徒提供免費的午餐,這直接導致了那些「為物質利益受洗[139]的基督徒」的產生。基督徒的善良助長了這樣的風氣,因為當時入教的人不多,而且這些人大多貧寒,對生活也很絕望,為做禮拜很多人得走很遠的路。但隨著時間的流逝,這樣的習俗成了教會的負擔,對教徒也產生了危害。但現在如果拋棄這樣的傳統,弄得不好的話就會引起誤會。一位現在仍工作在第一線的優秀傳教士,就巧妙並智慧地用無害的方法結束了這樣的傳統。做禮拜時,他向教徒說,下次禮拜時會每人贈送一隻籃子,以便他們自帶午飯來。當然,這樣的舉措在當時引起了眾人的竊竊私語,不過後來並沒有造成壞的結果。[140]

這是蘇慧廉後來的回憶及反思。他剛到溫州時,是不是也這樣做,不得而知。

進入街頭教堂的人稍微多起來,蘇慧廉便開始講道了。他先說上帝創造天地萬物,並派祂的獨生愛子耶穌來到世間,為世人贖罪而被釘死在十字架上。路熙回憶,蘇慧廉面對非基督徒的聽眾,往往會像使徒保羅一樣,說這樣的開場白:

你們自己的諺語說你們的生命來自老天,而不是來自偶像。你們信靠老天而獲得食物,而非偶像。良心被稱作天良,和平喜樂是天賜之福,這都不是靠拜偶像得來的。你們的語言裡面,最大的願望就是來世可以登上天堂。為什麼要敬拜人們手做的泥菩薩,忘了天地之主,你們的天父呢?

我們來這裡為你們喚回祂。因為祂深深愛你。想一想,如果你們自己的兒子忘了你,不理睬你,拒絕承認你和服從你,

---

[139] 接受洗禮。洗禮(Baptism)是基督教主要聖事之一,也是基督教的入教儀式。通過此禮,可以洗掉入教人的「原罪」和「本罪」,並建立起自己與上帝的聯繫。

[140] Soothill, "Our Mission in China," *The Missionary Echo* (1906): 78-78.

你會高興嗎？你會難過，你會生氣。那麼天父看到你們這麼遠離祂，祂會高興嗎？祂希望你們為了自己可以回來。[141]

然後就是聖子的故事，再接著講寓言和他自己的經歷。蘇慧廉還教他們禱告的方法，並說：「如果一個人天天向主禱告，堅持了一個月，而主沒有幫助他，這種事情從來沒有發生過。」[142]

在街頭教堂，蘇慧廉除了自己講道外，還聘請一位王姓本地人做幫手。他們兩人費盡口舌，但收穫甚微。進來的人本來就少，更何況其中很多人僅是來看看「野蠻」的外國人及其服飾。蘇慧廉後來在撰寫《李提摩太在中國》時，承認了這個幾近失敗的開局。李提摩太後來由街頭傳道轉向「尋找上等人」的計劃，蘇作為他的密友，可能也受此啟發或影響。不過，這是後話。

第四節　甲申教案

十月四日晚

初來溫州的日子並不順利。一八八四年十月四日，光緒十年八月十六日，慘烈的一幕掀開了：

這天是星期六，晚上。二三十名中國基督徒如期集中在毗鄰嘉會里巷的小教堂做禮拜。開頭的讚美詩還未唱完，門外就出現了異常情況：一群民眾在外面匯聚，當他們發覺前門緊閉不能闖入時，便轉到屋後，在那裡他們如願以償。瞬間，無數石頭「嗖嗖」地向門窗飛來。過了一會兒，木制的後門支撐不住，轟然倒下，亂哄哄的人群如潮水般地湧入院內。這時，蘇慧廉正急匆匆地趕往前門，他看到一陣可怕的火光從僕人的住處升起，於是他即轉身返回後門。他看到院子裡已聚集了一大群男子，由於天氣炎熱，許多人光著上身。這些人手持棍棒，亂扔石頭，欣賞著被「洋油」點燃的地板在滾滾濃煙中燃燒。

---

[141] 蘇路熙：《樂往中國》，第268頁。
[142] 蘇慧廉：《拓荒佈道》，第44頁。

蘇慧廉叫人一起撲火。暴民們看到蘇慧廉朝自己過來，便落荒而逃。蘇慧廉跟在後面，不厭其煩地勸說他們，但得到的唯一回答是一塊呼嘯而來的石頭。石頭打偏了，擊中蘇慧廉身邊一位教徒的頭。

　　蘇慧廉派了一個又一個人去見知縣，請求援助。他既沒有向知縣提出保護財產的要求，也沒有提及自己可以享受的治外法權。在遭到攻擊時，他僅呼籲人們要保持冷靜。事態已變得越來越嚴重，官員還是沒有來。蘇慧廉於是手持用以自衛的馬鞭，親自到官府求助。[143]

　　這些紛亂的情景記錄在路熙晚年所著的《中國紀行》一書中。這一幕並非她親見，暴亂發生時她還在英國，正做著前往中國的準備。

　　路熙是一八八四年十月離開英國的。在以未婚妻的身分向蘇慧廉的親友告別時，她收到了溫州暴發這場反洋教運動的電報。這場教案因發生於甲申年，史稱「甲申教案」。這是溫州近代史上繼一八七六年「施鴻螯事件」[144]後又一起震驚中外的民眾暴動。據《溫州海關志》記載：「當晚憤怒的群眾將溫州城內六座教堂和外國教士的住宅全部付之一炬。他們還搗毀甌海關的用物、檔案等，以及外籍稅務司、幫辦等三人住所中的傢俱和用物。」[145]

　　甲申教案的起因是中法戰爭。一八八三年中法因越南主權問題交惡，法國海軍少將孤拔（Anatole-Amédée-Prosper Courbet）帶領法軍進攻駐紮在越南紅河三角洲北圻的清軍並佔領了該地，中法戰爭自此爆發。次年八月，法艦進攻台灣。同時，進駐福州馬尾的法艦主力擊沉中國兵船九艘。十月法軍攻佔基隆，並向台北進犯。東南沿海戰雲密佈。

　　溫州地接福建，又是重要港口，並且城內還有法屬天主教教堂，一時民間有法國人將打到溫州的傳言。

---

[143] Lucy Soothill, *A Passport to China*, 5-6.
[144] 「施鴻螯事件」為天主教教案，詳見莫法有《溫州基督教史》，第124-126頁。
[145] 《溫州海關志》（上海：上海社會科學院出版社，1996），第187頁。

溫州官府發佈告示，要求每個家庭在門口放一堆大石頭。木匠日夜辛勞工作，製造巨大的木箱子。這些箱子會被拖到岸邊，望風的漁民一發現敵人的信號，就在甌江口把裝了大石頭的箱子沉到中流，這樣六十里外的甌江口就形成一道屏障，攔住了敵人的艦隊。[146]

在那個時代，這可能也是沒有辦法時的最好的辦法。不過，這些石頭因法軍沒有如期到來而未派上用場。但是，在甲申教案中，它被參與鬧事的民眾當作手榴彈扔給他們認為與法國軍隊一夥的洋人身上。

「由太平天國運動引起的反基督教情緒的餘波尚未平息，中法戰爭又進一步加重了整個中國對所有外國人的仇恨，不僅僅限於傳播外國宗教的傳教士們。……排外之風與來自官員和士紳的反對基督教的態度煽動了原本相對來說對外國人不甚關注的普通民眾。」蘇慧廉後來如此分析。[147]

歷史學家蕭功秦在《儒家文化的困境》一書中認為：「老百姓那時有充分的理由憎惡洋鬼子：鴉片的輸入，教會的橫暴，教民的仗勢欺人，以及洋貨傾銷與鐵路修築，使成千上萬依靠傳統手工業和運輸業為生的人們喪失了賴以生存的手段。在下層民眾看來，洋人築路把『龍脈』給挖斷了，洋人開礦把地下的寶氣給漏了，教堂禁止信教者祭祀祖先，把我們祖先的神祇給激怒了。」[148]他這段文字出現於「在苦難與屈辱中激發的幻想」的小標題之下。

歷史三調

甲申教案是溫州近代史上的重要事件，但因事過一百多年，中間又經歷很多的動盪，地方文獻中關於此案的史料不多，對於事件前後經過，亦說法各異。

---

[146] 蘇路熙：《樂往中國》，第9頁。
[147] 蘇慧廉：《李提摩太在中國》，第132頁。
[148] 蕭功秦：《儒家文化的困境》，第133頁。

據方志剛譯編的〈溫州「甲申教案」前後〉一文稱，當時「民眾首先衝向花園巷（英國）基督教堂，次向城西禮拜堂，再轉到周宅寺巷（法國）天主教堂。均澆潑煤油火藥予以燒毀。然後開赴甌海關署辦，但因戒備森嚴，只有檔案被毀」。[149]

光緒二十年進士、曾任浙江教育總會會長的瑞安文人項崧於乙酉（1885）四月所作的〈記甲申八月十六日事〉一文中，也認為是內地會所屬的花園巷教堂先起事。他的記錄比較詳細：「十五日，郡花園巷教堂聚眾禮拜，有小孩扣門求觀，門不啟，喧嚷不已，聚者益眾。忽教民數十人開門擾一人入，聲言欲送官重治之，且有持刀作欲殺狀者。其時，眾皆忿怒，遂毀門以入，以所儲火油遍灑堂中，縱火焚之。時夷教諸人紛紛逃竄，眾見其室內有火藥洋槍等物，草鞋滿間，婦女數十人，遂謂教民果反，競往他所焚毀，而郡城內外同時火起，且及北門之稅務司焉。」[150]

後來的溫州地方史談到此事件時，多以上述兩則記載為藍本。

蘇慧廉的回憶錄中也有關於當晚的記述：

一八八四年十月四日，當時是週六晚上，跟往常一樣，我們聚在一起舉行祈禱會。這是令人焦慮的時期，法國與中國已開戰，法國海軍離這兒不遠。此外，道台雖然不是故意，但還在進一步激發民眾的情緒，他讓每家每戶在門口堆積石頭。這些石頭，他讓人收集起來，放入他所建造的幾艘「挪亞方舟」——大木箱裡，然後拖到甌江口，沉入水底，構成水上屏障，阻擋法國軍艦進入甌江。

大約在這段時間，就在我們以南的港口福州爆發了海戰，中國艦隊被徹底摧毀。但完全不同的消息很快在溫州人中流傳，據他們說，中國艦隊已在海上殲滅「番人」。我記得，暴亂前一兩天，一名男子在城市的主要街道看到我大吃一驚，大聲地說：「哇！怎麼還有番人在我們的街上走呢？」[151]

[149] 方志剛：〈溫州「甲申教案」前後〉，載《溫州文史資料》第九輯，第247頁。
[150] 項崧：《林樹樓文集》（《午堤集》），鈔本，溫州市圖書館藏。
[151] 蘇慧廉：《晚清溫州紀事》，第81-82頁。

中法戰爭那場海戰的事實是中國艦隊被殲滅，但是當時溫州人得到的消息卻是國人在海上全殲洋人。戰敗謠傳為戰勝，頗耐人尋味。

蘇慧廉繼續寫道：

就在這難忘的週六晚，我們相聚在一起，我們再相聚已是很久以後了。此刻，我執筆在手，當時的情景又浮現在眼前：小小的禮拜堂，昏暗的油燈，幾個疲憊的信徒，尖聲的講道人，虔誠的祈禱者……驟然間，情況突變：猛烈的敲門聲，呼嘯的暴徒；石塊飛了進來，打破窗戶；一群赤膊狂徒衝進我們下人的外屋；地板上閃動著耀眼的燈火；一看到我，暴徒就逃，我在後面罵徒勞地呼喊他們；「噢」一塊大石頭擦著我帽子的邊緣飛過，「哇」的一聲，我身後的一個基督教徒被擊中頭部；我們只好匆匆逃離，狼狽不堪；很快石頭雨點般砸進我房間的大門。前街聚集大批圍觀者，大多是鄰居，他們默默地給青年人讓路，而年輕人則盡可能鎮定，穿過人群。隨後縣衙門的人來了，衙役和守門人跑過去，擋住外國人去見知縣大人的路；我倉促步行到內地會的大院，並迅速跟隨蔡文才先生回來；同意我們去見官了，雖然我們曾派四個不同的信使去見他都沒用；官家穿上他的官服，坐上轎子往出事地去了，但為時已晚：我家燃燒的熊熊烈火映紅天空。[152]

查考光緒十年九月十八日（1884年11月4日）〈浙江巡撫劉秉璋奏報溫郡焚毀外國教堂現已議結仍飭拿犯懲辦摺〉，發現官方史料與蘇氏所記有異。該摺稱：「竊據溫處道溫忠翰[153]等稟稱，溫郡辦防以來，民間深惡洋人，嘗有匿名揭貼，語多悖謬，即經出示曉諭，並令紳士剴切開導。不意八月十六夜間城西街耶穌教堂講教之期，凡入教男婦紛往聽講，有民人經過門外停看即走。堂內洋人出捕，誤拿一人拉至堂內關閉，外間居民見而詫異。旋聞被拿之人在內喊叫，忿忿不平，聚眾愈多，

---

[152] 同上，第82頁。
[153] 溫忠翰（1835－？），字味秋，山西太谷人。同治壬戌探花，1882年至1885年任溫處道。著有《蠶桑問答》《雨漢石續》等。

即有打鬥入堂奪取被拿之人。倉猝之間，激成眾怒，致將城西耶穌教堂及周宅巷、岑山寺巷、五馬街、泉坊巷、花園巷各處教堂及洋人寓所同時焚毀。」[154]

該摺很明確表明，第一把火是在城西教堂燒起來的，並且還是洋人先動手，「誤拿一人拉至堂內關閉」，結果引火上身。當時的城西教堂應該沒有別的洋人。這個洋人，莫非就是蘇慧廉？

瑪高溫登場

接下來的故事，路熙是這樣記述的：

蘇慧廉要求知縣和他一起回去看看，但被拒絕，他必須待在衙門裡。蘇慧廉實際上成了一名囚犯，不過比較安全。不久衙門裡又多了兩個避難者，一位是美國老人，另一位是跛腳的蘇格蘭人。他們是費了很大的勁才逃離濃煙滾滾的家，逃離暴民雨點般的亂石襲擊和「打死」的吼聲。聰明的蘇格蘭人看到衙門要關門來阻擋人群，便機敏地把一支拐杖插入門縫，撬開一條口讓他倆擠了進去。大門隨後關上，門外都是暴徒。他們由此撿回了一條命。[155]

這個跛腳的蘇格蘭人就是曹雅直。當時與曹雅直一起逃到永嘉縣衙門[156]避難的美國老人叫瑪高溫（Daniel Jerome MacGowan，1814-1893）。

海關的瑪高溫先生不顧個人安危來幫助曹雅直，他們快速集合起我們學校裡的十六個孩子（那些小的是從床上被拖起的），還有僕人，決定一起到衙門避難。他們還剛跑到後門，暴徒中的先頭部隊已從前門進來，不一會兒就佔據了整個院子。幸運的是衙門就在不遠，但他們沿路還是飽嘗了飛來的石

---

[154] 《清末教案》（北京：中華書局，1998），第二冊，第407-409頁。該書將光緒十年九月十八日之西元日期誤記為11月5日，筆者已據實改為11月4日。

[155] Lucy Soothill, *A Passport to China*，6.

[156] 永嘉縣衙在縣前頭，即原溫州市中級人民法院舊址，現已拆毀。此地離花園巷教堂不遠。張寶琳時任永嘉縣知縣。當時溫州城內有三處衙門：溫處道（今廣場路鹿城區府）、溫州府（府前街原人民廣場舊址）和永嘉縣。蘇慧廉夫婦在回憶錄中均用Taotai指道台，用Prefect Magistrate指知府，用City Magistrate指知縣。

頭，一塊把曹雅直的帽子打落在地，隨後飛舞而來的石塊直接落在他的頭上。瑪高溫落在後面，也飽受驚嚇，原先躲在他大衣底下的孩子都四散逃命。[157]

曹雅直夫人對她先生與瑪高溫的記錄，應更接近事實。

瑪高溫並非等閒之輩，他是醫學博士，受美北浸禮會（American Baptist Mission）之遣，以醫療傳教士（Medical Missionary）的身分於一八四三年（道光二十三年）來華，在寧波行醫傳教。瑪高溫是最早到達浙江的美國浸禮會傳教士，他在寧波開辦的醫院也是寧波城區最早的西式醫院。[158] 他的一生幾乎都在中國度過，僅在南北戰爭期間返國擔任軍醫。美國內戰結束後，他又回到中國。一八七九年受赫德委派，轉往溫州海關任幫辦兼醫生。

| 1.14　晚清時的江心嶼。（TME）

[157] Stott, *Twenty-Six Years of Missionary Work in China*, 100-101.
[158] 龔纓晏：《浙江早期基督教史》（杭州：杭州出版社，2010），第135頁。

瑪高溫精通中文，在寧波時便創辦中文報刊《中外新報》
（*Chinese and Foreign Gazette*），由此揭開了寧波近代報刊史
的序幕。《中外新報》創辦於一八五四年，是中國最早以「新
報」為報名的中文報刊。[159] 瑪氏任職溫州海關其間，還在《亞
洲文會雜誌》發表了一篇詳細的調查報告〈中國的行會〉[160]，
這是西文文獻中關於中國行會歷史問題很重要的一篇文章。因
為瑪高溫曾在溫州多年，此文中頗多材料源自溫州，因此它對
於溫州地方史亦頗具價值。

　　一八九三年七月十九日，七十九歲的瑪高溫病逝於上海虹
口文監師路（今塘沽路）寓所。《紐約時報》（*The New York
Times*）報導他的去世時，稱其為上海最老的居民之一。[161] 但溫
州的歷史文獻中幾乎沒提到這位「智商極高」[162] 的美國老人。
唯一的記錄，就是他在一八八四年十月四日那個發生月食的夜
晚，攙扶著一個殘疾人，遑遑如喪家之犬。

孤嶼江心

　　甲申教案一起，當上海英國總領事許士（Patrick Joseph
Hughes）聞知在溫州的洋人處於危險之中時，「即令停泊在甬江
的『健飛』號（Zephyr）軍艦由寧波開入溫州甌江，擺開架勢，
引起全城惶恐不安」。「此艦五日入港，炮口對準溫城」。[163]

　　蘇慧廉與曹雅直、瑪高溫在縣衙裡待了一天。五號晚，在
一小隊中國士兵的護衛下，渡過甌江來到江心嶼（圖1.14），到
英國駐溫州領事館避難。

[159] 趙曉蘭、吳潮：《傳教士中文報刊史》（上海：復旦大學出版社，
　　2011），第119頁。
[160] Daniel Jerome MacGowen, "Chinese Gilds or Chambers of Commerce and
　　Trades Unions," *Journal of North-China Branch of the Royal Asiatic Society*
　　Vol. 21　No.3 (1886). 中文譯文〈中國的行會〉，載彭澤益編《中國工商
　　行會史料集》（北京：中華書局，1995），上冊，第2-50頁。
[161] *The New York Times*, Aug 30, 1893.
[162] 丁韙良：《花甲記憶——一位美國傳教士眼中的晚清帝國》（桂林：廣
　　西師範大學出版社，2004），第143頁。
[163] 方志剛：〈溫州「甲申教案」前後〉，載《溫州文史資料》第九輯，第
　　251頁。

《煙台條約》後，英國人在溫州設領事館，館址就選在有「甌江蓬萊」之稱的江心嶼上。今天江心嶼的東邊依然保存著英國領事館的舊址。[164] 不過一八八四年，蘇慧廉等人避居的還不是這幢三層複式、青磚結構的洋樓。那時英人以島上的孟樓為臨時領事館。孟樓也叫浩然樓，紀念唐朝大詩人孟浩然曾光臨該島。

當時江心嶼還是安全的，因為道台擔心民眾與洋人有更大的衝突，已預先下令所有的船隻撤離到民眾不能接觸的海域。

路熙寫道：「領事館內，大不列顛王國領事正緊繃著臉，正襟危坐。他頭戴翻簷帽，身穿銀飾花邊制服，他想以這身打扮嚇退前來進犯的敵人。然而，敵人終於沒有露面。」[165]這個繃著臉正裝打扮的英國領事就是莊延齡——寫出第一篇關於溫州方言的論文[166]，後來出任曼徹斯特維多利亞大學教授的著名漢學家。

莊氏在一九〇三年出版的《中國的過去和現在》一書中，對這段經歷也有記述：

在法國人炮轟福州水師和軍械所後不久，一天晚上，我正在走廊上吸水煙，突然看見市中心有閃耀的亮光，直覺告訴我「有突發情況」。幾分鐘後，我的信使長便渡江來到島上。他住在市裡。他告訴我蘇慧廉先生的偕我公會教堂著火了，並且所有歐洲人的房子那一晚上也全部要被摧毀。又過了不久，海關的幾個主要人員帶著他們的槍枝和細軟也來了。就在這時，又有六個地方起了大火。午夜之前，三處教會的房子，兩處海關人員的住宅，海關主樓和天主教教堂全部被毀。所有海關人員都與我在一起，僅一人除外，那是一位年近八旬的前傳教士，他隻身勇敢前往援助其他傳教士。經過慎重考慮，最後我

---

[164] 英國駐溫領事館主樓建於1894年，為歐式三層樓房，建築面積409平方米。1895年在主樓東首續建兩層巡捕房一座。1924年5月，英國駐溫領事館裁撤後，這裡一度成為甌海關稅務司公寓。

[165] Lucy Soothill, *A Passport to China* , 6.

[166] 莊延齡1884年在香港《中國評論》（*The China Review or Notes and Queries on the Far East*）雜誌上發表了〈溫州方言〉（The Wenchow Dialect）一文，此文中他用拉丁字母給溫州方言注音。那時蘇慧廉抵達溫州還不到兩年。

們還是認為把所有的海關人員撤往海上比較好，他們已經損失了全部的財產，已經倒塌的舊領事館也不值得這麼多人冒著生命危險去守衛。我對中國人比較瞭解，因此認為，我留在後面比較安全，或者至少比較讓人放心。另外，沒人知道那些傳教士們身在何處，是否危險。長話短說，中國總兵帶著他的炮艦和軍隊及時來營救領事館了，遵照他的命令，海關人員跟隨著另一艘炮艦，第二天都被安全送返。不久之後，三名失蹤人員也被送到我這裡，他們逃進了中國衙門，只是受了些輕傷。他們看上去像火車裡的印第安人，因為沒有帽子和正常的衣服，只能蹲著。中國人給了他們一些慰問品，每人一條紅色的毯子和二十元錢。第三天，那位義大利神父也被發現，住在他隔壁的一位「異教」老婦人好心地把他藏在了一堆木柴中。[167]第一艘輪船到了之後，所有的傳教士都前往寧波。義大利神父戴著我的一頂舊氈帽，穿著一件袍子，其他人都穿著破破爛爛的衣服。幸運的是，因預見會有暴亂，所有的女士都已經被送往寧波。事已至此，已經沒有什麼善後需要處理了，除了向在晚間舞會之後表演的樂手們付錢外。沒有人特別惱怒。共有五股勢力被牽扯進來，海關總稅務司不在其列。令人振奮的是中方（在這次事件中根本沒有任何站得住腳的理由，哪怕一隻腳的理由，並且事件發生後立刻認識到後果）願意賠償所有的損失（共計37,000元），其他勢力的代表和海關總稅務司是十分願意立刻平息這次事件的。結果是，當通信員帶來事件「爭議」新聞的同時也帶來了本事件最終的解決方案。此為本事件的記錄，這事後來也很快就被人們遺忘了。[168]

甲申教案後，莊延齡即離開了溫州。路熙說他在後一站碰到更大的暴亂，還摔傷了腳。[169] 那時的中國，有教堂的地方幾乎都有教案。

---

[167] 指當時天主教駐溫州神父董增德（D.Y. Procacci, 1850-1922），義大利人。詳見方志剛：〈溫州「甲申教案」前後〉，載《溫州文史資料》第九輯，第247-250頁。

[168] Parker, *China: Past and Present*, 109-110.

[169] 蘇路熙：《樂往中國》，第13頁。

欽此

　　蘇慧廉等「難民」與莊延齡後來乘「永寧」號[170]撤離溫州。開往上海的永寧號輪上，乘客幾乎都沒有什麼行李。蘇慧廉除了一條紅色粗線毯子外，只有穿在身上的一套白色斜紋衣服。

　　甲申教案的結尾是：

　　一八八四年十月二十一日，由道台、鎮台、知府、知縣聯合署名發佈公告：溫城發生如此慘劇，實屬不幸，令人痛心之至。洋人本欲摧毀府城，只因我輩從中周旋，始獲寬容，倖免滅頂之災。今已太平無事，凡諸逃往鄉間者可以放心回城，保證不予追究。同時，眾所周知，我們所查找的唯獨謀劃排外的罪魁禍首，一旦查獲，必將斬決不貸。[171]

　　據傳說，禍首叫柴岩榮，藤橋澤雅人（因諧音，渾呼澤雅榮），事後被官府捉拿歸案，但未判死刑。據說是「當道有憐之之意，謂其雖無知，然似出於義憤，可原也。」[172] 當時的民意也偏向柴，於是「溫處道做了比較明智的處理」。[173] 數年後柴岩榮因人干預得赦免，充任獄卒。

　　十一月四日（光緒十年九月十八日），浙江巡撫劉秉璋向朝廷遞送〈奏報溫郡焚毀外國教堂現已議結仍飭拿犯懲辦摺〉：

　　頭品頂戴浙江巡撫劉秉璋跪奏，為溫郡刁民藉詞滋鬧，焚毀外國教堂，現已議結，仍飭拿犯懲辦，以昭炯戒，恭摺仰祈聖鑑事。……英國領事莊延齡以寓居之教士洋人均獲保護完善，因與地方官紳和衷商議，合計被焚教堂暨洋人寓居七處，賠洋二萬五千圓；其洋關暨稅司並幫辦二人寓中所毀衣物等件，皆非辦公之物，並由領事代估洋一萬圓，合共鷹洋三萬五

---

[170] 永寧（Yung Ning）號為客貨輪，1878年4月12日第一次自上海駛抵溫州，為溫州開埠後第一艘進港的中國輪船。該輪載重三百二十四噸，屬輪船招商局所有。自1879年起，兩週一班定期航行於溫滬線上。

[171] 方志剛：〈溫州「甲申教案」前後〉，載《溫州文史資料》第九輯，第251頁。

[172] 〈李希程書箚選刊・二致宜樓〉，載《溫州文史資料》第九輯，第287頁。

[173] 胡珠生：《溫州近代史》，第115頁。

千圓。再三商酌，減於可減，察看大局，似以速結為宜。官紳意見相同，紳民深知經費支絀，又以疏於覺察，勉力籌捐洋一萬七千五百圓，以儆將來。該地方官疏於防範，咎亦難辭，擬由溫處道溫忠翰捐廉一千五百圓，署溫州府知府胡元潔捐洋一千圓，永嘉縣知縣張寶琳捐洋三千圓，其餘不敷之數稟請籌撥，抄錄會議條款稟報前來。[174]

一八八四年十一月十四日（光緒十年九月二十八日），軍機大臣奉旨批覆：

覽奏已悉。辦理尚為妥速，准照所請，於厘金項下動撥銀兩，作正開銷。餘依議。該衙門知道。欽此。[175]

欽此！這件轟動中外的教案終於用錢擺平了。

甌海關稅務司那威勇[176]在一八九二年八月三十一日遞交的《甌海關十年報告（1882-92）》也寫到這件教案的前後經過，他在最後這樣寫道：政府已向受害者提供了賠償，但在如何懲治罪犯及制治暴亂方面，沒有任何作為。[177]

後來有首童謠在溫州城區流行：

金鎖匙巷一爿橋，一班細兒拿底搖。

米篩巷，打聲喊，番人館，燒亡罷！

蹩腳番人逃出先，跑到永嘉縣叫皇天。

永嘉縣講：老先生，你勿急，

番錢送你兩百七，討只輪船回大英國。

大英國，倒走轉，溫州造成番人館。[178]

[174] 〈浙江巡撫劉秉璋奏報溫郡焚毀外國教堂現已議結仍飭拿犯懲辦摺〉全文詳見《清末教案》，第二冊，第407-409頁。

[175] 《清末教案》，第二冊，第409頁。

[176] 那威勇（A. Novion，1838-1904），法國人。1863年進中國海關，先後任職天津、鎮江、漢口等地海關。1892年4月26日至1900年3月25日任甌海關稅務司。

[177] 〈甌海關十年報告（1882-91）〉，載《中國舊海關史料（1859-1948）》（北京：京華出版社，2001），第152冊，第400頁。

[178] 胡珠生：《溫州近代史》，第115頁。

第五節　荒野玫瑰

火光中的胸牌

　　甲申教案發生那晚，蘇慧廉逃離火光沖天的家，這時他的脖子上掛著他最貴重的財產——一枚由未婚妻贈送的手繪胸牌。[179] 二十三歲的蘇慧廉當時已有心上人。

　　蘇慧廉一八八二年剛抵中國時，就向差會提出結婚的申請。他的申請很快得到批覆，因為英國方面也希望蘇慧廉能在溫州安家落戶。

　　蘇慧廉的心上人路熙·法勒（Lucy Farrar，圖1.15）是英格蘭約克郡南奧威勒（Southowram）人。坐落於奔寧山脈（Pennines）一個小山坡頂上的南奧威勒隸屬哈利法克斯市，是一個充滿英格蘭荒原風情的小鎮。英國天才女作家艾米莉·勃朗特（Emily Bronte）據說年輕時曾在這裡的一所女子寄宿學校任教，也就是在這裡，她開始構思後來享譽世界的《呼嘯山莊》。

　　南奧威勒過去盛產石料和礦物，路熙家就從事採石和農場。他的父親叫查理斯·法勒（Charles Farrar，1823-1894），是名石材商人，也是法勒家族企業（John Farrar & Sons Limited）的繼承人之一，在當地頗有影響力。路熙父母生育了六個孩子，路熙是老四。除她之外，其他都是男孩。[180]

　　路熙也出生於一個虔誠的基督教家庭。他的父親既是地方上的頭面人物，也是循道宗在本地的義務傳道（local preacher）。路熙的祖父約翰·法勒（John Farrar，1802-1884）牧師更是循道宗的名人，擔任過多屆的英國循道宗年議會（British Methodist Conference）幹事，並兩度當選為主

---

[179] Lucy Soothill, *A Passport to China,*8. 路熙認為這是別人的一個傳說。

[180] 路熙的母親叫瑪麗（Maria），哈利法克斯人。1848年與她父親結婚。路熙的兄弟分別叫沃爾特（Walter）、湯姆（Tom）、喬治（George）、艾爾弗雷德（Alfred）、約翰（John）。關於其父母兄弟的回憶，可參看*A Passport to China*第二十二章。

第一章　陌生人（1861-1890）　069

席。還編寫過多部《聖經》字典。路熙的祖母索菲亞（Sophia Matilda，1796-1880）亦出生於一個基督教家庭，其父親也是循道宗的牧師。

從廣義上講，蘇慧廉與路熙都是哈利法克斯人。雖然沒有資料顯示他們如何相識，但很明確的一點是，在蘇慧廉赴華前兩人就相愛了。蘇慧廉離開英國後牽掛著路熙，並給她寫了不少信。

也許是那些一封接一封華麗而別有圖謀的信件讓我下定決心，這些信足夠把鴨子誘惑上岸。當我到了寧波港的時候，有人開玩笑地問我有沒有把這些信件帶到身邊。

「帶了一些。」

「那麼每天都對他大聲朗讀——提醒他對你的承諾。」這是他的忠告。

我曾經覺得這個主意不錯，並嘗試了一次。但那個「姓蘇的」曾是學法律的，並不容易掉入圈套。

「愛？我一直愛你，但我從來沒有承諾過什麼。」他當即反駁，和我預料的一模一樣。[181]

一八八四年十月，路熙打好行囊，即將出發時她收到了電報：「歐洲人在溫州的房子都被燒掉了，沒有人死亡。」電報雖然很簡明，但還是差點給路熙的行程劃上休止符。「最後慈悲的聖靈覺得讓一個年輕人同時失去房子和妻子的話，未免太令人沮喪了。」[182] 路熙決定繼續前行。蘇慧廉後來挪揄她：「她太想來了，暴亂也阻止不了她。」

路熙生性要強。因兄弟眾多，她說自己從小在男孩子中間長大，總想讓別人感覺到自己的存在。

「我登船開始了航行。船上的人我一個也不認識。但我相信神，我一生都如此相信。」[183] 當時坐船從英國到中國要兩個月的時間。路熙抵達時，蘇慧廉正避難於上海。一八八四年底，他倆在上海舉行了婚禮。當時路熙二十八歲，比蘇慧廉大五歲。

---

[181] 蘇路熙：《樂往中國》，第5頁。
[182] 同上，第6頁。
[183] 蘇路熙：《樂往中國》，第6頁。

「蘇路熙」是她後來取的漢名。「這名字在中文裡是光明大道的意思，還有什麼比這個名字更合適於這位終身舉著光明火炬的坦誠而可愛的人。」這是她女兒謝福芸一九三一年給她的回憶錄撰寫序言時所做的評價。[184]

路熙在垂暮之年回憶起自己的青春與愛情時說，我在中國的歲月，從暴亂開始。

面朝大海　春暖花開

上海婚禮後，蘇慧廉帶著妻子去了寧波，寧波是偕我公會在中國的總部。他倆在寧波逗留兩週後，便搭乘「永寧」號返回溫州。又是「永寧」號，蘇慧廉逃離溫州時坐的就是這條船。

當我和蘇慧廉獨自站在小小的蒸汽船的甲板上向擔憂我們的寧波朋友揮別的時候，我才發現我已經置身於怎麼樣的命運中。到目前為止一切都很順利，但是當船離岸而去，我的眼睛突然迷濛濕潤，看不見岸和朋友。我感覺自己在漂流，把我所知道的整個世界拋在身後。我出發了，不僅是婚姻那未知的海洋，還有蘇慧廉已經經歷過的惡意和危險也在等待我。[185]

這個有一頭迷人的暗色頭髮，雙頰常泛起玫瑰色紅暈的女孩就要走向她的第二故鄉，一個離家鄉很遠很遠的城市。

蘇慧廉夫婦抵達溫州的時間正好是一八八五年元旦。因為嘉會里巷的寓所已毀於甲申教案，他倆只能暫時落腳在江心嶼英國領事館裡。

讓蘇慧廉欣慰的是，領事館為我們提供了住處，兩間比江邊小木屋好不了多少的房子派給了我們這兩個苦惱的英國公民。這讓我們不用擔憂在哪裡過夜。說真的，蘇慧廉也沒有向我坦白除此之外，是否有別的地方可以選擇。[186]

---

[184] 同上，第3頁。
[185] 同上，第8頁。
[186] Lucy Soothill, *A Passport to China*, 9.

領事還把館裡為數不多的傢俱分些給他倆使用，這些傢俱上鏤刻著代表維多利亞女皇的「V.R.」[187]字樣。

　　就在我們努力解決如何安放行李這個難題（臥室不比我的行李箱大多少），並不指望還能吃上一頓飯時，領事親自來了，並突然說道：「來吃午飯。」常年獨自生活在中國，領事的待人處事難免有些古怪，但是我們很快就明白他簡短乃至於顯得生硬的說話方式之下，其實有遮掩不住的溫情。[188]

　　當時莊延齡已離任，新的領事叫施維祺（W. Gavin Stronach）。據路熙記載，施維祺也是傳教士之子。[189]

　　我們過去吃飯，他的妻子誠摯地歡迎我們。這是一位瑞士姑娘，在約克郡生活了很多年，也是新近才來到溫州。這位女士後來被證明是一位最樂於助人的朋友，而且我時常懷疑在整個中國能否再找到第二人：當一個領事的妻子發現自己幾乎所有的衣服都無法穿，家中的人們可憐兮兮地希望能在酷熱的氣候中擁有一些必備的衣物時，她卻花大量的時間穿針引線，為一位傳教士的妻子提供酷熱天氣裡所需的全部衣服。

　　在午飯前，我們受邀過去一起進餐，第二天的早餐也是如此。我們愉快地接受了邀請，因為在我們所居住著的這個「混亂不堪」的國度裡，自己準備飯菜是一件很奢侈的事。領事和他的妻子甚至還表示願意幫助我們一起打開行李。當一件件的物品被拿到燈下的時候，他們幾乎和我們一樣興奮——這可都是令人想家，想起英格蘭的東西啊！但是，唉！在他們離開後，最大的難題就是找地方安放這些東西。混亂的日子裡，在燦爛的小院子裡，聳立著一株中國常見的可愛的粉紅色月季花，這也是領事妻子送來的。它像是對美和秩序的敬禮，也像

<hr />

[187] Victoria Regina，維多利亞女皇（1819-1901），1837-1901年在位，是英國史上統治時間最長的國王。她在位的時期是英國最強盛的所謂「日不落帝國」時期。從她即位直到一戰開始的1914年，英國稱為維多利亞時代。

[188] Lucy Soothill, "The Story of the Wenchow Mission," *The Missionary Echo* (1894): 77.

[189] 同上，30。

是對周遭的喧囂作出的一個迷人的抗議。[190]

路熙的回憶錄中，有一章專門寫江心嶼的家。在這間「新房」裡，他們生活了六個月。這章回憶中，有兩個細節饒有趣味：

一是理髮，她照著領事妻子的髮型給蘇慧廉剪了個「伊頓（Eton）頭」。剪髮時，幾個好奇的中國女人貼著窗門看，並草率地論斷：「看來紅毛鬼子的國家裡剃頭匠都是女的。」[191]

他們當時的蜜月生活是封閉的，亦如這個位於甌江中心的島嶼。好在兩岸青山如畫，年輕的路熙與蘇慧廉便決定給這些山巒取名字。其實，早來的瑪高溫已給溫州很多山取了名字，因此留給這對年輕人的僅是些補白的工作。

格雷斯（Grace）山很有名，以最早來溫州北部的英國女士名字為名。我用自己的名字命名了路熙山——那座最高的山，頂上小小的平台上還有座廟。我們的小女兒來時，我們把那座從遠遠的地方就可望見的山取名為多羅茜峰。只有一座位於下游的山留給了男士——偉大的人——主持中國海關的著名英國人赫德——這就是赫德峰。[192]

Grace便是曹雅直的夫人曹明道，她也是第一位來到溫州的女傳教士。一八七〇年三月十二日，二十四歲生日那天，她抵達中國。當年四月二十六日與曹雅直在寧波結婚，然後前往溫州。她後來在溫州生活了二十六年，把一生最好的歲月獻給這座小城。赫德是蘇氏夫婦的好友。一八八六年七月十二日，他曾乘海關巡邏艇「凌風」號來溫視察。[193]

這就是他倆面朝大海的新婚生活。

金先生

避居江心期間，蘇慧廉經常會過江到城裡去。每個週日他幾乎都要去主持禮拜。嘉會里巷的教堂已毀於教案的火光，那

---

[190] 同上，77。
[191] 蘇路熙：《樂往中國》，第17頁。
[192] Lucy Soothill, *A Passport to China*,12.
[193] 《溫州海關志》，第187頁。

段時間，禮拜在一位姓金[194]的溫州教徒家裡舉行。

「你問，誰是金先生？他是世界上最善良的人之一。」路熙說。

甲申教案後，蘇慧廉逃往上海時就帶著這位金先生——他當時的男僕（圖1.17），因此「金」也成為路熙認識的第一個溫州人。在路熙的眼中：

金在中國人中間只算其貌不揚，但當他第一次畢恭畢敬地站在我面前，瘦骨嶙峋卻十分順眼，他對我也一直保持不必要的恭敬。當時他穿著傳統的寬鬆長袍和勞動者的厚底布鞋，臉和半個腦袋剃得乾乾淨淨，亂亂的頭髮紮成一條辮子，一直垂到腳踝。他的膚色很黃，長相一般，高顴骨，每一線條都刻畫了中國內地人的特點。[195]

蘇慧廉則說：

我最初認識他時，他是一個身材高大、舉止自然、相貌英俊的男子，快三十歲的樣子。和一般的漢人不同，他有一個充滿熱情的額頭，一雙清澈的眼睛，如果嘴巴大小可作評判人的依據，他可是長了一張演說家的嘴，能說會道。他的臉，像他的性格，溫厚和藹，從他成為基督徒以來，儘管說話耿直，但我從來沒有看到他得罪人。[196]

金先生原靠製作紙錢為生，這個工作一年能掙兩三百元。

當初是林福伯拉金先生來聽福音，從他的第一次聽道起，上帝救贖的真理就如磁鐵般吸引他。他的妻子和岳母，一聽到他參加我們的禮拜，便表現出了最激烈的反對，害得可憐的林福伯相當長的一段時間，幾乎不敢在他們家門口露面。也不能責怪他們，因為，在那些日子，做基督徒比在英國作無神論者更招人討厭，因為當你在一千個神中去掉九百九十九位神，只剩下一位，那你跟無神論者也相差無幾了。

---

[194] 按溫州方言教會羅馬字，Chang 應譯為「金」。此金先生可能是溫州第一代傳道人金國良。2011年8月筆者採訪金先生的外孫方保羅，他也無法確認其外公的名字。

[195] 蘇慧廉：《樂往中國》，第47頁。

[196] 蘇慧廉：《晚清溫州紀事》，第80頁。

上左 ｜ 1.15　年輕時的路熙。（TME）
上右 ｜ 1.16　路熙回憶錄的扉頁是張江
　　　　心孤嶼圖，這張畫的作者會是她
　　　　本人嗎？
下左 ｜ 1.17　金先生。（TME）
下右 ｜ 1.18　白屋仍在，現在住著城西
　　　　堂的幾位牧師。（2007年7月28
　　　　日攝於溫州）

很快他們遇上更大的麻煩，因為，過了一段時間，金先生申請洗禮，這時就有必要指出，他的生意對他的申請是一個不幸的障礙。困境中，他向上帝尋求幫助，以尋找另外的謀生之道。幾個月來他不斷祈禱，但他的祈求沒有得到預期的回應。上帝，要降大任於這名男子，因此要鍛煉他的意志，為了將來更好的侍奉，讓他自己解答自己的祈禱。

不能再等了，他不顧家人的怨言，他決定放棄利潤豐厚的職業，開一家小店。這次，他這樣做了，不久後，被接納為基督徒。不過，結果令他大失所望，小店很快就轉手了，因為小店沒有給金先生帶來維持生活的收入。他決定不管它，聽天由命。這個時候，他的妻子和岳母，又軟硬兼施，逼他重操舊業，但他卻打起「背包」，挑起擔，去當賣貨郎。

這是一件累人的活，走街串巷，風餐露宿，討價還價，利潤微薄，很少有機會碰上信主的人。依他原來的活計，每年可以賺兩三百塊錢，因為他有一流的手藝。作賣貨郎，他的收入從來沒超過五十塊。捫心自問，有誰願意放棄輕輕鬆鬆一星期賺五元的工作，而去幹辛辛苦苦賺一元的活！但他願意，以獲得心靈的安寧。所以不難理解，金先生為了忠於他熱愛的真理，承受著多大的犧牲！

這時，我正好辭掉僕人，我必須另外找一個。猶豫再三之後，我去找金，告訴他這個工作的性質，並提到薪酬微薄，但可以住宿。

我並不指望他會接受，不僅僅是報酬低，而且這是僕人的工作。然而，他迅速接受了我提供的職務，還說這份工作經濟收入與他目前的生意差不多，但他更珍惜能正常參加禮拜，並可以擠出時間學習經文。[197]

甲申教案發生那晚，金作為蘇慧廉的僕人正在他的身邊。憤怒的群眾將一塊石頭扔向蘇慧廉時，金為他擋住了這一劫。在那一刻，蘇慧廉深刻體會到中國僕人的忠誠。避難江心嶼時，蘇慧廉把金提升為廚子。「他是一個糟糕的廚子，

---

[197] 蘇慧廉：《晚清溫州紀事》，第80-81頁。

但是一個很好的基督徒。將一個好基督徒與好廚子兩者揉和在一塊，真有點勉為其難！」蘇慧廉吃著難吃的菜，只能如此打趣。

避居江心期間，金在城裡的家就成為臨時的教堂。蘇慧廉去主持禮拜時，路熙偶爾也跟著過去。金先生的「房子有一個小院子，院子裡鋪上了竹席，另外還臨時擺放了些凳子。院子很快就被擠滿了，以至於人們不得不把門關起來」。[198]

當時中法戰爭的陰霾仍未散去，為防備法軍對溫州展開攻擊，溫州城裡還有很多來自廣東的粵兵。一次蘇慧廉在東門遇見粵兵，還受到襲擊。「蘇慧廉發現自己被粵兵包圍，明顯他們很興奮，而且有敵意。一個來抓住他的衣服，另一個抓他的腿。蘇慧廉手無寸鐵，他知道最聰明的辦法就是割斷衣服逃跑。他快馬加鞭地逃走，於是紐扣就落在這些士兵手裡。但在街道上，他又看見更多的士兵在廟前，也許正在上演排斥外國人的戲劇。蘇慧廉只好回頭，從那些企圖抓他的士兵身邊飛奔而過。士兵抓不住他，只好不斷大聲咒罵他。」[199] 穿著被抓落了紐扣的外衣逃回家的蘇慧廉，這時已能聽懂不少中國話了。

白屋

一八八五年四月，「永寧」號恢復航運。此後不久，避居江心的外國人，可以回到城裡居住了。

路熙回城後的新家，在她的回憶錄中被稱為「白屋」（White House），因為它的外牆塗著白石灰。[200]白屋（圖1.18）是用教案賠償建的。莊延齡說：「他們住上了比以前更好的房子，當然，這得由中國人出錢了。」[201]

我在離教堂步行一刻鐘的地方買了塊很好的地，它原是一個富裕官員的私邸，但數年前毀於一場大火。起初屋主要價

[198] Lucy Soothill, "The Story of the Wenchow Mission," *The Missionary Echo* (1894): 89.
[199] 同上，24。
[200] Lucy Soothill, *A Passport to China,*37.
[201] Parker, *China:Past and Present*, 110.

很高，後經幾番還價，我以三分之二的價格買下了它。這塊地的一大好處是其中一面已有石頭做的圍牆，而另一面並不需要圍牆，這起碼可節省三百元的費用；另一個好處是這塊地比周邊要高出一英尺，這可是我在溫州從未見過的；第三個好處是它連著我們去年已展開工作的一條街道，我們好幾個虔誠的信徒就住在那裡。也就是說，我正好在他們中間。也正是因這原因，我已在這裡建了間晚間祈禱室，主日學也可設於其中。我還可以舉出更多的好處來，但總而言之，不論是洋人還是本地人，都說這是城裡最好的地段了。作為住所而言，它與以前的不可同日而語。還有一點，我忘了說，這裡的空房子可開闢為女子寄宿學校。[202]

蘇慧廉在一八八五年四月十四日寫給母國教會的信中，如上報告了自己的新居。

老輩的溫州人至今還把瓦市殿巷八十六號內的一片舊房子叫作「番人館」，這裡應該就是蘇慧廉買地自建的白屋。白屋至今仍是城西教堂的教產，裡面住著幾位牧師。

路熙回憶白屋歲月時，說自己在陽台上可以看見爬滿青苔的城牆、青山及山頂的亭子。最吸引人的是後窗可以看到「永寧」號的桅杆。[203] 二〇〇七年仲夏的一個下午，我去了趟白屋。站在耀眼的日光下，我想像路熙站在自家的陽台遠眺華蓋山的情景。這裡離甌江不遠，在當年應該可以看見「永寧」號的桅杆，聽見汽笛的叫聲。

今天白屋的房前是片水泥地，路熙說這裡曾是開闊的草地。「我們種樹，有柳樹、橘子樹、桑樹。我們看著它們長大，這裡多雨，樹生長得很快。花園主要是我負責，我們種的番茄是世界上最好的，因為陽光很充足。」[204] 花園夠大，蘇慧廉夫婦還在這里弄出個網球場來。當時在溫州的歐洲人，包括領事都來玩。

---

[202] *The United Methodist Free Churches Magazine* (1885): 670.
[203] Lucy Soothill, *A Passport to China,*36.
[204] 蘇路熙：《樂往中國》，第40頁。

路熙成了城裡的名女人，路上的行人幾乎都認識她，因為她是當時溫州城裡僅有的兩個外國女子之一，另一便是曹明道，比她大十歲。

　　有人「惡作劇」地建議，讓這兩位外國女子進行一場繞城跑步比賽。瑪高溫醫生也湊熱鬧，說：「如果你們能從我的屋前出發，我就會給勝者一份獎勵。」瑪高溫的家在城牆附近。

　　這個建議被採納，隨後就是比賽的日子，我們出發了。曹雅直夫人——由蘇慧廉和漢尼斯（Hanisch）先生陪伴，向一個方向出發；而我，由海關稅務司，一位健碩的亞伯丁人陪伴，朝另一個方向進發。城牆周長五英里，路經多處陡峭山崖，爾後又急轉直下。親愛的編輯先生，在這之前，我從未如此「全力以赴」過，但是我想，如果身後有頭瘋牛在追趕的話，我肯定能跑得更快些。很慶幸，一路沒有發生什麼意外。當我們走到最後一段，並且已經看見瑪高溫醫生的家時，我友好的對手還沒有出現，「也許他們已經進屋，正平靜地等著我們呢。」我喃喃自語，並想像當我走進屋裡的時候，定會受到嘲笑的歡迎。事實並非如此，我們才是那個需要等待對手的人。我們足足等了二十分鐘，才看見對方姗姗來遲的身影。所以，最後偕我公會「輕易取勝」（如果可以這麼說的話）。因為當時的情況下，那些紳士們只是過來湊湊熱鬧而已。我還要補充一句，從那以後我再也不參加什麼跑步比賽了。瑪高恩醫生和藹地答應送我一副手套作為獎勵，但是我不需要手套，我們需要的是一架管風琴。於是我給他寫了張條子，最後他給了我五元，那時相當於一個英鎊。這正是我們購買管風琴經費的第一桶金。[205]

　　有女人的生活，總是美麗的。蘇慧廉稱路熙為「荒野玫瑰」，因為她的到來，「把他那穀倉似的房子變了樣，還有他的廚房、他的廚子，特別是他自己都改變了。」[206]蘇慧廉說自

[205] Lucy Soothill, "A Tale of an Organ," *The Missionary Echo* (1907): 153.
[206] 蘇慧廉：《晚清溫州紀事》，第20頁。

己平生第一次完全理解了《聖經‧以賽亞書》中有關曠野開出玫瑰花來的那一節。

「達玲」謝福芸

一八八五年的白屋，一個小生命在孕育。「我們在寧波住了一個月，一八八五年的十一月底，我們回了溫州。生活全變了，因為我們的女兒出世了。」[207]

這個生在寧波、長在溫州的小女孩，英文名叫多羅茜[208]（Dorothea）。不懂英文的溫州保姆因蘇慧廉夫婦叫她「Darling」（音達玲，意為「親愛的」），就認為「達玲」是她的名字。於是周邊的中國人也都叫她「達玲」。[209]

那時候，保姆很難找，因為這裡的女人都是小腳，比起我們大腳大步走的外國女人來，行動上不大方便。而且城裡流傳著很多關於外國人的不好傳聞，因此嚇著了她們。我一次開玩笑地拍拍我的保姆，她非常害怕，看樣子是感覺自己要被我大打一頓。從那個時候開始，我就不再用手碰她了。

那時候她護理我的孩子。一次我看到孩子皮膚過敏發紅，聞一下，還有鹽的味道。我聞到嬰兒的粉盒也有這麼股味道。這些天，可憐的孩子用的就是氣味強烈的美國發酵粉。我叫保姆拿嬰兒粉給我，她果然拿的是美國發酵粉。這個東西包裝和嬰兒粉全然不同，而且我還曾辛苦地指給她看哪個是嬰兒粉。[210]

這個乳名叫「守冬」[211]的溫州保姆，在路熙的書中沒有留下正式名字。不過，謝福芸的記憶裡有這個穿著藍色棉褲和棉衣的「阿姆」。溫州人至今還把保姆叫「阿姆」。

---

[207] 蘇路熙：《樂往中國》，第56頁。
[208] 據說蘇慧廉最初為女兒取名Dorothy，後被英國駐溫州領事改為Dorothea，意為神的禮物。
[209] 蘇路熙：《樂往中國》，第57頁。
[210] 同上，第57-58頁。
[211] Lucy Soothill, *A Passport to China*, 58，原文為Siu-tung, Winter-born。

長大後的多羅茜一次去參觀英國大英博物館，當她在展廳的一個角落看見得墨忒耳[212]（Demeter）的畫像時——

　　這位大地之母寬闊的雙肩和溫暖的膝蓋讓我想起了疼愛我的保姆的雙肩和膝蓋。我是多麼地感激她！思緒飛到了我五歲時，那時還生活在溫州，當我躲在碗櫃裡面的時候，我那穿著藍色棉褲和棉衣的保姆也在餐廳的地板上坐下來。她把我抱到了自己的腿上，用膝蓋夾住我的雙腳。

　　「小寶貝兒，」她在我的耳邊低聲說道，用雙唇摩挲著我的前額，這是中國式的吻。「太太真是為你操碎了心，你怎麼一點都不肯努力讀書寫字？她剛才還歎息著說，莫非天生就是這麼笨，老爺會傷心地認為這個家族就是天生愚笨，太太為此會感到很羞恥。……已經有一兩個人問我這個保姆，你能認識多少個字？我就告訴他們，那些奇怪的英文字母比中國漢字難學多了，需要花費更多的時間來學習。如果你一直都不努力去學的話，他們以後問我時我該怎麼回答？因為我已經受洗了，對於他人提出的問題不能再含糊其辭了。你說怎麼辦呢？我的寶貝兒！」

　　「阿姆，」想到我的未來我也感到很驚慌，「所有的字母在我看來都長得一個模樣，我一點都記不得它們。我該怎麼辦呢？——不過我確實不能讓你和我的爸爸媽媽感到羞恥。」

　　「確實是這樣的，」她也歎了一口氣，「外文字母看上去都一個樣。就是昨天，傭人從輪船上拿回來一個郵包，他說不管是正過來還是反過去，都看不出上面寫的是什麼。這些字簡直就像是一隻蜘蛛沾了墨水爬出來的，他就是這麼說的。那些字看上去確實就是那樣。你看你母親，一個女人家，就可以輕易地把它們都認出來。還有人告訴我，有些中國人也能掌握這神奇的語言呢。」

　　「我該怎麼辦呢？」我嗚咽著說，「我太笨了——都快笨死了。長輩們會因為我而丟臉的。」

---

[212] 希臘神話中大地和豐收女神。

「你必須吸進去一些智慧，」她邊說便深呼吸了一口，給我示範，「當太太把那些古怪的字母放在你和你弟弟周圍的時候，你必須『把智慧吃進肚子裡去』，就像中國人說的那樣。」

她著急地看著我，我也著急地看著她。她撿起被我丟在旁邊的一本少兒讀物。

「看，」她說，「試著認認上面的字。」

唉，一個字，哪怕是半個字我都不認識。「阿姆，」我說，「也許我把字吃進去，我就會變聰明了？」

她好像也恍然大悟。我們撕下了半張紙，並將它揉得小小的。保姆就這樣坐在地上看著我。小紙片很容易就滑了下去：得到智慧看上去並不難。這張紙的上半部分是一艘海輪，她認為這毫無用處，最需要進到肚子裡的是文字，而不是藝術。

這樣的方法還是立竿見影的。一個星期之內我已經能認識幾個字了。阿姆的說教讓我把小孩子愛玩的天性都轉移到了那些像蜘蛛爬的字母上去。後來因為要遠離南方難耐的悶熱和潮濕，我們乘著小蒸汽船來到了上海，從那時起我就在北方開始上學。我的母親一次拿著被撕壞的書來找我，一張紙的上半部分就畫著一艘海輪。

「我很好奇，」她說道，「書是怎麼被撕壞的？」

阿姆和我都保持了沉默。[213]

這個當年不愛學習的笨小孩後來成為知名的作家，著有遊記、小說多種。這些與中國相關的著述，給當時的英國人留下了深刻的印象。她還曾協助蘇慧廉編輯整理漢學著述。在蘇氏多部著作的前言，他都提到這個愛女，並感謝她的幫助。

多羅茜少年時隨父母生活在溫州，七歲時才回英國讀書。她後來畢業於劍橋的紐海姆學院（Newnham College，Cambridge）。蘇慧廉稱該校為婦女的夢中天堂。[214] 完成學業

---

[213] Dorothea Hosie, *Portrait of a Chinese Lady and Certain of Her Contemporaries* (New York: William Morrow and Company, 1930), 6-8。筆者暫將書名譯為《中國女士》。謝福芸將該章標題取為《中國母親》。
[214] Hosie, *Two Gentlemen of China*, Introduction.

後多羅茜又回到中國。辛亥前，與另一位劍橋校友共同創辦北京培華女校。

多羅茜後來取漢名叫「謝福芸」，意即快樂的花園。

第六節　第一個十年

教堂重建

嘉會里巷的街頭小教堂毀於甲申教案。蘇慧廉一八八五年回到溫州後便著手重建。重建的構想避居上海時就有，在這封一八八四年十二月十七日致母國教會的信中，他這樣寫道：

首先，在原地重建一座可容納兩百人的教堂，當然這個方案還得適應以後不斷的擴建。新教堂必須與街道分隔開來，以便晚上禮拜時唱詩的聲音不影響別人。另外，還需要一個與原來差不多大的街頭教堂，面向大街，以作傳教及賣書之用。[215]

「我們高價買回了暴亂中被毀的地產，錢來自中國政府的賠償、國內的捐贈和我們自己的積蓄。」路熙說。

二十四歲的蘇慧廉狂熱幻想能在城市買個新地皮蓋新教堂，比原先的大。他不懂建築，不懂生意，但他懂漢語。一天，本來聲音柔和的蘇慧廉大聲和幾個人談生意，像個潑婦，真是無法想像。不過他談成功了。

……

懶惰無能的工頭、不誠實的商人和惡劣的工作，讓建築過程很不愉快。不過慢慢地房子終蓋成了。[216]

這是蘇慧廉主持建造的第一幢建築，當時他還只有二十四歲。謝福芸後來評價：「要是有不完善的地方，也是情有可原，畢竟他在來中國前，學的是法律而不是建築。」[217]

---

[215] *The United Methodist Free Churches Magazine* (1885): 265.

[216] 蘇路熙：《樂往中國》，第29頁。

[217] Dorothea Hosie , *Brave New China* (London:Hodder and Stoughton, 1938), 193. 筆者暫將書名譯為《義勇中國》。

新教堂建在嘉會里巷原址，不過比原堂要大。它分兩部分，容納近百人的街頭教堂與可容納三百人的禮拜教堂。街頭教堂，其實就是沿街的傳道室，主要用來接待異教徒。建在街頭教堂邊的禮拜教堂，則供信徒週日崇拜之用。偕我公會一八八六年年報表明：「溫州於本年增加了一座教堂。當年教徒人數為五十六人，與上一年相比沒有增加。」[218] 年報中說的新增教堂，應該是指禮拜教堂。約開工於一八八五年下半年，一八八六年完工。

　　街頭教堂一九〇一年前後拆除，禮拜教堂後來則不斷擴建、修繕，直至今天（圖1.19）。今天的溫州人叫它「城西教堂」，在當時，它的名字是「城市教堂」（City Church）。

　　稱它「城西教堂」，是因為它位於溫州城西。更準確的地理方位是：東臨城西大街，南瀕嘉會里巷，北出金鎖匙巷。溫州舊時是水鄉，多河。嘉會里巷的正對面就是道前河，各地買舟而下的教徒抵碼頭，拾級而上便可步入教堂。

　　謝福芸一九三六年十二月重返溫州時，在時任教區長孫光德的帶領下，前往城西教堂禮拜。在她的回憶錄中，留下了對教堂周邊街景的描述：

　　道路還算寬敞，我們肩並肩而行，並聽孫牧師講話。不過當我們走進一條小巷子的時候，就得一前一後走了。巷子裡，鐵匠正在打鐵，傢俱店裡的伙計正把上了漆的傢俱拿出來曬，而賣肉的屠夫正吆喝著吸引客源。河邊的小徑還是泥地，泥濘得很。我們走進一扇大門，一處略顯衰敗的建築出現在面前，拾級而上：這是我父親的教堂。[219]

　　我小時候就住在離城西教堂不遠的地方。逢週日，常陪奶奶去教堂禮拜。我們就是這樣攜手走過這些小巷。倉橋街與解放路交界的巷口有好幾家打鐵、打銅鋪，白鐵製作的鍋子盤子

---

[218] *Thirtyieth Report of the Home and Foreign Missions of The United Methodist Free Church for the Year Ending June, 1886.* (London: The United Methodist Free Church).

[219] Hosie , *Brave new China* ,195.

一直擺到路上。倉橋街賣傢俱、木器的店也不少，這種經營特色一直延續到上世紀末期。

到農村去

蘇慧廉很快就發現，另一種傳播福音的途徑是去鄉村。蘇慧廉甚至認為，這是更有效的途徑，因為城裡人的心都忙於生計。[220]

說這是蘇慧廉的辦法，不如說這是循道會的方法，當年約翰·衛斯理就是這樣傳教的。說這是衛斯理的辦法，不如說這是耶穌的方法。耶穌當年，也是這樣一個鎮一個村地去傳播福音。耶穌說：「我們可以往別處去，到鄰近的鄉村。」[221] 但對於外國傳教士而言，這不是件容易的事。在蘇慧廉看來，「因為無論是中國大道的道路，還是通往中國人心裡的道路，都是曲折蜿蜒、崎嶇不平的。」[222]

┃ 1.19　現已成為浙江省文物保護單位的
溫州城西教堂。（陳耀輝攝）

[220] *The Missionary Echo* (1897): 131.
[221] 《聖經·馬可福音》，1：38
[222] 蘇慧廉：《拓荒佈道》，第44頁。

蘇慧廉第一次去鄉村傳教是去離城九里遠的江北岸。[223] 這條江就是甌江，溫州的母親河。溫州城裡人至今還把甌江對岸今屬永嘉縣的那片土地叫江北岸。

去鄉村傳教，需要本地人的幫忙。第一次遠行，蘇慧廉雇傭了兩個本地人。一個是因患麻痹症，自小右側癱瘓的傳道人。他姓Tsiu，蘇慧廉像本地人一樣叫他「老周」。另一位是熱心的基督徒，幫助挑著鋪蓋和籃子，但他很快也就挑不動了。

在當時外國人主持的教會，本地傳道人多由自己培養，但蘇慧廉在起步階段便採用付費外雇的方式。偕我公會一八八二年年報裡，本地傳道人欄目就注明：「付費中國傳道人，兩位。」[224] 這樣做，首先是出於無奈，那時蘇慧廉除了自己，幾乎沒有幫手。但同時，這種付費雇傭的辦法在後來卻為他開創出一條快速發展的道路。

據路熙回憶，去鄉村傳教時，僕人會為蘇慧廉挑著擔子，一頭是三層餐盒，一頭是被鋪（圖1.20）。飯菜只能保存一個星期，而他可能會在外面逗留十天、兩個禮拜，甚至三個禮拜。於是有兩罐東西他常常帶著——牛津的香腸和沙丁魚。「我們不知道，這兩樣分別象徵英國和法國的食品跟著他走了幾千里的路程。」[225]

這個三人組合，一個殘疾，一個肩膀柔弱，一個祇會嘟囔幾句難懂的中國話，就這樣開始了偕我公會溫州歷史上的第一次出征。

在江北岸的一個大村子裡，他們碰見了人。幾個儀容不整的婦女孩子和一個老邁男子來看他們。蘇慧廉說，鄉里人很質樸，為他們送上點心和茶。在他們眼裡，來者都是客。於是蘇慧廉扶著瘸腿的老周，讓他開始講道。他講完後，蘇慧廉做些補充。那時蘇慧廉的中文還剛開始學，無法多說。好在老周口才好，滔滔不絕，需要「小蘇」補充的地方不多。

---

[223] Soothill, *A Mission in China* , 33.

[224] *Twenrty-sixth Report of the Home and Foreign Missions of The United Methodist Free Church for the Year Ending April, 1882.*

[225] 蘇路熙：《樂往中國》，第191頁。

1.20　佈道途中，苦力為蘇慧廉挑著擔子。（TME）

　　鄉人聽完道，告訴他，這裡已有番人來過，講的是差不多的內容。蘇慧廉既驚喜又詫異，沒想到第一次出行，就去了別人的「地盤」。那時溫州，基督教外國傳教士除蘇外，只有內地會癱腿的曹雅直。後來蘇慧廉與曹雅直商量劃分傳教區，甌江西北的歸蘇，城區以南歸曹。後來溫州教會的發展，基本就沿著這次劃界。北面永嘉、樂清的基督徒多是偕我公會的，南邊平陽、蒼南，一問淵源，多與內地會有關。甌江與飛雲江之間的溫州城區及瑞安，則是兩會共建區。

　　這是宗教史上的農村包圍城市。余英時說，一種文化傳播，總是從最邊緣、最淺薄處開始。

　　三人行又一次出發，這次要去更遠的地方。他們雇了山椅，溫州本地人將它稱作山轎或山兜。所謂「兜」，就是在兩根竹杠間縛上三塊平滑的木板，當中一塊坐人，前面的一塊放置雙腳，後面一塊墊背，再由一前一後的兩個人抬著。

　　蘇慧廉回憶錄中就有張他坐在山椅上的照片，這張照片曾是他在溫州的唯一留影。反洋教運動高潮時，洋人坐在山椅上的姿勢被中國人譏笑為抬豬，說這是將豬反綁在一根竹杠上。[226] 後來更有人以此形象控訴外國侵略者騎在中國勞動人民

[226] Scott , *Pictures of Wenchow*, 115.

的頭上作威作福。

如果不讓勞動人民抬呢？

那些腳夫也不願意你那樣做，他們等著抬你好掙口飯吃，絲毫不會介意你的重量。如果出於對他們的憐憫，他們是不會領情的，而且肯定還會把你當作一個吝嗇鬼，因為你奪走他們以及家人一天的口糧。……好轎夫一天走二十五英里，日復一日，每日的報酬不到一先令，包含一切費用。[227]

經過一個上午的山路行走，以麥餅為中飯，到下午時，這個三人組合外加兩個轎夫終於到達一個有四千人的村莊。老周又一次講道，蘇慧廉做補充，同時還發放了福音小冊子。

雖然疲勞，但充滿感激，因為我們有了喜人的收穫。回到船上，瞧，多了兩位基督徒！……我們請兩位年輕人進來，與我們一道讀《新約》、做禱告，相處了一個小時。翌日早上，我們掉轉我們烏篷船的船頭回家了……[228]

蘇慧廉在溫州的二十五年裡，這樣的鄉村傳教是他生活的一個重要部分。

樂清傳教站

蘇慧廉跋山涉水，終於在樂清[229]結出了第一個果子。

暴亂後一年，也就是一八八五年，我們初戰告捷。就在那一年，有些教徒叛離基督教歸入了羅馬天主教。[230]另一方面，天主教中也有一人試圖加入我們教會。不過，他從沒有被他的同伴承認，天主教認為他不合格，他眼看只能成為一個道教徒或是佛教徒。後來他與四個朋友來到溫州，他來自離溫州十五英里的樂清小漁村鯉嶴[231]，那裡的人們很多年來只能接觸到天

---

[227] 蘇慧廉：《晚清溫州紀事》，第30頁。
[228] 同上，第28頁。
[229] 樂清位於溫州北部，南瀕甌江，相關英文文獻稱之Ngoh-tsing，亦有寫作 Yoh-tsing、Clear Music 等。
[230] 指基督教傳道人黃清才、女傳道陳氏（又稱下山媽）改教皈依天主教，當時轟動教界，並導致一批新教徒改宗換信。見莫法有：《溫州基督教史》，第32頁。
[231] 原文是Oyster Cove，今屬樂清南岳鎮。

主教。不過，他們聽了我們的講道，被《新約》中基督救贖的
力量所感動，於是皈依了基督教。[232]

　　樂清鯉嶼是溫州天主教早期傳播地，一八六九年便設堂佈
道，是鴉片戰爭後溫州地區天主教第一個堂點。[233] 這個從鯉嶼
出來的准天主教徒，其姓名暫不可考。[234] 據蘇慧廉記錄，與他
一起出來的四個人中，「其中一個是醫生，同時經營著一家藥
店；第二個是雜貨商；第三個人則是靠在肩上背著可以移動的
神龕為生，神龕裡供奉著神像，他一邊用低沉的聲音哼唱著，
一邊穿越鄉村；第四人是個農民。前兩人受過一定的教育，如
今全心全意為教會工作──一個做領導工作，另一個成為了本
地傳道人。另外兩個人在數年後去世──其中一個信仰幾經反
覆，而另一個卻始終不渝。」[235]

　　就是這批人的這趟溫州之行，為其在自己村落建立教會奠
定了基礎。鯉嶼的教會是樂清的第一顆種子，「開始時即便是
最脆弱、最微弱的條件，日後也有可能發展成一項大工程！」
蘇慧廉後來感歎。[236]

　　樂清傳教站開闢了。在偕我公會的歷史上，樂清成為它
在溫州外縣設立的第一個分會。一八九○年，蘇慧廉在樂清
虹橋東橫街置田二點一畝，建起了一座可容納六百人的哥德
式教堂。當時城西教堂尚未擴建完成，虹橋堂成為溫州五縣
首屈一指的教堂。

神醫蘇慧廉

　　曾是僕人、廚師、賣書人，後成為偕我公會第一位本地傳
道人的金先生去西溪橋下[237]傳教時，一位被外甥叫來聽道的婦

---

[232] Soothill, "Our Mission in China," *The Missionary Echo* (1906): 151.

[233] 莫法有：《溫州基督教史》，第20頁。

[234] 樂清地方文獻認為該縣第一個新教教徒叫倪安瀾。見高益登：〈基督
教在樂清的傳播〉，載《蕭台清音──樂清人文集羽》（北京：線裝書
局，2001），第577頁。

[235] Soothill, "Our Mission in China," *The Missionary Echo* (1906): 151-152.

[236] 同上，152。

[237] 西溪（Seechee）橋下（Underbridge），今永嘉縣橋下鎮。

人大受感動。「你說得真好，如果我丈夫能夠接受你講的道，該有多好。」這個高個子的女人之所以眼含淚水，是因為她的家快被吸食鴉片的丈夫給毀了。他丈夫姓丁，是個秀才，很有才華。那時信基督教的多是沒有文化的底層百姓，被丁先生這樣的讀書人鄙視。

丁是個風水先生，這個職業讓他有機會接觸到社會各個階層，也由此染上了毒癮。他變賣了包括祖先留下的田地在內的所有家當，除了煙槍，可以借到的錢，也全借了。晚清，中國吸鴉片的人很多，丁只是其中的一位。

幸運的是，丁先生頭腦還清醒，他知道自己的墮落，只是無力自拔。終於有一天，他衣衫襤褸地站到蘇慧廉的面前，幾乎是央求著說：「你能幫我戒毒嗎？」

「因為抽鴉片，他就像骨架，衣衫襤褸，臉色蒼白得像個死人。他太髒，蘇慧廉都猶豫著要不要請他坐下來。」路熙這樣回憶，估計她當時也在現場。[238]

蘇慧廉很驚訝，回答：「我從來沒有想過幫你戒毒，我不想試驗。這責任太大了。」

「我不想這麼活著。我求你拿我做試驗，我相信我能好轉。」

蘇慧廉在準備做傳教士時，曾接受簡單的醫學訓練。這是傳教士必修的功課，因為當時東西方氣候、水土差異大，西來傳教士得病的概率很高。學點醫學知識，最起碼可以自救。他們還會隨身帶點奎寧、阿司匹林等常用藥物。蘇慧廉剛到溫州時，就靠這些藥物及微薄的醫學知識，為來聽道的人治療瘧疾、感冒等常見病。較之中藥，西藥更迅速見效，因此也就顯得非常神奇。

「當我巡迴佈道時，這些藥物當然能幫我吸引更多的聽眾。病人在接受一定量的藥物之前先得聽講道，而且盡可能多聽些講道的內容。這種想法是可行的，如果不能一石二鳥，至

---

[238] 蘇路熙：《樂往中國》，第187頁。

少可用佈道與治療這兩張網抓住一隻。」蘇慧廉這麼想。[239] 據說在聽眾的強烈要求下，蘇慧廉還為病人做過拔牙、修正倒睫等手術。

我曾先後兩次嘗試著做手術。一次是為一個年輕人拔虎牙，經過一番拉扯，弄得我汗流浹背，那傢伙卻一點都不感覺到痛，而齲牙也堅如磐石、紋絲不動——我只好打發他回家，等我恢復元氣再說！

另一次是做瞼內翻小手術。我當時切除了老人上眼瞼皮上的皮膚，發現很難將針穿過那堅韌的皮層，看上去我就要惹上大麻煩，我可能永遠也完成不了縫合，最終將會因殺人被抓。實際上他幾乎沒流多少血，由於當時我非常緊張，覺得那血也是格外鮮紅。老人很快康復，視力也比以前好多了。那位老人在他們村子裡建了一間教堂，不知是出於對我的感激，還是慶幸自己逃過一劫，我也從未問過。要知道，他當時的呻吟幾乎令我心跳停止。他現在是我們的老基督徒之一，一位忠誠奉獻的老者，聽到福音的廣傳，他更加高興。[240]

自稱「對醫學非常無知的年輕人」蘇慧廉就是因這些「臨床經驗」，成了溫州城裡知名度很高的「神醫」，甚至被傳為能行神跡。

面對「神醫」，丁先生再三懇求。蘇慧廉終為所動，決定為他治療。但蘇慧廉知道自己的能力有限，他所能用的藥物也就是奎寧、補藥，當然還有禱告。於是他要求丁先生自己禱告上帝，並讓他意識到最有效的治療方法就是洗心革面。「要獲得徹底的解脫，唯一的途徑便是換一個心靈，換一種生活，換一群同伴，而這些，只能由上帝和祂的教會給予。」[241]

奇蹟出現了。經過三個禮拜的治療，丁先生在忍受了各種痛苦折磨後，竟然戒斷了二十年的毒癮。丁先生的毒癮後來沒有復發，他也成了基督徒，不再從事原來的風水職業。後來他

---

[239] 蘇慧廉：《晚清溫州紀事》，第115頁。
[240] 同上，第115頁。
[241] F.Galpin, "A Voice from Wenchow, "*The Missionary Echo* (1907): 128.

還受聘到蘇慧廉開辦的男童學校擔任教師，再後來又成為當地數一數二的傳道人。「丁先生是天生的演講家。他一舉成名，成了溫州第一的演講者。有時候，我們說他是我們的約瑟夫・派克博士[242]，他的話對於聽眾很有吸引力。我們的信眾達到上千人，丁先生可以面對著七八百人鎮定地講話，閉著眼睛，雄辯地講述神的真理。他萎靡的鴉片鬼形象一去不復返了，現在他是體面的中國紳士。」[243]

丁先生所在的西溪後來成為偕我公會在溫州城外繼樂清後建立的第二個傳教站。西溪後來又分成三個分會：外西溪、內西溪、楠溪。

戒煙所與戚宅

蘇慧廉一八八九年十二月九日寫給《教務雜誌》的一封信中，提到一位Ts'i姓的戒毒者：

不少信徒皈依基督教直接或間接源於我們開展的戒煙工作。其中一位秀才Ts'i先生，十八個月前精神萎靡、衣冠不整地找到了我。我以前從未見過此人，但一直聽聞他是虔誠的慕道友[244]，但因吸食鴉片而無法入教。他懇請我接納並治療他。在這方面，我沒有任何的經驗，故而有點遲疑。不過當他堅定地表明自己會不惜任何代價戒煙時，我也就接納了他。

……

秀才Ts'i先生，我們的第一位患者，現在已經成了我們的得力助手。在講壇之下他是內斂羞澀的，但一旦站上講壇，就搖身一變成了激情四射的演說家，特別是對那些儒生階層而言。舉行科舉考試的時候，當然現在考試已結束了，在他的建議下，我們將戒煙工作延後，把場地開放給準備考試的文人士子，並且僅收取一點伙食費（每日八十個銅板）。大約十四名

---

[242] 約瑟夫・派克（Joseph Parker，1830-1902），英國著名佈道家。

[243] 蘇路熙：《樂往中國》，第192頁。

[244] 慕道友：指正在學習基督教義，準備接受洗禮而正式加入基督教的人。也稱望教者。

士子和六個秀才接受了我們的幫助，我們希望那段與他們共度的時光並不是無效的。[245]

按溫州方言羅馬字，「Ts'i」即「戚」。顯然，蘇慧廉記錯了這位丁姓本地傳道人的姓。他的外甥，第一個從西溪走出來的年輕人才姓「戚」。

這個年輕人就是西溪教會的開創者、溫州第一代本地牧師戚品三。戚品三，名瀛茂，永嘉橋下街人，生於一八四一年，卒於一九一一年。

據記載，戚品三一天到溫州城裡一個作桶匠的親戚家做客，在那裡他第一次聽到了福音。後來有人去他所在的橋下街賣福音書，他逐步接受教義。一八八七年[246]，他帶另外三個朋友到溫州聽道，後來蘇慧廉派金先生再去傳道。金先生在西溪的第一次講道，戚品三就叫上了阿姨，他的阿姨就是丁先生的夫人。[247]

戚品三後來成為傳道人，一八九一年，「偕夏殿士由蘇慧廉推薦，首封為循道會溫籍牧師，並與蘇一起工作，襄理事務。」[248]

「戚品三是溫州地區最早的傳道人，我叫他阿太，不過，他是我阿爺戚臣倡（圖1.21）的叔叔。戚臣倡也是傳道人。我的

左 | 1.21 戚臣倡。（戚蘭如提供）
右 | 1.22 戚文樑。（戚蘭如提供）

[245] *The Chinese Recorder* 21(1890): 34-36.
[246] *The United Methodist Church: Report of the Missions(Home and Foreign) for the Year Ended April, 1914.* 47.
[247] Soothill, "Our Mission in China," *The Missionary Echo* (1906): 152-153.
[248] 支華欣：《溫州基督教》（杭州：浙江省基督教協會，2000），第31頁。

父親叫戚文樑（圖1.22）[249]，到定理醫院學西醫，後來就做了醫生。」二〇一〇年春天的一個早上，浙南名醫戚文樑的次子，八十八歲的戚蘭如老人在祖屋戚宅向我介紹家世。

恢宏的「戚宅」（圖1.23）位於楊柳巷三十六號，是今日溫州城裡屈指可數的一幢保存完整的清代民居，二〇〇五年已被列為市級文物保護單位。

始建於清同治年間的戚宅，本不姓戚，其建造者是當時溫州富商馮月成。「馮月成，『溫州一』啊，開銅店，很有錢。」戚蘭如今天講起馮家的輝煌，還提高了聲音。正因為建造者的顯赫，才有這麼一座氣派的大宅院，「後來，他們家道中落，馮家又有人抽上鴉片，家裡能賣的都賣了，最後不得不出賣房子。開始的時候，他們是以三千塊銀元的價格典當給我父親五年。第二年馮家就找上門來，他們知道自己沒錢贖回去，就要我父親多給點錢直接買下。我父親、祖父以及家裡人一商量，當時又給了兩千塊銀元。買下這座房子，前後共花了五千塊銀元」。

丁先生因鴉片而信教，馮家人因鴉片而賣屋。鴉片成為那個時代一個有符號意義的名詞。在基督教奪門而入的晚清，絕大多數基督徒來自社會底層，其中不少還有不光彩的經歷。丁先生的經歷不是例外。

蘇慧廉幫助丁先生戒毒的時間估計是一八八六到一八八七年。[250] 因為首例戒毒成功，結果不斷有人慕名而來。於是蘇慧廉決定開辦一個戒煙所，地點就在嘉會里巷的教堂裡。

來戒毒的人越來越多，地方太小，於是他又擴建了一套住房，並指派一位本地的基督徒管理。「我們的治療方法顯然是斯巴達式的，以致一些病人要忍受兩三天劇烈的疼痛，並且幾乎要

---

[249] 戚文樑（1886-1960），溫州人。1905年藝文學堂畢業後，進定理醫院學醫，後歷任白累德醫院醫師、副院長、白累德高級護士學校副校長、永嘉縣戒煙局負責醫生等職。從事醫務、臨床五十餘年，在浙南地區有較高的聲譽。

[250] Soothill, *A Mission in China,* 47。闊斐迪牧師在A Voice from Wenchow一文中明確認為是1886年。

1.23 戚宅與它的後人。右一為戚
蘭如，左二為他的妹妹戚桂香。
（2010年3月27日攝於溫州）

死在我們手上，但據我們所知，所有的人都治癒回家了。」[251]

蘇慧廉辦戒煙所的時間，頭尾不過兩年，但前後有三四百人在這裡接受治療。

不過，位於嘉會里巷的這個小小戒煙所後來停辦，原因之一是本地商人發明了一種嗎啡藥丸。據說吃了這種藥，人就慢慢戒除毒癮，沒有不舒服，也不用被囚禁十天。這是種比較溫和的戒毒方式，但其實是用一種新的毒品代替鴉片。

調寄《茉莉花》

做禮拜，便要唱讚美詩。

至目前為止，我們的禮拜儀式一直是最簡單的，簡單到沒文化的人也可以主持。唱讚美詩、禱告、讀經和規勸，這就是我們城鎮與鄉村做禮拜的內容。唱詩班、管風琴，華麗的裝

---

[251] Soothill, *A Mission in China*, 171.

飾、精美的禮拜儀式，往往是傳教士所期盼的，但在工作起步階段是不可能的，即使有可能，那也許會幫倒忙。直到現在，許多愛聽福音的人仍會被讚美詩歌嚇跑！由於無知，他們認為會強迫基督徒學唱讚美詩，他們擔心自己唱不好，我常常聽到他們說得有趣，「只怕學不起」，「我怕我學不會」。我們的禮拜毫無美感。[252]

路熙說她一次去鄉村，當地的基督徒分成不同團隊唱讚美詩，還用不同的音域唱，「但我們連一個音調也分辨不出來，雖然他們是跟我們學的。他們用的是小調，比起歡快的詩歌，這更像是輓歌。」[253]

蘇慧廉說，中國教徒唱詩，值得表揚的是唱得賣力而不是聲音悅耳。男男女女、老老少少使出吃奶的力氣扯開嗓門「放聲歌唱」，至於音調，鼻音的音量會使美國佬激動地和他們一一握手。「沒有人知道什麼是和諧，他們只會唱曲調，所以在我們的禮拜中的三重唱，中音、高音、低音三個聲部都唱成同一個調，往往在兩個八度之間出現間斷。齊唱是非常迷人的一種變化，但老是齊唱，對聽慣音樂形式豐富多樣的人來說，是過於單調了。不過對於中國人，即使是這種形式的演唱，也是一件新鮮事。唯一與這種基督教堂唱詩相似的就是和尚嗡嗡的誦經聲。可以肯定地說，我們將一種新的藝術形式引入了中國人的生活。」[254]

怎麼教中國人呢？蘇慧廉決定自己先學習中國音樂。他放棄午睡，請了中國樂師來教他二胡和笛子。路熙說：「他學得不錯，可以開講座了。」[255]

不知是西方人的理性思維起作用，還是蘇慧廉特別聰明，在探究中國民間曲調的過程中，他很快發現這些曲調很少用 7、4 兩個不易唱的音名。因此，他採用 1、2、3、5、6 五個音名

[252] 蘇慧廉：《晚清溫州紀事》，第41頁。
[253] 蘇路熙：《樂往中國》，第251頁。
[254] 蘇慧廉：《晚清溫州紀事》，第41頁。
[255] 同上，第158頁。

製成簡易的中調、長調、短調、八七調、七調等五支曲調，令信徒習唱。[256] 其實，這就是音樂的「五聲音階」。蘇慧廉認為，與其強求中國信徒學習西方音樂，不如因勢利導，採用中國人熟悉或能學會的方法，畢竟達成效果最重要。他甚至還建議直接用中國樂曲為唱詩班伴奏。

蘇慧廉如上的想法，在溫州付諸實施後相當成功。無論在鄉村，還是城市，聚會時唱歌變協調了，不再亂糟糟。後來的研究者認為，蘇慧廉「對五聲音階實用性的認識及對中國民族民間音樂的運用，其實是和基督教入華過程中所做的本色化努力一脈相承的。」[257]

蘇慧廉把他這些鑽研心得寫成一篇論文，先是在寧波傳教士聯合會上宣讀，後來又刊登在《教務雜誌》上。我在UBC大學圖書館所藏的一八九○年《教務雜誌》上查到這篇題為〈中國音樂與我們在中國傳教之關係〉的論文。在談及如何使用中國民間音樂上，蘇慧廉總結了四種方法：

| 1.24　穿中國服的蘇慧廉。（TME）

[256] 李新德：〈蘇慧廉及其漢學研究〉，載《基督與中國社會》（香港：香港中文大學出版社，2006），第177-198頁。

[257] 宮宏宇：〈傳教士與中國音樂：以蘇維廉為例〉，載《黃鐘》（武漢音樂學院學報，2008年第1期）。

一、直接採用中國樂曲，然後創作與原樂曲音節節拍完全
　　相同的聖詩歌詞；

二、直接採用中國樂曲，然後創作與原樂曲盡可能相吻合
　　的聖詩歌詞；

三、對所選用的中國樂曲進行適當的調試或改動，然後配
　　上西方傳統的聖詩；

四、對中國樂曲進行局部的改動，然後配上西方傳統的
　　聖詩。[258]

蘇慧廉的實踐與研究是超前的。當時許多西方傳教士為
強調宗教的「純潔性」，不屑甚至貶斥中國音樂，但蘇慧廉認
為，中國音樂受到西方人的誤讀與誤傳。

蘇慧廉這篇文章發表後，引起不少反響，部分回應的文章
也刊登在《教務雜誌》上。不管爭論如何，「從那時起，寧波
和別的地區多多少少採用了這些方法，作了有限的努力」。在
蘇慧廉的回憶錄中，他特別提到改編自民歌《茉莉花》的一首
讚美詩。這應該就是他提倡的「直接採用中國樂曲，然後創作
與原樂曲音節節拍完全相同的聖詩歌詞」的一個典範。

《茉莉花》是中國人耳熟能詳的一首民歌，蘇慧廉將它的
歌詞改為《聖經至寶》：[259]

聖經原是上帝書，實在是我寶藏庫。

知我生是何處來，知我死後何處歸。

……

---

[258] W. E. Soothill, "Chinese Music and its Relation to our Native Service," *The Chinese Recorder and Missionary Journal* 21(1890): 227. 中文譯文引自宮宏宇論文《傳教士與中國音樂：以蘇維廉為例》。

[259] 另一首廣為中國教徒傳唱的《耶穌美名歌》（《讚美詩新編》，第51首），也是利用《茉莉花》的曲調。據說，改編人是美國公理會傳教士富善（Chauncey Goodrich，1836-1925）。1911年出版的《頌主聖名》即選入此詩歌。富善1865年來華，曾任華北協和大學教授，兼任神學院院長。對漢語頗有研究，是和合譯本《聖經》的主要翻譯者，也參加過《頌主詩歌》第二版的編輯工作，還把《聖經》譯為蒙古文。不過，蘇慧廉在回憶錄中沒有明確說，是自己第一個將《茉莉花》的曲調引入讚美詩。

一九三六年耶誕節前後，謝福芸重訪溫州，走進她父親當年建造的城西教堂。主持禮拜的孫光德牧師邀請謝福芸給大家講幾句話。謝福芸具體講了什麼，她沒有記錄。她只說當她重新坐了下來時，耳邊似乎響起了蘇慧廉的聲音：

「胡說八道！」我父親肯定會氣憤地說道，每當我愚蠢的行徑讓他感到惱火的時候他都會這麼說，「名字根本不值一提，最重要的是為他人留下了什麼！」

我重新坐了下來，孫光德接著聖誕致辭。我滿心歡喜地看著眾人，就像祖母打量著自己的子孫一樣。

「現在，」他最後說道，「讓我們來高唱蘇慧廉牧師當年譜寫的讚美詩：

我要全心全意，

歌唱天上的父。」[260]

除那首依《茉莉花》調的《聖經至寶》外，《為國求福歌》[261]《樂守主日》《主日為聖》等蘇慧廉夫婦當年創作的讚美詩歌，至今還為溫州信徒所傳唱。

海生

舊時日子，也像今天這般轉瞬即逝。從一八八三到一八九一年，蘇慧廉已在這座小城居住了近十年。他已會溫州話，還鑽研中國文化，儼然一個學人，因此溫州人尊稱他為「蘇先生」。

蘇先生在溫州有個溫暖的家，有妻子、女兒，還有兒子。

他們的第二個孩子叫維克多（Victor Farrar Soothill），一八八七年十月二十一日出生。[262]這個男孩的小名叫「海生」，是因為他誕生在從溫州到寧波的「永寧」號上。驚險的海上分娩過程讓路熙一直記憶猶新。

---

[260] Hosie, *Brave new China*，197.
[261]《為國求福歌》，戚瀛茂詞，蘇路熙改編自中國傳統曲調。收入《讚美詩（新編）》（上海：中國基督教三自愛國運動委員會、中國基督教協會，1991），第175首。
[262] *The Chinese Recorder* 18 (1887): 448.

我離開船的方式是最怪的。穿著蘇慧廉的白襯衫，裹著毯子，結實的愛爾蘭人把我背上長籐椅，長籐椅被緊緊繫在卸貨用的吊杆上。我就這樣被吊了下去，到了在下面等待的中國小船。[263]

維克多的童年是在溫州度過的。他小時候身體很差，瘦得皮包骨頭。因為缺奶，路熙曾請來一位中國的奶媽，並對她說：「今天晚上，你穿著我的衣服睡在他旁邊，他半夜醒來，你別說話，他把你當成我就肯吃奶了。」[264]

維克多長到四歲半時，與姐姐一起離開中國回到故鄉。在英國，維克多考入劍橋大學，並於一九二〇年獲得博士學位。他學醫，獲得執業醫師資格，一戰期間，在英國軍隊中做軍醫。這個曾喝中國奶媽的乳汁長大的海生，後來擔任東英格蘭諾里奇（Norwich）的一位衛生官員。不過，維克多再也沒有回到中國。

謝福芸沒有孩子，維克多則育有兩子一女。維克多的小兒子叫約翰・蘇西爾（John Farrar Soothill，1925-2004，圖1.25）曾與中國有過聯繫。二〇〇二年山西大學舉行百年校慶時，他為該校外語學院翻譯的蘇慧廉著《李提摩太傳》寫過一篇代序。在該文結尾，年近八十的約翰寫道：「他的孫子約翰・蘇希爾清楚記得蘇慧廉是一位終身勤勉、樂善好施的仁慈長者。」[265]

在英國醫學界，約翰也是名教授、名醫生。他的專業是免疫學及兒科學。約翰畢業於劍橋，與他的父親、姑姑都是校友。

我開始搜集蘇慧廉材料時，約翰已經去世。我後來與他的兒子查理斯・蘇西爾（Charles David Soothill）取得了聯繫。查理斯沒有再走醫學的道路，他是內燃機專家。[266]查理斯稱蘇

---

[263] 蘇路熙：《樂往中國》，第121頁。

[264] 同上，第164頁。

[265] 蘇慧廉後裔：〈小傳〉，載《李提摩太傳》。

[266] 海生1916年與凱薩琳（Katherine H. Bradfield）結婚，育有二子一女，兒子愛德華（Edward Soothill）、約翰（John Farrar Soothill），女兒珍妮（Jean Palmer）。約翰與妻子布藍達（Brenda Thornton Soothill）1951年結婚，育有三子一女，分別是查理斯（Charles David Soothill）、彼得（Peter William Soothill）、瑪麗（Mary Kroll）與詹姆斯（James Soothill）。（Charles David Soothill，致筆者郵件，2011年6月12日。）

慧廉為曾祖父，不過對他瞭解甚少。一九九六年他訪問山西時，曾專程去山西大學尋訪祖先的遺跡。

過去這十年，還有件家事需要記一筆：

一八九〇年，一個叫謝立山[267]的英國人出任英國駐溫州署理領事。蘇慧廉認識謝立山應該就在這一年。謝立山既是外交官又是探險家，一生充滿了傳奇色彩。當時還僅五歲的謝福芸可能也隨父親去拜訪過這位領事伯伯。他們仨當時都沒想到，二十三年後他們竟然成為一家人。一九一三年，謝福芸成為謝立山的續弦夫人，謝立山稱比他小八歲的蘇慧廉為岳父。

十年成績單

英國偕我公會一八九一年年報中關於溫州教區有這樣的統計數字：

教徒：二百零一人，比上一年增加六十七人。另有慕道友二百三十人。教堂：一座，聚會點十六間。巡迴牧師：一人。本地傳道人：九人，其中六人付薪。[268]

再翻開一八八二年，即蘇慧廉抵達前一年的年報，其中與溫州相關的數字如下：

教徒：二十六人，比上一年增加十五人，另有慕道友三人。教堂：一座，另外的聚會點尚未開闢。巡迴牧師：無。本地傳道人：二人，均付薪。[269]

---

[267] 謝立山（Alexander Hosie，1853-1925），1876年進駐華領事界做翻譯學生，1881年為駐重慶領事。曾多次在華西旅行，搜集了許多關於商業和博物學的材料。後在溫州、煙台、台灣等地任代理領事和領事。1902年4月首任成都總領事。1905-1908年任使館代理商務參贊和商務參贊。1908年出席在上海舉行的萬國禁煙會議。1909-1912年任駐天津總領事。後脫離駐華領事界。1919年又被召回，任使館特別館員。著有《華西三年》《滿洲》《鴉片問題探索：中國主要產煙省份旅行記》《四川的物產、實業和資源》等。此外還寫有許多關於台灣、四川等地的報告。1907年受封爵士。

[268] *Thirty-fifth Report of the Home and Foreign Missions of The United Methodist Free Church for the Year Ending April, 1891.*

[269] *Twenty-sixth Report of the Home and Foreign Missions of The United Methodist Free Church for the Year Ending June, 1882.*

| 1.25　蘇慧廉的孫子約翰・
蘇西爾。（查理斯提供）

　　一八八二年年報上的統計資料截止於當年六月，當時李華
慶已逝，蘇慧廉尚未就任。這個表上顯示的局面，就是蘇慧廉
接手時的狀況。一八九一年報中所說的巡迴牧師一人就是指蘇
慧廉。這十年，英國偕我公會在溫州的傳教士僅他一人。

　　相隔十年兩張年報中的變化，便是蘇慧廉單槍匹馬征戰溫
州的成績單。

　　偕我公會規定，海外傳教士每十年有一次回國述職並休假
的機會。蘇慧廉終於等到了這個時刻。

第二章　客卿（1891-1900）

如果不是傳教士，東方人不知道西方人還有靈魂。

——蘇慧廉

第一節　新十年的開端

海和德加盟

一八九一年起的偕我公會年報上，溫州教區的牧師名單上多了個「海和德」（圖2.1）的名字。蘇慧廉單槍匹馬的時代結束了。

海和德，英格蘭普累斯頓（Preston）人，生於一八六七年，比蘇慧廉小六歲。海和德早年做過教師，也從事過貿易，有很強的工作能力，後來成為英國少年戒酒會（Band of Hope）幹事。在公益事業中，海和德對基督教有了進一步的認識。他後來去曼徹斯特神學院進修，之後接受偕我公會的委派到中國傳教。[1]

海和德甫抵溫州，即隨蘇慧廉去鄉間佈道。他發現這裡的工作已有聲有色：「儘管佈道的內容我一個字也聽不懂，但仍可強烈感受到聖靈的存在與強大。佈道後有五位信徒受洗，之後的聖餐[2]有百餘位本地信徒參加。這場崇拜給了我深刻的印象。我已忍不住我的眼淚，我從來沒像今天這樣感動。」[3]

海和德來中國前，曾在曼徹斯特醫院學過六個月的醫學課程。因此，蘇慧廉首先讓他接起了小診所的工作。

他帶來了成排的大瓶子，使得我原來那些可憐的小藥瓶就像俄國巨人身邊的大拇指湯姆一樣。我很樂意把我所有的工作都移交給他，這工作給了別人多大的好處，就給我多大的負擔。……他幹得很出色。[4]

---

[1] H.M.Booth, "Rev.J.W. and Mrs. Heywood," *The Missionary Echo* (1895): 88.

[2] 聖餐（Holy Communion）：基督教新教對紀念耶穌基督救贖的「聖體」聖事的稱謂。具體禮儀各教派不盡相同，一般先由主禮牧師對餅和酒進行祝聖，然後分給信徒。

[3] *Thirty-sixth Report of the Home and Foreign Missions of The United Methodist Free Church for the Year Ending April, 1892.*

[4] Soothill, *A Mission in China*, 153.

城西小診所

　　偕我公會小診所原在蘇慧廉的家中。當時戒毒所可能已關閉，不過因蘇慧廉「神醫」的名聲在外，仍有不少病人慕名而來。一位叫三郎[5]的麻風病人，從青田方山一步步爬到蘇慧廉的家。因為他聽說，溫州城裡有個人十分樂意為窮人治病，而且幾乎不收費。方山距溫州有四十英里，不知他爬了多少天。路熙知道，僅從溫州西門到瓦市殿巷這最後兩英里地，他就匍匐而行了整整一天。

　　路熙說：「如果不是他可憐的樣子激起我們的同情心，我們也許永遠都不會辦醫院。」[6] 於是蘇慧廉在家中找了個地方讓三郎住下。經過海和德幾個月的治療，他竟然靠著拐杖可以行走了。三郎後來成為虔誠的基督徒，並是方山第一個向村人傳講福音的人。蘇慧廉明白，上帝不僅僅呼召那些富裕能幹的人，也揀選三郎這樣的孤寡病人，讓他們成為鄉村教會的拓荒者。

　　其實在蘇慧廉決定創辦醫院前，內地會曾在城區五馬街開設一家小型醫院，由英人稻惟德[7]擔任醫生。內地會一八八〇年創辦的這家小醫院，應該是近代溫州第一家西醫院。不過它存世的時間很短，前後僅兩年時間，因稻惟德一八八二年轉往煙台而停辦。

　　這是一百三十年前的事，當時西醫並不像今天這樣被廣泛接受。如果說得更準確點，那時連西醫這個名稱也沒有。當然，也沒有中醫這個相對西醫而來的說法。

　　今天被稱為中醫的中國本土醫學在那時已相當發達，並深入人心。因此在那時，向洋醫生求救的多半是在中醫中找不到

5　原文為Saloa，按溫州方言羅馬字暫譯為三郎。
6　蘇路熙：《樂往中國》，第283頁。
7　稻惟德（A.W. Douthwaite），美國人，內地會醫療傳教士。1874年抵華，曾在紹興等地傳教。1880年夏來溫，開辦醫院及戒煙所。1882年轉往煙台，開辦芝罘醫院。甲午戰爭期間，倡議創辦紅十字醫院，並因救治從威海衛來的傷兵有功，獲清廷「雙龍勳章」。1899年在診治病人時感染赤痢去世，享年四十九歲。

生路的人。那時的洋玩意兒名聲不好，並多被妖魔化。教會醫院把解剖後的死胎兒浸於酒精瓶中，被士大夫謠傳為剖孕婦之腹，取胎兒製長生不老之藥；教會為病危兒童施洗禮，被人推測為剖小兒心肝以製藥餌。但病入膏肓的人已顧不得這些。在絕境中，他們走進教堂。

不論是內地會的小型醫院，還是海和德主持的城西診所，病人就診前都要先聽牧師講道。牧師會告訴他們，能救他們的唯有上帝，醫生都是上帝派來的。

海和德來了後，蘇慧廉將家中的診所搬到城西教堂。為了讓海氏有更多的時間從事研究及學習，診所還將門診時間固定下來。這個診所可以從海和德之後來溫州的另一位醫生的記錄中窺見一角：

我們作診所的這些房子最初並非是為醫用而建，並且也不是特別適合來做這項工作。它坐落在城市禮拜堂的後面，二者是在同一個院子裡。原本這裡打算用作戒煙所，而且也確實作為戒煙所使用了若干年。八間本地造型的小房間排成一長排，水泥地面，但沒有天花板，其中一頭連接著一個小教堂，這看起來就好像擁擠的過道。其中一間房裡有一個中式爐子，這是住在這裡的人的廚房。相鄰的兩間屋子如今則被合併成一間，並擺入了一些櫥櫃和一個洗滌槽。裡面還有一兩張桌子和椅子，必備藥品也儲存在這裡，這樣門診室與藥房就合而為一了。另外五間房用作遠途病人或重病患者的病房。[8]

蘇慧廉的回憶錄中記載了一個發生在這間診所裡的故事：

就在兩個禮拜前，一個要求洗禮的男子告訴我，十多年前就是在這間小診所裡他首次被吸引來認識基督教的。他曾經把他患皮膚病的妻子帶來，在海和德醫生給她治療一段時間後，他自己就能夠在家裡給妻子治療了。影響他的，不僅僅是治療看病，還有海和德想他們之所想，提供給他們來回旅費的花銷。他們並不需要資助，因為他們準備得很充分，但是這事卻

8　Alfred Hogg, "A Year Work in China," *The Missionary Echo* (1895): 134.

給他留下很深的印象，外國醫生不僅僅很善良，投入時間和藥品為他們治病，而且希望他們平安到家。他已經參加週日禮拜好多年了，現在要求施洗。[9]

從一八九三年海和德向母國差會的彙報中，可見當時的門庭喧嘩。「在過去的十二個月，我接待了5624個病人。其中3736例為新病人，1888例為複診。單天最高的新病人門診量為106。」[10]

當時城西診所僅有海和德一個專職醫生，由以上的資料，可知他繁重的工作量。時在甌海關工作的勞里（J. H. Lowry）醫生也自願來施以援手。「我們差會對他的好心腸及好技術都心懷愧疚。」蘇慧廉寫道。[11]勞里醫生是來做義工的，他不願接受任何報酬。他說，他的報酬上帝已為他存在天堂。

專業的人員、固定的場地、固定的門診時間，還有今天被稱為醫德的一種奉獻精神，很快將催生出溫州第一家真正意義的現代醫院。

| 2.1 海和德與妻子特納（Edith Annie Turner）。他倆是同齡人，曾在同一家主日學校共事，1893年12月在上海結婚。（TME）

---

[9] 蘇慧廉：《晚清溫州紀事》，第116頁。
[10] *The Missionary Echo*, 1894, 67.
[11] Soothill, *A Mission in China*, 154.

香港惜別

按偕我公會的制度，海外傳教士每十年可回國述職並休假一次。蘇慧廉一直在等這個假期的到來，但因海和德初抵，為了幫助他的工作，蘇慧廉主動將休假延後一年，推遲到一八九三年。[12]

一八九二年的春天，路熙先帶兩個孩子回國，當時謝福芸已經六歲，海生也四歲半了。作為英國人，他們要回國接受教育。其實，路熙的身體也不理想。可能是溫州太潮濕了，在這兒她常常得病。當然，路熙的體質本就孱弱。就在母子三人訂好回英的行程後，一場肺炎還幾乎要了她的命。

蘇慧廉派廚子陪伴他們前行，以便路上有個照應。這個廚子叫阿勤[13]，他算溫州較早出洋的人之一。

離開的時候，朋友送給我們漂亮但奇怪的禮物。海生收到了中國的官帽，為他日後當清朝官員做準備。達玲得到了中國女子用的木製梳妝盒。現在這個東西在她外甥女——海生的女兒手裡。小女孩很喜歡打開隱藏的抽屜或者魚狀的扣子。我們每個人都收到糕點、蛋和糖果，放在路上吃。

給出行的人送禮，溫州人叫「送路菜」。這風俗至今還在溫州流傳。

晚上，在一大群人的陪伴下，我們上了永寧號。有些人為了看熱鬧，還拿了浸了煤油的竹子做的火炬。我對一個人大叫：「小心點！」他手上的火炬幾乎要碰到路邊一間茅草房的屋簷。我們可不想自己走了，身後還留下一片火海。爆竹聲聲，宣告了我們的離去——讓一向害怕火藥的達玲非常恐懼。[14]

蘇慧廉送他們一直到香港。「上海到香港，一路上暴風雨很大。據說我們被吹得偏離航道數百里。我生病了，不知道還能不能活過這『萬里之旅』。在香港，傷心的離別時分來臨了。

---

[12] *Thirty-sixth Report of the Home and Foreign Missions of The United Methodist Free Church for the Year Ending April, 1892, 6.*

[13] 原文為Ah Djang，暫譯為阿勤。

[14] 蘇路熙：《樂往中國》，第221頁。

朝夕相處了八年的蘇慧廉要和我分別，回去勤勉地盡自己的責任。」[15] 這是他倆一八八四年結婚以來的第一次長時間分別。

　　蘇慧廉在香港與母子三人依依惜別後，去了廣州、汕頭及廈門，然後回溫州。

第二節　回英述職

翻譯四福音書

　　蘇慧廉在一八九三年的中秋前後才回到英國。說是休假，其實也沒閒著。這年他在英國所做的最主要工作，是為進行了多年的溫州方言版《聖經四福音書與使徒行傳》（圖2.3）作最後的修訂，並趁在英之際交大英聖書公會[16]出版。溫州歷史上第一部方言版《聖經》（選本）一八九四年終於問世了。

　　那時在新教傳教士中通用的中文《聖經》是一八二三年由馬禮遜等人翻譯的《神天聖書》[17]，但這種用文言文寫成的深文理本（High Wen Li Version），對普通大眾而言猶如天書一般。儘管後來又有了用半文半白的漢語寫成的淺文理本（Easy Wen Li Version）和口語體的官話本（Mandarin Version），但對只聽得懂本地方言的普通百姓來說，這些譯本都還不適用。

　　「當時溫州信徒能夠得到的譯本是官話本《聖經》，當我們在台上讀經時，只有少數有書的信徒能跟得上。即使我們誦讀者的聲音洪亮，猶如清脆的鐃鈸，但大多數的信徒仍不解其義。」蘇慧廉這樣寫道。[18] 更何況，《聖經》光《新約》就有兩千多個漢字，這對當時文化程度普遍不高的教徒而言，識讀也不那麼容易。

---

[15] 同上，第221頁。

[16] 大英聖書公會（British and Foreign Bible Society）1804年成立於倫敦，是世界上最早專事推廣《聖經》的非宗派性組織，多次從經濟上支援《聖經》漢譯。又譯為英國聖書公會、大英國聖經會。

[17] 《神天聖書》是第一部《聖經》中文全譯本，史稱馬禮遜譯本。

[18] Soothill, *A Mission in China*, 199.

如何快速傳播福音，讓中國百姓自己閱讀《聖經》，這不僅是蘇慧廉，也是當時已進入中國的成百上千位傳教士共同思考的問題。

　　在蘇慧廉翻出溫州方言版《聖經》前，全國各地已出現不少方言（亦稱土白）譯本：上海話（1847）、廈門話（1852）、福州話（1852）、寧波話（1852）、客家話（1860）、廣州話（1862）、金華話（1866）、汕頭話（1875）、杭州話（1879）、蘇州話（1880）、台州話（1880）、邵武話（1891）、海南話（1891）、興化話（1892）等。[19] 蘇慧廉不見得都見過這些譯本，但它們的陸續出現及注音方法，無疑給了他不少啟發。

　　這些方言譯本，分漢字注音譯本和羅馬字注音譯本兩種。所謂漢字注音就是用北方官話的讀音給方言注音，就像今天有人用普通話給方言注音一樣。蘇慧廉最早也想這麼做，但經過幾次失敗後，他知道這是徒勞。因為許多溫州方言有音無字，其中一些字即使能寫出也是生僻字，對識字不多的百姓而言，反而增添困難。這顯然不是種好辦法。

　　他後來採用羅馬字注音法，因為在翻譯《聖經》前，他已用該方法編制了一個溫州方言拼寫體系，並出版了一個初級讀本和一本讚美詩歌。這套方法，在過去的近十年時間裡，已被實踐證明有效。

　　「我們的年輕人很有野心，他的目標是摘下天上的星辰，以他的力量和耐心能做到嗎？」蘇慧廉自言自語。[20]

　　蘇慧廉用溫州方言翻譯《聖經》，是以當時影響最廣的楊格非[21]淺文理譯本為藍本。楊格非是華中地區基督教事業的開拓者，近代又一位大名鼎鼎的傳教士。楊氏譯本一八八五年問世後，成為一部被全國廣泛採用的《聖經》譯本。蘇慧廉認

---

[19] 《中華歸主——中國基督教事業統計（1901-1920）》（北京：中國社會科學出版社，1987），第1037-1038頁。
[20] 蘇慧廉：《拓荒佈道》，第29頁。
[21] 楊格非（Griffith John，1831-1912），又稱楊篤信，英國倫敦會傳教士，1855年來華，先後在上海、湖北、湖南傳教。

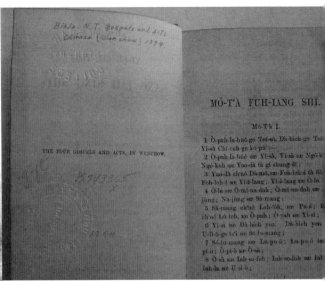

左 │ 2.2 蘇慧廉（左一）回英休假時在路熙老家
　　 與其家人合影。左二為岳父、左三為岳母、
　　 左五為路熙，前面兩小孩為謝福芸與海生。
　　（Malcolm Bull's Calderdale Companion）
右 │ 2.3 溫州方言版《新約聖書：四福音帶使徒行
　　 傳》。（美國康乃爾大學藏本）

　　為，此譯本對一八九○年全國第二次傳教士大會後著手的《聖
經》翻譯有一定的影響。[22]

　　一八九○年五月七日至二十日在上海舉行的全國新教第二
次傳教士大會，來自三十七個宗派和教會團體的數百位代表討
論了諸多的議題。「大會的十七個專題報告中有五個是關於聖
經的翻譯出版問題。為了消除各種譯本中宗派觀點的分歧使之
趨向同一，大會對當時流行的文理本、官話本和方言本三種聖
經文本都成立了特別委員會，要求各委員會以大會所指定的譯
本為主要藍本，分別重譯或修訂這三種文本的聖經。這項重譯
修訂工作得到了英國聖經公會和美國聖經公會的資助，因此大
會還規定，完稿後的譯本，其版權必須歸給聖經公會。這就消
除了《聖經》翻譯中的雜亂現象。對於中文聖經的翻譯工作，
大會取得了這些一致意見，這一成就被認為『是大會的最大成
功』。」[23] 蘇慧廉也就是在這次會議上，接下了翻譯溫州方言

[22] Soothill, *A Mission in China*, 200.
[23] 姚民權：《上海基督教史（1843-1949）》（上海：上海市基督教三自愛

版《聖經》的任務，同時被佈置的還有上海、寧波、台州、福州、廈門、汕頭、廣州、海南等十個方言版本。[24]

大英圖書館裡的溫州《聖經》

二〇〇九年四月二日的旅行日記，我這麼寫道：

早餐（每天都是一樣的English Breakfast）後，步行去大英圖書館（圖2.5）。抵達時離開館時間還有五分鐘，但門口已見隊伍，足有百米長。此館漂亮，文化與歷史深涵其中。

很順利就辦到讀者證，還一下子給了我三年期。感覺英國在這方面很Open，有面向世界的胸懷，可能也是早年做過老大的遺風。

擬看的三本書，分在兩個閱覽室。於是兩頭都先跑去訂上，然後再回來慢慢看。

終於看到了蘇譯的《聖經》溫州方言本——《四福音書帶使徒行傳》。這幾章可能是《聖經》中最有故事的內容，故他當時先將這些傳播開來。全書計五百六十四頁，無前言亦無後記。不允許拍照，只能複印幾張，每張收費零點五英鎊。估計兩三個禮拜後可抵溫哥華家中。亦問了，可以做全書的縮微膠捲版。

……

尋找這本溫州方言版《聖經》，近幾年頗費周折，現終於在倫敦的大英圖書館見到。當管理員將它遞給我時，有一種久候終逢的欣喜。

大英圖書館的這本書，原是大英博物館的舊藏。書內的印章清晰顯示它的遞藏。該書有黑色的硬封面，不過封面與扉頁都有些破損。內頁也已鬆散，用條白色的帶子繫著。

書脊上有書名的英文簡稱Wenchow Gospels&Acts。全名寫在扉頁：Chaò-Chï Yi-Sû Chi-Tuh Sang Iah Sìng Shï：Sz Fuh-

---

國運動委員會、上海市基督教教務委員會，1994），第82頁。

[24] *Records of the General Conference of the Protestant Missionaries of China,* held at Shanghai, May 7-20, 1890, Shanghai:American Presbyterian Mission Press, IXII .

Iang Tà Sz-Du Ae-Djüe Fa Üe-Tsiu T'û'-V。這些今天已難辨讀的字母就是溫州方言教會羅馬字。我是溫州人，用溫州話可讀出——「救主耶穌基督新約聖書：四福音帶使徒行傳」。「帶」是溫州方言特徵詞，表「連同」「以及」之意。

這本出版於一八九四年的書，在寶貝遍地的大英圖書館也被視為珍本，不外借，只限指定閱覽室閱讀。我於是拿出事先已準備的和合本中文《聖經》，用溫州話對照閱讀。看了好一會兒，並做了些筆記。那一天在大英圖書館，我可能是唯一能讀懂這本方言《聖經》的人。

蘇慧廉的翻譯，不是簡單按楊格非譯本，用教會羅馬字直接轉化為溫州方言。他翻譯最大的特色是將官話本中的話譯為溫州普羅大眾一聽就能明白的「土語」。為此，他當時下了番功夫。

在開始將聖經翻譯成方言時要面對的另外一個困難是，該採用哪一種本地語言。是「中國勞工」的語言，抑或是受過教育的人的語言？舉例說，（在溫州）勞工大眾稱呼「父

右 | 2.4 早在1892年，蘇慧廉翻譯的《馬太福音》單行本已由大英聖書公會出版。（劍橋大學藏本）
左 | 2.5 大英圖書館。（2009年4月2日攝於英國倫敦）

親」時叫「阿爸」（ah-pa），有點像我們英國人說「dad」或「daddy」；稱呼母親用「奶（n-na）」，即餵奶的人。而在溫州各階層都能聽懂、有時使用的字則是父（vu）和母（mu）。像這樣一些情況，容易做決斷，我們就採用了「vu」和「mu」。

而「blind」這個用詞就不那麼簡單了。專字是「hah-nga」，即「瞎眼」，但溫州話常講「moh-doa-ge（瞙瞜的）」，意為「摸著走路的人」。丈夫和妻子，專字用「fu（夫）」與「ts'i（妻）」，但「丈夫」在溫州話中說「nö-tsz」，即男子，或者「nö-tsz-k'ah」，即男子客。

「妻子」是「löe-üe-nyang」，即「老安人」，或「löe-üe-nyang-k'ah老安人客」，字面意思為「老來安慰人的客」。日月應當是「zaih」和「nyüeh」，但溫州話中「日」變成了「nyieh-diu vaih」，熱頭佛，或「t'a-yie vaih」，太陽佛；而「月」成了「nyüeh-koa vaih」，月光佛，或「t'a iang」太陰。[25]

這是蘇慧廉當年的思考，由此亦可見他對溫州方言的精通程度。

蘇慧廉這本《聖經》選本，在當時的溫州教徒中傳佈甚廣。曹雅直夫人在回憶錄中，也提到內地會當時就用它佈道。[26] 也是因著這樣的需求，蘇慧廉後來又用了近十年的時間，完成了全本《新約》的翻譯。

劍橋七傑與霍厚福

蘇慧廉在回英述職其間，還向差會遞交了增派專業醫生來溫，建立教會醫院的計劃。[27]

蘇慧廉離溫前，位於城西教堂內的診所已人滿為患，年接待病人數接近五千人次。[28] 同時通過近幾年的實踐，教會明確

---

[25] 蘇慧廉：《晚清溫州紀事》，第156頁。
[26] Stott, *Twenty-Six Years of Missionary Work in China*，210.
[27] Plummer, "The New Wenchow Hospital," *The Missionary Echo* (1906): 171.
[28] *Thirty-seventh Report of the Home and Foreign Missions of The United Methodist Free Church for the Year Ending April, 1893.*

認識到，醫療救治工作對傳教事業幫助甚大。開辦正規醫院，不僅有必要，而且迫在眉睫。

一八九三年末，一位叫阿爾弗雷德[29]（圖2.6）的專業醫生在蘇慧廉的歡送下，從英國出發了。經過數月的跋涉，他於一八九四年一月二十日抵達溫州。這位年輕醫生後來取漢名「霍厚福」，他是溫州偕我公會真正意義上的第一位醫療傳教士。醫療傳教士是傳教士中的一種，其工作可以這樣闡述——在拯救身體的同時，連靈魂也一起拯救了。

霍厚福畢業於亞伯丁大學（University of Aberdeen），創建於一四九五年的亞伯丁大學是英格蘭最著名的學校之一，有四位諾貝爾獎得主出自該校。

一天，霍厚福在校園裡見到了「劍橋七傑」[30]中的施達德與司米德。一八八五年，七位劍橋大學的高材生，放棄英國的優越工作與生活，攜手前往中國傳教。他們的行動震撼了那個

左 | 2.6 霍厚福。（TME）
右 | 2.7 1894年前後的蘇慧廉。（TME）

---

[29] 阿爾弗雷德（Alfred Hogg），漢名霍厚福。1893年底赴溫，1901年返英，後再度來華，赴煙台工作。在溫州時與內地會傳教士Bardsley結婚。

[30] 劍橋七傑（The Cambridge Seven）是指施達德（Charles Studd）、章必成（Montague BeauchamP）、司米德（Stanley Smith）、亞瑟·端納（A.T. Polhill-Turner）、何斯德（Dixon Edward Hoste）、寶耀庭（Cecil Polhill-Turner）、蓋士利（William Cassels）等七名劍橋大學的高材生，他們受戴德生的感召，加入內地會，於1885年前往中國傳教。七個人的榜樣大大震撼了那個時代，成為十九世紀傳教運動的重大事件之一。

時代，也在霍厚福的心中布下了種子。霍厚福最後決定做醫療傳教士並前往中國是受韋達（Robert P. Wilder）的直接影響。韋達是美國「學生志願海外傳教運動」[31]的發起人，他在一八九三年三月來到亞伯丁大學的馬里夏爾學院演講，即將畢業的霍厚福與其他十二位學生自願加入了他的傳教使團。

醫學專業畢業以後，霍厚福被指派去負責位於倫敦的聖潘克勒斯醫療傳教團（St. Pancras Medical Mission），在那裡他接受了眼科和咽喉科的特殊培訓，並花了一段時間準備赴海外工作。隨後他又去皇家眼科醫院（Royal Ophthalmic Hospital）做了近一年的臨床助理。這個已有充分準備的年輕人最後是被蘇慧廉感召到溫州。[32]

霍厚福醫生甫抵溫州，就投入城西診所的醫療工作。他自己這樣寫道：

診所於一八九四年二月六日開張，正是中國農曆新年之後。診所很快就有許多人光顧。每逢週二、週五——常規的門診日，日就診的病人在八十到一百人左右，這個數字持續了相當長的時間。

……

在常規的門診日，大量窮人、中途歇腳者、殘疾人、盲人在午前陸續從周邊的鄉村和縣城聚集過來，並坐在小教堂裡等著看醫生。我們的一兩名當地的傳道人便向他們宣揚唯一真神榮耀的福音，告訴他們救贖的道路。

有經濟能力的病人每人要付三十個銅板並得到一支寫了號碼的竹籤，然後依次序走進另一個房間。醫生在學習了一上午

---

[31] 學生志願海外傳教運動（Student Volunteer Movement for Foreign Missions），一個旨在推動美國大學生赴海外傳教的機構，1886年成立。1886至1918年，學生志願海外傳教運動派往外國的傳教士達8140人，其中三分之一，即2524人被派到中國，1570人前往印度、緬甸和錫蘭。青年會歷史上最重要的幹事來會理、巴樂滿、路義思、格林（Robert R. Gailey）、鮑乃德（Eugene Epperson Barnett）以及中美關係史上著名的司徒雷登、賴德烈、卜凱（John Lossing Buck）、宓亨利（Harley Farnsworth MacNair）等都是加入了學生志願傳教運動的隊伍而來到中國。詳見趙曉陽：〈美國學生志願海外傳教運動與中國基督教青年會〉，載《陝西師範大學學報》（2003年專輯）。

[32] Dr. Alfred Hogg, "Of Wenchow," *The Missionary Echo* (1894): 8.

的語言後，大約在下午一點鐘來到診所。他先花點時間準備藥物或處理掉手頭上的外科手術。門診大約在兩點開始，一直到黃昏才結束。需要額外時間或特別注意的病例，或者手術，會另擇日子進行，要麼在診所，要麼在醫生家裡。

病人輪流進來，在醫生對面坐下，他們的名字和地址寫在登記簿上，然後他們開始說明他們的病痛，醫生必須盡力從他們模糊、不完整的表述中確定症狀，並做出診斷。很多時候這是一項困難的工作。那些來自或遠或近地區的人們操著不同口音的方言，無法清楚地說明自己的病情。更加困難的是，這些人有著一些奇怪的觀點和意識，所以要搞清他們的病因是難上加難。某個人的疾病是「風」，而另一個則是「空氣」，第三個則兼有「風和空氣」，而這些詞到最後卻都是「風濕」的意思。另一個人說他胃裡的某個部分得了「感冒」，其實是消化不良，而他卻認為病因是七年前曾從樓梯上摔下來過；還有一個人說不出自己哪裡不舒服，但言之鑿鑿地說他需要奎寧才能康復。

這裡的中國人堅信奎寧是一種幾乎能治百病的萬靈藥，由於瘧疾在這裡相當流行，他們有這種觀念也並非錯得很離譜。他們還認為西藥可以治癒任何疾病，於是一個人會想要一點藥去治療白內障、嚴重骨質疾病，他甚至想為某個住得遠的親戚要一勺藥劑，那個親戚的身體裡出了一點問題，但他卻疏忽了具體有何症狀。

通常，他們並不希望做手術，不過更主要的原因是他們對外國治療手段的懷疑，而非僅是怕疼，因為通常來說他們很能忍受疼痛。他們很容易陷入對手術前景的恐懼之中。

更加惱人的是，這裡的病人一般都會忽視用藥指導，他們也缺乏持續接受治療的耐性。有一個患了某種慢性病很多年的病人被警告必須小心遵醫囑用藥，但他卻藉口說一個人不可能面面俱到。他可能一次就吞下七天的藥量，造成令人相當驚訝的後果，同時還會得出這些藥並不合適的結論。有時又有已經到了最後療程的慢性病人，回來悲傷地對我們說治療毫無進

展，哪怕他已經用了整整三天的藥。作為工作中的助手，我有一位年輕的「老師」，如今正接受醫學生的訓練，並且在我的監督下進行配藥。他是個聰明人，在兩年前信了教，如今已經受洗。還有我的僕役，一個七十五歲時成為基督徒的老人，帶著他的小男孩在這裡看門並照看病人。

……[33]

霍醫生初抵溫州的那段歲月，陪伴他的是海和德牧師。當時蘇慧廉還在英國，他的假期有一年，要到一八九四年秋天才結束。

蘇慧廉不在中國的這一年，中國局勢如火如荼。後來影響遠東格局，並深遠影響中國近代史走向的甲午海戰就發生在這一年初秋。

一八九四年深秋，蘇慧廉夫婦從英國啟程，十二月一日抵達中國，[34] 然後轉道溫州。

與他差不多時間前往溫州的，還有一個叫宗源瀚[35]的南京人，他於一八九五年起出任溫處兵備道。在隨後的一年裡，兩人為了各自的信念鬥智鬥勇。

第三節　楓林迷局

一紙公告

蘇慧廉還在英國休假的時候，永嘉楓林的幾個基督徒向海和德提出了在本地建造教堂的請求。當時偕我公會僅有海氏一

---

[33] Alfred Hogg, "A Year Work in China," *The Missionary Echo* (1895) :134-135.
[34] *The Chinese Recorder* 26 (1895): 50.
[35] 宗源瀚（1834-1897），字湘文，江蘇上元（今南京）人。光緒初年歷任浙江測繪局總辦，衢州、湖州、嘉興、寧波知府，政績卓著，升署杭嘉湖兵備道。廿年十二月（1895年1月）間調任溫處兵備道。在溫三年，及時審理詞訟，取締吏差勒索，變通郵政定章，贏得百姓愛戴。光緒二十三年（1897）春，病逝於溫州道署。精地理，善詩文，富收藏，著有《頤情館集》。《清史稿》有傳。

人在溫，但他初來，「我告訴他們，在我的同仁蘇慧廉先生從英國回中國之前，我是無法勝任建造一座教堂的重任的。為了不打擊他們的積極性，我指示在岩頭做禮拜的教徒也常到楓林去，和那裡的教徒一起聚會。」[36]

當時楓林有十五六個基督徒，每逢週日，要到鄰近的岩頭鎮做禮拜。岩頭在楠溪江中游西岸，離楓林有二十里地。岩頭也是蘇慧廉首次鄉村傳教時經過的村鎮，是偕我公會溫州鄉村進程中打下的第一批根據地。岩頭當時的禮拜租借金姓祠堂舉行。反對偶像崇拜的基督教竟然租宗族祠堂做禮拜，蘇慧廉開明的神學思想由此可見一斑。

不過，楓林人去岩頭禮拜並不方便，除了路遠，還因為兩地有世仇。岩頭大姓為金，楓林則以徐姓居多，金徐兩族當時互不通婚，並還常發生大規模的械鬥。於是楓林鎮的基督徒，便在本鎮徐定鼇家的前廳舉行禮拜。禮拜每週日舉行，但還沒進行幾次，一份以徐氏宗族全體成員名義起草的公告出現在楓林：

此公告旨在告知全體民眾，以定鼇、定左為首的男男女女數十人，被基督邪教影響已誤入歧途。他們背叛祖宗，欺師滅祖，男女混雜，不知禮義。宗族全民在祠堂討論他們的惡行，一致認為應將此眾從宗族中驅逐出去，但萬事不可草率，需循序而行。為此，我們決定，如果定鼇等人立即改邪歸正，放棄洋教，重歸正途，我們將既往不咎。

此告公佈後，如若你們不聽勸阻，一意孤行，我們將把你們從族譜上除名，收回你們的權利——柴火權、用水權等。你們名下的土地和房屋也將一併收回。迷途知返，刻不容緩，否則，你們將失去最後的機會！眾人已怒火中燒，不會再給你們更多的機會了。

特此通告，予以警示。[37]

[36] J.W. Heywood, " Maple Grove, " *The Missionary Echo* (1901): 18.
[37] 同上，18。

這份通告原文今已不見，從海和德留下的英文資料中，我將它譯回中文。海氏說，這份通告落款光緒二十年七月八日。光緒二十年即一八九四年，後世稱為「楓林教案」的民教衝突就發端於這一年。

　　海和德說，這份公告中的威脅最後一一成真。在下面這封他當年十一月十六日寫給英國駐溫領事的信中，可見此教案的序幕。同時也看出，晚清時期，中國基督徒與洋人（包括牧師及領事）、洋人與中國官員、中國官員與普通百姓，三者間相克相生的畸形關係。

　　「先生，我懇請您關注一下楓林事件的進展情況。事情的解決非常緩慢，而楓林以及更多地方的基督徒將會遭受更大的凌辱。

　　「我以前的擔心都已成真。上個星期六，有人從楠溪，距楓林大約十里遠，回來告訴我，在這個鎮裡統一分配木柴的季節，楓林基督徒的柴火權已經被剝奪了。另外，星期天有兩位男性基督徒想要去參加在岩頭的聚會，被同鎮人在半路截了下來。在楓林所屬的楠溪區中，基督徒受到的威脅恐嚇正慢慢擴大，其他城鎮中所有與『洋教』有聯繫的人都無法倖免於難。

　　「在岩頭，也就是我們的聚會點所在地，很多針對基督信仰者的迫害行動屢見不鮮。兩年前，就在這個地方爆發了一場嚴重的打擊基督徒的運動，而這樣的運動，現在時常發生。今天早晨，從楓林來的信使說，上個星期天，也就是十一月十一日，當得知基督徒都去參加禮拜後，一夥人便打落了他們種植的烏桕樹的果實，共計四斗（約為四蒲式耳）左右。更糟糕的是，他們不僅打落了果實，還鋸掉了不少樹枝，這樣一來，明年結果也無望了。

　　「所以，先生，我現在懇求您能讓這種惡劣的形勢停止下來，使當地政府不再推諉。在九月十七日的時候，我曾將事情原委告訴您，並得到了您的及時回覆。道台也表示『已交由永嘉縣處理，賠償受害者的損失，按照法律程式審理被告。』可是，縣衙從未付諸行動，九月二十三日和二十五日依然發生了逼迫基督徒的事件。

「在您十月一日的回信中，您提到，『縱觀在楓林發生的一系列事件，也許當地的知縣也倍感尷尬，畢竟被告是有很大影響力的上層階級。因為知縣無法解決，於是我便請求道台親自出面解決此事。』

「正如您所知，先生，道台並未採取任何措施，對於我們提交的這樣一份合情合理的申請，他在十月十三日回覆說，已責令基督徒去縣衙接受審問。他的這項指令很快得以實施，在十月十五日的時候，受害的基督徒上呈了第一份訴狀，可惜未取得任何成效。十月二十九日，他們又上呈了另一份訴狀，結果還是沒有得到回應。

「我必須指出的是，首先，案中的受害者沒有任何過錯，他們最大的錯便是信仰了基督教，並試圖讓自己的生活變得更好。其次，兩個在公告中受到『全體民眾』威脅的人已經遭到了各種迫害，人們可以輕易推斷出問題所在。第三，距離第一起敵對基督徒事件發生的時間（九月十四日）已經過去了兩個月，可是當地政府未曾採取任何措施。第四，我們一直在冷靜等待，可是一無所獲。這也證明，我們不能再坐以待斃了。

「所以，我希望您能對那些能夠儘快了結此事的官員施加影響，畢竟這些事情的發生是對法律明目張膽的蔑視。」[38]

從海和德信中提及的諸多日期，可知此案其實處於膠著狀態。如果不是牽涉洋人，地方官員其實不願接手這類案子。這個案子一直拖到當年的耶誕節才開始審理，當時蘇慧廉已回到溫州。他聽了海和德的彙報後，提出庭外和解的設想。

和解方案一八九五年一月二十三日達成：賠償基督徒損失共計四十五元，同時，基督徒與非基督徒們享受同樣的權利，包括保有祖上留下的財產，農作物不受侵害以及其他相關的權利和利益。基督徒不必參加宗族的祭祀活動。[39]

---

[38] Heywood, "Maple Grove," *The Missionary Echo* (1901): 19-20.
[39] 同上，21。

當年七月二十五日，溫處道還發佈支持基督徒的公告，希望民教平等相處。對這份公告，英國駐溫署理領事富美基（M. F. A. Fraser）說，這是他見過的由滿清官員發出的最好的一份公告。

楓林教案

其實，楓林教案中最激烈的事件就發生在光緒二十一年六月初五（一八九五年七月二十六日），也就是道台發佈公告的第二天。

當天的情形，先看洋人如何說。這是英國公使歐格訥[40]於光緒二十一年七月初二發出的照會：

今溫州府屬南溪鎮楓林地方復出滋擾教民之案，顯係平陽之案匪犯未行懲辦之故。據該領事官詳報情行如左。據稱本年六月初五日，楓林地方教民數人聚會徐定鼇家講道，忽有匪徒聚眾五六百人，在房前叫罵，嗣經闖入屋內，將什物連搶帶毀，嗣有教女被匪黨肆行侮辱。又入教民數家搶掠一空。復令素不安分之二人，占踞之室。教民無奈逃往溫州，至今未回。此次釁端，並非招惹，實屬無故而來。確是生員徐象嚴[41]主謀，公然以欲楓林入教之民全行逐□境外之語出諸其口各等語。本大臣查以上乃此案大略情形。……[42]

歐格訥的照會，時任戶部尚書兼總理各國事務大臣的翁同龢在七月初七那天也讀到了。他隨手記錄：「又電浙撫，溫州南溪鎮楓林教民徐定鼇家被毀係徐象嚴之謀，巡道派牟查辦，敷衍了事云云。此案未據准報。」[43]

---

[40] 歐格訥（Nicholas Roderick O'Conor，1843-1908），英國外交官，生於愛爾蘭，1892年11月起任英國駐華公使，1895年9月調任駐俄大使。後死於君士坦丁堡。

[41] 徐象嚴（1866-1942），字子恪，號端甫。徐定超之任。縣學優廩生。1906年協同創辦溫州織錦學校，開溫州職業教育之先河。又創辦貧民習藝所、楠溪高等學堂。1909年當選為浙江省諮議局議員。1911年由禮部特進保和殿廷試，得列特等，欽賜孝廉方正、六品頂戴。溫州光復後任溫州軍政分府鹽務局長。1912年出任永嘉縣楠溪區官，兼任永嘉參事會參事、田賦督徵員、管理全縣公款公產委員等職。

[42] 《教務教案檔》，第五輯第三冊，第1821-1822頁。

[43] 翁同龢：〈《隨手記》下〉，載《近代史資料》（北京：中國社會科學

歐格訥在照會中兩度提到平陽教案，認為楓林之案「顯係平陽之案匪犯未行懲辦之故」。

一八九五年閏五月間發生於平陽的教案，事緣鄉間神廟有多具神像被挖去眼睛，外間謠傳為基督徒所為。當時民教矛盾已日漸深化，有激進者更聲稱要摧毀蕭家渡教堂。平陽是內地會的地盤，曹雅直夫婦經營多年，已擁有不少信徒。當時在平陽的英人牧師叫梅啟文[44]，他見形勢危急，便向官方求救。溫處兵備道、並代任道員的宗源瀚即派兵予以保護。不料，出兵的舉動讓平民誤以為官將剿民，情緒激憤的群眾遂於六月二十九日晨衝擊了蕭家渡教堂及多處教民住宅，有多名教徒被打傷。

楓林教案中也有神像眼目被挖的指控，村民幾乎一致認為，所為者必是信耶穌教的徐定鼇（圖2.8）。更有一叫徐定祿者，聲稱親見徐定鼇摳挖象岩潭地方關廟神目。

徐定鼇顯然已犯眾怒。據直接參與處理此案的海和德記錄：

（七月二十六日晚）黃昏時分，基督徒聚集起來為星期六的晚禱做準備。他們剛剛踏入聚會點，就聽到祠堂裡傳出急促的鼓聲。只有很重要或很緊急時，才會這樣敲鼓。僅片刻，基督徒舉行祈禱的地方就被百餘位年輕人包圍。很快，增援又至，暴民人數增至三四百人。有個來參加晚禱的人遲到了，當他試圖穿過人群時，遭到了無禮的謾罵。事態發展得越來越嚴重，所有的基督徒都退到了內室。人們開始扔石子，所幸的是，除了打碎不少磚瓦外，沒有其他的損失。人數還在繼續增加，最後約有六百人圍堵在聚會點外。

其中一個教徒有個十八歲的女兒，被眼前發生的事情嚇壞了，她不顧一切衝了出去，結果受到了不可想像的迫害。為什麼那群暴徒沒有闖進屋內？用中國教徒自己的話說就是：「上

出版社，1999），總98號，第183頁。

[44] 梅啟文（A. Menzies），英國人，內地會傳教士。1891年抵華，在溫州平陽傳教。1895年死於霍亂。

帝保佑。」直至午夜，還有暴徒在屋外走動。[45]

　　正應邀前往楓林講道的夏正邦牧師也成為攻擊的對象。他是在快要到目的地時，才獲悉當地人要出他的洋相。據說鬧事的人已準備好一條用粗紙做的褲子，想在半路截住他，讓他穿上。當然，在當地教徒的幫助下，夏正邦在第二日黎明前逃走了。

　　受衝擊的地方是徐定鼇的家。楓林那時還沒有專門的禮拜場所，因此每週日信徒就聚在徐定鼇的家中。徐定鼇是個貧窮的山民，住在一座有二十八戶人家共居的大屋子裡。[46]此屋有三進，他住在最後一進的左首，雖位於正房，但僅一間半。浙南民間的大宅，多有一個溫州人稱為「陽間」的廳堂，這是公用的場地。徐定鼇認為自己有權使用這個公共場地，於是就在此舉行禮拜。後來的矛盾及爭議也在此。更多的人認為徐定鼇是擅用此場地，畢竟，二十八戶人家中僅徐定鼇與另兩家入了耶教。

　　楓林徐氏大宗的勢力是很強的，在宗族面前，徐定鼇等無疑是弱勢群體。據說，後來還有搶劫、逼迫脫教等事發生。

　　費正清分析中國近代教案的行為模式為一個包括士紳鼓動、製造謠言、群眾懷疑、威脅，最後為有組織的群眾暴動的完整過程。[47]楓林教案正是此模式的又一寫照。

　　八月七日，徐定鼇、徐定左、徐啟兆來到縣衙尋求保護。縣衙接案後，派員做了番調查，反認為定鼇有誣告之嫌。徐定鼇作為教徒，在發生教案的同

| 2.8　晚年徐定鼇。

---

[45] Heywood, "Maple Grove," *The Missionary Echo* (1901): 38.

[46] 此宅楓林人習稱「下三退大院」，位於楓嶺路西，下滙源的南面。見《楓林古鎮景物志》（北京：中華書局，2011），第51-52頁。據夏廷耀孫女夏欣回憶，1973年插隊楓林時就住在此屋。

[47] J. K. Fairbank, *Pattern Behind The Tientsin Massacre*, 481. 轉引自蘇舜：《謠言與近代教案》（上海：上海遠東出版社，2001），第296頁。

時，也即與蘇慧廉、海和德取得聯繫。蘇慧廉幾番報告英國駐溫領事，希望通過外交途徑尋求保護教徒的方案。外交無小事，隨著英國人的介入，當時溫州地方最高行政長官宗源瀚決定親自處理此事。九月十三日（七月二十五日），一場會審在溫州府舉行。

溫州堂審

就在堂審前三天，溫處道委員葉昭敦來拜訪蘇慧廉。當時也在現場的海和德即感覺這是不祥之兆。

九月十日，星期二，道台最得力的副手，同時也是道台的親戚，給蘇慧廉先生送上了拜帖。當天下午三點鐘，葉昭敦就來了。在一個半小時的時間裡，他一直都在試圖強調所有的錯誤均出在基督徒身上，我們沒有權利在楓林做禮拜。

他是我所見過的中國人中最讓人感到厭惡的。言行粗魯，一雙尖銳的眼睛讓整張臉看上去非常野蠻殘忍。脖子粗且短，活脫脫地詮釋了英語中「土霸」的意思。他的存在讓我們感到非常不適，直到他走了，大家才鬆了口氣。不過他的離開帶給我們一種不可名狀的感覺，那就是不久將有大麻煩。他的造訪說明，不僅楓林的文人敵視基督徒，連那些當官的也不例外。後來發生的事情充分證明了這一點。[48]

九月十三日的庭審，就是由葉昭敦與永嘉知縣沈壽銘共同主持。

海和德為我們留下了當時的庭審見聞。海和德自然是站在原告一方的，他承認，「對於整個案件畸形的發展過程我無法保持公正的態度。」

從早上八點到中午十二點，四個原告一直都只能跪在官員們面前。任何想把手撐在地上以減輕膝蓋壓力的舉動都會被站著的衙役制止。在此過程中，不管他們說什麼，都被官員們嚴詞否決掉了。十二點，暫時休庭用餐。下午兩點到三點半，四個原告遭遇了和上午一樣的待遇，他們的膝蓋已經不能完全伸

---

[48] Heywood, "Maple Grove," *The Missionary Echo* (1901): 107.

直了，而那些被告，卻對案件的發展樂見其成。三點半時，案件出現了重大的危機。

這時，葉昭敦把主簿叫到跟前，讓他撰寫一份處理方案，並且一式五份。這方案是他個人的臆想，並沒有和原告或被告商量。堂審因此一度中斷，直至這份文書完成。隨後，他要求包括幾個秀才和兩三個定鼇的鄰居在內的被告走上前來，對文書簽字畫押。葉昭敦還要求主簿將文書上的條款大聲宣讀出來，以便堂上所有人都能聽到。以下便是那位葉大人「傑作」的主要內容：

一、定鼇無故控告秀才徐象嚴和其他一干人盜竊他的財物。

二、定鼇必須前往岩頭禮拜，從此不得在楓林進行崇拜活動。

三、鄰居們從他家中拿走的家當均是為了保護他的財產。
　　它們現已全數歸還，沒有一件遺漏。

四、往後你們所有人都必須老實本分，和平相處。

這些條款宣讀完畢後，官員便詢問被告：「你們同意這個解決方案嗎？」他們回覆道：「大老爺！如此公正的判決，我們還有什麼不願意的？」

隨後官員說：「所有人都必須簽字畫押。」

被告們簽好文書後，葉昭敦讓定鼇和其他三個原告也簽字畫押。他們說道：「我們怎麼能在這樣一份文書上畫押？除非所有的東西都還給我們。我們不同意如此解決！」

聽了這話，葉昭敦大發雷霆，要讓衙役痛打他們一頓。按照中國的慣例，他的屬下會竭力勸阻，讓他不必對此等惡人大動肝火，並對他們開恩。他們問了三次，原告們也拒絕了三次，絕不在這份給基督徒蒙上恥辱的文書上簽字。官員也三次威脅要杖責他們。定鼇說，「為什麼你要打我？就算你要砍我的腦袋，我也不簽字畫押！」

官員們無計可施，只得再次審訊他：

葉昭敦：「你們基督徒吃鴉片嗎？」

定鼇：「不！大老爺。」

葉昭敦：「你們基督徒賭博嗎？」

定鼇：「不！大老爺。」

葉昭敦：「你們基督徒喝酒嗎？」

定鼇：「如果必須喝，也喝一點，但不過量。」

葉昭敦：「你們基督徒欠錢都還了嗎？」

定鼇：「如果我欠了錢，就肯定會還；如果其他人欠我的錢，我也會讓他還。」

葉昭敦：「聽了你的話，結合你以前說的話，真是說得太動聽了。你根本就沒有把你的債務還掉！你欠著田賦沒交。為何不交田賦？真是罪大惡極！」隨後，他下令將四個原告拖到牢裡去了。而那些蔑視法律，為非作歹數月之久的被告卻「平安無事」地離開了縣衙。他們帶著官員站在自己這邊的好消息，回到他們的宗族去。[49]

一場與宗教有關的糾紛，竟然被落罪在欠交田賦之上。真可謂，欲加之罪，何患無辭。海和德說：「因為田賦的問題而判決基督徒完全是不公平的。據我們所知，直至目前，楓林沒有一戶人家交全了田賦。」[50]

後來的情形更糟，這四個原告在牢獄裡經受了比在堂上更大的折磨。他們被關進了一間已經有二三十個犯人的大牢房裡，胳膊被鐵鏈鎖起來，並固定在牆上的釘子上。他們就這樣被吊著，從下午五點一直到夜裡十一點。路熙說，當天半夜，自己「給看守送了賄賂後，他們才被微微鬆綁，至少可以站住，但一站就站到第二天中午」。[51]

定鼇等因拖欠田賦入獄，但當蘇慧廉代為交款仍顯無效後，他就知道，這僅是個藉口了。

蘇慧廉決定再次讓駐溫領事出馬。被蘇慧廉稱為Harry先生的傅夏禮[52]這年剛出任溫州領事。他是個年輕人，當時不過二十出頭，比蘇慧廉小十一歲。徐定鼇入獄時，傅夏禮正在青

---

[49] Heywood, "Maple Grove," *The Missionary Echo* (1901): 107-108.

[50] 同上，108。

[51] 蘇路熙：《樂往中國》，第90-91頁。

[52] 傅夏禮（Harry Halton Fox，1872-1936），英國領事官。曾任宜昌、成都、漢口等地領事。1895年署理溫州領事。

田，「蘇慧廉派人去找他，他就回到江心嶼，穿上官服，派人通知我們他回來了，然後就去見道台」。[53]

英領事在給道台寫信的同時，也給英國公使去信。當時中國有個奇怪的現象，就是官員怕洋人，越高級的官員越怕洋人。英國公使通過總理各國事務衙門給地方施壓，因慘敗於甲午海戰、亂得焦頭爛額的清廷自然要求下面以「維穩」為重。十月十九日，倔強的宗源瀚在其上司浙江巡撫廖壽豐[54]的授意下，無奈地將徐定鼇給放了。

不過，廖壽豐心裡也不平，他認為傅夏禮對此事特別關心，是「溫州輿論皆言該領事與溫州教士蘇慧廉往來非常親密也」。他懷疑的理由是「平陽拆堂拆屋事體較大，而發都之電無多」。[55]

捉放徐

徐定鼇被釋放時，承諾不在楓林繼續聚眾禮拜。但蘇慧廉堅持認為，根據中外條約，中國人有信仰自由。他偷偷示意徐定鼇，仍可在二十八家「公共之眾堂」禮拜。「候這班輪船，撫台必有公文到，事會完結。好另起屋禮拜。」[56]

徐定鼇回到楓林後，隨後的兩個禮拜日，他照樣在眾堂禮拜。十月二十七日那個週日，聚會人雖不多，但鄰里已有些閒話。十一月三日那個週日，參與禮拜的人有數十人，大家既聽道，又唱讚美詩。蘇慧廉還派了傳道人王先生過去。

因為有蘇慧廉及英國領事的撐腰，徐定鼇多少有些「高調」。中國教案頻發，不可忽視的一個因素是傳教士利用享有的條約保護傘，向官員施加壓力，甚至直接發起挑戰。這種保護傘效應也是政府、士紳乃至一般民眾反對「洋教」的歷史因素。中國教會史上的諸多悲劇淵源由此。

宗源瀚忍無可忍，再次出手。

---

[53] 蘇路熙：《樂往中國》，第91頁。
[54] 廖壽豐(1836-1901)，字谷似，又字閣齋，晚號止齋，江蘇嘉定（今屬上海）人。同治十年（1871）進士，累官浙江巡撫。
[55] 《教務教案檔》，第五輯第三冊，第1841頁。
[56] 同上，第1845頁。

十一月八日，他派了三個衙役去楓林將定鱉帶回溫州。之所以選擇這天，是因為英國領事這天不在溫州。

後來的故事有點像「捉放曹」。領事回溫後又與道台鬥法，層層報告打到杭州及北京，最後杭州派了個「欽差」來，重新審理此案。一八九五年最後一天，徐定鱉被無罪釋放。

據海和德記載，十二月二十六日下午，負責對外事務的郭鍾嶽[57]來拜訪蘇慧廉。他在給出釋放定鱉、給予三百元賠償並允許在楓林禮拜等條件後，還希望蘇慧廉能夠建議領事大人不要太過於刁難，這樣才能最大限度地挽回道台的面子。[58]

路熙說：

中國新年，按習俗官員們要互贈禮物。道台給領事準備了一份大禮，一個曾在他們中間造成很多摩擦的活人——定鱉。在年底最後一天的晚上，定鱉被送到領事那裡。領事準備留下定鱉，把他當新年禮物再轉送給蘇慧廉。但定鱉實在等不住了，元旦一早就跑了出來。早上七點他就來到白屋，不經通報就跑到蘇慧廉的臥室，哭著說：「我等不及了。」

這是很奇怪的一幕，一個外國人還穿著睡衣，頭髮亂亂的，而這個中國人更像一隻熊，他已多日沒有理髮剃鬚。他們一起哭著跪在床前禱告，感謝上帝讓他重獲自由。[59]

這個被中國官員斥為刁民，被族人視為叛民的徐定鱉，在蘇慧廉、海和德、路熙的筆下，是英雄與聖徒的形象。

海和德說他後來碰見一個教徒，因誤涉一樁殺人案，曾與徐定鱉關在一個牢裡。那個教徒就是在獄中，從徐定鱉口中聽聞上帝的福音。「即便是在獄中，他也沒有掩飾自己的光彩。」海和德說。[60]

定鱉獲釋的當天早晨，海和德也與他一起祈禱。他發現，經歷如此的磨難，徐定鱉還在為自己的村民祈禱，為清廷的官

---

[57] 郭鍾嶽，字叔高，自號天倪子。江蘇江都人，監生。曾任樂清代理知縣、溫州署同知。寓溫十餘年，採風問俗，搜集軼事，作竹枝詞百首，名《東甌百詠》，亦名《甌江竹枝詞》，1872年刊印。

[58] Heywood, "Maple Grove," *The Missionary Echo* (1901): 147-148.

[59] Lucy Soothill, *A Passport to China,* 91-92.

[60] Heywood, "Maple Grove," *The Missionary Echo* (1901): 149.

員祈禱。他抽泣著說，希望上帝能夠點亮他們幽暗的心靈，能夠讓他們真正瞭解到基督的真義。海和德說他祈禱完以後，現場很多人都感動得流下了眼淚。「他的行為實實在在地詮釋了主的話：要愛你們的仇敵，為那逼迫你們的禱告。」[61]

徐定鼇的妻子，據蘇慧廉記錄也有不俗的表現：

在我們能夠解救他們之前，她作為教會領導人的妻子，儘管失去她所有世俗的東西：房子被毀，丈夫入獄，孤身一人，但她仍勇敢面對，絕不退縮。相信主，讓她學會了愛。從一個親戚那兒借了張席，向另一個人借一兩個碗筷，到第三家借了口鍋，她堅持住在被暴徒摧毀的老家，利用劫後餘資，節衣縮食，與她的孩子席地而睡，要等到她丈夫獲釋回家，重建家園。為恢復分崩離析的教會，她的虔誠發揮了不小的作用，因為她每天都謙卑地為主的真理見證，儘管她丈夫正因此遭受殘酷的迫害。同時，她送信給獄中的丈夫，給他勇氣，讓他勇敢堅持下去，直到正義的到來。[62]

海和德說，人們常說中國人受洗完全是「出於物質利益」，「當聽了有關定鼇和他的同伴的故事，我相信讀者朋友們能夠對事實的真相做出自己的判斷。」[63]

踏訪楓林

二〇〇八年盛夏，我沿著美麗的楠溪江，溯江而上來到楓林。在從事地方文史研究的徐逸龍的帶領下，很快就找到了已有百年歷史的楓林老教堂（圖2.9）。經歷歲月沉澱的建築，在藍天的襯托下顯出特別的韻味。

徐逸龍告訴我，在他家鄉至今還流傳著一句順口溜：「番人怕定雨，耶穌怕天主。」說的就是楓林的基督教歷史。

據說，楓林耶穌教堂建立後，牧師「番人毫」經常要挑糞便從徐定雨家廚房邊小巷經過，徐定雨認為不吉利，便不讓通

---

[61] 同上，149。《聖經》引文出自《馬太福音》5:44。

[62] 蘇慧廉：《晚清溫州紀事》，第108-109頁。

[63] Heywood, "Maple Grove," *The Missionary Echo*,(1901): 149.

行，而英國牧師自恃有勢力，強行要經過。一日，徐定雨在路口等待，看到英國牧師挑著糞過來，就將糞桶打破，並打了牧師一頓。事後，英國牧師到溫州城裡招來官兵追捕徐定雨，徐自知勢力不敵，當天夜裡提著燈籠跑到溪口南岸的天主教堂，加入教會，並取來天主教的標誌貼在自家門口。前來搜捕的兵丁看到天主教標誌，便不敢進去，於是事情也就不了了之。因此，村裡後來流傳——「番人怕定雨，耶穌怕天主」。

我就這個故事的真實性求證於時在楓林基督教堂負責看護的一個婦女，她叫滕榮葉，年近六十。她說確實有此說法。她還帶我們到教堂外，指著一條退進一米的小巷，說這就是後來雙方協調的結果。

不過，我對「番人毫」的身分仍存懷疑，因為那時借我公會在溫州的英國牧師僅有蘇慧廉與海和德，當時他倆都駐紮在溫州城區，楓林並無外國人駐堂。後來我們去附近的楓林天主堂採訪，該堂的管理人員告訴我，所謂「番人毫」，可能是某個中國人的綽號。當時，也會把與洋人有密切聯繫的中國教徒叫做番人。

由此看來，這個被叫做「番人毫」的中國教徒，很可能就是徐定鼇，因為在溫州方言裡，「鼇」與「毫」同音。

那麼這座已有百年歷史的楓林教堂到底建於哪年？我向滕榮葉瞭解更多的歷史，她搖著頭，說自己不清楚。我問，村裡是否還有瞭解更多情況的老教徒？結果她將我們領到了她家——他丈夫徐秀清正光著膀子，在院裡乘涼。

生於一九三一年的徐秀清告訴我，這座西洋風格的教堂是由其祖父及其妻舅共同主持建造。具體建於何年，他記不起來了。他說自己小時就在這座教堂裡讀小子班，至今還能唱外國牧師教的兒歌。徐秀清的祖父叫徐象龍，楓林第一批基督徒，當年與徐定鼇住在一個院子裡。

楓林歸來後，我曾去查最新的《永嘉縣誌》[64]，可惜沒有此堂建於何年的記載。

---

[64] 《永嘉縣誌》（北京：方志出版社，2003）。

　　據路熙的回憶，徐定鼇出獄後獲得一筆賠償。這筆錢「足
夠蓋一座新房子，但他們沒有這麼做，而是把大部分錢拿出來
蓋楓林村的新教堂。」[65]也許這座今天仍屹立在楓林的教堂，
就緣自徐定鼇多舛的命運及這個撲朔迷離的教案。

第四節　定理醫院

　　二〇〇七年十一月十七日是個週末，路過溫州墨池小學門
口時，隨手拍下了這張照片（圖2.10）。我關注它，是因為門口

---

[65] 蘇路熙：《樂往中國》，第94頁。海和德的記錄中也提到他的捐贈，不
　　過與路熙所記略有出入：「在他獲釋後的第一天，定鼇就拒絕了大筆的
　　賠償金，而在獄中靜思的那段時光，讓他決定捐出自己所有的財產作為
　　在楓林建設教堂的啟動資金。人們要求他再考慮一下，因為他在獄中的
　　時候已經花掉了大筆的錢，現在還有六十元，對於普通的中國農民而
　　言，這是一筆很可觀的財產，所以定鼇必須慎之又慎。不過他還是堅持
　　自己的決定，將所有的錢都捐出來在楓林建教堂，或者是買一處適合做
　　禮拜的房屋。」（Heywood, "Maple Grove," *The Missionary Echo*, 1901,
　　149）楓林教案結案時，是否有經濟賠償，筆者尚未在官方檔案中查到記
　　錄。據徐定鼇一份供詞，稱蘇慧廉曾言：「候迫官賠數百元便可楓林起
　　屋造堂。」（《教務教案檔》，第五輯第三冊，第1853頁。）

的一條紅色橫幅：「熱烈歡迎區委書記楊湘洪一行蒞臨我校調研指導。」那時沒想到，橫幅裡的這個楊書記，後來會成為中國外逃貪官的典型。

這條橫幅所掛的地方，便是蘇慧廉等人創辦的定理醫院舊址，今溫州市墨池坊楊柳巷十號。

一個叫定理的人

蘇慧廉忙於處理楓林教案時，由他召喚而來的霍厚福醫生也忙得不可開交。

在診所的一年其間，病人數量按照中國方式統計如下：新病人，二千七百五十人，總診療人次，五千零六人。

這還不包含全部的住院病人，許多住院者幾乎每日都在醫院，他們住院的週期從兩週到兩月不等。以上數字也不包括相當一部分在醫生家中或在非門診日就診的病人，那些診療的記錄並沒有被保留。此外，還要增加海和德頻繁去鄉村的路上接手的數以百計的病人。[66]

這是霍醫生一八九五年的記錄。城西診所當時已人滿為患。為了接納更多的病人，更準確地說，是為了拯救更多的靈魂，蘇慧廉又要開始新的動作。

英國偕我公會一八九五年的年報中，有這樣一段關於溫州擬建醫院的報告：

霍厚福醫生的醫療工作成為傳教工作的重要部分。他現有大量的病人，建設一座匹配的醫院迫在眉睫。蘇慧廉牧師希望能為此募集到一百至一百五十英鎊，捐獻者的名字，將成為這所醫院的名字。[67]

經偕我公會沃克登[68]牧師及熟悉溫州教會的闞斐迪牧師介

---

[66] Alfred Hogg, "A Year Work in China," *The Missionary Echo* (1895): 136-137.

[67] *Thirty-ninth Report of the Home and Foreign Missions of The United Methodist Free Church for the Year Ending April, 1895.*

[68] 沃克登（A. J. Walkden）牧師時任英國偕我公會海外傳教委員會（Missionary Committee）成員。

紹，英國大雅茅斯市（Great Yarmouth）的約翰・定理（John Dingley）先生決定捐獻兩百英鎊，支持這個醫院計劃。

約翰・定理捐贈的這筆錢很快來到溫州。蘇慧廉用它在墨池坊買了塊地，並在其上蓋起醫院。霍厚福醫生的岳父、來自曼徹斯特的巴茲利（Bardsley）先生也捐了筆錢，用於建造女病房。[69]蘇慧廉說：「能夠收治十二名男病人、十名女病人的病房，以及廁所、廚房、門房都建起來了。當然我們主要的工作是門診治療，一個相當大的診所及一個兼作候診室的小禮拜堂也建成了。」[70]

新醫院被命名為「定理」。溫州地方文獻材料中，曾誤以為定理是作為建築師，因設計建造此醫院而青史留名。[71]

蘇慧廉為醫院的創立而自豪，在他的回憶錄中用好幾頁的篇幅帶領讀者參觀這座醫院：

醫院入口處為傳達室，門診時間，總會有一位上了年紀矮胖的女士在裡面為病人掛號，你總會發現在她的窗口擠滿了等待看病的人，病人付了三十個銅板（約一個便士）後就可以領到一個標有號碼的竹簽，穿過小庭院，候診者就可以走進一座小禮拜堂，通常早上九點鐘的時候裡面就擠滿了人，各式各樣的人都有：有衣著光鮮的，有一身補丁的；有的文雅，有的粗俗；有人皮膚光潔，有人渾身潰爛，挺嚇人；有成人，有小孩；有基督徒，也有偶像崇拜者。所有的人都混雜在一起，並排坐著。說話者的左邊坐著婦女，她們當中的一些人懷抱嬰兒，像平常一樣拉家常。

醫術精湛的包蒞茂醫生進來了，跟著五六個樣子聰明、穿戴整潔的醫學生，他們都是基督徒。開始分發聖詩單，上面印著一首四行讚美詩、《聖經》經文和一篇很短的禱告，還有

---

[69] *The United Methodist Church , Report of the Missions(Home and Foreign) for the Year Ended April, 1914.* 45.

[70] Soothill, *A Mission in China* , 156.

[71] 《溫州市第二人民醫院百年院史（1897-1997）》《溫州基督教》《溫州基督教史》均誤沿此說。

門診的時間、收費標準。解讀了讚美詩之後，醫生用他那帶有哮喘聲的風琴演奏曲子——在這種氣候下，患哮喘病的人和樂器都不容易治癒——而我們——不，不是在唱，而是發出噪音來。這裡面有一半的人在他們的一生中從未聽到過或唱過讚美上帝的聖歌，甚至也沒有聽過有上帝的存在。接下來是簡短的佈道，之後以禱告結束整個禮拜過程，時間嚴格控制在十五分鐘之內。醫務人員退去，接下來是叫門診號，「一號，二號」等等；聽到喊號之後，手持標有號碼的竹簽的病人，歡快地衝進診療室，他們可能從早上七點鐘就已經等在那裡了。

這時候學生們各就各位，其中兩個留在包蒞茂醫生身旁，其餘的坐在各自的診桌前。病人被指派到學生面前，他們為已經掛號的病人檢查病歷，然後做診斷、開處方，寫病歷和處方都使用拉丁字母，最後再將病人引給包蒞茂醫生確診。多數的處方通過確診，但時不時會被要求詳細的檢查，學生就會走上前來幫助做檢查。通過這種方式，病人就能得到滿意的治療，學生的出色臨床實踐能力也得到了培養。這樣，一個上午通常的門診量多達一百六十位。

現在，如果你走過門診室，對面就是住院部了。注意這些台階，因為前面第一座建築高出地面六英尺，為的是高一點、乾燥點。左首為護士小臥室，病房內病人的床鋪被放置成兩排。除醫生用有顏色的紙簡單裝飾一下牆壁外，病房並沒有裝飾；病床是最簡單的鐵床，沒有金屬絲床墊，上面僅鋪有木板；沒有雪白的床單和枕頭，只有藍色棉花被子；沒有花瓶和別的類型的裝飾，因為我們的護工為男性，是中國人。這個時候他已經將地板洗好了，給病人帶來了他們的飯食，不是給他們洗臉，而是飯後遞給他們每位一塊常見的濕布擦臉，這是中國人飯後的禮節習慣，護理人員沒有什麼時間幹別的更為細膩的修飾了。

……

離門較遠的病房盡頭，是新設立的一個手術室。外科手術常在那邊進行，從虹膜切除術到積膿症清除等手術都做，這簡

單的醫學術語，毫無疑問，對普通人來說就像醫生單子上所列舉的那樣很容易理解。我們的腳下是地下室，如果我們走下去的話，會發現那裡也變成了病房。留心你的頭——整個高度只有六英尺，房門更矮。在這個黑暗的地方我們被迫讓十二個病人先住在裡面，一直等到我們新大樓完工。

病房的拐角處是我們的藥房，是新近增加的一個地方，病人可以在白天任何時段憑處方取藥，這對病人和醫生來說都節省了時間。假如處方對症的話，病人就可以隨時去買藥而無需等著向醫生諮詢。這樣我們就有了一筆可觀的生意在做，盈利部分可幫我們解決資金問題。在我們新建的醫院裡，臨街的一面特地建了一間藥房，我們期望這個店面能夠對包蒞茂醫生為醫院自養所做的令人欽佩的努力有切實的推動作用。

男病房後面依次是廚房間、廁所，通過這扇門就是女病房。增多的男病人已經將女病人趕了出去，她們現在暫住在我們住處的附設房子裡。原來的女病房被男病人住著，甚至連地下室都給占了。

醫院為住院病人每天都舉行禮拜，而參加者總是專心地聽講。今天早上我去往新醫院的途中路過女性病房，令人感興趣的是看見所有病人由包蒞茂夫人帶領跪地禱告。我們並沒有強迫每個病人那樣做，但很久以前她們就心甘情願地跪下來敬拜她們每天所聽到的全能的上帝。她們中的一些人非常虔誠，以至於等到禱告結束後才去服藥，這麼做，正如有人評論的那樣，比事先拉長著臉好多了。如果飯前的謝恩禱告是可取的話，那麼吃藥前的禱告與吃藥後的謝恩禱告將更加明智！

……

很難想像，還有什麼事能比我們醫院的工作更像耶穌所作所為，因為是耶穌基督把天國福音的傳佈與醫治病人結合在一起。我們醫院的信條就是：「差遣他們去宣傳神國的道，醫治病人。」[72]我們竭盡所能，病人得到治療，福音得以傳佈。如

---

72 《聖經・路加福音》9：2。

果我們敢於開拓的話，我們將會顯示出更大的慈善之心，因為
有時候我們很難把病人送回家等死，但是中國人非常迷信，醫
院裡只要有一個死亡事件就足以把所有的病人嚇回家，他們擔
心死人的魂靈會附在他們身上。除此，甚至到今天，流言蜚語
還時不時在我們耳畔令人不快地響起。我們正在慢慢地改變人
們的觀念，人們也會慢慢地明白。當我們能夠提供一個「臨終
關懷」的房間，讓「絕症」病人在那裡平靜地死去，而不是在
那樣悲傷的環境中死去的時候，我們就可以心安了。

　　我們已經做了許多了不起的事情，更偉大的事情還在前面
等著我們，我們已準備好去迎接新的挑戰。[73]

老照片

　　在倫敦大學圖書館找到一張定理醫院的舊照（圖2.11），這
張照片估計是醫院落成時拍的。照片裡的醫院大樓有很特別的
造型，不論是簷角，還是屋頂。面對照片，要努力想像一下，
這個別樣的建築在一百多年前是如何融入溫州古城的。

　　借助電腦，把照片放大，可看見門額上正楷寫著「定理
醫院」四個大字。由此照我才恍然，現保存在溫州市第二人民
醫院住院大樓前的那塊青石碑當年是端坐在這個位置上（圖
2.12）。青石碑上院名兩側有時間落款，右寫「耶穌降世一千八
百九十七年」，左寫「光緒二十三年」。一八九七年是定理醫
院建成的年份，當年二月十七日正式開張。

　　這張照片裡有八個人。兩個老外居於中間，他們的面孔雖
模糊，但可以推測，高的是蘇慧廉，矮的是霍厚福。洋人兩邊
還各站了三位中國人，他們應是偕我公會的本地牧師或定理醫
院的中國助手。

　　我曾將這張照片寄給李筱波的外孫孫牧青先生看，今年已
逾八旬的老人馬上就認出，照片中站在矮個洋人邊上的中國人

---

[73] 蘇慧廉：《晚清溫州紀事》，第118-122頁。

上 ｜ 2.10 墨池小學門口的橫幅。
（2007年11月17日攝於溫州）
下 ｜ 2.11 定理醫院老照片。（TME）

左 | 2.12 刻有院名的石碑上世紀八十
年後期發掘于墨池小學，現保存在
溫州第二人民醫院住院大樓前。
（2007年11月7日攝於溫州）

右 | 2.13 溫州醫學院定理臨床學院揭
牌儀式。（溫州醫學院新聞網）

就是他的外公。「我小舅就是這樣的面臉。」他興奮地說。

這個後來自立門戶，創辦伯蘭氏（PLUM）醫院，並
出任溫州中華基督教自立會會長的李筱波，在後文還將多次
提到。

以定理之名

霍厚福醫生是定理醫院的首任院長。他一八九三年底離英
赴溫，在溫州待了七年，一九○一年返回英國。之後，英人包
菈茂（W. E. Plummer）醫生來溫繼任院長。

定理醫院在墨池坊辦院九年，一九○六年併入新建的白累
德醫院。白累德醫院一九五三年由政府接辦，翌年改名為溫州
市第二人民醫院。

二○○九年二月十日，溫州市第二人民醫院內舉行「溫州
醫學院定理臨床學院」揭牌儀式（圖2.13）。在歡騰的鞭炮聲和
熱烈的掌聲中，溫州醫學院院長瞿佳與第二人民醫院院長程錦
國共同為定理臨床學院揭牌。據報導，取名定理，是緣於市二

醫一八九七年建院時的名稱即為定理醫院。那天的慶典儀式，台下坐了很多的白衣天使。這些人都很年輕，其中鮮有人知道，定理其實是一個洋人的名字。

幸虧英國人John Dingley當年取漢名時，用了「定理」這個中性的詞。要不，他還到不了再次走到台前的時機。這個漢名，很可能是蘇慧廉為他取的。

第五節　戊戌

北戴河的維新百日

戊戌——絕大多數中國人都會念這兩個生僻字，因為在中國歷史課本裡，這是個代表著革命與進步的年份。

西元一八九八年，還只有二十七歲的光緒已在姨媽慈禧的指導下做了二十四年的皇帝。對於這一年，儘管後世很多人說，當時已感受到政治運動潛伏其間，但對絕大數活在當下的普通人而言，日子還是照原來的方式進行著。

這年初夏，身體虛弱的路熙決定去北戴河療養一段時間。北戴河離北京兩百多公里，是外國人新建造的一個避暑勝地。路熙在溫州這個潮濕的南方小港已居住了十四年。「因為我們不能不正視這麼一個事實：中國南方的氣候讓歐洲人體力減退，臉色蒼白。我第一次休假回英國的時候，憂慮的母親多次把我曾經是玫瑰色現在很蒼白的臉頰和留在英國的女子們相比——我的確付出了代價。」[74]

蘇慧廉當時還忙於溫州的工作，沒法送路熙前往千里之遙那個充滿陽光的海濱勝地。

一八九八年的陽光照耀著北戴河，並沒有普照大地：

一月二十二日，傳統春節，中國發生日全食，中線經過拉薩到內蒙。北京日蝕達六分之五，傍晚時分，被遮住大半的太

---
[74] 蘇路熙：《樂往中國》，第307頁。

陽宛如一輪新月。在古代中國，日蝕被認為是凶兆。據記載上一次日蝕發生在一八九四年四月六日，北洋水師全軍覆沒的甲午海戰就發生在那一年。

五月十九日，溫州發生規模空前的「鬧荒毀衙案」，不堪忍受米價騰貴的憤怒群眾沖進道台、知府衙門及縣衙，砸毀官員個人及公家的物品。此次民變，規模之大、範圍之廣，為溫州歷史上所罕見。當時路熙還在溫州，她與幾個外國人又一次避難江心。[75]

當年溫州還有天災。「六月，連日颶風兼大雨，平地水高四五尺，番薯、棉花俱有損壞，此數十年中俱未有如此次水勢之大者也」。八月十六日又「大風大雨，潮水又大，平地之水滿溢四五尺。本年連遭三次大水」。[76]

天怒人怨，民不聊生。

路熙幾乎有逃走的想法。那時的交通條件和現在全然不同，她經寧波、上海、天津，幾乎花了兩個禮拜，才到達北戴河。

經一個曾在溫州海關工作的英國熟人的妻子介紹，路熙住進了北戴河西端一幢叫陽光居（Sunny Lodged）的別墅。在那幾個月裡，她幾乎忘記了外面世界的嘈雜與紛亂。散步、野餐、遠足、社交成了她主要的生活內容。她還在北戴河學會了游泳，當蘇慧廉來到時，兩人已能在海灘上玩「鞍馬」遊戲了。

在北戴河，他倆與老朋友、時任大清海關總稅務司的赫德（圖2.14）相聚。那段時間，赫德也在北戴河度假。北愛爾蘭人赫德被認為是近代史上對中國產生最大影響的幾個外國人之一。赫德比蘇慧廉大一輩，他開始中國工作的那一年，蘇慧廉還剛剛出生。在路熙的眼裡，赫德「中等身材，禿頭，鬍子灰白，眼睛灰藍色，天庭飽滿，雖然現在又狹又瘦。他的牙齒很大但不整齊，佝傻著背，衣領很低，早晨結的領帶總是藍的」。[77]

---

[75] 同上，第153頁。

[76] 沈克成：《溫州歷史年表》（北京：北京電子出版物出版中心，2005），第294頁。

[77] 蘇路熙：《樂往中國》，第313頁。

當時已過知天命之年的赫德剛在北戴河買了座小平房，與路熙度假的別墅只有五分鐘的路程。許是路近，許是與年輕的路熙特別投緣，那段時間，赫德幾乎每天都過來看她，並給她讀一小時的書。路熙到晚年都還記得：「在陽光燦爛的清晨，我不禁回憶起消逝的航海時光，爵士背誦詩歌，他能背誦許多詩歌。我大大開心的是，他還在我的書上題了一首詩。他喜歡坐在陽台上講他自己的故事，尤其是早年的經歷。」[78]

　　路熙的回憶錄中，留下了不少赫德自述的往事，包括作為壞孩子的童年、差點加入太平天國部隊的離奇經歷，以及在中英之間斡旋，妥善解決「馬嘉理事件」的過程。

　　「馬嘉理事件」與溫州開埠密切相連，事件最終和平解決，赫德功莫大焉。

　　我已經兩年沒有去教堂了。我的老朋友，羅素（Russell）主教來北京，我就去聽他講道。聽完後，我去找英國大使，威妥瑪爵士。當時他在書房寫急件，寫完後，威妥瑪說他要下令降下英國國旗，他自己也要離開北京。這就等於說要宣戰。赫德問：「為什麼？這個很嚴重，請多加考慮。」

　　似乎中方答應為最近被殺害的年輕領事馬嘉理作出賠償，但現在他們反悔了，讓威妥瑪爵士無法容忍。赫德勸他暫時忍耐，自己親自去了衙門，發現這是場誤會。他告訴中方，他們若反悔，英方無法容忍。中方答應了履行承諾。第二天，羅素主教和赫德一起吃飯。

　　主教笑著說：「那些善良的中國基督徒說維多

| 2.14　晚年赫德。（《莫里循眼裡的近代中國》）

[78] 同上，第315頁。

利亞女王派我來北京和談。你覺得如何？」

「你的確促成和平。若不是你來中國，我就不會去教堂，也不會遇見威妥瑪爵士，一場災難就會發生。」[79]

按這個假設，如果沒有赫德的斡旋，就不會有《煙台條約》與溫州一八七六年的開埠。

後來，蘇慧廉也來到北戴河。一天，「赫德興奮地拿著一捆光緒皇帝公佈的新法檔對蘇慧廉說：『看這個，還有這個，還有這個！』年輕的光緒皇帝維新變法，大力改革政府和教育。」[80]光緒發動的改革，就是史稱的「百日維新」。

蘇慧廉後來撰寫《李提摩太在中國》，也提到那天的見聞：

六月的一個上午，赫德先生遇到了我，他把我帶內室，出示剛收到的變法詔書。我們一起瀏覽了一遍，我永遠都不會忘記他當時臉上的表情及喜悅的語調：「我從沒想到，我會活著看到這一天。」[81]

「百日維新」期間，蘇慧廉夫婦去了北京，但赫德還繼續留在北戴河。在此之前，這個忙碌的人從未獨自離崗休假過。即使是回英國休假，他也沒放棄過對海關事務的遙控指揮，唯獨這一次，完全擺脫了公務。赫德前往北戴河的時間是六月十一日，返回北京的時間是九月二十一日。也就是說，他在北戴河整整待了一百零三天。也就是這一百零三天，中國發生了維新變法。[82]這不知是巧合，還是歷史神秘的安排？

莫理循

北戴河其間，蘇慧廉夫婦與另一位在中國享有盛譽的外國人——莫理循[83]也有較多的往來。莫理循時任倫敦《泰晤士報》

[79] 蘇路熙：《樂往中國》，第318-319頁。
[80] 同上，第356頁。
[81] Soothill, *Timothy Richard of China*, 236.「百日維新」始自1898年6月11日，蘇慧廉誤記為9月，逕改。蘇慧廉在*China and the West* 中也提到這個細節。（第179頁）
[82] 百日維新前後一百零三天，自1898年6月11日（四月二十三日）光緒認定國是、決定變法起，至同年9月21日（八月初六）慈禧重新「訓政」止。
[83] 莫理循（George Ernest Morrison，1862-1920），英國人，生於澳大利

駐中國記者，後來還擔任袁世凱的政治顧問。在清末民初的中國，他是個很有聲望的人。當時曾流傳莫理循的一篇報導抵得上中國官員三份奏摺的說法。還有一個笑話，說很多剛到中國的外國人都抱怨，一下火車，黃包車夫不由分說，便會將他們從前門火車站直接拉到王府井大街的莫公館。因為在車夫們看來，所有來北京的外國人，應該都是來找莫理循的。那時的王府井大街就叫「莫理循大街」，他的家也就在這條街的中段。

莫理循來北戴河路熙下榻的陽光居做客。在路熙的回憶錄中，關於與莫氏的交往還有些細節。如莫理循知道蘇氏夫妻是傳教士，於是向他們說起自己被傳教士相救的經歷。

北戴河度假結束後，蘇慧廉夫婦前往北京。在北京，「我們也去看了莫理循博士。他住的單層房子不利於健康，所以難怪他總抱怨身體不好。⋯⋯他有一張精緻而熱切的臉，在陽光居看起來很不錯，在他家看起來也還行。他說自己每年要花三百英鎊買和中國相關的書，英國出版的每一本和中國有關的書，他都買了。」[84]

路熙提到莫理循熱衷藏書，這是他的愛好，也是他最大的文化成就之一。莫理循愛好收藏與中國及亞洲研究有關的資料，經二十年經營，藏書量達數萬冊。為此，他還在寓所裡建了個圖書館。辛亥前，蘇路熙再次來到北京時，就看到了這座圖書館。

一九一〇年，我再次去看他。他不僅給自己蓋了新房，還為他的書蓋了圖書館。他和一位敏感苗條而溫婉的女子結婚，她後來成了他的秘書和圖書管理員。我們聽到這條新聞並不奇怪，因為之前的一個晚上，我們曾經見過她。她穿著白色絲綢晚裝，黑色長髮飄飄，繫了條常春藤色的髮帶。在莫理循死前，他珍貴的藏書落入到了日本人手中，據說總價高達四萬英鎊。[85]

亞。1887年畢業於愛丁堡大學醫科，曾任《泰晤士報》駐華首席記者、中華民國總統政治顧問。著有《一個澳大利亞人在中國》等。
[84] 蘇路熙：《樂往中國》，第335頁。
[85] 同上，第335頁。

　　（《莫里循眼裡的近代中國》）

　　路熙筆下這個敏感苗條而溫婉的女子叫珍妮小姐。莫理循
在五十歲時愛上了這個二十一歲的英國女孩。莫理循與珍妮有
三個孩子。

　　路熙提到的後來落入日本人手中的藏書，至今還是中國人
心頭的一個傷痛。[86]

---

[86] 莫理循早在1912年，鑑於精力與財力不濟的原因，有將藏書統一轉讓的
　　想法。這批多達兩萬四千冊的圖書資料主題就是中國，因此他提出，如
　　果中國人購買，他將把他在北京的不動產，即建有防火設備的圖書館送
　　給政府。很明顯，他想把這個文庫出售給中國的學術團體或合適之人，
　　首先供中國人使用。然而事與願違，據說時任實業部長的張謇曾問詢價
　　格，但後來沒有下文。當時美國哈佛大學有購買的意向，據說出了更高
　　的價，但莫理循沒同意。他想，如果這些書不能留在中國，也要留在亞
　　洲。最後這批開價四萬英鎊的藏書被日本的岩崎久彌男爵以三萬五千英
　　鎊的價格買下。這位男爵將莫理循的收藏和他自己藏書合在一起，建起
　　了「東洋文庫」。「東洋文庫」今天還在，其中莫理循部分已不斷被證
　　明是世界上鑽探中國清末民初史料的寶貴礦藏。

北京最後一晚

蘇慧廉夫婦在京期間，住在老朋友白來喜（J. B. Brazier）的家裡，並受到與循我會同宗派的聖道會傳教士甘淋[87]、德輔廊[88]和馬歇爾（Marshall）的熱情接待。[89]

這是蘇慧廉的第二次北京之行，上一次是在一八九一年。這次夫婦倆遊覽了長城、孔廟等名勝，並走訪了包括莫理循、裴式楷[90]、勞瑞（Lorry）博士等老朋友。這時的蘇慧廉已經三十八歲，經過十六年在中國的磨礪，已成為一個交遊廣泛，並活躍在上層社會中的人。

蘇慧廉夫婦在北京的最後一晚是與赫德一起度過的。四個人，包括赫德的私人秘書，一起共進晚餐。

路熙說，這是個令人震驚的晚上。吃飯的時候，赫德年輕的秘書講起他一兩個小時前剛收到的消息——明天慈禧太后將歸政。

霎時，靜得連針掉到地上的聲音都可以聽到。我們馬上意識到，推翻皇帝意味著我們所期待的變革都完蛋了。

我們的主人大叫：「胡扯！」

他意識到他和每個人的前途都很黯淡。這位秘書對大家對這條重大消息有所懷疑的反應感到氣餒，我看見他臉上有點憤憤不平。

他強調：「我說的是事實。」

這個晚上沒有人再就這個話題多說一句話。對於這樣一種歷史倒退，我們困惑、不知所措，只能不斷問自己：「接下來

---

[87] 甘淋（George Thomas Candlin，1853-1924），英國人。1878年來華，在天津、樂陵、武定、唐山等地傳教。1914-1918年任滙文大學堂教授，1918年燕京大學成立後，出任神學教授。

[88] 德輔廊（Frank B. Turner，?-1933），英國人。1887年來華，在天津傳教，後任樂陵醫院院長，故於天津。

[89] W.E.Soothill, "Mehtodist Union and Our Mission," *The Missionary Echo* （1907）：147.

[90] 裴式楷（Robert Edward Bredon，1846-1918），英國人，赫德內弟。1873年進中國海關，歷任各重要港口稅務司，曾任副總稅務司，1908-1910年代理總稅務司。

將會如何？」[91]

這一天是一八九八年九月二十一日，戊戌八月初六，慈禧太后重新「訓政」，曇花一現的改革壽終正寢。

第二天，當蘇慧廉去海關道別時發現他們幾乎都在讀慈禧的詔書。當他向裴式楷話別時，裴氏還正準備將這詔書翻譯成英文。「詔書說因為皇帝事務太多，積勞成疾，所以要求她重新執政。這些華而不實的陳詞濫調誰也騙不了。」蘇慧廉夫婦當時這麼想。[92]

在路熙的回憶錄中，也說到翁同龢被免、譚嗣同被殺及珍妃投井等中國人很熟悉的與戊戌相關的故事。路熙感歎：「假如當時皇帝有機會勸說他令人敬畏的姨媽與他一起實施改革，而不是密謀把她軟禁，結局會是怎樣？誰知道呢！是慈禧廢除了改革，但在她意圖靠義和團驅逐外國人的想法幻滅後，她自己又改變了態度。」[93]

歷史沒有假如。隨後的現實是旨在從上而下主動變革的百日維新以血腥的方式收場，力圖改變中國的方式從此由和平漸進式向暴力顛覆式轉移。革命從遠處走近，不過，還需要再走幾年。

曾擔任李提摩太中文秘書，當時正倉皇出逃的梁啟超後來說過一句意味深長的話：「革命黨者，以撲滅現政府為目的者也，而現政府者，製造革命黨之一大工廠也。」[94] 當時還年輕的蘇慧廉，在隨後與中國深度交纏的過程中，將體會到這句話對人對己的切膚之痛。

一八九八年九月二十二日[95]一早，蘇慧廉夫婦便來到北京車站，他們將按原計劃踏上返程。返程的路線是北京—天津—煙台—上海—溫州。但火車誤點了，上午的火車直到下午四點才開動。抵達上海才知道，火車延誤是因為當時全北京城正在搜捕康有為。其實康有為早一天已逃離北京。蘇慧廉兩人焦急

[91] Lucy Soothill, *A passport to China*, 306.
[92] 蘇路熙：《樂往中國》，第357頁。
[93] Lucy Soothill, *A passport to China*, 307.
[94] 梁啟超：〈現政府與革命黨〉，《飲冰室文集》，第十九卷，第48頁。
[95] Soothill, *Timothy Richard of China*, 240. 蘇慧廉誤記這一天為9月21日，逕改。

地等候在北京車站的時候，康有為已躲在一條船上，從煙台前往上海。

英國人同情維新派，英國領事坐船去距離上海不遠的吳淞，讓康有為換了一隻船，幫助他逃到香港。據梁啟超〈記南海先生出險事〉記錄，這個英國領事叫濮蘭德，[96] 但蘇慧廉在《李提摩太在中國》中卻記錄此人叫璧利南。[97] 其實兩人都沒有記錯，實際的情形是時任英國駐上海總領事的璧利南派遣濮蘭德前往相救。[98]

後來在倫敦，路熙說自己在一個中國朋友的小型聚會中碰到了這位英國領事，大家請他講講這段故事。不過，「這位年長的領事拒絕迎合我們，搖著睿智的腦袋不肯答應」。[99] 不知這位睿智的長者是璧利南，還是濮蘭德？

經天津、煙台、上海，一八九八年九月二十九日，蘇慧廉夫婦抵達溫州。[100] 出發時，他們絕沒想到，這一場旅行會見證如此驚心動魄的一段歷史。

擴建城西教堂

戊戌年還有件重要的事值得一記，那便是城西教堂的擴建。甲申教案後，蘇慧廉在街頭教堂邊新建了座相對寬敞的教堂，供信徒禮拜之用。「此教堂有三百個座位，其中三分之二在一八八五年的時候還是空著的，但到一八九五年所有的座位就被坐滿了。到去年，可以說是人多得擠也擠不進去。於是東

---

96 梁啟超：〈記南海先生出險事〉，載夏曉虹：《追憶康有為》（北京：中國廣播電視出版社，1996），第327頁。濮蘭德（John Otway Percy Bland，1863-1945），英國人。1883年來華，曾在中國海關擔任官員，1896年就任上海英租界工部局秘書長。著有《清室外紀》《中國最近的事變和現在的政策》《李鴻章》等。

97 蘇慧廉：《李提摩太在中國》，第224頁。璧利南（Byron Brenan，1847-1927），英國領事官，1898-1901年任英國駐上海總領事。

98 陸乃祥、陸敦駸等：〈南海先生傳（上編）〉，載《追憶康有為》，第56頁。

99 蘇路熙：《樂往中國》，第361頁。

100 *The Missionary Echo* (1898): 189.

面的牆被鑿開，用草席搭了一個涼棚，臨時解決下問題。」蘇
慧廉在一篇題為〈溫州城市教堂揭幕〉的文中，這樣寫道。[101]

　　一八九七年春天動議的這次重建規模不小，但蘇慧廉做得
很有效率。他創意性地將教堂東面已鑿開的牆拆掉，把另三面
牆延伸出來，這樣新建的部分就可與老堂連成一體，成為一個
可容納八百人的大教堂。此方案不僅縮短工期，還節省費用。
擴建僅用了十個月，一八九八年便宣告竣工。全部擴建費用是
二百五十英鎊，來自一位素不相識的英國人的慷慨捐贈（圖
2.16）。

　　據蘇慧廉記載，擴建後的教堂占地七十五英尺寬，八十英
尺深（新建的部分為四十五英尺深），四面的牆壁高三十五英
尺，屋頂離地面的距離超過五十英尺。屋頂則由四根超過四十
英尺高的大圓柱支撐。圓柱是黑色的，我小時隨奶奶去教堂，
便對這顏色有深刻的印象。

　　為記載這次擴建，蘇慧廉親撰碑文，他用文言文寫下了這
篇〈重建聖殿記〉：

　　主降一千八百七十八年，英國傳教士李華慶航海東來中
國，寓溫郡嘉會里傳耶穌聖教。僅閱兩年，即歸道山。自八十
二年，僕來繼李任。其時居住於此，信者甚寡。至八十四年，
忽丁魔劫，突遭惡黨劫掠財物，焚我教堂，蕩我書院，火我居
房。次年英會捐資建造聖殿。主日聚集者尚寥寥無幾，並未分
設友會。多歷年所，福音莫得廣宣，歎習俗愚迷共崇偶像，實
非人力所能挽回。詎意主旨難測，近十年來，恩光漸照漸明，
聖道愈推愈廣，地則有四五邑，會則有七十奇，人則有三千
餘。即本堂每逢主日，男女扶老攜幼而來，門內幾無隙地。數
年之內，藉眾會友隨時勸化，始復有此興盛也。僕之始願未及
此，今及此豈非天乎？去年春議重建聖殿，繼長增高，俾得禮
拜觀瞻。幸託主恩，中外集資成數，庀材鳩工，昕夕董治，月
圓十度，方始告竣。僕望自是福音處處廣行，聖道蒸蒸日上。

---

[101] W.E.Soothill, "Opening of Wenchow City Chapel," *The Missionary Echo* (1899): 17.

爰敘其緣由，勒石以垂不朽云。願救主恩、天父博愛、聖靈感化，長臨本堂，世世無窮，阿門。主降世一千八百九十八年英國傳教士蘇慧廉識。

這篇碑文在溫州教會史上很著名。人們讚賞蘇慧廉漢語程度之高時，常舉此為例。不過，我認為此文很可能經過當時中國文人的潤色，因為在蘇氏留下的著述裡，我沒有再看到同樣水準的文言大作。

此碑石仍在，鑲嵌在現城西教堂大殿近大門右側那根圓柱的石磉上（圖2.18）。今寫此文時，不禁想起二〇〇一年的一個冬夜，已是耄耋之年的支華欣[102]牧師領我們參觀過戒煙所舊址後，又引我們來到高盈十餘米的教堂主殿。他打開燈，親自挪

| 2.16 蘇慧廉將新擴建教堂的照片寄給陌生的捐贈者，讓他看看這筆錢建設出來的成果。（A Mission in China）

---

[102] 支華欣（1918-2005），溫州人。1938-1939年就讀於浙東神學院，1941-1944年就讀於浙南華中協和神學院，1944-1946年在湘桂等地參加傷兵之友社、戰地服務團、青年軍。1947年任職浙甌日報社，1949年後從事教會工作。著有《溫州基督教》。

開柱邊的幾排座椅，指示碑文所在的位置。我也是在那天才發現，這根黑色圓柱的石礎原來與眾不同。

那個晚上我對支牧師說，我對蘇慧廉有興趣。一晃十來年過去了，支牧師也已過世，而我當年的想法，至今仍徘徊在這些字句之間。

此次擴建完工，教會沒有舉行隆重的慶典。

我們決定在上個禮拜日也就是本月聖餐聚會時，為新堂悄悄揭幕。我們所有人都為能目睹一場盛大的聚會而感到由衷高興，特別是我們中間那些記得過去的艱辛與失敗的人。當看到六百多張燦爛的面孔，聽見他們發自肺腑的讚美上帝之聲時，定有某種更勝於快樂的感情激蕩在心。每個座位都坐滿了人，不過因舊的習慣，人們仍喜歡擁擠在講壇的台階和聖餐台欄杆的周圍。其實，我們已經準備了很多的長凳。……兩名本地牧師也做了禱告，他倆都經歷過去的歲月。其中一名老人已八十歲了，另一位，也就是金先生，仍然與我們在一起。[103]

在這個低調的儀式上，還多了一位漢名叫「謝道培」（圖2.17）的英國人，他的英文名是W. R. Stobie，一八九六年十一月來到溫州。謝道培是蘇格蘭人，出生在諾森伯亞蘭（Northumbrian），畢業於愛丁堡大學，來溫州前已做了一年的牧師。[104] 偕我公會安排謝道培赴溫，是為接替海和德。海氏受總部的調派，於一八九六年十二月轉赴寧波。

那天的揭幕儀式上，謝道培帶領大家唱讚美詩，霍厚福醫生做奉獻祈禱，蘇慧廉則主持當日的佈道，他打開《聖經》，請大家看如下的經文：

主說：你們要為我造何等的殿宇？

豈不知你們是神的殿，神的靈住在你們裡頭嗎？

我未見城內有殿，因主神全能者，和羔羊，為城的殿。[105]

---

[103] Soothill, "Opening of Wenchow City Chapel," *The Missionary Echo* (1899): 19.

[104] W.E.Soothill, "Rev.W.R.Stobie," *The Missionary Echo* (1905): 9.

[105] 三句《聖經》經文分別出自《使徒行傳》7：49 、《哥林多前書》3：16、《啟示錄》21：22。

二〇〇八年十二月十八日，溫州城西教堂舉行教會成立一
百三十周年暨教堂重建一百十周年隆重慶典（圖2.19）。所謂重建
一百十周年，也就是上溯一八九八年的此次擴建。不過，這樣的
算法並不精確。[106]

上　│　2.17　謝道培。（TME）
下左　│　2.18　高達一米二的石磔四周刻著《重建
　　　　　聖殿記》。（2002年4月11日攝於溫州）
下右　│　2.19　城西教堂2008年舉行教會成立
　　　　　一百三十周年暨教堂重建一百十周年慶典。
　　　　　（陳耀輝攝）

---

[106] 溫州城西教堂的重建始於1885年，1902年才告最後落成，1898年僅是其
　　　中一次擴建。2008年舉行慶典時，我對此堂的歷史瞭解甚淺，無法提供
　　　更多更準確的史料。特作此注，向城西堂致歉。

第六節　世紀之交

兩則書訊

　　世紀之末，就這樣走來。

　　以撰寫《中國近百年政治史》而蜚聲學界的李劍農把戊戌（1898）年秋間到庚子（1900）年夏間稱為「維新變法的反動時期」。民族自尊、公共積憤、生活不安、政治陰謀，四種反動心理合起來構成一種巨大的反動勢力。[107]

　　在京目睹皇城巨變，回溫後的蘇慧廉在想什麼，要做什麼？一八九九年的《教務雜誌》，這一年與蘇慧廉有關的資訊只是兩部著作的出版。

　　一是《四千常用漢字學生袖珍字典》[108]（圖2.20）由美華書館（The American Presbyterian Mission Press）刊行。書訊刊登在該年的八月號上。[109]

　　我見過這本字典。正文分兩大部分：第一部分收錄四千三百個常用漢字，按照漢字筆劃順序排列，主要供學習之用；第二部分收錄六千多字，按讀音字母順序排列，供進一步參考。正文之後為附錄，蘇慧廉羅列了中國朝代、省份、二十四節氣以及天干地支、月份稱謂等內容，以便讀者對中國文化有個粗略的瞭解。

　　蘇慧廉自稱吸收了翟理思、加略利[110]、衛三畏[111]等人編撰

---

[107] 李劍農：《中國近百年政治史》（上海：復旦大學出版社，2002），第172-177頁。

[108] W.E.Soothill, *The Student's Four Thousand ,and General Pocket Dictionary* (Shanghai: Presbyterian Mission Press,1899).

[109] *The Chinese Recorder* 30 (1899): 414.

[110] 加略利（Joseph Marie Callery，1810-1862），法國人。編有《中文百科詞典》，1844年在澳門出版。

[111] 衛三畏（Samuel Wells Williams，1812-1884），美國傳教士，1833年來華，任《中國叢報》編輯。中美談判簽訂《天津條約》時任美方副代表，1860年任美國駐華公使館臨時代辦，1876年退休。1877年返美任耶魯大學漢學教授，是美國第一個漢學教授。1881年任美國聖經公會主席。著有《中國總論》《我們同中華帝國的關係》等，編有《漢英拼音字典》。

漢語字典的成果。謝福芸後來提到她父親這本字典與翟理思《華英字典》的區別，認為前者更側重於發音，編纂的主旨是讓讀者能隨身攜帶。[112]

《四千常用漢字學生袖珍字典》在西方漢學界影響甚大，是當時習漢語者的重要工具書。此書不斷重版，到一九五二年便已出了二十版。不論是德國漢學家安保羅（Paul Kranz）編纂《常用四千字錄》[113]（圖2.21），還是英國語言學家歐尼斯特·蒂普森（Ernest Tipson）編纂《粵語字音對照手冊》[114]，用的底本都是蘇慧廉這本字典。

一八九九年十二月號的《教務雜誌》還刊登了蘇慧廉另一部作品《聖詩溫州土白》（*Revised Hymn Book, Character, and*

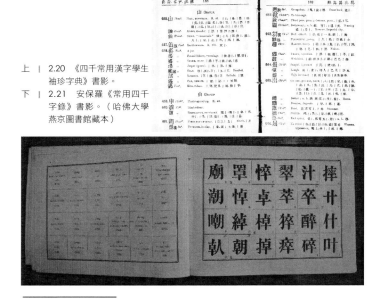

上 ｜ 2.20 《四千常用漢字學生袖珍字典》書影。

下 ｜ 2.21 安保羅《常用四千字錄》書影。（哈佛大學燕京圖書館藏本）

---

[112] Hosie, *Brave new China*，83.

[113] Paul Kranz, *The key to the character problem, or, The Chinese Alphabet : four thousand most frequent characters according to Rev. W. E . Soothill 's phonetics, but divided into six classes of frequency with standard romanisation for self examination and private study* (Shanghai: Presbyterian Mission Press, 1910).

[114] Ernest Tipson, A Cantonese Syllabary-Index To Soothill's Pocket Dictionary (London: Routledge & Kegan Paul, 1951).

Romanised）的出版資訊。[115]此書就是蘇慧廉用溫州方言教會羅馬字編譯的讚美詩集。不過,我至今沒有見到該書。

方陣

到一八九九年,偕我公會在溫的傳教士只有三人:教區長蘇慧廉、定理醫院院長霍厚福及新來的謝道培。但溫州城鄉當時有三百萬人口,於是蘇慧廉不斷向總部呼叫:增援!增援!三百萬的溫州人需要增援。

據說,一位畢業於劍橋大學的哈樂德・威爾遜（Harold H. Wilson）先生,經過層層選拔,幾乎已定下要派赴溫州,但到最後還是發生了變化,這讓蘇慧廉很失望。另一位醫生也如此。日益繁忙的定理醫院其實急需專業人手。[116]

一八九九年十二月,一位後被稱作「山邇獌」[117]（圖2.22）的英國牧師攜夫人抵達溫州。山邇獌不僅帶來了自己的夫人,還將謝道培的夫人也從英國帶來。[118]謝道培夫人是傳教士霍爾蓋特（Henry Holgate）的長女。後來路熙離開溫州,她負責藝文女校。

在英國偕我公會一本發黃的年報裡,有一張這四個家庭的合影（圖2.23）。這張照片應攝於溫州,並且也就是在這世紀交替時。四個年輕的英國男子,攜帶各自年輕的妻子,到溫州組成一個特別的方陣。照片裡還有一個紮著頭花的小女孩,她叫鄧肯（Duncan）,是霍醫生的千金。

在這個異國方陣初次列隊的同時,一個更為龐大的溫州方陣也已集結完畢。

---

[115] *The Chinese Recorder* 30 (1899): 621. 內地會蔚教士（Robert Grierson）在1891年8月5日致差會一信中,提到蘇慧廉編輯的方言讚美詩兩年前由位於台州的內地會印書館出版。（*China's Millions*, 1891: 132）因筆者未見原書,暫無法確定其準確的出版年月。

[116] *Forty-third Report of the Home and Foreign Missions of The United Methodist Free Church for the Year Ending April, 1899.*

[117] 山邇獌（Arthur H. Sharman）,又譯夏爾曼,英國人。1893年加入偕我公會,1899年12月受派遣來溫,接替謝道培負責管理藝文學堂,1919年因病回英國,1923年重回溫州。1927年返回英國。

[118] Soothill, "Our Mission in China," *The Missionary Echo* (1906) : 178.

第一次聯區會議

　　一八九九年十二月二十九日，溫州偕我公會歷史上第一次聯區會議在城西教堂舉行。與會的七十餘位代表中，五十多位是來自鄉村的傳道人。這批本土傳道人是蘇慧廉在溫州十餘年培養出來的地方精英，也是溫州偕我公會的「脊樑」[119]。

　　這些傳道人分別來自樂清、外西溪、內西溪、楠溪、青田、瑞安及溫州城區。溫州偕我公會七大聯區的佈局從此形成。在英國差會的年報中，也是自這年始，在溫州總目下分列七個聯區的業績。[120]

　　「在中國，很少有差會像溫州這樣擁有數量如此之多的本地傳道人。」主持這次會議的蘇慧廉自我評價。[121]

　　根據我們英國的做法，本地傳道人的工作屬於義工，不須付薪，因為他們從事的是一項神聖的使命，就像使徒保羅一樣。但在溫州，我們的傳道人常常需要長途跋涉，並且由於異教徒對於安息日的規定並不瞭解，常常為了一己之便就打亂了

| 2.22 山邁獲。（TME）

[119] MacGillivray, *A Century of Protestant Missions in China (1807-1907)*,132.

[120] *Forty-third Report of the Home and Foreign Missions of The United Methodist Free Church for the Year Ending April, 1899.*

[121] W.E.Soothill, "Letter From Wenchow, " *The Missionary Echo,* (1900): 65.

他們的作息時間。長期以來，我們一直反對為本地傳道人在星期日的工作支付物質報酬，頂多只是象徵性地給予補償，但他們在日常六天中的工作，我感到有必要考慮他們的利益，當然，這必須在鄉村教會的支付能力之內。[122]

蘇慧廉要考慮的是一個溫州特色的問題——本地傳道人酬勞，這也是本次聯區會議的主要議題。經過充分的討論，最後決定：「本地傳道人在所屬轄區宣講福音屬義務勞動，他們將從主那裡獲得更多的回報。但考慮到他們每個星期的週六至週一無法為自己的家庭勞作，而他們的經濟狀況並不優渥，所以決定，當他們在週日進行傳教活動時，將獲得十五分的報酬；當他們外出傳教來回二十里（七英里）並在外住宿一宿時，將獲得三十分的補償；而當他們外出傳教四十里並在外住宿兩宿時，將獲得四十分的補償。」[123]

溫州福音廣傳，與如此組織結構及制度建設應該有很大的關係。後來中國基督教強調「本色化」（Indigenization）和本地牧師、同工、信徒推動的「處境化」（Contextualization），其實作為外人的蘇慧廉已先行一步。

這次會議為期三天。週六下午，兩周前剛剛抵達溫州的山邇獢先生還介紹了英國差會設立的「二十世紀基金會」（Twentieth Century Fund）的相關情況。不過，台下的人既聽不懂山邇獢的英語報告，也不知基金會的運作模式。

「台下聽眾的表情非常有趣，當然了，山邇獢的介紹隨後被翻譯了過來。我們解釋說，在溫州籌措到的資金一定還會用到溫州本地的建設中，而且我們也保證，不管每個分會最後籌措到了多少資金，最後還是會悉數用到本分會的發展中。」蘇慧廉的解釋及承諾得到了有效的回應。到會議結束時，七個地區共承諾捐款五百二十九元。當然，溫州城區捐款最多，達三百零一元。這其中包括四個外國牧師及其妻子。

---

[122] 同上，65。
[123] Soothill, "Letter From Wenchow," *The Missionary Echo* (1900): 66.

上 ｜ 2.23 蘇慧廉（右二）、謝道培（右
一）、霍厚福（左二）、山邇獡
（左一）四個家庭合影 。（TME）

下 ｜ 2.24 蘇慧廉（後左三）、謝道培
（後左一）、霍厚福（後右二）、
山邇獡（後右一）與溫州本地傳道
人合影。前排右二是夏正邦，前排
中是金先生。（TME）

溫州偕我公會歷史上第一次聯區會議在一八九九年的最後一天晚上圓滿結束。不巧的是，一九○○年新年第一天便下起了漫天大雪，並且伴著呼嘯的冷風。很多代表無法踏上歸程。據蘇慧廉記載，那場風雪持續了一個星期，「歸程遙遠的代表們被困在這裡，並且在未來幾日歸去的希望也非常渺茫」。[124]

世紀之交的風雪，也許預示著什麼。

紅燈照、哥老會、神拳會

一個週六，蘇慧廉與山邇獨到外西溪傳道。從碼頭到目的地要翻過一座山，到達山頂時，蘇慧廉發現許多人聚集在一面大旗旁。

一位我已認識很多年的灰鬍子老先生，他來自十英里外的一個村莊，過來對我說，這是一面造反的旗，顯然由The Red Lamp Society 樹立。但沒有人敢拔掉它，一是擔心招來忌恨，同時也擔心被抓，面臨坐牢甚至以叛逆罪砍頭的可能。

據我所知，The Red Lamp Society沒大的能耐，除了在本地製造動亂，而我們基督徒將是動亂的主要受害者。我還可以斷定，他們在這裡插旗是別有用心的，目的是使我們要去拜訪的友好村與當局之間的關係陷入困境。最後，因不用擔心被作為叛逆處決，我認為自己有責任將這面旗取下來，交給村裡的地保，讓他轉交給知縣。當然，更明智的做法是讓地保本人將旗子取下，但中國的治安官與他的英國表兄是一樣的。（難道還要我們對那過去一代人說三道四嗎？）他們往往是沒事老找你，有事難找到。還有，我覺得旗放得越久，變數會越大。旗是昨夜插的，現在時間尚早，看見的人還不多。但很快，數百名村民（其中有些家在一百英里外的山底）將潮水般湧往溫州。不能再拘謹了，我決心不讓忠誠的中國人剛剛沐浴到的和睦惠風受到污染，不讓這個在空中飄揚的災難旗幟散佈不和諧的種子。這面旗迅速到了地保手中，他帶著它，往城裡去了。[125]

---

[124] 同上，67。
[125] Soothill, *A Mission in China*, 64-65.

蘇慧廉筆下的The Red Lamp Society就是「紅燈照」，起源於山東、直隸一帶，屬地下民間組織。參加者多為底層的青年婦女。她們全身紅色裝束，手提紅燈籠，故有此稱。紅燈照的首領叫「黃連聖母」，傳說功法厲害。入了組織的婦女，跟著這位大師姐習拳，經過七七四十九天的練習後，就能得道術成。一旦術成，便可步行水上而不濕。手中扇子一揮，則敵人大炮不響。右手的紅燈投擲到哪，哪就是一片烈焰火海，其威力宛如現在的轟炸機。

　　今天看來很可笑的舉動，在當時卻廣受歡迎。史家認為，當時因外國經濟勢力侵入，傳統經濟受到挑戰，失業人數增加很多。這些底層人只知生活的不易，不知其中的原因，更以簡單的思維認為是受了外國的欺負。於是他們把一切的禍根，籠統歸結到「洋教」上面。但是洋人的兵艦槍炮又著實厲害，於是他們想到封神西遊在戲台上表現出的神通廣大，希望借神力排外，以回應家國所承受的雙重恥辱。義和團也正是利用這種群眾心理，刻意塑造出這些「怪力亂神」來。當時類似的組織還有大刀會、小刀會、青燈照、黑燈照等。戊戌之後，地下的民間社會風生水起。

　　蘇慧廉在《中國傳教紀事》一書中，還提到一個「Ko-lao-hwei」的秘密會社組織。

　　昨天早上六個男人走進我的書房，事實上，他們屬於兩個獨立的教派，互不認識。其中一個是屬於內地會，另一個是我們自己的。兩者均來自楠溪的北端，他們此行目的是來報告，秘密幫會Ko-lao-hwei又在積極活動，並策劃本月中旬發難，殺死所有基督徒，沒收他們的財產。一位信徒用轉彎抹角的方式成功取得一張敵人的印刷通告，這是一張反基督教的大傳單，他們準備十七日張貼，十八日起事。[126]

　　蘇慧廉現在已明白「Ko-lao-hwei」就是「哥老會」。其實他對此組織早有所聞，一八九〇年三月，他給《教務雜誌》編輯部去

---

[126] 蘇慧廉：《晚清溫州紀事》，第59頁。

信，指出一篇文章中提到的「高老會」應為「顧老會」。《教務雜誌》把這封來信刊出了。後來蘇慧廉認識到，他的改錯是越改越錯，於是又給雜誌社去信，認為正確的寫法應是「哥老會」。[127]

哥老會源於四川，是近代中國活躍於長江流域，聲勢和影響都很大的一個秘密組織。其中有兩支於一八九八年轉到溫州永嘉楠溪活動，一為崇華山麒麟堂的宋左亭，一為八寶山忠義堂的蕭桂。[128]

來自北京的紅燈照與來自南方的哥老會，在溫州雜合成本地的秘密會社──「神拳會」。

一八九八年上半年，瑞安仙篁竹（今屬江溪鎮）人許阿擂和陳飛龍、伍鬮廊及武舉人曾光陽等，在北方義和團運動的影響下，組織神拳會，宣稱「玉皇大帝遣我赤腳大仙，教我輩神拳法，炮火不能傷。今番人所恃者槍炮耳，槍炮無其用，則彼無能為，我大唐可以驅之出境，絕其闌入也」。[129]一時間鄉民哄然而起，聲勢甚大。

許阿擂揭竿而起之前是個無名小卒（亦說是個道士），即便後來被當成反帝反封建的義士，後人仍找不出他的出生之年及舉事前的光榮事蹟，甚至連他的準確大名也不能確定。[130]

許阿擂後來能做大，很關鍵的一步是認識了「財主」張新棟。張新棟（1841-1907），字良東，瑞安莘塍華表人。「因家貧出賣襲父綠營軍籍，得錢，去福建做兌糖兒（以麥芽糖兌換廢品等）生意，旋在海輪當廚工，後隨福建人到南洋經商，家漸富足」。[131]張新棟每隔三四年歸家一次，在周濟里人時，也訴說國人在南洋因國家衰弱，備受洋人凌侮之苦。一時國恨家愁齊湧鄉人心頭。

---

[127] *The Chinese Recorder* 21(1890): 140.

[128] 沈克成：《溫州歷史年表》，第294頁。

[129] 張明東：〈記族人新棟公事〉，載《溫州近代史資料》（溫州市教育局教研室、中學歷史教學研究會編，1957），第185頁。

[130] 筆者曾查《瑞安市志》（北京：中華書局，2003）「許阿擂」條（第1625-1626頁），所獲甚微。亦有史料稱他為許阿雷，或阿戾。

[131] 《瑞安市志》，第1626頁。

張新棟結識神拳會的過程也頗有趣。一八九九年，他剛從南洋歸來，見其兄學法後發狂——「揭尿盆蓋作藤牌舞，升屋脊自謂上天，擲屋瓦以為打番人」。於是他往訪胡道隆道士，知道練神拳旨在抵禦番人，興我中國，便「居道士於家，自設壇場，傾貲給其費，兩壇之眾盡歸之」。張因出錢，被推為會主。瑞安「城廂及清泉、崇泰、帆遊三鄉十二都，惡番人教者，皆樂為神拳弟子，讀書人亦多附和。番人教徒斂跡，不敢為非者數閱月」。[132]

神拳會後來迅速擴展到鄰縣的平陽。該縣蔡郎橋人金宗財與圓通教主陳有理之妻陳章氏、景雪和尚等在鄭家墩組織神拳會，散發「雙龍票市」，提出除滅洋教的口號。至一九〇〇年夏，仙居、陳家堡、監後垟等村幾乎全村百姓入會，會眾發展達三千五百人。[133]

神拳會的迅速壯大，讓官府及地方士紳驚恐萬狀。瑞安知縣華松年宣佈瑞城戒嚴，縣城清兵皆畏縮不前。平陽、瑞安各地士紳紛紛組織團練以自衛，因為「能搶教屋者，即能劫股戶」。辦團練的隊伍中有今人仰視的著名學人孫鏘鳴、孫詒讓、劉紹寬、黃慶澄等。被後世稱為「清代僕學殿軍」的孫詒讓親任瑞安團防總董。

神拳會僅是一八九九年溫州眾多暗流中的一支。當年，永嘉楓林、樂清白溪、虹橋均有打著另外旗號的民變發生。[134] 其實這只是當年中國的一個縮影。據《中華帝國對外關係史》記載，那一年，除了湖南一省，帝國的其他各地都有災害和變亂發生。[135]

---

[132] 張明東：〈記族人新棟公事〉，載《溫州近代史資料》，第184-188頁。

[133] 沈克成：《溫州歷史年表》，第296頁。

[134] 1899年正月，永嘉楓林人徐田灼、哥老會首領宋左亭、蕭桂在永嘉捕溪創立「八寶山忠堂」、「崇華山麒麟堂」等反清會社，旋被永嘉縣糧廳鎮壓。同年四月，黃岩應萬德樹「護國滅洋」旗，聚眾千餘，開展反洋教鬥爭。樂清白溪武舉人黃清聚眾三百餘人回應，準備進城。見《溫州歷史年表》，第295頁。

[135] 馬士：《中華帝國對外關係史》（上海：上海書店出版社，2000），第三卷，第171頁。

維新變法的反動時期

不論是義和團，還是神拳會，洋人、洋教、教徒都是他們的敵人。據說，擁有洋貨，如燈泡、鐘錶、火柴的人，在當時也可能成為襲擊目標。

在兩星期前，回到城裡我發現有兩個人在等我。……這兩個人，一個是六十歲的老太婆，另一個是一位令人尊敬的四十歲男子，兩人我都不認識。我走近時，老婦人跪倒在地，淚流滿面，哭著求救。我能為她做什麼呢？可憐的人！僅在幾天之前，她的兒子已被當地的一些村民卑鄙地殺害，他們恨他是基督徒。情況是這樣的：

她有三個兒子，都是基督徒，正派、無害的年輕人。在成為基督徒之後，他們開始一輪接一輪遭受迫害，最終異教徒鄰居把他們趕出家園。趕他們時，第二個兒子胸部慘遭毒打，沒多久肺部大出血，數月後就死了。母親和兩個兄弟租用另一所房間，繼續忠誠地參加禮拜。後來，一些老鄉在他們的影響下，開始加入他們的行列，因此，反對他們的人變得比以往任何時候更加恨他們。

最近一天，一位親戚在他的小雞群中發現一個野生動物，追過去把牠打死在田裡。回家時，他碰見了老寡婦的第三個兒子，對他說：「我剛剛在那邊殺了一隻野物。你說，你們基督徒不怕吃這種東西（指恐懼惡魔附身），所以你拿去吧。」因為家庭條件非常差，很少有機會吃肉類，所以年輕人朝著所指的方向走去，找到動物，帶牠回家，煮熟，和家人吃了，毫無疑問，他們吃得津津有味。第二天，他們最兇暴的敵人出現了，宣稱他們殺了他的貓吃了，其實那貓第二天就找到了。此時，並不是他真關心這隻失蹤貓，而是將牠作為一個吵架的藉口，所以他立馬動手，打碎了他們家所有盆碗家什，包括神聖的東西——鑊灶，而且還毆打了母親和小兒子。我們的本地牧師，聽說了這暴行，把此事交到家族族長的手中，那族長僅要

惡棍賠兩元給傷者家屬，反而罰受惡棍迫害的人二十元，用於修建該村子的橋樑！

半個月後，可憐的年輕基督徒上山砍柴，四個仇人抓住了他，用柴刀砍他，用扁擔打他腦袋。據說，當他們結束暴行，開始挖坑將他埋葬時，突然，電閃雷鳴，下起可怕的暴雨，他們急急忙忙逃走了。

現在，失去親人的可憐老寡婦呼喊求救，有什麼可以做呢？我從來不曾要求逮捕或處罰過任何一個，這件事也不能那樣做。她必須自己去遞上狀子，讓官府去舉行慣常的偵訊。她告訴我狀子早已遞上去了，但官府無動於衷，她的兒子已經死亡數天，正迅速變得難以辨認。我該放他去，任憑他們把可憐青年裝進棺材，再也看不見嗎？由於與官府關係良好，我覺得同意她的要求是合理的，於是送可憐女人離去，帶著我的可憐的安慰。[136]

蘇慧廉記下的這個故事時，雖沒寫具體的時間，但我們大體可推知，它應發生在一九〇〇年前後，也就是被李劍農稱為維新變法的反動時期——以戊戌政變開幕，以義和團大鬧北京收場。另一位歷史學家史景遷（Jonathan D. Spence）把這段時期的局勢稱為「隱晦不明」與「新舊雜陳」。「在這種敵視與驚懼的氛圍裡，中國悄然萌生一股蓬勃的力量。這種力量表現的方式各不相同，但可用『民族主義』一詞加以概括。」[137]

僅一九〇〇年前後，溫州及周邊就有多起排外鬥爭發生，如樂清之案、玉環廳之案、永嘉之案、瑞安之案、平陽之案。[138] 在洋人中很有影響力的《北華捷報》（*North China Herald*）一八九九年四月三日報導：反對洋人及教徒的謠言上星期在溫州流傳。[139]

---

[136] 蘇慧廉：《晚清溫州紀事》，第59-60頁。
[137] 史景遷：《追尋現代中國——最後的王朝》，溫洽溢譯，（台北：時報文化出版企業股份有限公司，2001），第286頁。
[138] 據光緒二十七年正月二十八日（1901年3月18日）〈署理浙江巡撫余聯元奏報議結浙江新舊教案情形摺〉。見《清末教案》，第三冊，第12頁。
[139] *North China Herald*, Apr. 3, 1899.

第七節　庚子年

出溫州記

　　二〇〇九年三月，倫敦已有些春意。我每天都泡在倫敦大學亞非學院（圖2.25）半地下室結構的善本書室，抓緊閱讀循道公會檔案。其中一本題為《中國溫州，一九〇〇》[140]的小冊子引起我很大的興趣。這本由蘇慧廉編著的報告，中間竟然轉抄了謝道培庚子教案期間的日記。

　　小冊子薄薄的，粉紅色的封面已陳舊。輕輕打開，扉頁上用漢字寫著《聖經》中的一句話：在世必有患難。[141]

　　謝道培的日記，開始於一九〇〇年七月三日。

1900年7月3日（六月初七）星期二 [142]

　　余思恩[143]和薊教士[144]（內地會，後者剛從甌江口返回，因為義和團的到來，他和他新娘的蜜月在第二天就泡湯了）來到我家，叫我和他們一起去找道台，要求他採取措施阻止平陽的暴亂和威脅。薊教士的兩個傳道人帶來消息，附近的義和團已經定下日子準備燒掉外國人的房子和教堂，並要殺害基督徒。余思恩其實前一天已寫信給道台，但沒有引起對方的重視。因此，我認為再度前往並不明智。他們改變了主意去找海關稅務司，他正計劃第二天通過炮艦將信差帶走，以確保這裡所有的外國人安全。

---

[140] W.E.Soothill, *Wenchow, China, 1900* (Shanghai: The American Presbyterian Mission Press, 1901). 筆者暫將該書名譯為《中國溫州，1900》。此書現藏倫敦大學亞非學院圖書館，未見其他著錄。

[141] 《聖經・約翰福音》16：33

[142] 蘇慧廉轉抄的謝道培日記，每則前僅記西元日期。夏曆年月及星期為筆者所加。

[143] 余思恩（Bernard W. Upward），內地會傳教士，1897年來華，在溫州傳教。

[144] Robert Grierson，內地會傳教士，1885年抵華。漢名姓薊，名暫不詳。夫人Jenny C. Oliver，兩人1888年3月20日在溫州成婚。

| 2.25　倫敦大學亞非學院。（2009年3月
26日攝於倫敦）

　　他們要去找的道台叫王祖光[145]。溫處道當時轄溫州、處州
（今麗水）兩府，治所在溫州。

1900年7月4日（六月初八）星期三

　　蘇慧廉的僕人在城裡聽到不好的流言，說有五百個本地的
士兵今晚將會被派到平陽，那些粗人準備襲擊我們。他建議我
提醒我們的組織多加小心。今天傳來的消息是三十六英里外的
一個教堂被義和團重重包圍，既不能進也不能出。傳道人夜裡
逃到溫州求救。領事館警官康普頓[146]先生來問我用炮艦送信差
到寧波領事館的可行性。今天流言漫天，諸如繼平陽之後，溫

---

[145] 王祖光，字蓮孫，號心齋、蜀江，順天大興（今北京）人。同治十年進
　　士，散館授編修。屢任會試同考，山西、廣西主考官，外官浙江杭嘉湖
　　道、溫處道。

[146] 康普頓（John Samuel Compton，1840-1917），光緒十八年（1892）前後
　　開始在溫州擔任領事館警務。

州將在十號遭到攻擊，屆時外國人將被屠殺，房子和教堂都將
被燒掉。

當時溫州還沒有電報，所以他們只能以信差的方式，向最
近的寧波英領館求救。

1900年7月5日（六月初九）星期四

我們本地的牧師夏正邦先生今天從楠溪回來，他說那裡
傳說外國人都已逃離溫州。還說北方義和團有超能力，子彈傷
不了他們，傷口也不流血，就連沙土也可變成士兵來攻擊外國
人。在通往西溪的路上，夏先生也聽到類似的說法。

1900年7月6日（六月初十）星期五

住在三英里外的一位傳道人今天過來告訴我，在他的村
子裡，哥老會的人正磨刀霍霍隨時準備襲擊基督徒，並認為星
期天是最合適的日子。內地會的人已決定停止禮拜，但是周邊
更多的人仍決心要像往常一樣聚會敬拜。今天下午在內地會，
他們和道台的代表會面，據說道台無力幫助我們，因為鎮台[147]
（一個軍官）非常排外。知府也是不會有所作為，因為他還沒
有接到上級的命令。

時任溫州知府叫啟續，字迪齋，是個滿人。當時的溫州鎮
台叫范銀貴。這天與道台代表見面的外國人中，還有偕我公會
的山邇獵與謝道培。

1900年7月7日（六月十一日）星期六

內地會薊教士的兩位傳道人帶來了平陽駭人聽聞的消息，
義和團已經到了那裡。女人們決定晚上去江心嶼避難。（一個
大約有四分之一英里長，離北城門六百碼，位於甌江中央的一
個小島，領事館和三座歐洲人的寓所就建在上面。）我們這邊
的女士們將衣服和食物打包後，也加入她們的行列。

---

[147] 原文是Chen-tai，即鎮台，清代對總兵的尊稱，掌管一鎮軍務必之大臣。

另一個教徒到來，證實了昨天那位傳道人所說的一切，並說那些體質虛弱的教徒只能留在家裡。今天關於平陽及周邊地區的流言更多了。看著山邊獋一家和我太太去了島上，醫生[148]及家人在下午茶後也走了，我則返回，今晚十點，在醫院教堂我還要主持一場禮拜。這是一個漆黑的雨夜，大約二十多人參加了禮拜，包括兩位女性。等我回到嘉會里巷教會大院的時候，我看見有三個人已在那裡等我。他們隨身帶著槍，這段時間一起住在一個海關關員家裡。他們希望我能搬去和他們同住，那樣會更安全些。但我覺得我有責任守護教會的財產，於是我和我的兩個僕人還是留在這裡過夜。薊教士要求留下陪我，我認為沒有多大的必要，於是在商量好信號和見面地點後，他們就回家了。今天道台的船帶來了北方的壞消息。我也聽到了端親王關於屠殺外國人和基督徒的法令早在六月二十日已到達溫州，這正是鎮台很想付諸行動的法令。

　　路熙的回憶錄中，也有關於這一日的記錄：

　　道台命令外國人離開城市，到江心避難。我們那些人雖然不知道法令，但看到門口「你們要被殺」的佈告，加上義和團要來的謠傳。他們遵守了道台的命令。

　　謝太太後來說：「我僅僅夠時間把幾件必需品塞進箱子裡。」我相信她，她後來寫信給我描述了她的房子（坐落在白屋一米開外）：「看到自己的房子，我幾乎要心碎。我知道，六個月前從英國帶來的心愛的禮物要被燒毀了。」

　　第一晚，謝先生在城裡度過，我們知道謝太太肯定在江心睡不著。在空蕩蕩的領事館裡，聚集了十六個人。每個房間睡了六七個人，睡在地毯上。用箱子或者雨傘支起蚊帳防蚊子。一個洗臉盆，大家一起用，但都心懷感激。一對新婚夫婦，僅有兩天的蜜月，現在要擔心性命之虞。對未知未來的憂慮折磨著他們。[149]

---

[148] 指霍厚福。
[149] 蘇路熙：《樂往中國》，第212-213頁。

1900年7月8日（六月十二日）星期天

城市教堂早上的禮拜，大概有兩百人參加，也有部分是非基督徒，其中還有三四十位是女人或小孩，這是一場非常安靜的禮拜。下午的禮拜由本地的一位傳道人主持，醫生也來了。突然，一個僕人帶著封驚人的信件從島上跑來，並催促我們儘快撤離。聚會立馬被中斷，我們馬上離開。道台來信請求女士和傳教士們帶上家人一起去上海，他說他正招撫拳民前往北方，這和端親王的命令一致。我們沒有接受他的提議，而是和海關人員一起在島上避難。儘管這裡很早之前就收到了南京發出的，對外國人有利並且可以抵制義和團的告示，但官府沒有採取措施讓大家知道。晚上山邇獲和我到醫院教堂做禮拜，那裡人很少。晚上我在島上過夜。

端親王的命令，就是鼓動義和團向洋人攻擊。同年六月二十一日，慈禧下令向英、美、法、德、意、日、俄等國同時宣戰。但是，在清廷發佈宣戰令前，兩江總督劉坤一、湖廣總督張之洞、兩廣總督李鴻章、大理寺卿盛宣懷、山東巡撫袁世凱、閩浙總督許應騤等正緊鑼密鼓地商議如何「抗旨」，以保存東南各省的穩定。此即「東南互保」。[150] 在帝國北方農民「造反」的同時，南方的封疆大吏也聯手「造反」。

當然，來自高層的兩個聲音，也讓南方不少中下層官員一時無所適從。專制政權，大忌的是出現實質上的兩個中央。

1900年7月9日（六月十三日）星期一

上海來的輪船送來了一位新的領事——O'Brien Butler[151]。

---

[150] 《東南互保章程》有九款，可簡單概括為：南方絕不支持義和團殺洋人的舉動，不承認帝國政府對各國宣戰詔書的合法性，並且會採取各種措施保護洋人在華的安全和利益；洋人不得在帝國南方採取包括軍事攻擊在內的任何過激行為，必須遵守帝國的法律和道德禮儀，和中方以和平狀態進行正常的商品貿易。浙江參與「東南互保」情況，詳見《溫州近代史》，第160頁，注2。

[151] 顏必廉（Pierce Essex O'Brien-Bultler，1858-1954），英國領事官，1880年為駐華使館翻譯學生，歷任煙台、廈門、雲南、奉天等地領事。1900-

他馬上去見了道台，並且告訴他真實的情況。道台仍然猶豫不決，他分別給海關人員及傳教士寫了信，希望海關不要撤離，因為他們是清廷的一員。稅務司覺得道台表裡不一，遂下令關閉海關，要求全部人員離開，並做了快速撤退的準備。當晚，山邊獲和我睡在教堂裡，一切都很平靜。

這位叫O'Brien Butler的新領事，漢名「額必廉」。他就是這一天抵溫，履任英國駐溫州領事。

額必廉九日清晨抵達溫州。當天即寫了封信給道台王祖光：「華中和華南的最高當局已同北方斷絕關係，因此，中國的那些地區同所有各國處於和平狀態。我請求他立即發佈一個告示，將這個事實告訴人們，使他們可以放心，同時，對任何人膽敢欺凌外國人或基督教徒，或是損壞他們的財產，則將處以嚴厲的懲罰。我進一步告訴道台說：如果有任何外國軍艦訪問這個口岸，應以友好的方式接待它，因為它是屬於一個友好國家的。」[152]

道台準備按南京指示辦，但知府和總兵卻要遵守皇上的聖旨。一方主撫，一方主剿，一時莫衷一是。

平陽士紳劉紹寬在日記中為該日保存了份記錄：

十三日。……午後，縣城西門外教堂滋鬧拆毀，幸縣憲禁止方退。府尊啟迪齋太守（續）來平，擬招撫金宗財、許阿雷云。外間嘩傳道府宪遍飭拆毀教堂，鄉民哄然而起，鄉中教民驚懼，咸思逃遁。是夜各教民家、林官倉之林佩贊、龍船埒之楊上瑞、下東莊之陳榮郎以及各鄉教堂均被毀。[153]

1901年任溫州領事。
[152] 〈第263件 額必廉致索爾茲伯理侯爵函〉，載《英國藍皮書有關義和團運動資料選譯》（北京：中華書局，1980），第195頁。
[153] 《蒼南文史資料》，第十六輯（《劉紹寬專輯》），第180-181頁。劉紹寬（1867-1942），字次饒，號厚莊，浙江平陽劉店（今屬蒼南）人。曾任溫州府中學堂監督、浙江省立第十中學校長、溫州籀園圖書館館長等職。著有《厚莊文鈔》《詩鈔》《厚莊續集》《厚莊日記》等。尚未全部出版的《厚莊日記》，一百五十萬言，記錄了溫州五十四載風雲。

1900年7月10日（六月十四日）星期二

兩隊中國兵在領事館附近駐紮，說是接到命令要保護我們。道台和其他官員來拜訪領事，祈求海關人員留下，但堅持讓傳教士撤走。一整天，本地的基督徒來來往往，場面令人動容。

山邇獷和我到麻行[154]禮拜。屋子裡擠滿了人，但很安靜，我抓住機會向其中不少非教徒傳教。但是當我們走上街頭，一些稚氣未脫的小青年就衝我們大喊大叫，並且譏笑我們，直到我們上了船，才被緊跟著我們的一些基督徒制止。

當天一早，額必廉即去拜訪道台，這是他第一次拜訪王祖光。寒暄幾句後，額氏便直奔主題：「我反覆談了我前一天信中所提的問題，對它們作了更詳細的解釋，並告訴他：我抱著誠摯的希望，相信他將保護外國人及其財產，然後我對他的能力抱有很大的懷疑。我告訴他說：新任知府和署理總兵都是極端排外的，而且關於反對基督教徒的騷亂，已有消息傳來。道台裝模作樣地認為這個消息不過是毫無根據的謠言，對城內或附近義和拳的想法認為荒唐可笑。他向我保證說，一切事情都十分平靜，沒有任何理由感到驚恐。他承認，他不能控制署理總兵，並且不想否認此人的排外情緒。他還請求任何外國軍隊不要前來溫州，因為這肯定會惹起麻煩。」[155]額必廉對王祖光沒有好感，他在給英國女王的報告中，稱他為老鴉片煙鬼。

不知是當時資訊不發達，還是道台有意隱瞞，其實就在他向額必廉說「一切都十分平靜」時，平陽、瑞安的拳民正在乘勝追擊。「本日本鄉及小南、南北港各鄉教民房屋及教堂均被毀。」這是劉紹寬當日的記錄。[156]作為平陽團練的副董，他當日正在儀山商議團練事。

---

[154] 溫州城區一地名，日記中原文為Hemp Market Gate。
[155] 〈第263件額必廉致索爾茲伯理侯爵函〉，載《英國藍皮書有關義和團運動資料選譯》，第196頁。
[156] 《蒼南文史資料》，第十六輯，第181頁。

離開道台衙門後，額氏又與時任甌海關代理稅務司的李明良[157]做了次長談，下午還與傳教士做了溝通。隨後李明良即寫信給王祖光，決定關閉海關，並暫時撤走職員。海關雖由英人主持，但它卻是清政府的一個行政機構。道台兼任監督，算名義上的第一把手。因此，海關離開口岸，道台的臉面就沒法擱了，畢竟這是前所未有的事。

　　這件事促使那位死氣沉沉的官員行動起來。當天晚上，張貼了類似其他口岸發佈的告示，其中包含他所收到的劉坤一總督關於局勢以及警告人們不得欺凌外國人等問題的訓令。這個告示本應在我到達之前便已公開發表。人們終於知道了道台的意願，但是已經太遲了；對於鄉下人，來不及在農村各地方張貼告示。[158]

　　在溫僑民的安危也已引起英方的重視，也就在這一天，英國駐上海代總領事霍必瀾[159]向英國外交大臣索爾茲伯理侯爵（Robert Arthur Talbot Gascoyne-Cecil）發出電報：「有人報告說，義和拳已在溫州出現，他們在該處公開進行操練，並宣稱：他們想殺死所有的中國教徒和外國人。由於這些謠言的結果，一艘炮艦正沿江而上，但我建議：如果危險變得嚴重起來，外國人應當撤退，因為我們不能長期不用該炮艦。我認為，當危險一旦緊迫的時候，人們離開較小的口岸是可取的，因為沒有足夠的炮艦保護每個口岸。」[160]霍必瀾對溫州特別熟悉，他在這座小城待過，一八七八年至一八八〇年曾署理溫州領事。

　　此封電報在第二日便得到英國外交部的回覆：「溫州的各國人士問題。關於您七月十日的來電，您應當同高級海軍軍官

---

[157] 李明良（A. Lay，1846-1911），英國人，中國海關第一任總稅務司李泰國之三弟，生於廈門。1867年進中國海關，曾任福州副稅務司。1900年4月23日至1903年4月16日任溫州稅務司。

[158] 〈第263件額必廉致索爾茲伯理侯爵函〉，載《英國藍皮書有關義和團運動資料選譯》，第196頁。

[159] 霍必瀾（Pelham Laird Warren，1845-1923），英國領事官，1867年來華，先後出任福州、台灣、漢口、上海等地領事。1878年至1880年署理溫州領事。

[160] 〈第20件代總領事霍必瀾致索爾茲伯理侯爵電〉，載《英國藍皮書有關義和團運動資料選譯》，第124頁。

磋商，並與他採取一致行動；關於在可能發生的各種情況下撤退外國人的問題，您應該報告您們共同的建議。」[161]

當晚留宿在江心的山邇獲說，霍醫生、謝道培、內地會的沈益謙[162]先生和他，面面相覷，一夜未眠。

1900年7月11日（六月十五日）星期三

我們的一位傳道人在一些教徒的陪同下，帶著一條消息到來。他們在離溫州城十三英里外看見了成批的義和團。領事下令所有的外國人都到船上過夜，並且把船泊在離碼頭有一定距離的地方。

這個傳道人帶來的消息是真的。也就在這一天，神拳會首領「許阿攄率會眾燒毀了杜山頭（今屬飛雲鎮）教堂。之後，金宗財率領數百名神拳會會員，趕到瑞安馬嶼，同瑞安神拳會會師，聯合舉行聲勢浩大的祭旗大會，當場殺死一名為群眾痛恨的洋教士，即揮師南下，至平陽城東，登仙壇山，立神壇，豎起神拳會大旗數面，並燒毀西門外教堂。城內戒嚴。」[163]

殺人，是為了祭旗。不過，被殺害的教士不是洋人，而是內地會駐堂牧師戴阿碎。《溫州基督教》記錄：「馬嶼神拳弟子，蜂起摧毀新渡橋教堂，將駐堂教士戴阿碎（一說戴日順）綁解江上宮，逼其跪拜偶像。戴寧死不從，眾憤，欲殺他，戴視死如歸，唯求准其先禱告。正當禱告時，馬嶼塗一屠夫，舉刀砍下戴首級，將屍身與首級扔進飛雲江中。然身首隨潮水上飄下流，終未離散，最後停在仙皇竹塗坦上。眾見一大白犬守屍。三日後，朝廷令下，命厚葬之。墳在塘下鮑田鄉官瀆村。」[164]

---

[161] 同上，第126頁。

[162] 沈益謙（Ernest C. Searle），內地會傳教士，1895年11月9日抵華，在溫州平陽傳教。

[163] 沈克成：《溫州歷史年表》，第296頁。

[164] 支華欣：《溫州基督教》，第29-30頁。時在溫州的山邇獲後來回顧這一年時也提到此事：「參與此事的神拳會一個扛旗的頭目，不久後就死了。同年，其家中還有四人相繼去世。周邊的人說，這是上天對他的懲罰。」見A.H.Sharman," A few Ineidents in 1902, " *The Missionary Echo*

七月十一日早晨，道台對額必廉回訪，由於他打算同一時間拜訪稅務司李明良，所以會晤就在甌海關舉行。道台極力希望外國人（不包括傳教士）能留下來，並許諾提供保護：派兵駐領事館及海關，並把一艘重約七十噸的小蒸汽船交給他們自由支配，在必要時，外國人可坐船離開。但額必廉還是想走，因為他擔心道台實際保護不了他們。

　　道台離開後不久，一批溫州士紳登門拜訪額必廉及稅務司，目的也是希望外國人留下來。額必廉後來私下說，這批士紳其實是擔心西人離開後，原來定期航行於溫州和上海之間的商船「普濟」（Poochi）輪會停駛。山邇猨說，就在與道台交談後，額必廉就努力把「普濟」號留下來，他向船務公司表示願意承擔所有等待的費用。當然，船務公司有點擔心，暴民可能也會襲擊他們的船隻。[165]

　　當時溫州城裡的外國人都已躲在江心嶼上。儘管當時蘇慧廉夫婦沒有在其中，但對避難江心的經歷，他們感同身受。路熙寫道：「歷史重複了一次。江心嶼的外國人和當年的我和蘇慧廉一樣，殷切盼著輪船，他們和當年的我們一樣心神不定，不知道接下來會發生什麼。」[166]

　　最後讓額必廉做出離開決定的消息是，他從三方面證實，一支約三千人的義和拳隊伍，正從一個僅距溫州城十英里的地方出發，打算進城進攻教堂和外國人。由於他們沿途進行搗毀，並且在途中還要進行些祭祀，預料將於星期四拂曉到達溫州。

　　不能再等了，額必廉通知所有的外國人登上「普濟」輪，並立即升火待發。隨船逃離的天主教神父劉懷德（Pore Louat）記下了當晚的情形：

　　當天晚上，三十九名外國僑民上了船，我們的拯靈會修女和孤兒也一同上了船。大約九點鐘，有兩個郵差前來報信，說

(1903): 20
[165] " Letters from Ningpo, No 1-From The Rev.A.H.Sharnan to the General Missionary Secretary," *The Missionary Echo* (1900): 152.
[166] 蘇路熙：《樂往中國》，第215頁。

有三千叛亂分子在向溫州進發，他們離城只有十五里路，他們想要攔阻輪船離港，俘獲洋人。輪船馬上發動機艙動力，乘客個個驚恐萬狀，有的則去尋武器。十時許，一個中國神父給我送來「聖爵」，整個溫城都為這消息所驚擾。

由於普濟輪須候潮漲離埠，為了防患於未然，船長下令拋錨，把船停在江心之中。次日六時，開船前幾分鐘，船上來了一位送公文的使者，公文聲稱，道台將負責保護外國僑民的財產。[167]

1900年7月12日（六月十六日）星期四

天剛濛濛亮，我們向寧波和上海開去。

「普濟」輪行駛至公海時，遇見正奉命向溫州進發的英國軍艦「矮人」號。由於在溫州的外國人都已在船上，「矮人」號也掉頭返回。

外國人走了。神拳會繼續征戰：「十六日，許阿擂率會眾與平陽神拳會眾聯合圍攻平陽縣城，不克，許阿擂率眾退回馬嶼。清政府急調兵進剿。」[168] 平陽鼇江天主教禮拜堂也毀於此日。

額必廉後來向英國外交大臣報告時，補充了十二日在平陽縣城所發生的事：「一名傳教士的住宅被闖入，窗戶和百葉窗被打碎，並且一些東西被偷走。他的住宅由於知縣的努力才免於遭到完全毀壞，那位知縣跪在穿著苦力衣服的暴徒面前，請求他們不要損壞該住宅，並且不要使該傳教士陷入困境和遭受損失。在這個縣城中，還有一所教會學校及其附近的印刷室被他們闖入。作為暴徒們愚昧無知的一個例證，我可以說明：供印刷用的鉛字都被拿走了，人們宣稱，那些小鉛塊是外國人的子彈。」[169]

這個為了外國傳教士而向他的中國子民下跪的知縣叫謝焯瑩。

[167] 方志剛譯編：〈溫州神拳會與天主教會〉，載《溫州文史資料》第九輯，第261頁。
[168] 沈克成：《溫州歷史年表》，第296頁。
[169] 〈第263件 額必廉致索爾茲伯理侯爵函〉，載《英國藍皮書有關義和團運動資料選譯》，第198頁。

1900年7月13日（六月十七日）星期五

船抵寧波，山邊獲一家、我太太和我留下，其餘人去了上海和日本。

霍必瀾七月十四日在上海向索爾茲伯理侯爵發出電報：「我榮幸地報告，溫州的外國人士已到達此地。」[170]

「六月十七日晚，神拳會橫渡甌江，經宜山，攻打錢庫教堂，因武器簡陋失利。此時，江南地主武裝團練守住各鄉要道，致使後援拳民無法到達。平陽縣令也派武裝軍隊駐紮錢庫，守衛教堂。神拳會首領之一景雪和尚被團練捕去。」[171]瑞安杜山頭天主教堂也被付之一炬，這是一座三個月前剛竣工的教堂。[172]

蘇慧廉這冊報告摘錄謝道培的日記只到七月十三日為止，但義和團運動在溫州仍波濤洶湧。謝道培後來把這段經歷稱為「出溫州記」[173]（Exodus from Wenchow），引用的是《聖經》「出埃及記」的典故。

中國式告別

除了這本小冊子轉錄的材料外，我幾乎沒在蘇慧廉其他著述裡看到對庚子教案的記錄。畢竟他當時沒在現場。早在一九〇〇年三月七日，蘇慧廉夫婦就離開上海返英度假。[174]這是他們的第二次休假。

因為十年才有一次回國度假的機會，所以教會舉行了隆重的送行儀式。贈送給他們的錦旗上有頌歌式的文言長文，記述蘇慧廉二十載功業。兩邊的對聯這樣寫道：

十九年面命耳提澤流甌海

五千士心孚意契淚灑春江

---

[170] 〈第37件代總領事霍必瀾致索爾茲伯理侯爵電〉，載《英國藍皮書有關義和團運動資料選譯》，第131頁。

[171] 沈克成：《溫州歷史年表》，第296頁。

[172] 方志剛：〈溫州神拳會與天主教會〉，載《溫州文史資料》第九輯，第260頁。

[173] W. R. Stobie, "With Persecutions," *The Missionary Echo*（1901）: 161.

[174] *The Chinese Recorder* 31 (1900): 216.

下面這篇由夏正邦——曾做過蘇慧廉的書童，現已成為本地牧師中的佼佼者——撰寫的文章，後來還以專文的形式，發表在當時甚有影響的《萬國公報》（圖2.26）及《中西教會報》上。

蘇公慧廉者，英國偉人也。自幼窮聖經，多妙悟，迨稍長，以傳道救人為己任。因聞中華有誤入迷途者，心竊憂之，於是被聖靈感動，遂歷艱險，涉重洋，於光緒壬午秋至華。暫棲甬，旋抵甌，居郡城西嘉會里。竊恐言語未達，真理難明，文字未通，福音莫布，乃延名師講音義。歲餘學成，即宣道施醫，在在為下民拯陷溺。不但性情溫厚，行誼光明，獨善而已，斯誠吾道干城也。然而聖道初行，積習難化，雖勤訓導人，鮮聽從。況復惡魔妒忌，捏造流言，謂西人至此，陽名傳教，陰蓄奸謀，必不有利於我國者。往往主日登堂，禮拜時惡黨擁入，叛亂喧嘩。吾牧忍耐，無少慍怒，自是兇焰未熄，惡膽愈張。至甲申中秋翌日，晚間變作，諸教堂盡毀。吾牧幸有文武員弁護衛，得保無恙。迨蒙大憲奏聞，上諭疊頒，條教森嚴，梗頑斂跡，民教方安。信從者雖漸增，皆庸碌輩耳。是歲冬赴申，行親迎禮，婚畢，挈春旋溫。重建教堂，立書塾，施醫藥，戒洋煙，種種善功，有加無已，而猶慮圉守一隅，福音或阻。緣此跋涉山川，櫛沐風雨，即逢人以說道，復善氣以迎人。俾僻壤遐陬，咸得與聞聖道。縱有村落惡少，眾啄交攻，吾牧不惟忍受，且為之祈禱。其苦心為道受屈如此，而頑愚因此以化。嗣是設教規，譯聖經，朝夕講求，師母復能相助為理。舉凡溫之山川風土，俗諺鄉談，及教中條規禮度，皆詳明彙集，翻譯成書。俾後之西士來溫者，取其所載誦之，宛似示南針，導我先路。在溫十稔，得支會分立者二十餘所，各派宣講。由是承天眷，弄璋弄瓦，先偕師母言旋。是歲秋，吾牧例得歸國，將教事托海君和德掌管。臨歧餞別，人士贈言，頌德歌詩，洋洋盈耳，甚至淚行數下，情殊黯然。閱二載，割愛子女，獨與師母來甌，時適海君調寧，吾牧獨肩斯任，勞瘁倍前。見溫人疾病有以藥誤者，創醫院，延霍先生診之，並施以藥。見溫之格致失傳，開藝文學堂，課以中西兩學。見溫之教

左 | 2.26 《萬國公報》上的報導。
右 | 2.27 湯復三。（徐道興提供）

中閨秀，目不識丁，設女塾，師母躬親責課，兼教針黹。至戊戌，聖道加隆，城西殿不足容人，因而繼長增高，勝前四倍。十九年來，久道化成，昔則信從皆愚魯輩，今則縉紳之家、賢智之士，亦多升堂入室，爭自濯磨。並支會分立者九十餘所，領首禮拜者，幾增百人。雖賴神恩，亦藉人力。今者吾牧例得第二次回國，同人留之不得，從之不能，惟有共襄製錦，述吾牧閱歷之甘苦，功德之高深，以表各教會悅服之誠而已。[175]

經過中國式的告別，再經過近兩月的海上跋涉，蘇慧廉夫婦於一九〇〇年五月底回到英國。[176]

留守

溫州城裡的外國人都走了，留下來的基督徒就由夏正邦（圖2.28）統領。已於一八九一年按立為溫州第一批華人牧師的夏正邦成了他們的牧者。[177]

---

[175] 夏正邦：〈蘇牧師行述〉，載《中西教會報》（第65期，1900年6月）。此文比〈碧蓮後學殿士夏正邦直敘蘇慧廉牧師寓甌十九年行述〉，載《萬國公報》（台北：華文書局股份有限公司影本，第135冊，第31頁，1900年4月）略長，其中個別文字也有改動。因《中西教會報》刊出時間稍後，筆者估計此為定稿。

[176] "Mr.Soothill's Furlough," *The Missionary Echo* (1900): 101.

[177] 支華欣：《溫州基督教》，第5頁。

當時還只有二十歲出頭的夏正邦是永嘉碧蓮人，碧蓮在永嘉山底，離溫州有很遠的路。夏正邦的父親夏昌芬是個銀匠，手藝非常好。夏正邦也會這門手藝，不過，他更愛讀書，據說是當時整個村子裡讀書最多的人。

　　夏正邦是蘇慧廉一八八七年去碧蓮講道時信了基督教的。那時碧蓮有四個人到溫州戒毒，回去後宣佈相信耶穌基督，後來他們邀請蘇慧廉去講道。[178]「村民用原始手段召集分散的村民去禮拜，我覺得非常好玩。一個肺功能很強的人使勁吹一個大海螺，回聲傳遍山中。」同行的路熙說。[179] 在海螺聲的召集下，村民圍過來看番人，當時還只是個孩子的夏正邦就是其中一人。夏正邦父親當時也想不到，這一陣的海螺聲，會召喚他的兒子從此踏上與村裡其他人完全不同的道路。

　　可能是蘇慧廉也很喜歡這個愛讀書又愛整潔的年輕人，於是收為書童。「那個時候，正邦在書房做事。蘇慧廉的中國助手當中，他是最聰明最優秀的一個，也是唯一得力的一個。」[180]

　　夏正邦後來又做教會的工作。他能力很強，去鄉村佈道會吸引很多人進城參加禮拜。後來成為溫州城西總教區公選會長的湯復三（1864 -1950，圖2.27）牧師，就是由他帶領認識了蘇慧廉，進而認識了上帝。

　　二○○八年九月六日，我到永嘉碧蓮採訪，碧蓮鎮基督教會負責人，時年八旬又四的徐道興老牧師說起湯復三信教的故事：「外國牧師到剩莊探訪，回來時經過碧蓮。在碧蓮，他問這裡有無生員？他想找有名望的人。正好湯復三那時在碧蓮，他是小渠人，正住在兒子家。他兒子叫湯太坤，會醫藥的。」我告訴徐牧師，這個外國牧師就是蘇慧廉。

　　「外國牧師於是送了本《聖經》給湯復三，要他先看，並相約第二年再見面。湯復三是讀書人，小時就讀過東山書院，

[178] *The United Methodist Church:Report of the Missions(Home and Foreign) for the Year Ended April, 1914.* 48-49.
[179] 蘇路熙：《樂往中國》，第208頁。
[180] 同上，第209頁。吳慧將「Tsang-poa」譯為「慶保」，筆者徑改為「正邦」。

他看《聖經》很快的，第二年再碰見蘇慧廉，就說有些經句已會背。蘇慧廉問他，你肯不肯信道理，他就表示同意了。於是送瑞安衙後教堂學習兩個月，回來後做了碧蓮教會的負責人，先建聚會點，到一九〇三年正式建了教堂。」

對於這段經歷，與湯復三有過直接交往的吳廷揚記錄如下：清光緒中葉，英國蘇慧廉牧師到碧蓮巡視教會，華教士殿士先生述牧師行狀，蘇牧即欣然接談，見牧師雅量高深，清言洞達，即以聖經饋贈，牧師受歸後，見是書身靈並救，遂寢饋其中，寢食俱忘，閱數月即領洗進教。[181]

比湯復三更早一屆任溫州教區總會會長的盧源生（1870-?）牧師據稱也是於光緒二十年（1894）聽了夏正邦關於《亡羊補牢》的宣道後，大受感動，從此立志學道。[182]

蘇慧廉回憶錄中，留下了兩段關於夏正邦講道的記錄：一次，講經文「莫想我來要廢掉律法和先知，我來不是要廢掉，乃是要成全」，他講得非常精彩。他的目的是說中國的宗教雖

左 ｜ 2.28 夏正邦。（TME）
右 ｜ 2.29 蘇慧廉。（TME）

[181] 吳廷揚：〈湯復三牧師傳略〉，載《夏鐸——中華循道公會溫州寧波兩教區月刊》第一卷第一期（1937年1月），第27頁。
[182] 吳廷揚：〈盧源生牧師傳略〉，載《夏鐸》第一卷第五期（1937年5月），第21-22頁。

不完善，但一直在為主的降臨和基督教的傳播鋪平道路。主的降臨不是來毀滅孔子、老子和佛陀，而是完善他們。蘇慧廉評價他是「一個智力過人、見解深刻的佈道者」。[183]

夏正邦另一篇給蘇慧廉很深印象的講道是關於「若不傳福音，我便有禍了」[184]，這篇證道後來被選入小冊子，他自費出版，當作「答辯書」發給朋友們。這也是他最後出版的文字。

夏正邦雖年輕，但成為溫州教會歷史上第一批本地牧師。一八九一年與前面曾提到的戚品三一起被按立為牧師，成為溫州偕我公會的中方負責人。

　　當外國人被隔離在海島上，正邦英勇地擔負起對不安村民的責任。對於他們而言，他們比江心的外國人更憂愁，因為他們走不掉。他們沒有電報可與外界聯繫。……對於正邦而言，外國人離開，就像靈和肉的分離。悲傷的基督徒對外國人寄託著一線希望——希望他們保護他們擺脫無知野蠻的暴徒。……他們請求外國朋友別走，尤其是謝先生一走，就「群羊迷途找不到牧羊人」，但正邦說：「別拉著外國人。沒有他們，我們還安全點。」他充滿勇氣和親和力，想安慰他們。

　　於是重擔都壓在這個三十歲的男子肩膀上。他要照顧和安慰這些倉皇無助無家可歸的人，接濟他們。他的重擔，我只能猜測。我不奇怪正邦說自己日夜沒有休息，而且他的身體也不算強壯。[185]

謝道培說自己絕不會忘記離開溫州前的最後一刻與夏正邦的會面，「我們相對淚眼，卻說不出一句話。」[186] 蘇慧廉說，他們都是跪在甲板上，淚眼迷離地相互看著對方，一切就像使徒保羅在帖撒羅尼迦做的一樣。[187]

不論是蘇慧廉的記述，還是路熙的回憶，都提到庚子教案期間，夏正邦給時在英國的他們寫的一封感人肺腑的信：

[183] 蘇慧廉：《晚清溫州紀事》，第98頁。其中經文出自《馬太福音》5：17。
[184] 《聖經·哥林多前書》9：16。
[185] 蘇路熙：《樂往中國》，第215-216頁。
[186] W. R. Stobie, "With Persecutions," *The Missionary Echo* (1901): 178.
[187] W.E.Soothill, "Rev.W.R.Stobie," *The Missionary Echo* (1905): 10. 保羅在帖撒羅尼迦傳道故事詳見《聖經·使徒行傳》。

我們的城市正如滅亡時的耶路撒冷。雖然知道義和團只能殺掉我們的身體，不能殺死我們的靈魂，人們還是處在深深的恐懼之中。我們正經歷著火的考驗。難民們不斷地哭泣，我竭盡全力安撫他們。如果不是道台同情我們，我們早就死了。

……

我日夜得不到休息。如果沒有神的幫助，我不相信靠我自己的力量，我會留在城裡。這意味著死亡，我們基督徒要死在一起。如果神肯保護我們，那很好。如果神要我走上不歸路，我會成全神的旨意。如果是後者，我只求你看顧我的孩子。[188]

世界傳教大會

蘇慧廉在回英國的途中，還曾赴紐約參加四月二十一日至五月一日在卡納基大廳（Carnegie Hall）舉行的世界傳教大會（The New York Ecumenical Missionary Conference），當時有一百六十二個差會派代表與會。蘇氏與闞斐迪代表英國偕我公會參加。[189]

大會期間，蘇慧廉再次與李提摩太相遇。李提摩太是專程從中國趕到紐約參會的。當時在中國的北方，義和團運動已如火如荼。深具洞察力與遠見的李提摩太知道如此狀況在未來將引發怎樣的危險，於是就在會上，他給大會執行委員會（Ecumenical Committee）提交了一份報告，「督促大會立刻採取行動，避免這種令人恐懼的危險發生，因為這種危險不僅僅針對傳教士和信徒，還威脅到所有的外國人。然而，大會執委會做出的決定是，這種行動包含過多的政治意味，與傳教士大會不干預政治的傳統相悖。」[190]

在蘇慧廉所著的《李提摩太在中國》中，李氏為制止災難在中國發生，在紐約四處奔走的情況歷歷在目。蘇慧廉沒有

---

[188] 蘇路熙：《樂往中國》，第214-215頁。
[189] The Missionary Echo（1900）：69.
[190] 蘇慧廉：《李提摩太在中國》，第232頁。

說，自己當時有無與他並肩戰鬥。但李提摩太的希望破滅了。
不出兩週，中國的殺戮就開始了。

　　殺戮開始後，《傳教士回聲》邀請蘇慧廉就當時中國的局
勢發表看法。已被視為「中國通」的蘇慧廉寫了〈在中國的危
機〉一文，分析中國暴亂的前因後果。一九○○年十月刊出的
該文最後，蘇慧廉充滿希望地寫道：

　　此事可能的結局，希望西方列強不要像狼群一樣撲在一
　隻倒下的動物身上。「我們曉得萬事都互相效力，叫愛神的人
　得益處。」如果皇太后能被剷除，皇帝回到他的寶座，並且成
　立一個強大的國會，我期待這個國家的問題能得到迅速並和平
　的解決，大多數避難的傳教士最遲將在明年春天前返回他們的
　崗位。過去的一年多裡，我們擔心、焦慮，並面對危險的處
　境，基督徒在和平生活到來之前也遭受了許多迫害。然而，我
　相信，在未來十年中，我們將看到中華民族令人驚喜的覺醒：
　我們的主要問題可能變成在收穫的時候需要更多的人手。作為
　一個教派，我們應當自己振作起來。否則，我們將發現我們的
　人手不夠充足，來不及將我們的分享聚集起來。我們的穀倉太
　小，以至於承載不下我們所獲得的東西。[191]

　　未來十年，我們將看到中華民族令人驚喜的覺醒嗎？

國變

　　蘇慧廉在英倫的日子，中國血雨腥風。與義和團相關的大
事，熟悉近代史的人都耳熟能詳：

　　一九○○年五月，清廷考慮把義和團組建為軍隊。

　　一九○○年六月，端親王取代慶親王接掌總理衙門。當
月十四日，拳民衝進北京東交民巷，各國使館受到攻擊。二十
日，德國公使克林德（Clemens von Ketteler）喋血街頭。

　　一九○○年七月，山西巡撫毓賢在太原大開殺戒，四十六
名外國人及數千名中國教徒遭到屠殺。

---

[191] W. E. Soothill, "The Crisis in China," *The Missionary Echo* (1900): 147. 其中
　　經文出自《聖經‧羅馬書》8：28。

一九〇〇年八月，由瓦德西（Count von Waldersee）率領的各國聯軍於十四日攻進北京，解救被圍困的公使館。十五日，慈禧帶著光緒，在將珍妃推下井後，第一次穿上漢人服裝，化裝成普通百姓逃出京城。

後來的史書，把慈禧的這次出逃叫做「西狩」。不同版本的史書，對同一件事有不同的稱呼，正如被西方稱為「中國解救遠征」的這次行動，在中國一直被叫做「八國聯軍入華侵略」。我們小時候就是在這樣的語境下，接受以雪恥為主線的愛國主義教育。二〇〇九年去世的史家唐德剛在寫到這段國難時，感歎：國必自伐而後人伐之！[192]

溫州。外國人七月十二日離開後，留守的夏正邦在七月二十三日給英國駐溫使館寫了封信，敘述他的見聞。

在接到上級的公文前，知府啟續去了平陽和瑞安。他向義和團宣稱，如若他們回應召撫便可獲得獎勵。這直接鼓動了他們，於是人們聚集起來，舉旗前進，一路毀壞教堂與基督徒的房子，並掠奪他們的財產。一名傳道人（內地會，本地人）被義和團抓住，他的頭被粗暴地砍了下來，成為祭品。另一名基督徒企圖逃脫追捕，結果淹死在一條水渠裡。還有一人被重重包圍，在逃生無望下，為避免受折磨而上吊自殺。接著義和團來到瑞安，毀掉了教堂和基督徒的屋子，搶奪他們的財產。在甌江之北樂清，一名黃姓的舉人寫信叫來當地土匪，燒掉了白溪的教堂（偕我公會）。這名舉人曾攻擊一名傳道人，幾乎要挖出他的眼睛。這位傳道人快要被他打死，幸虧舉人的父親出來反對。（霍厚福醫生七天後見到了這位傳道人。）在那裡大約有五十戶教徒（偕我公會）遭到搶劫，並被敲詐了總共三千元。在楠溪，暴行與掠奪同樣在上演。有一夥人威脅一名因為瘧疾發燒而臥病在床的傳道人（偕我公會），這使得牧師因受驚而死。這些土匪高舉「扶清滅洋」的旗幟。在西溪及其他四個地區，暴力和掠奪也在上演。這些土匪完全漠視道台的公

---

[192] 唐德剛：《晚清七十年》（長沙：嶽麓書社，1999），第426頁。

告。除了如今已歸於平靜的平陽外,沒有一兵一卒被派去平息騷亂。[193]

夏正邦給英國使館的這封信,不知時在英國的蘇慧廉有沒有及時讀到。但不論怎樣,當時全球的媒體都在報導發生在中國庚子年的屠殺。蘇慧廉坐不住了,他急著要回溫州,但他去申請時卻遭到拒絕。據路熙回憶,他們質問:「為什麼要多扔一個人在危險中?」[194]

回溫州

一九○○年因苦難而漫長。一九○一年初,蘇慧廉終於獲准並踏上了前往中國的航程。他於四月六日抵達溫州。他的歸來受到溫州信徒的熱烈歡迎,很多人到碼頭迎接。對溫州信徒而言,蘇慧廉就像他們的家長,他的歸來讓他們一下子覺得平安。「沒事了,因為蘇先生已經回來了。」很多人這麼說。當晚,在醫院的教堂裡舉行了禮拜,禮拜由蘇慧廉主持。大家也為尚留在英國的路熙及其孩子祈禱。[195]

蘇慧廉抵溫後即忙開了,直到四月十八日才有空坐下來給母國差會去了一信。他說,他不在的時候,謝道培夫婦做了太多並太好的工作。謝道培在動亂仍未平息時,冒著生命危險於八月三十日「潛回」溫州。當時溫州沒有一個外國人,他與夏正邦一起做教徒與官府間溝通的工作,直至十月六日,在英國領事「責任自負」的嚴厲要求下,才返回寧波。

據說蘇慧廉抵達溫州後,對溫州已恢復平靜表現出極大的驚訝。[196] 其實清政府態度在慈禧逃離北京時就已發生一百八十度的轉變。八月二十日,在北京城西北方向一百公里處的一個小縣城,躲在幾乘騾轎中的大清國朝廷以光緒皇帝的名義發佈了官方文件《罪己詔》。這份《罪己詔》其實是慈禧太后的

---

[193] Stobie, 'With Persecutions," *The Missionary Echo* (1901): 161-162. 此信原為中文,霍厚福譯為英文。筆者現據英文轉譯回中文。
[194] 蘇路熙:《樂往中國》,第216頁。
[195] "Arrival of Rev. W. E. Soothill in China," *The Missionary Echo* (1901):93.
[196] *The Missionary Echo* (1901):116.

「檢討書」。從這份詔書可以看出，慈禧的態度已被迫發生了徹底的改變。

清廷的政策可以來個如此大的轉彎，但落實到具體辦事的中下層官員及普通百姓手上時，他們有點不知所從。已回到溫州的霍厚福醫生在給母國教會的一封信說，「中國人顯然還沒有從過去的驚慌中完全走出來，他們與洋人打交道時，還顯得有些羞怯。當然，官府現在對我們很友好，我們已恢復了影響力。」[197]

年邁的李鴻章在北京與列強代表周旋賠償問題時，溫州的賠償方案也在快速議定。劉紹寬在一九〇一年三月二十七日的日記中寫道：「二月初八日，霽。……去年溫州通府教案，計毀華式耶穌教堂約三十餘座，教民遭殃者七百餘家，華式天主堂約十數座，教民遭殃者一百八十七家。耶穌教賠償撫恤議三萬三千兩，天主教議五萬兩，該款議歸該管文武公同攤賠。當道欲令文武官一體公攤，以昭平允。」[198]

《溫州基督教》認為，蘇慧廉參與了該教案賠償工作的斡旋，他「負責調查統計境內在庚子教案中的損失，提出賠償意見報告光緒皇帝。報告中蘇言：『損失數字巨大，經從中斡旋，將其降至最低限度。』光緒以蘇處理『庚子賠款』有功，贈以朝珠，官同榮祿大夫。」[199]「從此蘇慧廉更是盛氣凌人，人們給他起個綽號叫『逢官大三級』，外出乘坐四人抬大轎，衙門隨意進出。此後，入教人數逐漸有所增加。」[200]

根據劉紹寬所記日期，賠償數字確定時蘇慧廉尚在英國回中國的船上。其實主持基督教賠償事宜的是時在溫州的謝道培，他在一九〇一年二月一日給母國差會的信中，提到自己與溫州知府的交涉。

[197] 同上，54。
[198] 劉紹寬：《厚莊日記》，清稿本，第六冊。《溫州歷史年表》稱具體的賠償數為白銀36218兩，其中天主教獲20000兩，基督教獲16218兩。（第297頁）
[199] 支華欣：《溫州基督教》，第30頁。
[200] 謝聖強：〈循道公會溫州教區簡史〉，載《溫州文史資料》第7輯，第349-350頁。

上週四，在本地牧師夏正邦的陪同下，我們去見了溫州知府，並與他交談了很長時間。知府同意賠償七千元，原我們要求的總額為一萬一千元。我們不得不同意他的意見，因為若在金錢上追求過多，將在中國官員中壞了我們的名聲。知府今年的財政狀況不好，商業處於非常低迷的狀態，因此要得到全額並不容易。[201]

謝道培這時所見的知府已不是排外的啟續，而是新上任的林祖述。一九〇一年初，自慈禧如削瓜般砍下一百二十多個被認為是禍首的大臣腦袋之後，溫州也懲處了一批與西人為仇的官員，其中包括總兵范銀貴、護鎮胡碩功、負責外事的溫州署同知郭鍾嶽、永嘉知縣查蔭元等。

懲前毖後之後，官員對洋人的態度有了巨大的變化。謝道培在給差會的信中說，現在傳教士受到極大的禮遇，他有時一天要接待好幾撥登門拜訪的官員。一個官員還邀請傳教使團全體去吃了一頓有三四十個菜的大餐。不久，傳教士又受邀到道台衙門赴宴，道台、知府、知縣等各級官員悉數到場。這是頓奢華的宴席，所有的餐具都是銀或象牙的，他們還吃到了燕窩。[202]

謝道培隨後的另一封信中還提到，蘇慧廉回來後，一個負責軍事的官員堅持要給他配備五名士兵予以保護。另一個官員還遞名片給他，說有事都可找他幫忙。[203] 不知這是不是就是後人附會蘇慧廉外出有人抬轎護衛、盛氣凌人的形象。

動亂平息後，夏正邦也因處理有功獲官府表彰。謝道培說他被授予「一枚鍍金的勳章（可佩於帽上）及一串朝珠」[204]。但夏氏辭讓，他說他的獎賞已在天上。最後是知縣把這些獎勵直接塞進他的轎子，並於幾日後派人到他家鄉宣佈了榮譽。沒有見過祖父面的夏秀玲告訴我，她小時在碧蓮祖屋見過夏正邦留下的這頂官帽。她由此還誤以為祖父在晚清時曾為官一方。

---

[201] W. R. Stobie, "Letter from China, "*The Missionary Echo* (1901): 57.

[202] *The Missionary Echo* (1901): 116.

[203] 同上，116。

[204] *The Missionary Echo* (1902): 67.

英雄與歹徒

總輸他，覆雨翻雲手。

一九〇〇年八月六日（七月十二日），平陽拳首金宗財被捕，後在溫州城斬首示眾。八月十六日（七月二十二日），許阿擂也在馬嶼戰鬥中被俘，被判刑十五年。最後落網的是華僑張新棟，經過幾番激戰，在軍師及兒子均遭擊斃後，他於次年一月十四日（十一月廿四日）到縣投案。[205]

金宗財、許阿擂、張新棟，在他們生活的年代，即經歷了從英雄到歹徒的變遷。但在隨後的半個多世紀裡，他們又從歹徒變為反帝反封建的英雄。一九四九年後的《瑞安市志》還為許、張列傳。

據《瑞安市志》記載，在縣府公堂上，張新棟承攬全部責任，言群眾只是因憤而隨他行動，並說：「若愛國有罪，請先砍我之頭顱。」府官上報省撫言「哀其愚而惜其志」，將他解往省城關押。三年後經鄉人保釋。[206]《溫州基督教》也引用張新棟這番擲地有聲的話：「反對番人是愛國的表現，如果官府、百姓都不愛國，國家怎能保全？」[207]

「真是一群可憐的人啊！他們都出身於社會底層。他們付出自己的生命代價後才發現自己被嚴重誤導了。」這是蘇慧廉的歡息。[208]「他們中間的大部分人思考問題很認真，具有愛國心，但是以這兩幅旗幟的名義，世界上所產生的惡和善一樣多。」[209]

不知道，今人如何看待這些義士的行為。更不知，在未來的中國，他們的命運還將會發生怎樣的變化？中國就是在這樣的反反覆覆中，艱難前行。

---

[205] 《平陽縣誌》記金宗財擒獲伏誅，但另一份《浙江省天主教教案調解書》認為金被判無期監禁。金、許、張被捕時間亦有多種說法，此以《溫州近代史》記述為準。

[206] 《瑞安市志》，第1626頁。

[207] 支華欣：《溫州基督教》，第30頁。

[208] W. E. Soothill, "The Crisis in China," *The Missionary Echo* (1900): 146.

[209] 蘇慧廉：《李提摩太在中國》，第220頁。

一九〇二年一月七日，「西狩」歸來的慈禧與光緒皇帝，在新任直隸總督袁世凱的陪同下從保定坐火車回到北京。李鴻章早在半年前，已代表清廷在《辛丑合約》上畫押。據說此條約簽訂當日，被後世罵為「漢奸」的李鴻章便大口吐血。兩月後油枯燈盡，享年七十九歲。

　　這是慈禧第一次坐火車，當她從專列上走下來時，新組建的武衛隊奏響《馬賽曲》。當時，北京已被粉飾成了一番太平盛世的景象，好像什麼都不曾發生過。

　　史家唐德剛說，西太后回鑾所乘的火車是當時世界上最豪華的專列，是袁世凱為太后的處女航而特製。「但有誰知道十年之後，它卻變成叛逆亂黨孫文的專車？更有誰知道，再過十六年，它駛過皇姑屯時，竟然被日本軍閥炸得稀爛！」[210]

　　車猶如此，人何以堪？

---

[210] 唐德剛：《晚清七十年》，第472-473頁。

第三章　初熟（1901-1906）

但我們若盼望那所不見的，就必忍耐等候。

——《聖經・羅馬書》8：25

第一節　或明或暗的新世紀

獻殿大典

　　義和團運動以後，因清廷對外政策的明顯轉向，西方傳教事業在中國有了迅速的發展。逢此良機，再加上此前近二十年的耕耘，偕我公會在溫州將結出豐盛的果子。

　　一九〇二年，溫州偕我公會最盛大的活動是城西教堂的落成大典。始建於一八八五年的城西教堂，經幾輪擴建，至一九〇一年底終告竣工。十七年的歲月長河，一端是「甲申教案」的沖天火光，一端是「庚子教案」的血淚斑斑。而在這河中摸著石頭跋涉而來的蘇慧廉，已從抵溫時的毛頭小伙，成長為穩重務實的中年人。

　　城西教堂的外觀是哥德式的，拱圓的門井、尖角的窗頂，脊頂上還高聳著十字架，但它又帶著明顯的中國建築特徵，比如外牆直接用中式青磚，中國古典建築中常見的山牆、門頭及豐富的民間裝飾紋樣也清晰可辨。西人設計，國人施工，就地取材，時代的、地方的印記深深地烙在這座建築上。[1]

　　蘇慧廉自然是總設計師。他還專門請英人狄克遜（F.W. Dixon）先生為此堂做了特別的聲學設計。在擴音器還沒有發明的年代，如何讓唱詩班的聲音產生共鳴，讓講道者的話語直達每個人的心田，是設計者必須考慮的問題。講經台後現仍保留的凹型空間，及大殿前後兩扇圓型大窗，據說都是設計者匠心所在。

　　這次擴建，連同一八九八年完工的部分，總花費為五百

---

[1] 城西教堂建築風格分析，可參黃培量：〈溫州近代建築述略〉，載《溫州文物論集》，金柏東主編（杭州：浙江人民出版社，2009），第107-108頁。

英鎊。對建造如此宏偉的一個教堂而言，這樣的開支算是節省的。當然，這要歸功於很多基督徒的義工。山邇獏特別提到一位願意免費為教堂工作的油漆工，「在英國，請人做這樣的事，起碼要花十英鎊。」[2]

城西教堂一九〇一年底竣工後可同時容納一千人禮拜。如此規模，在百年前成為中國新教最大的教堂之一。在西方學界頗受重視的《基督教新教在華傳教百年史》一書中，也專門記載該堂經過數次擴建後於一九〇一年圓滿落成。[3]

教堂獻殿大典於一九〇二年四月十六日舉行。蘇慧廉主持上午的禮拜，他從《聖經‧哥林多後書》第六章第十六節開始講：「上帝的殿和偶像有什麼相同？因為我們是永生上帝的殿……」

下午的禱告會由謝道培主持。之後有奉獻儀式，當天收到的捐款達七十英鎊，這是溫州偕我公會有史以來在本地教徒中收到的金額最多的一次奉獻。當時一個溫州家庭一周的費用僅需一英鎊。

見證此次大典的山邇獏特別提到，偕我公會在溫州發展的第一位教徒趕來參加典禮。「他現在是個虛弱的老者，正在等待上帝的召喚。但在他的早年，他的信心滿滿。」偕我公會的第一位本地牧師也來共襄盛舉。「他的身體也很虛弱，因為在傳揚福音的道路上過於辛勞，身體累垮了。」[4]

溫州撞了瘟神

史學界把慈禧「回鑾」後主動實行的「詔議變法」稱為「新政」。新政十年，宛如一盤圍棋的殘局。位於棋盤東南角的溫州，一場天亂在一九〇二年的夏天悄然降臨。

那是不可思議的景象。護送瘟神的人數在五千到一萬人之間，他們都是男人，幾乎全是青壯年，或抬著一長條竹竿頂端的燈盞，或擎著燃燒著的火炬。我們以前曾見到過遊行隊伍，

[2] A.H.Sharman, "Reopening of Wenchow Chapel," *The Missionary Echo* (1902): 137.

[3] MacGillivray, *A Century of Protestant Missions in China* (1807-1907), 132.

[4] Sharman, "Reopening of Wenchow Chapel," *The Missionary Echo* (1902): 137.

但這個場合卻安排得如此精細。跟以往緩慢遊行的隊伍不同，
整個的民眾在我們那窄窄街道允許的情況下盡可能地快跑，每
個人竭力喊叫著。到了江邊，紙做的平底帆船被快速地放行，
勇敢的船工將其拖入水中，那些包裹在火苗中的神靈很快地被
送到別處去。護送的人群出了城，城門馬上給關上了。紙船一
放到水中，所有的燈快速地熄滅，大家都鬼鬼祟祟地很快離
開，通過另一個城門安靜地回到城中的家裡。這樣一來，鬼神
可能就失去了它們的方向，就不會再找到回來的路。中國人多
聰明！那些神靈多愚蠢！很顯然，中國人認為他們自己比他們
所敬拜的鬼神聰明，人們不禁要問：他們為何還要敬拜祂們？

蘇慧廉所見的就是民間送瘟神儀式。是年夏，溫州霍亂
肆虐。

在這個獨特的地區，有一個習俗是要告訴魔鬼說溫州是個
很窮的地方，但一個叫揚州的城市那裡的百姓很富有，房子很
好，女人也很漂亮，什麼都比這兒高一級。而在甌江上游的處
州，有時像現在這樣的魔鬼總是被告知溫州比處州好。因而人
們把魔鬼從一個地方送到另一個地方。[5]

---

[5] 蘇慧廉：《晚清溫州紀事》，第199頁。

熟讀《論語》的蘇慧廉感歎，他所見的一切怎麼跟孔夫子的教導「己所不欲，勿施於人」截然不同！

據《甌海關報告》，溫州有三萬人死於這次災難。[6] 時在甌海關工作的李希程記錄：「六七月間溫郡疫，死亡載道，無家不病，無一街巷無哭泣之聲。」[7] 山邇獲目睹周邊的貧苦民眾一個個死去：「我們住所後面的大街上就死了三十個人，有幾個就倒在離我們廚房咫尺之遙的地方。前街也有好些人去世。我們學堂一位又高又壯的老師也死於四天前。七十二家棺材鋪都來不及趕製棺木。人們病歪歪地躺在街上，有些人感染病毒兩小時後便不治身亡。當災難來臨時，窮人根本就沒有避難之所，也不知道如何防禦疾病。他們隨意吃螃蟹和海蜇，這常常成為他們死亡的誘因。在某個村莊，二十四人感染霍亂，二十二人不幸死亡。在離我們十五英里遠的地方，有一艘小船到岸，但頭兩天都不見人上岸，到了第三天，有人爬到甲板上一看，原來六個船工都躺在地上——死了。在另外一個村裡，四十四戶人家死了三十六個人。短短的幾個月裡，溫州就死了兩萬多人。放眼整個中國，因霍亂而死去的人也許會超過百萬。」[8]

謝道培夫婦給差會去信，呼籲英國人募捐。《傳教士回聲》收信後即予以刊出。在一九〇三年二月號上，〈編者按〉這樣寫道：「我把這封信全文插在本期刊出。我難以想像，如延期一月，將有多少的需求會消失。」[9]

夏正邦去世

就在謝道培夫人寫信呼救的時候，夏正邦正執意要到玉環島上去傳教。玉環島位於甌江入海口，也是溫州偕我公會當時最遠的一個分教區。偕我公會一八九八年便在此建立傳教點[10]。

---

[6] 〈Wenchow Decennial report（1902-11）〉，載《中國舊海關史料（1859-1948）》，第155冊，第533頁。

[7] 〈李希程自定年譜及書箚〉，載《溫州文史資料》第九輯，第281頁。

[8] A.H.Sharman, "A Few Ineidents in 1902," *The Missoinary Echo* (1903): 21.

[9] "Editorial Notes," *The Missoinary Echo* (1903): 17.

[10] *The United Methodist Church: Report of the Missions(Home and Foreign) for*

當時是一九〇二年十一月，霍亂肆虐，尤以玉環為甚。蘇慧廉希望夏正邦能推延出行計劃，再等一個月或兩個月，待這場霍亂平息。但夏正邦堅持要去，他說：「約好的時間，如果我不過去，那裡的人會很失望。我不知道以後什麼時候還有機會去玉環。你知道我的時間排得很滿。」路熙對他的這番回答記憶猶深。這也是她記憶中夏正邦的遺言：「我生在這裡，比外國人更容易適應這樣的氣候。」[11]

　　夏正邦帶了利眠寧就出發了。這種藥能治霍亂，他也曾用它救過別人的命。

　　是一個從玉環島上來的人帶來夏正邦病逝的口信。也就在蘇慧廉獲知噩耗一小時後，一封夏在生前寫的信寄達。信中說，我已被霍亂扣押，雖然第一時間就服用了利眠寧，但看起來無效。[12]

　　棺材從玉環運到了溫州，按我們外國人的習俗，棺材要運進教堂舉行喪禮。但中國人的想法正相反，棺材可以在白天被運出城，但裝有死人的棺材不能帶入城，不然妖魔鬼怪也會隨之潛入城裡，危害市民。所以隊伍停下來，在朔門口的江岸邊舉行喪禮。一大群基督徒和非基督徒聚集在這裡，靜靜地聽著蘇慧廉講述他們同胞的自我奉獻的一生：他享年32歲，為信徒服務了十年。這是江邊感人的一幕。然後船載著他的屍體去楠溪，在環繞著碧蓮的群山中有一座墳墓，他就被安葬在那裡。[13]

　　蘇慧廉對夏正邦評價很高，稱其「我們教會有過的最出色的佈道者、最盡心的同工、最好的組織者、基督教最勇敢的衛士。我們還能找到他這樣的人嗎？他確確實實把自己的生命獻給了福音事業」。[14]

　　夏正邦葬禮十二月十四日舉行。此前兩天，正是溫州偕我公會一年一度的聯區會議，這也是夏正邦唯一一次的缺席。蘇

the Year Ended April, 1914. 47.

[11] 蘇路熙：《樂往中國》，第217頁。

[12] "Death of Mr. Summer, of Wenchow, " The Missoinary Echo (1902): 170.

[13] 蘇路熙：《樂往中國》，第218頁。

[14] 蘇慧廉：《晚清溫州紀事》，第38-39頁。

慧廉感歎：「沒有了夏正邦，年會大不一樣，但我們的工作總還得繼續下去。」[15]

夏正邦留下兩子四女[16]，曾同經患難的教友徐定鼇向他們伸出了溫暖的手。他資助其長子夏廷耀[17]（圖3.2）去北京讀書，後來還將自己的女兒徐玉潔許配給他。夏廷耀不負期望，學有所成，民國十一年（1922）成為中國海關首位華人稅務司。夏徐兩家從此聯姻，夏廷耀的妹妹後來也做了徐家的兒媳婦。

《新約聖書》

大英聖書公會一九〇二年發表一則公告：「一本新的溫州方言《新約聖經》（圖3.3）時下正在印製中。我們衷心致謝偕我公會，允許蘇慧廉牧師費數年之力，從事這一艱難的譯事。此舉也得到內地會衡秉鑑[18]、余思恩兩牧師之鼎力相助。衡牧師的評論和建議，余牧師教導訓練本地印刷工人排版妥善，終於完成此具歷史性之重要譯本……」[19]

由溫州內地會印書館（The China Inland Mission Press）印製的這本聖經，書名為*NG-DA-KO CHAO-CHI YI-Sû CHI-TUH SANG-IAH SING-SHI* [20]，這是溫州有史以來，第一次也是唯一一次受全球最權威的聖經機構委託直接印行全本《聖經》。

《新約》溫州方言教會羅馬字本現已稀見，目前僅發現英國劍橋大學圖書館珍藏一冊。二〇一〇年夏，我曾專門赴劍橋

---

[15] " The Annual District Meeting in Wenchow, "*The Missoinary Echo* (1903): 37.

[16] 據筆者2009年3月9日採訪夏正邦孫女夏秀玲。

[17] 夏廷耀（1895-1949），字雄塵，永嘉碧蓮人。1915年畢業於北京稅務專門學校，先後在寧波、上海、長沙海關工作。1920年任杭州海關稅務司幫辦，1922年調嘉興海關，升任代理副稅務司，為我國海關史上第一位華人稅務司。次年，北京政府授予嘉禾章六等獎。後歷任上海、福州、蘭州、台北、溫州等地海關要職。

[18] 衡秉鑑（Edward Hunt，1861-1922），亦譯衡平均，英國人，內地會傳教士。1889年抵華，先在安慶，1897年轉赴溫州，曾為溫州內地會負責人。1922年在上海去世。

[19] "The Wun-chau New Testament," *China's Millions* (1903): 164

[20] 書名*NG-DA-KO CHAO-CHI YI-Sû CHI-TUH SANG-IAH SING-SHI* 為溫州方言教會羅馬字，即「我大家救主耶穌基督新約聖書」，英文書名為*The New Testament in Wenchow Colloquial* 。

查閱此書。[21]

路熙說：「《新約聖經》翻譯完成的時候，我和蘇慧廉在雨天泥濘的東門外差點要跳舞慶賀。」[22] 蘇慧廉則謙虛地說：「在把《聖經》翻譯成溫州話的繁忙勞作期間，充滿了啟迪、富足和靈感，我生命中沒有哪個階段能與之相比；有一點我深信：不管別人能從中受益多少，譯者自己是最主要的受益者。」[23]

我們的信徒非常珍視這屬於他們的《聖經》，看著他們用拇指翻動《聖經》書頁，多麼令人高興啊！昨晚我在一個中國信徒家裡給一個七八十人的小團體佈道時，看見阿郎伯在與整天陪伴著他的大開本《聖經》在一起，看見兩個婦女在虔敬地跟著我讀經，看見五六個女學生人手一冊《聖經》，在我慢慢地讀著經文時，許多男人在逐個字母地讀著，還有一些女人在跟著我們結結巴巴地讀著。每次結束禮拜之前他們都小心翼翼地用手帕把《聖經》包裹好，以免書頁或封面被弄破。但他們並不是等到下次禮拜時才打開。因為他們每天都在津津有味

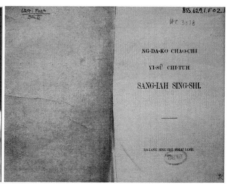

左 | 3.2　夏廷耀。（姜平提供）
右 | 3.3　劍橋大學收藏的溫州方言教會羅馬字版《新約聖經》。

[21] 可參閱拙文〈英倫「尋寶」三記〉，載《悅讀Mook》第十九卷，2010年。游汝傑《西洋傳教士漢語方言著作書目考述》（第61頁）認為美國聖經會（American Bible Society）亦藏有一冊。
[22] 蘇路熙：《樂往中國》，第36頁。
[23] 蘇慧廉：《晚清溫州紀事》，第157頁。

地閱讀。要知道他們中的許多人數年前還跪拜在泥做的偶像前呢！現在他們跟著詩篇作者一起快樂地大喊：「你的話是我腳前的燈，是我路上的光。」[24]

據統計，從一八九一年到一九〇八年，溫州方言教會羅馬字版《聖經》共發行了兩千四百冊。[25]

第二節　藝文學堂

新來的蔡博敏校長

一九〇二年深秋，又有一個年輕人從英國出發，前往溫州。他的名字叫蔡博敏（T.W. Chapman），後來說到藝文學堂，都要提及這名字。

經過七週的海上航行，蔡博敏於一九〇二年十一月二十六日抵達溫州。「我受到了整個團隊的熱烈歡迎。很難用一個合適的詞來形容這裡的一切，不論是我們教會的軟硬體，還是這座城市，它們都是一流的。我會儘快拍些照片給你看。」在抵達溫州後給父親的第一封信裡，蔡博敏興奮地寫道。[26] 他的父親叫查普曼（H.T. Chapman），是英國偕我公會差會幹事，也是蘇慧廉的直接領導。蘇慧廉在歡迎儀式後的第二天即給查普曼寫信，稱讚他兒子「看起來有第一流的體格。經過海風、陽光洗禮的皮膚是棕色的，精神狀態也很棒」。[27]

蔡博敏一八七五年二月九日出生於英國Walkefiled，先後在謝菲爾德（Sheffield）和利茲的高等學校裡接受教育，一八

---

24 同上，第157頁。內中經文出自《聖經・詩篇》119：105。

25 John Alfred Silsby, "Report of General Committee on Romanization," *Records of the sixth triennial meeting of the educational association of china,* Shanghai, 19-20 May 1909, 33. 轉引自張龍平論文〈中國教育會與清末官話羅馬字改革〉，載《貴州社會科學》，2007年第5期。此數字不知是否包括蘇慧廉此前翻譯的《四福音書帶使徒新傳》及單行本。

26 蔡博敏此信寫於1902年11月28日，即抵溫後的第三天。詳見*The Missionary Echo* (1903): 19.

27 蘇慧廉此信寫於1902年11月27日，即蔡抵溫後的第二天。詳見*The Missionary Echo* (1903): 19.

九四年考入倫敦大學，四年後畢業。在獲得理學碩士學位的同時，還通過了英國小學教師資格考試。來中國前，他在母校利茲高等學校擔任教師。蔡博敏希望自己在學術上有所追求，據說他曾參加英國女王的獎學金考試（The Queenn's Scholarship Examination），以優異的成績排名全約克郡第三。[28]

有學術背景及學位的蔡博敏，現在不遠萬里而來，是應聘擔任偕我公會所辦的溫州藝文學堂（Wenchow United Methodist College）的校長。日益擴大的藝文，急需一位專業的掌門人。

蘇慧廉曾說，在中國的傳教事業就像是一個三條腿的板凳，教會是一條腿，教育和醫療是另外兩條腿。偕我公會在溫州除辦有定理醫院外，還辦有學堂。辛丑後，清廷實行新政，教育也被推上改革的列車。藝文當然要抓住改革的機遇，擴建新校、招募校長、擴招學生，一切都迫在眉睫。

3.4 蔡博敏（右一）與他父親（右二）。（TME）

[28] "Mr. T.W. Chapman, M.Sc, "*The Missionary Echo* (1902): 164-165.

藝文前身

　　藝文學堂的前身是李華慶創辦的學塾，始於一八七九年。[29]蘇慧廉在《中國傳教紀事》第十三章中這樣寫道：「我們在溫州的教育工作開始規模很小。只有十名男童，他們的父母要頂著罵名將孩子送過來，因為這裡不收學費。一個矮個子的質樸厚道的先生任校長。幾張凳子和課桌即是我們最早的教學設施，這樣一直用了二十年。」[30]

　　教會辦學，最初的目的是招徠信眾。源自循道宗的偕我公會在傳教策略上更注重社會見證，主張藉福音改造社會。一八九七年前後，蘇慧廉決定擴大學塾，把教育機構化（Institutionalization）。

　　一八九七年我們終於下定決心開始我們的新學制教育。影響我們初衷的主要因素是一位新來的男子學校校長，他從上海學到一點算術、代數、幾何知識。我的好友約翰·傅蘭雅[31]博士和其他人一起，在翻譯教育用書方面做了出色的開創性工作，這些就是未讀過大學的中國學生唯一的知識來源。然而，教育界的迅速變化，這在十年前是很難理解的。那時我們尚沒有現在手頭用的課本，每個傳教組織的教授幾乎必須自己翻譯教科書。[32]

　　謝道培牧師在一篇題為〈回顧〉的文章中也提到學校擴大的初衷。一八九七年前後，有兩個年輕人希望跟蘇慧廉學英

---

[29] 1949年1月22日《浙甌日報》刊載私立藝文小學編印立校七十周年紀念冊消息，由此推導該學塾成立於1879年。

[30] 蘇慧廉：《晚清溫州紀事》，第137頁。

[31] 傅蘭雅（John Fryer，1839-1928），英國人。1861年來華，任香港聖保羅書院院長，後應北京同文館之聘，任英文教習。1865年轉任上海江南製造局編譯處編譯。1875年主編《格致彙編》，1885年創辦格致書室。1896年赴美，任加州大學東方語言文學系教授。著有《中國教育名錄》《中國留美學生獲准入學記》等。傅蘭雅也是「益智書會」（Useful Knowledge Book Society）委員會的成員。「益智書會」也稱學校教科書委員會，於1877年第一次傳教士大會後成立。後著手編寫系統的新式教科書，基督教史家也因此將1877年作為中國基督教教育的新起點。

[32] 蘇慧廉：《晚清溫州紀事》，第142頁。

文。當時蘇慧廉沒有時間，路熙也已在教一位郭姓地方官的兒子，於是剛剛抵達溫州的謝道培承接起了這個任務。後來又有兩個學生加入進來。謝道培的教學無疑是成功的，經過一年的學習，這四人都進了海關工作。據謝氏記述，當時甌海關及輪船招商局（The China Merchants' Steam Navigation Company）也有辦學的設想，後見偕我公會辦學成功，就放棄了原先的計劃，並讓自己零星的幾個學生轉向教會申請入學，於是教育成為偕我公會必須考慮的工作之一。[33]

謝道培所講的初衷其實忽略了一個大的時代背景。一八九七年是甲午戰役後的第二年，中國被日本打敗後產生的巨大恥辱感推動舉國維新自強，並不惜「全盤西化」。教會學校作為西學的直接傳播者，由此迎來近代歷史上第一次發展良機。

蘇慧廉後來對這段時代背景有所總結：

直到本世紀初中國還在沿襲舊的教育體制，仍然頑固地拒絕現代教育。然而就在上個世紀的最後十年，在曠野中響起一個聲音，不斷地呼喊著革新，要求廢除僵死的東西……

儘管這種呼聲也許不承認這一點，但在它背後無聲而強有力的力量就是基督教。五十年間，傳教士們建起了許多中小學與大學，出版了諸多的書籍，不管怎樣，一直在做著啟蒙工作。十五年前一個有著笨拙名稱的社團「在中國人當中廣傳基督教及一般知識的會社」[34]成立了，不知不覺，該社團在強化這種聲音中發揮了強有力的作用。它深入淺出的出版物在整個帝國的疆域中廣泛傳佈。在宮廷、在衙門、在學校、在家庭，

---

[33] W.R.Stobie, "A Retrospect," *The Missoinary Echo* (1904): 40.

[34] 指同文書會（The Society for the Diffusion of Christian and General Knowledge among the Chinese），1887年11月1日在上海成立，創辦人為英國傳教士韋廉臣（Alexander Williamson），成員多為著名傳教士，如李提摩太、林樂知、李佳白等。為基督教在中國設立的最大的出版機構，創辦以來共出版兩千多種圖書，所編的《教會新報》《萬國公報》等刊物，對晚清時期的中外文化交流起過重要作用。1892年中文名稱改為「廣學會」，1905年英文名稱改稱為「The Christian Literature Society for China」。香港現存的基督教文藝出版社即是其繼承者，但影響力和活動已不可相比。

人們貪婪地閱讀著它出版的書籍和月刊，他們看到自己的祖國正處於險境，意識到虎視眈眈的兀鷹已聚在一起，因為中國就像巨人的屍體，瀕臨解體。

這個聲音大聲呼喊著，幾乎不知道為什麼、為誰而吶喊。這種聲音被聽到了，必然被聽到，因為儘管聲音是東方的聲音，肺卻是西方的肺。這種吶喊被聽到了，昏睡的巨人站了起來，雖然仍舊揉著他的雙眼，想知道他在哪裡，是什麼喚醒了他；但他畢竟站著，不再因死一般的昏睡渾渾噩噩、不省人事。[35]

社會的巨大變化，也反映在普通人的精打細算中。對務實的家長而言，不以科舉為目標的教會學校（清政府規定教會學校學生不得參加科舉考試）除了膳宿免費外，或許還能開闢去「外企」就業的途徑。這種商業前景不僅對長期以來不指望進入仕者行列的基督徒有吸引力，對非基督徒也開始具備誘惑力。在那時，中國人開始發現，除了科舉，似乎還有一條道路通往成功。

不過，很快，隨著市場供求關係的改變，教會學校也不再提供「免費的午餐」了。

這裡有二十個青年，他們都繳了學費，這在溫州是前所未聞的。要學英語，需要額外加學費，我的同事謝道培牧師很樂意管理這個學校。[36]

這是一八九七年的藝文書院。除了改變免費模式外，蘇慧廉等還用剛學到的粗淺的西方教育知識管理學堂。如設立班級，而非傳統的個別教育；星期日放假，以便參加教會主日崇拜。今天中國幾乎每所學校都沿用的這些管理方式，其實多由傳教士引進。

藝文書院還開始分科教學。國文由本地飽學之士教授，數學老師則外聘自著名傳教士狄考文[37]在山東所辦的一所學校。

---

[35] 蘇慧廉：《晚清溫州紀事》，第133-134頁。

[36] 同上，第142頁。

[37] 狄考文（Calvin Wilson Mateer，1836-1908），美國人，美國北長老會傳教士。1863年底來華，在山東登州傳教，曾設立文會館，後成為齊魯大學一部分。精數學，編有《筆算數學》《代數備旨》等，為當時中國初

這「是一位熱忱盡心的年輕人，至今學校還感到了王先生帶來的良好的影響。不幸的是，在溫州三年，他不能適應溫州的氣候，拖垮了身子，被迫回他那氣候乾燥卻令他感到舒適的北方去。幸好在三年的時間裡他教出了一位基督徒青年。這位青年出身名門，知識豐富，足以接替他的工作，後來這個青年又培養出新人，他們能夠負責學校數學教學工作。」[38]

藝文隨後不斷發展，學生數也從二十人增加到五十人。原有教室容納不下了，於是另外去典了一間「極髒但還算寬敞的」中式老屋，打掃修整後供書院使用。[39]

一八九九年，傳道工作日益繁重，謝道培和我忙不過來，急需人手，山邇獲牧師被派來和我們一起工作。我們還是缺人，學校也不斷地要求有一位受過專門訓練的校長來管理。……

我們抵押來的房子遠不能滿足我們的需要，學生人數增多，缺少食堂、宿舍、教室，光線空氣不夠好，迫使我們建造新的合適的房子。[40]

假維新中的真改革

主流史觀曾稱清末新政為「假維新」，以區別於戊戌年間那場救亡圖存的維新運動。「但歷史常存於矛盾之中，在假維新的過程中又實現過一部分真改革。教育制度的變化就是其尤為顯著者。」[41]

廢科舉、興學堂、派留學，今天耳熟能詳的這些舉措，就是當時「教改」的主要內容。

辦學堂時所用的數學教科書。此外還編有《官話課本》，是當時外國人學習漢語必備之書。1890年全國新教第二次傳教士大會被推選為「中華教育會」首任會長，還是《聖經》和合本譯經委員會主席。

[38] 蘇慧廉：《晚清溫州紀事》，第143頁。

[39] 溫州博物館藏有兩張蘇慧廉在竹馬坊（今童子殿巷）的租地契約，簽約時間分別是1895年與1897年。不知這兩塊租地是否就是為辦學所用？

[40] 同上，第143頁。

[41] 陳旭麓：《近代中國社會的新陳代謝》（上海：上海人民出版社，1992），第230頁。

興學堂。看起來是將學校名稱由書院改稱為學堂，但其核心是改傳統的中式教育為現代的西式教育。蘇慧廉說：「除了仿效現有的基督教大學，教育改革後，本土化的教育還能成什麼樣子呢？教會學校是中國教育改革唯一的榜樣。」[42] 藝文原就是辦西學的，現豈不到了名正言順的發展良機。

其實，隨著中國教育的改制，同質競爭也擺到了蘇慧廉眼前。一九〇二年，在「藝文書院」改名「藝文學堂」的同時，溫州有多所學堂相繼引進西式教育。

一是由孫詒讓、黃紹箕等人主持的瑞安普通學堂。該學堂誕生於一九〇二年，由瑞安學計館與瑞安方言館合併而成。創辦於一八九六年的瑞安學計館，其辦學宗旨，據孫詒讓《瑞安新開學計館序》稱：「學計館之開，專治算學，以為致用之本。蓋古者小學六藝之一端，而造乎其微，則步天測地，製器治兵，厥用不窮。今西人所為挾其長以雄視五洲者，蓋不外是。」翌年創辦的瑞安方言館，則以教習英文或日文為主。效法西人，學以致用，教育的宗旨與傳統科舉已有相當不同。

與藝文學堂同處溫州城區的溫州府學堂也於一九〇二年八月創立。府學堂位於府署東北的中山書院舊址（即今溫州實驗中學校址），離藝文學堂新址不遠。兩校近距離形成競爭，不過，藝文當時的學費稍便宜些。

許是《辛丑合約》的刺激過大，中國朝野在新世紀之初掀起的改革動作相當猛烈。僅教育改革之政，各省督撫紛紛遵旨落實，各地掀起的書院改學堂之風，一時達於高潮。後來在中國教育史上具有舉足輕重地位的京師大學堂、山東大學堂、山西大學堂都創辦於這一時期。山西大學堂後來還改變了蘇慧廉的生命軌跡，不過這是後話。

「舉國趨向『西』學。那曾經裝備了列國並使它們能夠憑以挾制中國的正是這個東西；那曾經使日本能憑以從同樣俯首聽命的地位躋身於國際平等之林的，也正是這個東西；那麼所

---

[42] 蘇慧廉：《晚清溫州紀事》，第136頁。

需要藉以賦給中國以同樣能力的，自然是捨此別無他物了。」
蘇慧廉的老友，曾在中國海關任職多年的英國著名史學家馬士
這樣寫道。[43]

X先生

把學堂擴大，需要經費，需要人，需要方法。據路熙回
憶，此間蘇慧廉曾去上海取經。在上海他重點走訪了南洋學校
與聖約翰大學（Saint John's University），這兩所學校都是中
國近代教育史上著名的教會學校。[44]

經費、人、方法，三者中經費擺在第一位。當時路熙正在英
國養病，她不顧體弱，主動承擔起為建造新校園募款的工作。

一個英國人首先答應捐贈五百英鎊，不過有兩個附加
的條件：一是不得透露他的姓名；二是路熙得承諾，三個月
內能募集到另外的五百英鎊。因為建校的最初預算是一千英
鎊。路熙被這位先生的舉動感動，毅然接受了這一挑戰。在當
時，五百英鎊是筆鉅款，募集並不容易。偕我公會總部的特納
（R.Turner）先生遂認捐一百英鎊，幫路熙熱身。[45]

路熙是個好強並能幹的人，她後來募到的捐款超過了五百
英鎊[46]，來自三十八位英國人。

誰也無法否認，最大的功勞應該歸於那位有先見之明的朋
友，是他最先捐出了五百英鎊，在此基礎上，我們在三個月內
又籌措了五百英鎊。而且，他拒絕透露自己的姓名，我一直試
圖表達感謝之情，但最終還是未曾知曉他是何方神聖。如果沒有

---

[43] 《中華帝國對外關係史》，第三卷，第443-444頁。馬士（Hosea Ballou
Morse，1855-1934），原籍美國，生於加拿大，後入英國籍。哈佛大學
畢業後，考入中國海關。歷任天津海關幫辦、上海副稅務司、廣州稅務
司等職。在華數十年，1909年退休。著有《中國泉幣考》《中華帝國對
外關係史》《東印度公司對華貿易紀事》等。

[44] Lucy Soothill, "The Education Question in China," *The Missoinary Echo*
(1902): 183.

[45] The general missionary secretary, "The Genesis of the College," *The
Missionary Echo* (1904): 37.

[46] 有文獻記載是七百五十英鎊，這樣連同X先生的捐款，合計一千二百五
十英鎊。

他的捐贈，當然還有他的挑戰，我們是無法到達現在的高度的。上帝賜予的榮耀必將會降臨於他，相比之下我貧瘠的語言所作出的讚美要遜色許多，可是儘管如此，他一直謝絕我的讚美。[47]

這位一直沒有透露姓名的好心人，在偕我公會的檔案中被稱為「X先生」。

路熙在英國為錢忙碌的時候，蘇慧廉在溫州為土地奔波。他說：「在溫州，要獲得我們心念所繫的土地從來沒有遇到如此大的困難，這次我們是想要一塊土地用來建學校」。

在路熙一篇題為〈溫州藝文基金〉的文章中，她轉引了一封蘇慧廉寫於一九〇二年十二月十一日的信。

「我們終於獲得了那塊土地！就在一小時前拿到了地契。現在我得算算要花多少錢？不過，整件事情還得通過溫州官員的審核，在一切都塵埃落定之前，還有很多事情說不準。」

要完成整件事困難很大，這讓蘇慧廉非常焦心，於是他多請了個中間人，並對他們說，在事情完成前，不管白天黑夜，只要需要，他們隨時可聯繫他。兩天以後，當他正準備進入夢鄉時，僕人推開他臥室的門並叫醒他。他一看手錶，十二點四十五分，正是寒夜。不過，「王的事甚急」[48]，他只能披衣下樓，花了半個小時，終於談妥已糾纏很久的土地價格。蘇慧廉說，那短短的半個小時足以患上重感冒，一天二十四小時不停地打噴嚏。不過看看取得的成果，那完全不值一提。當他宣佈喜訊的時候，他說：「我的感冒已經好多了，這部分歸功於我們拿到了地契和所有批文。」現只需等待官員對資產的審核了，之後便是安排承建商。我們自信，兩個星期後學校就要破土動工了。[49]

據蘇慧廉記載，這塊地購自一溫[50]姓宗族，花了六百英鎊。

我們學校的地理位置非常好，它坐落在溫州城安靜的一角，距離大街不過一英里，大約五分鐘不到的路程。大街兩邊

---

[47] Lucy Soothill, "The Wenchow College Fund," *The Missionary Echo* (1903): 41.

[48] 《聖經‧撒母耳記上》21:8

[49] Lucy Soothill, "The Wenchow College Fund," *The Missionary Echo* (1903): 42.

[50] 原文為Wang，以溫州教會羅馬字暫譯為「溫」。

上 ｜ 3.5 蘇慧廉回憶錄中有張藝文
新校園的照片。（A Mission in
China）
下 ｜ 3.6 藝文學堂。（TME）

第三章 初熟（1901-1906） 205

商店林立，人來人往。學堂東邊靠山，那裡有個軍事訓練場，由城牆包圍著，可以開放給我們學生鍛煉之用。北面的城牆之外，有山有水，風景優美。我們處於訓練場和群山的包圍之中，這份隔絕恰恰好可省去限制學生的刻意舉措。[51]

位於溫州舊城東北角的群山叫海壇山，藝文新校園就坐落於此山南麓。

海壇山麓

蘇慧廉的回憶錄中有張藝文學堂新校園的照片（圖3.5），一幢三層建築很顯眼地屹立在山麓。蘇慧廉原計劃是造一幢兩層樓，但隨著報名人數與捐款金額的日漸增加，在二層即將封頂時，他臨時決定加高一層。

總設計師還是蘇慧廉，因為他請不起專業的設計師。正當他苦苦構思設計方案時，一位英國親戚寄來了一張明信片。彩色明信片上的圖案正是一幢建築，於是這張明信片就成為了蘇慧廉的設計圖，並且最終將大樓造成了這模樣。

所幸的是，那些中國承包商給予我們很大的支持，他們中除了一人外都是基督徒，不過就連那位非基督徒也按時參加我們的禮拜。他在畫藍圖、定計劃和隨後的施工過程中都提供了很大的幫助，甚至還免費完成了他自己那部分工作。從事文書記錄和監工的那位朋友也不分晝夜地工作了八九個月。

當計劃制定好後，承包商們又與工匠們討價還價了一番，好在那些人通情達理，最後商定了雙方可以接受的條款。經驗告訴我們建造一平方米要花多少錢，因為我們知道磚頭、石灰和人工的價錢，好像得出造價不過是計算的問題，但其實建造過程中有很多細節是無法計算的。因此在建造過程中，我們不得不一再消減野心，以符合預算。有些花費是無法通過簽訂合約鎖定的，玻璃、鐵、鎖、螺栓、鉸鏈、人工、油漆、傢俱等等的開銷都讓我們憂心忡忡。而且，合約的完成也得看承包商的能力，同時也在考驗著我們

---

[51] W.E. Soothill, "The Erection," *The Missionary Echo* (1904): 43.

這些基督徒到底能夠忍受多大程度的損失。我們只與石匠、瓦匠和木匠等三大工種簽訂了合約。只有石匠按時完成了任務，並且沒有超支。瓦匠和木匠就沒能按時完成進度，於是我們不得不檢查他們的帳本，看看資金有沒有被挪作他用，然後拿著合約嚴令他們加快進度。其實這些都意味著損失。我們預留了緊急花費的資金，唉！可惜很快也花進去了。幾個星期前，當我們告訴上海一家銀行的副經理超支的時候，他的回答是「總是這樣！」我們只能很遺憾地說，工程結算時還欠銀行二百五十英鎊。[52]

新校園內的建築分三大部分。中心位置是主樓，上下兩層，樓下是接待室與餐廳，樓上是個可容納三百人的集會大廳。教學樓在左邊，一樓有九間教室，二、三樓是寢室，有三十四間，每間可住三人。主樓的右邊是校長樓。主樓之後還有一排平房，食堂、浴室、廁所、傭人房都在其間。[53] 學校戶外空間也很寬敞，光網球場就有三個。

在華出版的英文報紙《字林西報》[54]報導：此幢如此醒目的建築是溫州這個港口城市最耀眼的標誌。[55]

第三節　開學大典

孫詒讓年譜上的記錄

此前溫州文獻關於藝文學堂開學典禮的記錄僅來自孫詒讓的年譜。孫詒讓哲嗣孫延釗所編的《孫衣言孫詒讓父子年譜》

---

[52] Soothill, "The Erection," *The Missionary Echo* (1904) : 43-44.

[53] T. W. Chapman, "The New Building, " *The Missionary Echo* (1904): 44.

[54] 《字林西報》（*North China Daily News*），前身為《北華捷報》（*North China Herald*），是英國人在中國出版的歷史最久的英文報紙。英國商人奚安門（Henry Shearman）1850年8月3日在上海創辦《北華捷報》週刊。1856年增出《航運日報》和《航運與商業日報》副刊。1864年《航運與商業日報》擴大業務，改名《字林西報》，獨立發行。《北華捷報》作為《字林西報》所屬週刊，繼續刊行。該報刊載時事新聞、商情、司法和領事公報，是極受英國租界當局和在滬的洋人們關注的一張報紙。1951年3月停刊。

[55] "Opening of the New College, Wenchow," *North China Daily News*, Oct 26 , 1903. 轉引自 *The Chinese Recorder* 34 (1903): 573.

「一九○一年」條這樣寫道：

光緒二十七年辛丑（1901年）詒讓五十四歲

時溫州耶穌教會設立藝文中學堂於永嘉朔門外之海壇山麓。（光緒丙申，教會初辦藝文書院於其地，尚非正式學校，至是改為中學。建築堂舍，面積方二十畝，年收生徒三百餘人，講堂宿室，時稱完整，歷屆卒業者多出洋遊學。民國戊辰，政府令停辦，乃作肺病療養醫院。）七月某日開學，堂長蘇慧廉教士，邀請詒讓及英國人李提摩太氏到堂講演。詒讓於是日率領瑞安學計、方言兩館師生前往參加，當眾演說，略及古今中外文明事業交相傳播之歷史故實。[56]

很明顯，孫延釗誤記年份。藝文遷入新校園後舉行的第一次開學典禮是在一九○三年十月二○日，農曆癸卯九月初一，正是立冬。

藝文校長蔡博敏作為東道主對這日有詳細的記錄：

離十月二十日尚有許多天，我們教會裡的很多人就處於一種既興奮又擔心的複雜心情中。興奮的是新校園終於要竣工了，擔心的是唯恐在籌備階段出現微小的差錯。

按照中國曆法，十月二十日是冬季的開始。按習俗，中國人開始要換上冬裝了。其實，現在還是怡人的秋天。

接待室和大廳事先已被佈置一新，彩旗招展。位於大廳中央的講台兩側，懸掛著中國的龍旗和大不列顛的國旗。主樓外面也飄揚著兩國國旗，象徵著中英之間的團結。

開學典禮預定在兩點鐘開始，貴賓們提早到來了。校園裡逐漸變得活潑和熱鬧起來，一輛輛的轎子——這是溫州僅有的交通工具——依次排列在道路的一側。士兵們穿著紅黑相間的外套，戴著黑色的帽子。官員們則穿著綢緞（前胸後背都鑲嵌著刺繡的圖案），頂戴花翎可看出他們的官階。如此種種在燦爛的陽光下匯成了別具東方特色的絢麗畫面。

---

[56] 孫延釗：《孫衣言孫詒讓父子年譜》（上海：上海社會科學院出版社，2003），第298頁。

我們的貴賓是李提摩太博士。[57]

李提摩太（圖3.7）是蘇慧廉的老友，他應邀專程而來。

當客人抵達的時候，蘇慧廉先生親往迎接。李提摩太博士和道台大人坐在接待室的上座。Shun-T'ai[58]、海關稅務司（史納機[59]先生）、弗羅貝船長[60]和其他當地的官員則依次坐在兩側的位置上。餐廳和一個教室也被用作接待室，在海和德和寧波來的謝撥德（G. Sheppard）得體的協助下，當地的士紳受到教會人員的熱情接待。

時任溫處道道台叫童兆蓉[61]。海和德則是專程回溫，共襄盛舉。

當客人都到齊後，蘇慧廉先生就引領他們參觀學校，大家向大廳前行。我們的學生已經到位（計六十人），此外還有一支學生組成的小分隊（特邀的），來自臨縣瑞安的府學。瑞安是一座文風濃郁的城市，文人墨客雲集。

蘇慧廉在台上就座後，李提摩太博士緊靠著他的右手邊落座，而道台則靠著他的左手落座。史納機先生、弗羅貝船長、衛秉鑑牧師（內地會）、海和德、謝撥德和教會的其他成員則簇擁著他們。道台起身作了一個簡短的致辭，祝賀教會落成了如此壯觀的建築，並祝願學校諸事順利。

李提摩太的演講

開學典禮的重頭戲是李提摩太的演講。道台禮節性的致辭後，李提摩太便起身：

---

[57] 本節中蔡博敏對開學典禮的記述均來自T.W.Chapman, "The Opening Ceremony," *The Missionary Echo* (1904): 45-47.

[58] 可能是作者誤記，應指鎮總兵劉祥勝。

[59] 史納機（J. F. Schoenicke），德國人，1869年進入中國海關，曾任瓊州海關頭等幫辦、朝鮮仁川稅務司、朝鮮海關代理總稅務司、廣州稅務司、上海郵政總局兼職郵政司等職。1903年4月17日至1904年5月5日任甌海關稅務司。1904年退休回德。

[60] 原文是Captain Froberg，生平不詳。

[61] 童兆蓉（1838-1905），字少芙，號紹甫，湖南寧鄉人。光緒二十六年擢任溫處道，次年就任，至三十一年卒於任。有政聲。著有《童溫處公遺書》六卷。《清史稿》有傳。

　　他首先描述了世界和五大洲的概況，大多數的聽眾對此還一無所知。他指出他們過去曾經統治過的範圍，以及這些地方（包括亞洲在內）是如何逐漸被歐洲國家所支配。他還談論了為什麼今日中國會如此險象環生。他認為中國落後的原因是保守，僵化的保守主義導致缺乏改革的意願。像實物教學課那樣，他以歐洲和其他地方的一些落後國家為例，指出它們正是由於不願與時俱進、與人類同進步，才落入衰落的境地。因此，過去曾經撼動世界的王權，現在已經力不從心了。

　　隨後，李提摩太博士繼續闡釋了中國的衰弱之處，他指出，一旦中國願意學習，那麼在它的面前，依然有著光明的未來。

　　這所新學堂，從一種世俗的觀點來看，建造它的人不僅得不到什麼，而且還要付出很多。這所學堂出現在中國，正是為了醫治中國的衰弱。這些人奉上帝的名，並為榮耀上帝，來給這裡的年輕人們傳授東西方的智慧，因為上帝是所有智慧的源泉。

　　最後，他以字斟句酌的語言，讚揚了當地官員和士紳對學堂及教會的認同和支持，並且感謝這群溫州城裡的菁英能端坐五十分鐘，如此全神貫注地聆聽他的演講。

　　李提摩太的演講長達五十分鐘，對台下的很多中國人而言，這可能是平生第一次見識演說這一形式。他是用官話發表演講的，考慮到台下很多本地人聽不懂，在溫州已多年的內地

會英國牧師衡秉鑑隨後用溫州話簡要概括了演講的內容。

來自瑞安的一位叫林駿的儒生，當時以兄弟學校代表的身分坐在台下。他在日記裡寫下了他眼中的李提摩太。

俄焉，道鎮府縣之官均到會，坐於中者蘇惠廉，中左中右均坐以西人，坐稍前者左道憲右鎮憲，其次為府尊，右次則永邑縣主。仲容先生又坐其次，又有數西人則稍居後。其餘則均列下座。府縣學之教諭、中學堂之教習都在列焉。英儒李提摩太演講良久，不外保國保種為主義，其言云，凡事業須以自立為主，彼列強之豪傑，如俄之大彼德、法之拿破崙、德之威廉第一、美之華盛頓、日之明治，一時勵精圖治，遂為地球上之雄國。清國君自為君，臣自為臣，民又自為民，且上下交私，安問竭誠以報主，戮力以安邦？此中國所以衰，所以弱，而終致於不振。況又諂媚外人，苟安為計，吾知瓜分之禍即在眉睫。燕巢幕上，福禍不知，苟至極慘，滅國滅種，情將奚堪。嗚呼，如李君所言，真藥石之論也！李先生座設於右，鶴髮童顏，面貌肥赤，洪鐘其聲，光電其目，坐談半日，毫無倦容。我輩少年洵愧不及也。[62]

李提摩太演講之後，蘇慧廉起身。

他首先感謝李提摩太博士寶貴的演講，並且感謝道台、本地官員和士紳的出席。隨後蘇慧廉指出，這所學堂的成立是本著三個可見的目標：啟迪智慧、強健體魄和磨礪道德。「健全的精神寓於健全的身體」[63]是一句很有價值的諺語。他繼續說道，但是只有身體或者智力的單獨發展絕不是健全的發展。道德品質是智慧和真理的根本，甚至比智力培養和體格鍛煉更為重要，而這正是本校的主要目標。猶如中國的聖人所說的：「執道循理，必從本始。順為經紀，禁伐當罪，必中天理。」蘇先生繼續說：「這所

---

[62] 林駿：《頗宜茨室日記》，1903年九月初一條，未刊，溫州圖書館藏本。林駿（1863-1909），原名寶熙，字藺雲，號小竹，瑞安人。廩膳生，曾為孫鏘鳴家塾教師。

[63] 原文是Mens sana in corpore sano，拉丁諺語，作者是古羅馬詩人尤維納尼斯（Juvenal）。

學堂正是以上帝為真理與公義的基石，並期待在體魄、靈魂和精神上，或者像聖人所說的在身體、頭腦和心靈上都能得到良好的收穫。身體，是靈魂的載體；頭腦，是思維的載體；而心，是道德或者情感──無論是高尚還是邪惡──的中心。」

　　李、蘇兩位演講之後，開學典禮就結束了。「隨後來賓們下到一樓。接待室和餐廳已預備了點心，中國客人們顯然對英式蛋糕等點心非常青睞。」《孫衣言孫詒讓父子年譜》記載孫詒讓當時也「當眾演說，略及古今中外文明事業交相傳播之歷史故實」，[64] 但蔡博敏的記錄，隻字未提孫氏的這番講話。

　　送別官員的儀式甚至比歡迎儀式還要威風。在持續的鞭炮聲中，蘇慧廉先生依次向走進轎子的官員道別。當最後一頂轎子離開大門後，我們教會每個人臉上的表情都表明這件嚴密籌備的大事終於獲得了圓滿成功。

合影

　　二○○八年秋，從事中西文化交流研究的沈弘教授知我在搜集蘇慧廉的材料後，給我發來一張藝文開學典禮嘉賓合影（圖3.8）。「前排中央的是趕來祝賀的李提摩太，後排中央是否就是蘇慧廉？」沈弘教授在郵件裡順便問我。

　　後排最中央那位確實就是蘇慧廉，但其他人又是誰呢？

　　我後來在倫敦查閱《傳教士回聲》時也看到這張照片，它刊於一九○四年三月號的首頁。合影下面還有小字介紹照片中人的身分。根據這些線索，我終於解讀出這批來賓的名字。

　　前排左一是校長蔡博敏，左二是永嘉知縣程雲驥，左三是溫州府同知[65]吳中俊。挨著李提摩太的，左邊是溫州鎮總兵劉祥勝，右邊是溫處道道員童兆蓉。右四是甌海關稅務司史納機，右三是委辦厘金局道員[66]，右二是玉環廳同知吳蓉，最邊

---

[64]　孫延釗：《孫衣言孫詒讓父子年譜》，第468-479頁。演說辭原刊於《孫征君籀廎公年譜》，卷五。

[65]　原文為Wenchow Sub-perfect，意為知府助手，暫譯為同知。

[66]　原文為Likin Taotai，譯為委辦厘金局道員，姓名暫不可考。

| 3.8　藝文開學典禮嘉賓合影。（沈弘提供）

上的是永嘉前知縣，姓名暫不可考。

後排左一是山邇獖，左二是瑞安知縣張學智，左三便是孫詒讓，左四是內地會的衡秉鑑牧師，左五是海和德。中間高高的便是蘇慧廉。站在蘇慧廉右邊的四個西人，依次是謝道培、和海和德一起從寧波來的謝撥德、弗羅貝船長及定理醫院院長包蒞茂醫生。右邊最後一位是永嘉縣醫學學官。[67]

仔細端詳這張照片，會發現來賓身後的兩扇玻璃窗內還有很多雙好奇的眼睛。中國人外國人，主人客人，過去將來，在這秋日的陽光下匯合在一起。

藝文開學也引起媒體的關注。在當時洋人中有廣泛影響力的《字林西報》對這場開學典禮也做了詳細報導，該報稱：「溫州學堂的開學典禮，和其他許多事件一起，標誌著這個東方帝國的新時代開始露出曙光。」[68]

---

[67] 原文為Dr. Sian。看其裝扮，似官府中人，推測其為永嘉縣醫學學官。

[68] "Opening of the New College, Wenchow, " *North China Daily News* , Oct 26 ,

藝文新頁

藝文學堂從這天起，翻開了新的一頁。

慶典儀式後，師生在十一月二日（週一）住進了新校園。週二早晨，蘇慧廉在校內主持了一場禮拜。他陳述了學堂辦學的目的，強調了辦學宗旨，以及對未來的期望。

當時藝文有六十名學生。教師中，除校長外還有兩位數學教師、一位漢語高級教師、三位漢語助理教員。漢語高級教師是舉人，漢語助理教員中則有兩位是秀才。校長蔡博敏兼任英語教師。一位藝文早年的畢業生擔任他的教學助理。

藝文開設的課程有中國古典文學、倫理學、文言文、歷史、數學、幾何、自然、化學、物理、英國文學、英語語法和口語、體操等。[69]

因是英人辦學，英語自然非常重視，據說很多課採用英文講授。畢業於藝文的多有較好的英文功底。不過，在當時，英文不像現在這樣重視，那時只有商人才說洋話。

因為是教會學校，藝文有宗教課，教授《聖經》。蘇慧廉翻譯的溫州方言《聖經新約》與漢字譯本《聖經》同時使用。山邇彼牧師每星期在學校主持聚會一次，學生自願出席，部分非基督教家庭的孩子也來參加。每逢禮拜天，全校師生則到城西禮拜堂聚會。雖然學校對學生的宗教信仰並不強迫，但學校的辦學目的很明確，那是讓「中國人通過基督看到光」[70]。

藝文追求的不僅是知識，「我們希望能通過我們的教育把他們塑造成心智健全的人，儘量讓他們離開學校後，與一般當地學校的學生相比，具有更加高尚的品德。重要的是要頭腦清晰、心胸坦蕩，對人生有精神上的追尋。」這是蘇慧廉的想法。[71]

1903，轉引自 *The Chinese Recorder* 34 (1903): 573.

[69] 〈Wenchow Decennial Report (1902-1911)〉，載《中國舊海關史料（1859-1948）》，第155冊，第531頁。

[70] Soothill, *A Mission in China*, 180.

[71] 同上，191。

蔡博敏則更直接地強調，雖然我們的目標是多方面的，但「首先我們希望能夠被人感覺到我們自始至終地把整個學校建設為道德和教育的推動力量，以此啟迪心智，昇華人性。」「我們希望能夠輸出受基督教真理和精神感染的人，當他們成為商人的時候，能夠對壓制目前在中國頗為氾濫的商業賄賂有所助益。我們也希望能夠培養一批基督徒校長，他們每個人都能夠成為一所教會初級學校的領導者，且能與這一地區百餘所教堂建立起聯繫，這樣就有能力對那些他們所管理下的思想和心靈產生持續長久的影響。」[72]

劉廷芳

藝文學子中有一位叫劉廷芳的，後來特別引人注目。

劉廷芳，字亶生，一八九一年出生於溫州一個基督教家庭。父親劉世魁，眼科醫生，曾師從內地會醫療傳教士稻惟德。祖母與母親也是內地會得力的同工，並先後執掌該會主辦的育德女子書院。不過內地會沒有直接辦中學，於是劉廷芳轉入偕我公會所辦的藝文學堂。據劉廷芳研究者稱，當時其父已逝，家境貧寒，他是得教會幫助才入此校讀書的。[73]

劉廷芳是藝文學堂第一屆學生[74]，在校時就嶄露頭角。在《傳教士回聲》一九〇七年卷上，有一篇他撰寫的關於預備立憲準備工作的英文作文[75]，當時劉廷芳僅十八歲。在這篇長達三頁的文章裡，少年劉廷芳顯示了他對中國時政的關心及內心的早熟。

不過，劉廷芳在藝文的學業沒有讀完，原因是不滿英籍教師為英國侵佔江浙鐵路辯護。

江浙鐵路風潮發生在上世紀初期，一九〇七年達到高峰。當年十月十二日，江浙士紳湯壽潛、劉錦藻等召集浙江鐵路公

---

[72] Chapman, "The Opening Ceremony, "*The Missionary Echo* (1904) : 47.
[73] 吳昶興：《基督教教育在中國：劉廷芳宗教教育理念在中國的實踐》（香港：浸信會出版社國際有限公司，2005），第50頁。
[74] *The Missionary Echo* (1922): 108.
[75] Liu tingfang, "The Preparation for the Proposed Chinese Constitution," *The Missionary Echo* (1907): 257-259.

左 ｜ 3.9　劉廷芳贈送蔡博敏的夫婦合影。（TME）
右 ｜ 3.10　坐落在溫州縣學前49號的劉廷芳舊居。（2008
年7月5日攝於溫州）

司股東成立「國民拒款會」，痛陳借款築路的危害，通電各省
請求聲援，並公開向民間招股。這個消息也讓血氣方剛的劉廷
芳很激動，他「當晚連夜撰就萬餘字極激烈的文章，標題為
〈江浙鐵路事泣告同胞書〉，天亮方脫稿，郵寄上海，登載美
國人辦的教會報紙上，這文章一方面痛罵英人一方面痛哭涕零
警告基督徒當救國難，破產去投資，不使路權喪失。他自己也
不落人後，要求母親變賣股票、地產買回江浙鐵路股權。他自
此也不再返回藝文中學」。[76]

　　藝文肄業後，劉廷芳即赴上海，就讀美國聖公會辦的聖
約翰大學預科。其間，他獲得中文總督獎。也就此時，這個朝
氣蓬勃的年輕人引起時在金陵大學的司徒雷登（John Leighton
Stuart）的注意。他後來在司徒氏的安排下負笈美國，一九一
八年獲耶魯大學神學學士學位，一九二○年獲哥倫比亞大學教
育與心理學博士學位。一九一八年他開始在紐約協和神學院
（Union Theological Seminary）任教，成為第一位執教於美
國神學院的中國人。劉廷芳一九二○年回國，任北京大學和燕
京大學教授，一九二一年至一九二六年任燕京大學宗教學院院
長，同時兼任時為燕大校長司徒雷登的助理。

---

[76] 吳昶興：《基督教教育在中國》，第50-51頁。

劉廷芳的成就是多方面的，文學方面，他是個熱情的詩
人，出過詩集，還將紀伯倫的散文詩譯介到中國；教育方面，
他是心理教育學家，亦是宗教教育家；心理學方面，他是漢語
學習心理學家，是中國最早對漢語教學心理學進行觀察與實驗
的人。他更是神學家、教會音樂家、牧師，是中國基督徒團契
運動的領導人。在他之前，中國教會極少用「團契」這個詞。

著名報人江肇基[77]在一篇敘述謝福芸父女的文章裡，認為
劉廷芳是蘇慧廉造就的許多人才中的一個。劉廷芳「幼時家寒
衣粗，人皆鄙之，惟蘇老獨具隻眼，認劉異日必有成就，遂一
手把他提拔起來，現在拿事實證明，蘇老先生的眼力，究竟還
是不錯」[78]。

第四節　女性的天空

忙完盛大的藝文新校落成典禮，蘇慧廉急著要回趟英國，
去看望生病的路熙。據《教務雜誌》記載，一九〇三年十一月
十四日他離開上海，經西伯利亞回英國。[79]

有意思的一個現象是蘇慧廉每次回英之際，中國總有大事
發生。一八九四年是甲午海戰，一九〇〇年是義和團運動，這
一次是日俄之戰。

一九〇四年「發生在中國土地上的日俄戰爭，不僅以暴力
摧殘了中國人的生命和財產，而且以其出人意料的結局極大地
影響了一代中國人的思想。張謇所說『日俄之勝負，立憲、專
制之勝負也』，表達的就是這樣一種社會意識。於是，在戊戌

---

[77] 江肇基（1909-?），陝西西鄉人。畢業於北京私立民國大學新聞系，曾
任北京《實報》記者、編輯、採訪主任等職，1936年參加北平記者團赴
日考察。抗戰軍興，轉戰西南，先後任杜聿明部隊編印處編輯科科長，
《蘇報》、《和平時報》編輯、遠征軍隨軍記者等職。1949年後任中學
教導主任、校長。文革中受迫害致死，1978年獲平反。著有《緬戰回憶
錄》《日本帝國的覆滅》等。
[78] 江肇基：〈一位愛護中華民國的謝太太〉，載《實報》，1936年第5期。
[79] *The Chinese Recorder* 34 (1903): 630

維新中曾經提出而被視為過激的立憲，此時卻成了有極大魅力的字眼」。[80]

隨後有五大臣出洋考察、清廷宣佈預備立憲。與此同時，同盟會在日本成立，各地民變風起雲湧。中國開始進入革命與改良的最後爭奪戰。

姆姆與妹妹

路熙體弱，丈夫的歸來讓她的身體恢復得很快。第二年夏季，他倆一起踏上了重返溫州的路程。現在可查到的記錄是，他們一行於一九○四年五月回到中國，六月十九日抵達溫州。[81] 同行的還有已十九歲的謝福芸。

謝福芸在給《傳教士回聲》編輯部的一封信中這樣寫道：「我們抵達的時候，基督徒蜂擁而來，當他們看到原先被叫做Mai-mai的孩子，現在已長得這麼大時，驚訝得辮子都豎了起來。」[82] Mai-mai是溫州方言俗字，寫作「姆姆」，為「妹妹」的音變，是溫州人對小孩子的暱稱。[83]

「我應該是我們教會重返故地的第一個傳教士後代吧，我以為我已忘了中國的人與事，但當踏上這片土地，它們都在記憶中復活了。比如看見中國的蜜餞或水果，我馬上就能想起以前品嘗時的味道。」謝福芸繼續寫道。[84]

謝福芸小時便顯出了文學上的才能。那幾年的《傳教士回聲》常有她的作品發表。她的文章多為遊記，記錄隨同父母走訪溫州各地的見聞。這些文章在百年以後，成為瞭解溫州近代史的第一手材料。

在〈碧蓮〉一文中，她寫了與夏正邦的女兒見面的一幕。當時夏正邦女兒十九歲，正做著出嫁的準備。

---

[80] 陳旭麓：《近代中國社會的新陳代謝》，第280頁。

[81] *Forty-eighth Report of the Home and Foreign Missions of The United Methodist Free Church for the Year Ending April, 1904.*

[82] Dorothea Soothill, "Through the Jade Ring," *The Missionary Echo* (1905): 38.

[83] 沈克成、沈迦：《溫州話詞語考釋》（寧波：寧波出版社，2008），第341頁。

[84] Dorothea, "Through the Jade Ring," *The Missionary Echo* (1905): 38.

她穿著一件綠色的外套，紅的褲子，黃的鞋子，頭上戴著紫色與綠色的蝴蝶結。她新年就要出嫁了，但對未來的生活並不憧憬，這也不奇怪。她將坐上一頂精緻但並不舒服的花轎，被抬往大山間一個偏僻的地方，那裡不通火車，離她熟悉的親人與朋友很遠。她要嫁的男人沒有見過，除了知道是個基督徒外，其他一無所知。[85]

謝福芸與夏正邦的女兒差不多的年齡，因為不同的文化背景與教育方式，兩個女孩走上了完全不同的人生道路。

藝文女校

舉起火把，為中國女性照亮一條新路的也是西來的傳教士。女子教育、禁止纏足、收留棄嬰、男女平等，晚清以降，中國女性與中國社會一起開始近代化的路程。

曹雅直夫人抵溫後，曾開辦女塾。這所創辦於一八七四年的育德女塾是溫州歷史上的第一所女校。[86] 路熙一八八五年來

左 ｜ 3.11 1904年前後的蘇慧廉。（TME）
右 ｜ 3.12 這張全家福應該攝於1900年蘇慧廉回英休假
　　　時。（Malcolm Bull's Calderdale Companion）

---

[85] Dorothea Soothill, "Crystal Lily," *The Missionary Echo* (1906): 224.
[86] Kenneth Scott Latourette, *A History of Christian Missions in China* (New York: The Macmillan Company, 1929), 462.

到溫州後，也即著手開始了針對當地婦女的教育工作。蘇慧廉說她在「孜孜不倦地學習當地方言一段時間後，就為那些勇於衝破世俗壓力與我們為伍的女性上起課來」。[87]

甲申教案後他們喬遷白屋。白屋寬大，購地建屋時蘇慧廉就有計劃，要在這裡辦一所類似育德的寄宿制女校。[88]

路熙真正執掌女校，時間大概是一八九五年初，即從英國回溫之後。[89] 當時，她把兩個孩子都留在英國。蘇慧廉對路熙說：「英國的人們很盡力教育我們留在國內委託他們照顧的兩個孩子，你自己不也可以去教育溫州城那些被忽視的女孩子嗎？」路熙說：「我們的女子學校就這樣開始了。這是附近一帶最早的一所女校。」[90]

路熙創辦的女校，免費招生來自貧困家庭的女孩。開設的課程有識字、音樂、女紅及簡單的數學。謝福芸一九〇四年回到溫州後，每天早上也去學校幫媽媽的忙，學做小老師。她教他們唱歌與體操。

要改善的不僅僅是她們的唱歌，我真的無法再容忍女孩子們走路的方式了。她們的腳一挪一挪的，簡直是蹣跚。對此的訓練於是開始了。由於從未見過這麼特殊，在她們看來是愚蠢的一系列向前轉向後轉的動作，她們都盯著我看，隨後報以捧腹大笑，一時難以自持。剛開始時，幾乎沒人願意加入到如此可笑的列隊中，但漸漸地，女孩子們都溜了進來，儘管還略帶羞澀。一位曾經以輕蔑的眼光看待此事，認為尊嚴遠比滑稽的動作更為重要的老師，也有一兩次加入到了我們的隊伍中。

謝福芸說一個星期有三次的訓練，每次半小時。

除非花費大量的力氣，否則她們都站不成一條線。最後我們終於排列在草地上，雖然滿頭大汗，但總算成功了。接下來

---

[87] Soothill, "Our Mission in China," *The Missionary Echo* (1906): 177.

[88] *The United Methodist Free Churches Magazine* (1885): 671.

[89] 《溫州市教育志》（北京：中華書局，1997）第130頁提到路熙在光緒三十年（1904）在康樂坊天燈巷設立藝文女學堂，此記錄可能有誤。1904年是女子書院改名為女學堂的時間。

[90] 蘇路熙：《樂往中國》，第236頁。

我們開始四人一隊的操練。剛開始訓練時，我不得不把這些女孩子一個個地抱到她們應站的位置上，並懇求她們留在這裡。可當我再次回頭看的時候，常看到她們已經站在了不同的隊伍裡。不過，現在一些年齡大些的女孩已開始有了點安靜和秩序的姿態，這正是我想要的。

我們常常會簇擁成一圈做遊戲，比如「填空白」、「三三兩兩」等，其中最受歡迎的是一個叫「狐狸和鵝」的遊戲，儘管它需要特定場合才能玩。貪婪的狐狸帶著津津有味的神態，假裝要吞掉鵝。孩子們一玩起這個遊戲就變得非常興奮。看到女孩們如此喜歡訓練，我真是非常高興。因為在整個星期裡這是她們唯一的娛樂。中國人各種各樣的娛樂幾乎都和賭博連在一起，即便像踏青這樣的活動也是不允許女孩參加的。因此人們就會知道，中國女孩的童年生活該是多麼乏味與無趣。[91]

---

[91] Dorothea, "Side-lighi on School and Hospital," *The Missionary Echo* (1905): 167.

包蒞茂醫生曾為這些在草地做運動的女孩子拍過張照片（圖3.13），這可能是溫州最早的女子體操表演。

　　中國女人原是裹腳的，因此她們幾乎沒有戶外活動，但教會學校不收裹腳的孩子。路熙也經常與這些沒有纏足的孩子在草地上玩遊戲，當看到她們盡情地跳躍時，她知道這是天足的美與價值。「想到自己早期的努力是創造歷史，我很高興。我認為自己工作的意義很大。」[92]

　　路熙當時想不到，這群在草地上跳躍的孩子中，有的在未來將蹦得很高。其中一個來自永嘉山區的叫胡世英的女孩，後來成為中共溫州獨立支部的首任支部書記。她長大後改名胡識因[93]（圖3.14），她的丈夫就是中共溫州早期領導人鄭惻塵[94]。

　　藝文女校當時也為學生提供午餐，為的是避免她們為回家吃飯而多上一趟街。因為，當時人們認為女孩子不宜拋頭露面。謝福芸記錄下了她們吃飯的樣子：

　　不能確定其中一些人在自己家裡吃飯的時候是否吃得飽，但無疑，她們在學校就餐時是想多吃點回來。中國的習慣是把蔬菜和魚切碎，然後放到小碗裡，擺在桌子中間。一桶米飯則放在旁邊，然後各人把它裝到自己的小盆裡。開飯前，每一個女孩子都會把腦袋埋到手裡，閉上眼睛，自言自語地說上一長

[92] 蘇路熙：《樂往中國》，第241頁。

[93] 胡識因(1893-1974)，原名世英，化名吳式、鄭耐冬，永嘉人。先後就讀溫州藝文女校、大同女校、杭州女子工藝師範學校，1911年畢業於上海女子體操學校，和鄭惻塵結婚。1920年在溫州創辦新民小學。1924年冬參加中國共產黨，12月在新民小學成立中共溫州獨立支部，首任支部書記。次年元旦成立國民會議溫州女界促成會，選為幹事會負責人，並以個人身分加入中國國民黨，幫助組建國民黨永嘉臨時縣黨部。1927年4月鄭惻塵被捕後，由中共中央送往莫斯科中山大學。1932年和黨失去聯繫，1938年回鄉，任永嘉岩頭小學校長。1949年後歷任小學校長、教員。1958年被劃為「右派分子」，1979年糾正。

[94] 鄭惻塵（1888-1927），又名朝察、振中，字采臣，永嘉人。1924年加入中國共產黨，12月建立中共溫州獨立支部。1925年春從事國民黨工作，幫助籌組國民黨永嘉縣黨部，被推為縣黨部執行委員。1927年1月被推為國民黨浙江省黨部代表團成員，到寧波、溫州接應北伐軍入浙。接著任國民黨浙江省黨部執行委員、商民部長兼杭州民眾大會籌備委員會主任。4月11日被捕，7月24日遭殺害。

段感恩的話。突然之間，她們抽出手，舉起筷子，把飯和菜都一捲而空，速度之快要讓旁觀者倒吸一口涼氣。她們吃飯的時間，五分鐘都不要。[95]

藝文女校據說有四十個學生，其中有三人為住宿生，這三人就是傳道人金先生留下來的三個孤女。蘇慧廉一直記得一八八四年甲申教案發生那晚，是這個人替他擋住了飛來的石頭。金先生是很出色的傳道人，曾在溫州下屬各個縣建立了四十個教會。一次探訪西溪的教會回來，他搭一運水船回城，因疲勞，躺在船沿上就睡著了，結果不慎落水。他由此患上肺炎，身體隨後也垮了。金先生離開人世時，妻子已過世。三個孩子，遂被蘇慧廉夫婦收養。

這三個女孩由路熙照顧長大。因路熙叫謝福芸為「Darling」，中國人以為「達玲」便是她的名字，於是三姐妹中的老大，便跟著也叫作「金達玲」。老二和老三則按照中國的方式起了名字，一個叫金崇美（Zung Mi）、另一個叫金崇福（Zung Fuh）。

金達玲

與湯金倉約了近半年，二〇〇九年春天終於在溫州見面。我聽說他知道蘇慧廉三個乾女兒的故事。

一落座，他就掏出了張黑白照片（圖3.15）給我。

「這是我老安的奶奶。她是金先生的女兒，叫金達玲。」溫州人把妻子叫「老安」，奶奶就是祖母。

「達玲是小時候叫的名字吧，你奶奶正式的名字叫什麼？」

「我問過我丈老，她沒有別的名字，就叫達玲。」溫州話中，岳父叫「丈老」。

湯金倉從口袋裡掏出張皺巴巴的紙，上面寫著金達玲三姐妹的簡單生平。他說自己專門去問了老丈人，才搞清這些情況。湯金倉還年輕，一九七二年生。金達玲一九六〇年就去世

---

[95] Dorothea, "Side-lighi on School and Hospital," *The Missionary Echo* (1905): 168.

左 ｜ 3.14　胡識因。（南航提供）
右 ｜ 3.15　金達玲。（湯金倉提供）

了，他夫妻倆都沒見過這位會講英文的老祖母。

大女兒：金達玲，嫁永嘉應界坑麻朝應為妻（麻朝應五十九歲離開世界）。金達玲年輕時長得很美，個子高，後來大約在五十八、五十九歲左右駝背。

生有兒子五個，天霸（當兵）、天候、天智、天信、天閣。天智讀過神學，作傳道，生有一個兒子。天閣是應界坑教會負責人，曾做過義工傳道。他生有子女五個。

金達玲她生兒育女，一生年日七十歲。六〇年正月初二離開世界，去世的當晚和兒媳婦回床睡覺，對兒媳婦這樣說過：「人生在世看看也有意思，一下子地主批鬥、一下子幹部批鬥，但這次救主要接我回天家了。」天未亮救主真的接她回天家。（平安去世，沒有大病，生活可以。）

次女：金崇美，嫁小渠，生有五女、一子。他的大女兒叫棉棉，嫁永嘉應坑。次女叫娟娟，嫁溫州。三女兒叫紅秀，嫁永嘉甌渠。四女兒不見了。五女兒叫五妹，嫁溫州大橋頭。兒子叫阿強（無後代）。

三女兒，金崇福，嫁溫州，兒子叫方保羅（醫生）[96]。

---

[96] 筆者2011年8月1日採訪方保羅，他稱自己還有兩個姐姐，方愛菊、方愛珍。大姐1949年前去了台灣，二姐後去了上海。

「你以前就知道她是蘇慧廉牧師的乾女兒嗎？」我補充問道。

「以前有聽過，不過比較模糊。地方上人有講，她三姐妹是外國人養大的，在地方裡算個知識分子。我聽丈老說，她做賬都寫英文。」

「這照片你是哪裡來的？」

「我結婚時偶然看見這張照片，當時覺得這個老人很慈祥，就問。知道她這段經歷後，覺得這張照片很有價值，要保管好。你知道農村裡很邋遢的，於是我提出由我來保管。後經她們全家同意，這照片才到了我手中。我一直夾在書裡。」

湯金倉說自己家及他妻子家上上下下都信耶穌。他自己正在浙江神學院讀書，當年夏天就要畢業。

「地方上也有人講，這三個姐妹有知識，嫁到村裡是大材小用，真可惜。我倒不這麼覺得，蘇慧廉牧師把他們養大，是作為福音的種子。大材必須放到小地方，種子才會發得出。」

湯金倉也告訴我，他畢業後想在老家永嘉應界坑建個孤兒院，收養農村因病而被拋棄的兒童。現已在籌備，他還希望我們這些城裡人屆時多給些幫助。

「卬你也經常被蘇慧廉牧師事蹟感動。」湯金倉說。

溫州話「卬你」就是「我和你」的意思。

第五節　溫州醫事

他叫白累德

蘇慧廉認為，教會、教育和醫療必須呈三足鼎立之勢。教堂及學堂擴建相繼完成後，發展醫療事業又擺在了眼前。

一八九七年開張的定理醫院已在墨池坊經營了九年，這九年成績不小，共接診七萬餘人次，接待住院病人四千餘人次。隨著教會醫院的名聲鵲起，定理無法滿足日益增多的需求，於是偕我公會決定建造一座新醫院。

新醫院選址大簡巷，一九〇五年二月十八日，蘇慧廉代表偕我會與辜、楊、江三戶簽訂購地契約（圖3.16）。新址占地七畝八分八厘三毫，即四萬九千六百平方英尺。醫院隨後就動工建設。

新醫院取名「溫州白累德醫院」（Blyth Hospital Wenchow），為的是紀念捐款一千六百五十英磅的英國教徒亨利・白累德（Henry Blyth）。一九〇三年冬，蘇慧廉回英探望生病的路熙。他這時已有建新醫院的想法，於是趁在英之際向差會提出了撥款的申請，但總部也短於經費。蘇慧廉遂提出在英國會眾中募捐，亦未獲允。其間，他給一富商寫信，仍未成功。無奈之下，他在倫敦的一家報紙上刊登了篇文章，說溫州急需資金建造醫院。不料，文章見報後的第二天他就收到一位七十歲老者的回函，表示願意捐獻二千五百墨元，並邀面商。這個老人就是白累德，二千五百元在當時不是一筆小數目。

當時正是蘇慧廉要回中國之際，於是在去劍橋與兒子話別的途中，他轉道白氏所在的大雅茅斯市登門道謝。[97]沒想到，就在第二天他倆一起散步海濱時，「白君忽告余曰，此醫院願以一肩任之。乃出荷包中一紙示余曰，某處建造會堂曾助銀若干、某處設立恤孤會、某處設立學堂、某處佈道、某處建造醫局，需助銀若干。近日入項幾不敷出，若能准分數載以出此

| 3.16　大簡巷購地契約。
（溫州博物館提供）

[97] W.E.Soothill, "Dr. W. E. Plummer, " *The Missionary Echo* (1922): 127.

款，則甘盡力以負此任。」蘇慧廉說：「今日造一段，明年築一所，如之何其可？」「既而白君慨然曰，某處有器具等件，其典之，以所得之銀建造該院。苟蒙主恩得保餘年，不難珠還合浦。於是獨捐金一千六百五十鎊，合墨銀一萬六千九百餘元。汽笛一聲，重洋萬里，余乃束裝與慷慨捐施之白雷德君來甌購地興工。」[98]

關於白累德個人的資料，今天已不易尋到，即便是在他捐款的當年，英國偕我公會的檔案中也未見更多的介紹。《聖經》上說：「你施捨的時候，不要叫左手知道右手所作的。」[99]

新醫院由英人基督徒G.W. Bolshaw義務設計。Bolshaw先生為白累德醫院設計的佈局及風格沿襲了倫敦著名的蓋伊醫院（Guy's Hospital）。醫院大樓地基長一百八十四英尺，寬六十英尺，由一幢主樓及東西兩翼組成。主樓三層，底層是教堂兼候診室。東西二翼各是兩層的建築。西翼為男性住院部，東翼為女性病房。由於當時女病人少，所以醫生辦公室、藥房、儲藏間也在東翼一層。除此外，醫院還有若干配套用房。[100]

不論是規模，還是設施，白累德醫院都是當時浙南地區最好的醫院。

白累德醫院建成後，定理醫院即併入。墨池坊的定理舊址則成為日漸擴大的「耶穌聖教藝文小學堂」的新址。藝文小學堂源自李華慶早年創辦的男塾，到一九〇六年時有三百三十四名年齡在七至十五歲的男生。學校有十一個老師，其中六位是秀才。蘇慧廉自豪地說，藝文小學堂是當時全中國最大的小學之一。[101]

---

[98] 劉壹生：〈蘇會牧溫州醫院落成演說文〉，載《通問報》第191期（1906）。據包莅茂The New Wenchow Hospital一文（*The Missionary Echo*, 1906, 171）記載，白累德捐贈金額為1650英鎊，約合17000墨銀。民國溫州詩人楊青（1865-1935）在一則關於白累德的筆記中也持「英金千七圓」說，見《楊青集》（上海：上海社會科學院出版社，2005），第361頁。劉廷芳（字壹生）記載兩千六百五十英鎊應為筆誤，徑改。另據記載，白累德醫院建成，實際耗資兩萬餘元。

[99] 《聖經‧馬太福音》6：3。

[100] W. E. Plummer," The New Wenchow Hospital, " *The Missionary Echo* (1906): 169-170.

[101] Soothill, Our Mission in China, *The Missionary Echo* (1906): 178.

白累德醫院在一九〇六年一月三十日（正月初六）迎來了開業典禮。那天有兩場儀式，上午十時是開院禮拜，在院內的教堂舉行。偕我公會與內地會近兩百位教徒與會。內地會的衡秉鑑牧師、蔣寶仁牧師與偕我公會的謝道培、山邇獵、包菠茂及其中國助手李筱波等一起主持了祈禱。會眾合唱讚美詩《堂成獻主歌》時，蘇慧廉親自司琴。

蘇慧廉以偕我公會溫州教區總監督（General Superintendent）的身分做了主旨報告。他在講話中，特別介紹了募捐過程及白累德先生的捐款，聞者對白氏的慷慨深表敬佩。

下午的開院儀式則是面向社會各界，地方文武官員及士紳共八十餘人受邀參加。其中有溫處道賀元彬[102]、鎮總兵蕭軍門、翰林余朝紳[103]。包菠茂向各位介紹了醫院的建設情況後，蘇慧廉講話：

閣下，請允許我代表教會歡迎各位出席今天下午的新醫院落成典禮。此醫院為醫治病人而建，也是為傳揚上帝真理而建。在《聖經》中，上帝要求我們既去傳揚福音，也去醫治病人。耶穌在世時，在傳揚福音的同時就不斷醫治病人。祂有大能，治病不需藥物，當然我們無祂這樣的能力，如有也就不需建此醫院了。但我們仍要遵守祂的道，用藥物去達成同樣的功效。我們的身體不僅因病痛而虛弱，更因心靈空虛而無力。因此，我們不僅僅為醫治身體而來。醫治身體已很難，醫治心靈尤甚。我們不認為此為輕鬆之事。我們也知道，即便我們盡了全力也不見得成功，但我們相信，依靠神，我們將得其幫助，通過祂的幫助，為周邊有苦難的人盡點綿力。[104]

---

[102] 賀元彬，號芷蘭，湖南人。拔貢生。曾任重慶海關監督、四川川東道台。光緒三十一年（1905）代替程恩培接任溫處道道員，十一月到任。

[103] 余筱泉（1859-1917），名朝紳，別字筱泉，一作筱璿，祖籍樂清，先世遷溫。光緒癸未年（1883）進士。旋為翰林院庶吉士，未散館而歸。曾被舉為溫州府中學堂總理，轉任溫州商會總理。民國後厝永嘉縣自治會議長，復創設溫州甲種商業學校。

[104] Plummer, "The New Wenchow Hospital, "*The Missionary Echo* (1906): 172.

上 ｜ 3.17 白累德醫院大門，門額
　　　為「耶穌聖教醫院」。（The
　　　Kingdom Overseas）
下 ｜ 3.18 白累德醫院主樓。
　　　（TME）

| 3.19　包菈茂。（TME）

　　孫詒讓稱白累德醫院為「西醫局」[105]，不知道這位儒學大師理解的「醫」字，包不包括醫治心靈？

外國包醫生

　　白累德醫院的首任院長是包菈茂（圖3.19）。據蘇慧廉回憶，包菈茂做醫療傳教士之前，在英國馬特洛克（Matlock）曾有份不錯的生意。他不僅是個受人尊敬的醫生，還是名優秀的商人。一九〇〇年蘇慧廉在英國時與他相遇，在蘇的感召下，他毅然結束生意，前往溫州。[106]

　　蘇慧廉說，包醫生「將傳教與治病救人結合在了一起，治癒肉體也醫治心靈，達到了『雙重治癒』。每天，他和他的中國助手都會在男病房中為住院病人祈禱；而在女病房中，我們也高興地看到包菈茂夫人被婦女們圍著（圖3.20），每日為她們講授基督救贖的教義。因此，不管是來看病的還是住院的，其中不少人成了基督徒。在那裡，建立起不止一個教會，對我們及基督徒的反感及偏見慢慢在消融」。[107]據統計，白累德醫院每年的門診流量有一萬到一萬五千人次，其中數千人在醫院裡聆

[105] 孫詒讓：〈家書〉，載《溫州文史資料》第五輯，第179頁。
[106] Soothill, "Dr. W. E. Plummer," *The Missionary Echo* (1922): 127.
[107] Soothill, "Our Mission in China, " *The Missionary Echo* (1906): 179.

聽到福音。

謝福芸記下了包醫生看病的趣事：

當包醫生為人聽診肺部時，病人似乎無法理解這是要幹什麼。他們常常會摒住呼吸，於是醫生說：「呼氣。」然後呢？有的是坐著做打呼嚕狀，有的是發出鼻聲，還有的人則差點一口氣沒有上來。據說有個婦女在被告知要呼氣時，便衝著醫生脖頸和衣領之間用力吹氣。當遭到抱怨後，她輕輕地彎下腰，一口氣吹到了醫生的臉上。

另一個難題就是檢查舌頭了。難的不是看到這個器官，而是勸說病人把這個難以控制的器官收回到嘴巴裡。你真的難以想像，那些堅持把舌頭露在嘴外，與此同時還使勁向醫生解釋他們複雜病症的人看起來有多滑稽。此時，我就會躲到角落裡，努力去控制自己咯咯的笑聲。[108]

中國人就這樣與西醫尷尬相遇。不過，西醫的快速有效，也讓中國人目瞪口呆。

「一代詞宗」夏承燾的老師，時在瑞安執教的張震軒，在宣統元年正月廿六日（一九〇九年二月十六日）的日記中，以軼聞的方式，記錄了包醫生為病人「開膛破肚」的故事：

李君萼甫來談，云前日有吃鴉片煙者四人，上郡請外國包醫生診治，醫士謂三人可以用藥戒斷，唯一人則因病食煙，其臟腑受害不淺，必須解剖。初猶畏難，經包醫士許以保險始允。即引此人入內室，用藥膏貼其額，人即暈去如死，乃剝去衣服，先用藥水抹腹皮，出利刃剖開胸腹，將肝肺臟腑一概取出洗滌，肺肝為煙汁所燻已成黑色，肝內有肉球一塊，即割下棄去。然後將肝臟等一一納入腹中位置完密，始用線紉合腹皮，再用藥水抹上，命人抬此人出外，始將膏藥揭去，而其人已蹶然醒矣。三人問之曰：爾有所苦否？彼應之曰：吾方得甘寢一晌，何苦之有。噫！觀於此而後知西醫之術，洵可繼中

[108] Dorotheal, "Side-lighi on School and Hospital," *The Missionary Echo* (1905): 169.

國華元化（陀）遺蹤者，以視近日之僅讀《湯頭歌》《藥性賦》，懸壺糊口者流，則更判若天淵矣。[109]

　　包院長在溫州工作十四年，一九一四年因病回國。

溫州來鴻

　　二〇〇九年春，我在倫敦大學亞非學院圖書館收藏的循道公會歷史檔案中，找到一封寫於一九〇九年十二月二十四日的信：

DEAR DR. PLUMMER, —

Sang nyie toe ba. Choa Chang Vu shi nyi. Choe Chang Vu shi nyi.

Sie toa Ke nyie Oh teh djah Bing ue, yi tah djah ih kai Sang nyie, zaih ze tu-zi Zang-Ming fu zang. Ah Choa Chang Vu shi Sz-mo ta t`ung-t`ung ge nang, ts`ing nyi de ng Pa moa.

Nyi ge Sang, ng Sin tae ba. Koa toe I yue de z-kue, nang t`ung-t`ung Oh Bing ue, Bing-nang zie Kai nyuch neh. Wha Chue ts`z

| 3.20 包菰茂夫人在醫院主持晨禱會。（TME）

---

[109] 張棡：《張棡日記》（上海：上海社會科學院出版社，2003），第140-141頁。張棡（1860-1942），字震軒，號真俠，晚署真叟，瑞安人。清生員，曾受孫衣言聘為孫氏詒善祠塾主講，又受孫詒讓聘為瑞安中學堂教員。後復執教溫州府中學堂、浙江省立第十師範學校、省立第十中學、甌海公學等。著有《杜隱園詩存》《杜隱園文存》《杜隱園日記》等。

ts`z, yao 1416 nang. Kai nyuch neh yi Chang yoo 1096 nang ba. Ki nyie dza ti Chue ge Bing nang yao 1409 nang ba.

Sa-zang-lao ts`z shi ta ts`z K`ae, zie ze fu t`ung-t`ung ts`z, ts`z yao le iao Chang ge moe Bing ts`z tsz.

K`e moe-bing Ah yao, Kaih lae neh yao lao Kai nang, na de Sae liu, Oh K`e goa ba. Djue-doe neh neh yao Sie Sae tsao le Koa, ng t`ing djah ah yao le nang yoa I yue de tsao Ch`uch, Ah Sie Sang doe li chi, Chao-Chu-Roa-Sae, Ke nyie I yue de yoo tu sie tang K`o Chi, Ah yao tse-ngah tah Ch'i. Noa nyieh Sie, li Pa ng, li Pa liuh, li Pa neh ('oa Shue). Ah yao nang koe doe li.

Kung-whai toa chung Oh Bing ne, Ah Shang 'oa zang, tsing Die da-ling-`ao di foa, yoo ih kai li-Pa-doa Sang Chi ge.

Koa toe Wenchow zie ze ge Kue Chang u ie li Chang Sie, yoo ih whai Iung-ko-yue z tsao Ch`uch, Po ma u ie ge nang ta Ch`ih-ou ie ge nang Boh 6 Rai nang ki. Ziuh Po gi tae goa, Ah Ka Ch`i, Ah neh neh Po gi a `oa Yung-Ko-yue diu mang. `a le nang ts`z ts`z, wha yao tsao Sie-o di foa fu K`a nang Po u ie Choa Ch`i.

Zie ze ng da ko nang z ta duh shi, zinh z ho-`oh ta Kah-tsz, ih kai li-Pa duh 3 neh, yao 3 neh K`e moe Bing ta Bieh z kue.

Wenchow zie ze yao tu Sie nang, tsao k`i tsu Sang ge Ping Ah yao Ping ge kue tsoo li Koe Ch'i.

Roa toe Ts`a-sz-mo, zaih ze k`o Sih Sie, du-o-doa de `oh Sae, o Po nyie fu ga nyie tu.

Ng t`ing djah kao-tung ta Koa-Si lae kai die-foa,  yoo tu Sie teh-kwaih ge Ping z ta, nyi yao t`ing djah fu?

T'ie Sih lae, ng fu tse koa.

Tse Vai,

DZING SUIH MING SI.[110]

這封用溫州方言教會羅馬字撰寫的信，收信人便是包蒞茂

[110] "A Letter from Wenchow to Dr. Plummer," *The Missionary Echo* (1911): 15-16.

醫生,他當時在英國。寫信人Dzing Suih Ming即是鄭叔鳴[111],
包醫生的學生,也是他的助手。鄭叔鳴(圖3.21)是溫州第一代
西醫生,其子鄭求是[112]後接其衣缽,成為溫州名醫。

英國歸來後,我將這封信拿給鄭叔鳴長孫、鄭求是長子鄭
可麟看。鄭求是醫生是我祖母的姐夫,我小時就與他生活在一
座大院子裡。我叫鄭求是爺爺,叫鄭可麟大伯。今年也快八十
歲的可麟大伯對這封信很有興趣,他參考包萠茂的英文譯文,
將此信轉譯回中文。

親愛的包萠茂醫生:

新年到了,我誠心誠意地向你致以節日的祝福。當我們回
想去年上帝給我們的憐憫,又看到新的一年的開端,我從心底
裡感謝上帝。我也要向包師母致意。別的助手也希望你會記得
他們。

你的信已經收到。我很高興告訴你,醫院裡所有的助手和
工人都好。前個月門診病人有一千四百十六人,這個月已經有
一千零九十六人了。今年已經有一千四百零九個住院病人。

我們做了許多例手術,過去兩三天,開了兩個乳腺癌。(這
比去年的報告增加了一百五十人,所以斯莫德醫生工作得極好。)

每天有傳教士來給病人傳道,我聽到有些人在離開醫院時
已改變了他們的信仰。

今年耶誕節,醫院用燈籠和旗幟裝飾得很標致。星期五、
星期六和星期天晚上在醫院的禮拜堂有聚會。

教會是和睦和興旺的,青田大里嶴地方有新的禮拜堂建
成。現在溫州的地方官在鴉片問題上是很嚴厲的,有一天他親
自出去抓了一個鴉片販子和六個吸煙者,打了他們,並關進牢

---

[111] 鄭叔鳴(?-1925),永嘉橋下街東村人。父鄭益勤,早年在上戍開草藥
店,信仰基督教,後舉家遷至溫州城內小簡巷。鄭叔鳴進定理醫院向英
人學醫,為溫州最早一批學習西醫者。據鄭氏後人說,鄭叔鳴曾受知縣
邀請坐官轎到衙門看病。

[112] 鄭求是(1910-1998),溫州人。1925年藝文學堂畢業後進白累德醫院,
隨施德福學醫,後任該院醫師。1949年起擔任副院長直至1985年退休。
曾任藝文小學董事、溫州高級醫事職業學校循道公會指派董事、農工民
主黨溫州市委常委等。

房。每天將他們在衙門前戴木枷示眾。這地方官還到鄉下去，不許任何人栽種罌粟。

現在每週有三個下午做手術，另外三天斯莫德醫生教我們醫學。

近來一些溫州人走出去應徵於現代軍隊，也有軍官到這裡來訓練士兵的。

我聽說有一些法國士兵在中國南方，你有什麼消息嗎？

現在很冷，我就不多寫了。

再見！

鄭叔鳴寫

可麟大伯告訴我，不論是包菾茂院長，還是後來的繼任院長施德福[113]（圖3.22）都很重視培養中國人。白累德醫院先後跟隨外國人學醫的學生共有三批，第一批跟包，後兩批跟施，溫州直接受外國醫生栽培的有戚文樑、章夢三、鄭叔

左 ｜ 3.21 鄭叔鳴。（鄭可麟提供）
右 ｜ 3.22 施德福（倫敦大學提供）

[113] 施德福（Edward Thomas Arnot Stedeford，1885-？），英國人。畢業於愛丁堡大學醫科，1914年由英國偕我公會派遣來溫，任白累德醫院院長。掌院期間，繼續攻研熱帶病學，並獲博士學位。1928年與寧波斐迪中學英籍教師梅甫（M. Fortune）結婚。寓溫近四十年，就兢業業，贏得醫院內外的廣泛尊重和信任。1949年底回國，溫州醫師公會與各界人士盛會歡送，當時有人將其宅旁一弄改稱「施公里」，並立坊紀念。

鳴、鄭濟時、陳梅豪[114]、王子芬、鄭求是、倪執平等十二位中國醫生。

這批當年入院邊工邊讀的年輕人，在解放後成為浙南醫藥界的脊樑。在浙南醫學史上，他們首開國人西醫隊伍之先河。不過，在他們挑起醫院大樑的時候，他們的外國老師被稱作「帝國主義分子」。施德福更被說成是「外國間諜」，潛伏溫州近四十年。

天職

蘇慧廉說包醫生是個大忙人：

每年要接待一萬兩千個門診病人、七百個住院病人；每年還要給四百人施行手術、其中半數要麻醉。同時他每年還要拜訪歐洲的同道四百五十次。他每一分收入都進入醫院基金；一年當中有九個月的時間幾乎天天要給他的十名本地學生和助手上課；每年還被安排出席五百五十次的為病人舉行的禮拜和晚間講座，誰要說我們的包蒞茂醫生懶惰，我們可不答應。[115]

鄭求是這樣回憶他的老師施德福：

英籍醫生施德福在溫州從醫長達三十二年，給溫州人民留下十分深刻的印象。施德福醫生畢業於英國愛丁堡大學醫科，他到溫州後，仍極勤奮，曾獲熱帶病學博士學位。他還喜愛天文，家中置有高倍望遠鏡等儀器，經常觀察天象。解放後，他回國時，有十餘隻木箱存在實業家吳百亨處。一九八四年經有關部門開箱檢查，箱內除一頂蚊帳、兩幅完整的人體骨骼外，其餘全是書籍。其愛學之精神，由此可以想見。他醫術精湛，醫德高尚，待人和藹，工作熱情。凡是與他相處過的人都非常敬重他。

施德福醫生各科病人都看，手術（如白內障、扁桃腺、乳房癌、腸胃吻合、婦科腫瘤等）均做。他每天總是提前五分

---

[114] 陳梅豪（1895-2004），溫州平陽人。1912年藝文學堂畢業後進白累德醫院學醫，後留院任醫師，直至1976年退休。1949年後任副院長，兼婦產科主任，為浙南地區知名度很高的婦產科醫生。
[115] 蘇慧廉：《晚清溫州紀事》，第118頁。

鐘上班，帶領醫生一起查房診病，直忙到十二時後才下班。每年盛夏季節，在溫的外國人都陪同家屬去莫干山、北戴河等地避暑，他卻在醫院照常工作。只在每週六上午出診後去江北大田山度假，週一上午又趕回醫院工作。數十年如一日，始終堅持，從不懈怠。每天下午由他做手術，夜間或假日如遇有緊急手術，則隨叫隨到。他工作認真負責，對病人熱情關懷，遇有貧苦病人，還給予經濟幫助，深得病家的信任和讚揚。原先院內從醫生到工友的領導，以及經濟、藥物的管理，全由他一人負責，後來才派了一位護士長來協助他工作。

舊中國科學落後，傳染病盛行。當霍亂、腦膜炎、鼠疫等病流行的季節，施德福醫生不分日夜地巡診病人；遇有生理鹽水缺乏，就自己動手配製。他在生活上，對自己要求很嚴，雖有吸煙嗜好，都在家裡吸，在辦公室或病房，從來不吸煙。他受聘擔任海港檢疫工作時，溫州海關發給他檢疫費，一回到醫院，全部拿出來充公。有一次，有位工友拿了兩枚釘準備回家釘門，施德福看見後說：「這是醫院的東西，不能隨便拿，你要用，自己花錢買。」從這些小事，也可以看出他嚴於律己和

3.23　1949年5月溫州和平解放，汪起霞（左）、陳梅豪（中）、鄭求是（右）被推選為白累德醫院正副院長，從此開始了國人辦院的新時期。（鄭可麟提供）

一絲不苟的生活作風。[116]

老師的人格春風化雨般影響著他的中國學生。

鄭求是一九二五年藝文學堂畢業後即進入白累德醫院當學徒，直至一九八五年以七十五歲高齡退休。他一生都與這所醫院連在一起。[117] 退休後他仍在家義診，免費接待仰慕其名聲從各地趕來的窮苦病人。同時他還組織幾位基督徒名醫，每月兩次到教會辦的敬老院「安樂之家」義診。

在我的印象裡，他家人經常會在早上打開大門時見到門口有一袋的土特產，或是青蟹，或是山芋，或僅是一袋新米。這是那些接受了免費治療的病人悄悄送來並放在門口的。那條小巷裡的鄰居也知道，這些堆在楊柳巷那扇小木門口的物品就是鄭醫生家的。

這就是醫生與病人的關係。

為朗召拍照

二○○九年七月十日下午，我陪英國循道公會最後一任溫州教區長愛樂德[118]的兒子朗召（Roger Aylott）在溫州的大街小巷尋訪舊時的蹤跡。他小時隨父母在溫州生活過十年，對這片土地很有感情。

---

[116] 蘇虹：〈施德福與白累德醫院〉，載《溫州文史資料》第三輯，第142-143頁。

[117] 據鄭可驎介紹，他家原來住在白累德醫院後面小簡巷18號，那裡有三間樓房一座、平房十間，前後都有花園，共占地1.7969畝，是他父親1947年設計建造的。1954年，因醫院業務發展需要，經協商由院方購買楊柳巷16號的住宅一幢與小簡巷的住宅調換。他父親從醫院發展考慮，積極作家屬工作，且不要求任何經濟補償，使調換工作順利進行。1954年12月11日簽訂交換產權契約，1955年初全家即遷到楊柳巷居住。楊柳巷16號有三間樓房一座、平房六間、灶房二間，占地0.9069畝。兩處住房雖建築面積相差不多，但土地面積只有一半。筆者小時候就與鄭家一起住在楊柳巷16號院子裡。

[118] 愛樂德（W. Roy. Aylott，1906-1997），英國人，循道公會傳教士。1930年來溫，1938年起兩度任溫州教區長，1940年起兼任浙東神學院院長。1950年9月6日離溫返英。六十年代初期，前往馬來西亞沙撈越（Sarawak）傳教，歷十五年。1997年在英國諾里奇（Norwich）去世，享年91歲。妻斐性（Phyllis Marjorie Aylott，1902-1970），曾在溫州白累德醫院任護士長。愛樂德視溫州為第二故鄉，1987年7月31日至8月20日曾攜子重訪溫州。

　　自然要帶他去溫州二醫看看。二醫的前身就是白累德醫院，他的父母參與過這所醫院的建設。可惜的是，經過近一個世紀的風雨，此地幾乎沒留下可供後人憑弔的舊跡。

　　很氣派的住院大樓是剛落成的。樓前有個碑，由現任院長程錦國撰寫的院志提到了洋人辦院的歷史。「定理醫院」青石舊門額也鑲嵌其中。朗召見到舊物很高興，即站在碑前，讓我幫他拍張照片。

　　我端起相機，在取景器裡看見了懸掛在大門口的一條紅色橫幅——「創建無紅包醫院，構建和諧醫患關係」。我請他挪了挪位置，避免這條橫幅留在他的身後。好在朗召不識中文，不知道「紅包」的意思。

第六節　轉折

《中國傳教紀事》

　　白累德醫院開張的那個月，蘇慧廉也迎來四十五歲的生日。自二十二歲來到溫州，他在這片異鄉的土地上已生活了二十三年。這年，除新醫院落成外，蘇慧廉還完成了另一件作品——傳教回憶錄。他在該書〈前言〉自述，此書寫作歷時十八個月，於一九〇六年二月完稿於溫州。

　　這部名為〈中國傳教紀事〉的回憶錄一九〇七年在英國正式出版。一直關注著蘇慧廉及溫州的闞斐迪老牧師，為該書撰寫了篇〈溫州之聲〉的書評：

　　溫州的生活——類似傳教士們在其他地方的真實生活——意味著虔誠的祈禱、奮發的努力、長久的忍耐、以及對主的工作綿延不絕、牢不可破的忠誠。

　　因而，在溫州忠實的工作，對我們所有人而言都彌足珍貴。

　　我堅信，這本書的內在比它美麗的裝幀、引人入勝的插圖及有說服力的敘事風格更偉大、更優秀。[119]

　　蘇慧廉為什麼要在此時推出回憶錄？因為他即要告別溫州，踏上新的征程。在溫州度過了四分之一世紀，他需要給自己做個小結。蘇慧廉離開溫州的原因，路熙是這樣記述的：

　　如果一個人年輕時就身負重任，並且重擔並非一下子落在他身上，而是隨著時間慢慢加重，這對於他身心都是個沉重的負擔。蘇慧廉就是這樣。溫州的事情越來越多，每一年都跳躍增長，但幸運的是，他的處事方式獲得中外同事的一致贊同。在二十五年後，事業的方方面面都獲得發展了。

　　但是蘇慧廉撐不住了。我發現他平躺在樓上寂靜書房的地板上——他不是摔倒了，而是覺得這樣能早點復原。瘧疾讓他眉頭緊皺渾身發抖。

---

[119] Frederick Galpin," A Voice from Wenchow, " *The Missionary Echo* (1907): 97.

他歡息說：「看來要回英國休假幾年。」

一天我們新裝的電報機來了一條訊息，讓我們目瞪口呆。

上面說：「你願意擔任山西國立大學的校長一職嗎？」

我們第一個想法是：我們怎麼可以離開我們熱愛的城市和愛我們的信徒們，他們以自己的犧牲證明了他們信仰的虔誠。[120]

電報是李提摩太發來的，李氏是山西大學堂的創辦人。去太原做校長，還是繼續留在溫州？蘇慧廉面臨選擇。

在偕我公會總部收藏的蘇慧廉於中國其間寫給父母的一批書信中，我找到幾頁斷束。此信的首頁已不見，我只能從謝福芸當年閱讀時隨手寫下的幾行提要中知道它寫於一九○七年一月十一日。在這封寫於溫州的信裡，蘇慧廉與遠在英國的母親商量面臨的抉擇：

你可能已經聽說了國立山西大學堂要聘請我擔任校長的消息。這個聘任讓我自豪，當然我也希望差會能同意我接受此職務。山西是在一九○○年中犧牲傳教士最多的一個省份，不過這種局面現在已被李提摩太博士改變。他認為恐怖事件源於人們的無知，尤其是那些受過教育的士子階層的無知。他推動中國政府在山西成立大學，勸說教會放棄索要遇難者的賠償。啟動大學的經費正是教會本可以獲得的賠償金。最終的成果就是一個月前，二十五名山西大學堂的學生在政府公費支持下來

| 3.25 美國紐約版書名為A Typical Mission in China。

---

[120] 蘇路熙：《樂往中國》，第362-363頁。

到英國，並將在這裡用五年的時間完成學業。這是前進的一大步。我受邀前往的正是這所大學。我也願意去那裡，已有五六位英國人在那裡教書。我不用承擔教學任務，我應做的是去督導他們正確地教學，當然我也要盡自己最大的努力，去吸引並影響當地官僚和士子階層投入到曾使英國走向偉大的啟蒙運動中去。同時作為一個傳教士，我確信，只要有益於基督信仰，就是我們事業的基礎。

因此你想，我可能成為上帝啟蒙一個差不多有兩千萬人口的省份快速邁向天國的工具。大學所在地的太原府是個省會，海拔接近三千英尺，據說非常宜居，和溫州潮濕陰沉的氣候截然相反。從健康角度考慮，我也會喜歡這樣的調換，它會使我和路熙都更加振奮。另一方面，儘管這份工作和我目前所作的有非常大的不同，但對我而言還是適合的。我必須要和當地高官充分接觸，並且要提供他們一種與目前所做的截然不同的精神食糧。這個過程將會充滿不確定，但作為自己的主人，我能夠克服，並在正確的方向上前行。此外，兩地的語言也很不同。那裡說的是官話，中國絕大部分地區都講這種叫做Mandarin的語言。我知道一些，並且能夠在和官員們見面時聊上幾句，但是和我應用自如的英語相比，還是相當貧乏的。不過我還沒有老到無法學習的地步，我想我能掌握它。

當然，如果我接受這一任命並能夠成功開展工作，它將開啟怎樣的局面還難以預測。也許有人會說這並非是傳教工作，但對我而言，如果能夠智慧地開展，這就是大寫的傳教工作。不同於將水逆引上山，這項工作更像是往山下傾水那樣順勢而為。如果士子們一旦能認識到上帝的力量，並接受祂，那我們將在遠東看到一個基督國度，比印度或南歐來得更早。而且如果新教能夠做到這一點，我們就能夠阻止天主教的進入。

當然，差會也可能會拒絕接受。如果是這樣，對我而言也就很有必要正確面對此事，並且努力去思考這到底是不是上帝的呼召。如果是，那麼不管差會說什麼，我都將接受這份邀請。不過我還是希望事情不會變得如此糟糕。我只接受一年的

聘期，這一年教會不必承擔我的薪水和其他費用，大學將承擔這一切。

我寫這封信給你，是想讓你瞭解事情的進展。至於溫州的工作，我想不會因為我的離開而有所耽擱。我還打算在新年其間回來一個月，而不是像往常那樣休假。明年七月我也會再次回來。同時，我和謝道培正在考慮按立四個本地的牧師，給予他們洗禮的權力，這將給他們更多的責任，也許這正是他們獲得提高的東西。我和他們在一起時，他們總會看著我。一年的放權也許能給他們帶來不同凡響的收穫。

如果有人認為我對溫州留戀不多，那他們一定錯了。如果我不惦念那裡的工作，不惦念我第一個孩子出生的地方，不惦念那喜歡程度甚至超過喜歡自己孩子的地方，那恐怕也就沒有人再會惦念它了。正是在這裡，我開始從事差會交辦的工作。這份工作比我的生命重要，過去如是，現在依然如是。

我要說的就是這些了。您怎麼樣？一切都好嗎？[121]

在這封言辭懇切的家書裡，蘇慧廉本人希望能達成山西之行。作為傳教士，他視山西大學堂的教育工作是大寫的傳教工作。

百年傳教大會

一九〇七年是清朝廷宣佈「預備立憲」的第二年，政治體制改革正大刀闊斧。延續了千年的科舉，說廢也就廢了。「新政」的力度，讓這個古老國家的臣民對未來充滿了新的憧憬。但也有些不「和諧」的舉動在各地發生。民變不少，其中被後世重點記錄的有潮州「黃岡起義」與惠州「七女湖起義」。這兩次起義都與革命者孫文有關。那時，已有越來越多的年輕人相信革命，並不惜以生命去實踐「革命要流血才會成功」的信念。一九〇七年被捕殺的革命黨人也不少，其中最著名者有秋瑾與徐錫麟。

---

[121] 此信縮微膠捲藏倫敦大學亞非學院圖書館，GB 0102 WMMS/MMS Biographical Series, Box 638。

對中國的傳教事業而言，一九○七也不是一個平常的年份。整整一百年前，一個叫馬禮遜的英國傳教士踏上了遠東這片土地。為了紀念馬禮遜入華一百年，在華各宗派於一九○七年四月二十五日至五月七日在上海召開第三次全國基督教傳教士大會。[122]這次大會又稱中國百年傳教大會（China Centenary Missionary Conference），有一千一百七十人出席，是中國歷史上規模最大的一次傳教士大會。當時，在華傳教士的總數已達三千八百三十三人，與十七年前第二次大會召開時相比，增加了三倍多。蘇慧廉應參加了這次大會。

　　一九○七年的百年大會不但是對前面十七年傳教工作的總結，在很大程度上也是對過去一百年新教在華傳教事業的回顧。在為期兩週的時間裡，與會代表就中國教會、華人事工、教育、婦女事工、文字出版、祭祖、醫療傳教、睦誼與聯合等十二個話題進行了深入的討論。

　　來自山東的資深傳教士狄考文做了一個《傳教士與民眾問題》的報告。他用相當長的篇幅羅列了傳教士在社會改革、科學教育、出版等方面的貢獻，聲稱傳教士們是「中國的朋友」，而非西方列強的政治工具。狄考文在華幾十年，早已成為「中國通」。他這時已敏銳地認識到，在社會矛盾日益激化、改革與革命相互交錯的動盪局勢下，中國也許會發生什麼。

　　狄考文的演講，激起包括蘇慧廉在內的許多傳教士的共鳴。大會後來就此話題通過一份決議，明確「我們基督新教的傳教士決不為了我們自己或本地信徒抱有任何的政治企圖，我們的傳教事業完全是道德性和精神性的，我們無意以任何方式干擾政府的運作，我們勸誡我們的信徒們要對掌權的順從，事實上，在帝國境內再沒有比中國基督徒更順服的臣民了。」「我們建議所有的傳教士要保持警惕，防止在目前全民族的覺醒當中，教會被以任何方式利用來達到某些革命的目的，防止

---

[122] 前兩屆分別於1877、1890年在上海召開。百年傳教大會內容詳見 *China Centenary Missionary Conference*, Shanghai: Centenary Conference Committee, 1907。

中國基督徒因為無知、思想混亂或盲目狂熱而被誘導做出反對政府的不忠舉動。」大會致中國教會的信中也指出:「近來有些背逆中國政府,並與秘密會社有聯繫的人打著教會的名義出版印行煽動叛亂的書籍。這些人決不能被容許在教會內藏身,基督徒也不得與他們走到一起。一旦官府發現教徒當中有革命黨,就會質疑教會順服的教導,對教會不復信任。」[123]

來自歐美國家的傳教士中,絕大多數人贊成改良,反對革命。蘇慧廉也是這樣的態度。當然,在後來形形色色的民族主義者手中,他們如此的態度成為「無意幫助革命黨人推翻封建王朝」、抵觸「正在孕育著的民主運動和民族革命」的鐵證[124]。

大會其間,蘇慧廉一直與李提摩太在一起。李提摩太是個感染力很強的人,會後蘇慧廉即帶著路熙北上山西。

「在年輕一代的傳教士中,他幫助許多人看清自己教區或支配領域以外的情形,有的是得自和他進行了一場令心靈快樂的談話。」在蘇慧廉後來撰寫的《李提摩太在中國》中,他如此評價李提摩太。[125]這種感受,很可能就來自他自己的經歷。

在李氏傳記中,蘇慧廉也順帶闡述了自己最後決定去山西的原因:「多次親密交往後,我們的友誼更加鞏固。對靈感如此豐富的人,我從來沒有碰到過或與之同住過。和他在一起,就是從日復一日、平凡而瑣碎的工作中解脫出來,站在山巔眺望遠處的風景。我之所以接受山西大學的職位,是因為它對我而言,是寬容的基督教精神的一個具體實例,也來自我對教育的信心。」[126]

溫州功業

一八八三年抵達,一九〇七年離開,蘇慧廉在溫州前後工作了二十五年。

---

[123] 凱文:〈站在世紀的轉捩點上——1907年在華傳教士百年大會初探〉。
[124] 姚民權:《上海基督教史(1843-1949)》,第89-90頁。
[125] 蘇慧廉:《李提摩太在中國》,第2頁。
[126] 同上,第249頁。

從偕我公會的兩份年度報告，可知蘇慧廉的業績。

統計至一八八二年六月的第二十六次年報這樣寫著——溫州：本地傳道人二人、教徒二十六人（比上年增加十五人）、慕道友三人、教堂一座、主日學校一所、主日學學生十人、主日學教師一人。[127]

偕我公會每年出一份統計年報，統計至一九〇八年四月的第五十一次年報最能反映一九〇七年蘇慧廉離開溫州時的情況：傳教士三人、本地傳道人一百七十七名、教徒二千五百五十三人、慕道友六千二百三十二人、教堂十座、其他聚會點一百五十二處、學校三十六所、教師六十四人、學生一千二百五十七人。[128]

二千五百五十三名受洗教徒，再加上六千二百三十二名慕道友，一共八千七百八十五人。這是生命的數字，也是靈魂的數字。正如他在《中國傳教紀事》一書最後所說的：「我們在溫州的傳教團在統計數字上有優勢，在過去的二十五年時間裡，我們收穫了二千二百個領聖餐者，六千個慕道者，加上孩童總數達一萬個靈魂。一個原本生活在黑暗與死亡陰影中的民族，現在上帝永恆之光透過異教徒生命的黑暗與墳墓的陰森淒涼，亮起來了。」[129]

蘇慧廉以他卓越的領導力、務實的工作風格，帶領他親自培養的團隊，在遠離英國的這片土地上終於結出了豐碩的果實。溫州教區也由此成為英國聖道公會在華傳教最成功的兩個地區之一，另一個是以雲南昭通為中心的西南教區，信徒大部分是苗族人。[130]

---

[127] *Twenty-sixth Report of the Home and Foreign Missions of The United Methodist Free Church for the Year Ending June, 1882.*

[128] *The United Methodist Church: Report of the Missions, Home and Foreign, for the Year Ending April, 1908.*

[129] 蘇慧廉：《晚清溫州紀事》，第218頁。

[130] 在雲南昭通等地傳教的是英國美道會（Bible Christians）。美道會1907年與偕我公會等合併為聖道公會。

蘇慧廉儘管不是溫州新教傳播第一人，但無人懷疑，在這座被後世稱為「中國的耶路撒冷」的城市，福音廣布，厥功首推蘇氏。

聖道公會

一九〇七年，已存在了半個世紀的偕我公會與同屬循道宗的另兩個宗派「聖道會」與「美道會」聯合，成立「聖道公會」。這是英國循道宗的第一次聯合。

聯合後的聖道公會擁有教徒十五萬人，其中海外教徒一萬六千人。[131] 溫州的兩千多名教徒應包含在這個數字裡。

一九〇七年，蘇慧廉作為偕我公會最有影響的傳教士之一，應《傳教士回聲》的邀請，撰寫了篇〈循道宗聯盟與我們的使命〉的文章。在該文的最後，他這樣寫道：

我們都滿心歡喜地期待著教派聯盟的美好前景。沒有比親眼見過和親身經歷過分散之苦的傳教士們更願意提供熱情的幫助了。我們將為這從未有過的重聚懇切祈禱。屆時唯一美中不足的可能是，當聯合慶典舉行時，我們城市路的主教堂（City Road Chapel）無法容納所有的傳教士。[132]

一九〇七年，偕我公會與蘇慧廉一起開啟新的一章。

---

[131] 文過偉：《循道衛理入神州》，第14頁。
[132] W.E.Soothill, "Methodist Union and Our Missions," *The Missionary Echo* (1907): 148.

第四章　山之西（1907-1911）

> 最好的東西不是獨來的，
> 它伴了所有的東西同來。
>
> ——泰戈爾

第一節　生命中的貴人

丁則良的明信片

蘇慧廉離溫北上，是應李提摩太的召喚。

二〇〇八年二月初，我曾在孔夫子舊書網上看到一張丁則良手書的明信片[1]（圖4.1）。丁氏乃大陸著名的歷史學家，著有《李提摩太——一個典型的為帝國主義服務的傳教士》一書。在丁氏筆下，李是個帝國主義分子。在今天許多中國人的定勢思維中，這個形象還沒有多大的改觀。

嘉生兄：

來示拜悉。周邵二先生正在著手撰寫中。弟實無合適題目可寫，最近鑑於基督教人士正在開展三自運動，同時檢舉教會中之帝國主義分子，弟曾利用英國秘檔寫一點關於李提摩太在華罪行（如策動李鴻章將中國置於英國保護之下，又如以賠款辦山西大學），已蒙有關方面選為學習材料。弟甚願將過去關於李之文章，重新組織，另行標題為「李提摩太——一個典型的為帝國主義服務的傳教士」，大約可有二萬字至二萬五千字。不知是否合適？望兄指示。

現在三自運動及鎮壓反革命均為首要工作，揭發李之罪行，或不無幫助也。總之，此書如不合適，亦無關係，我們之間無須有絲毫客氣也。

　　祝
　　著安

　　　　　　　　　　　　　　　　　弟　則良拜上
　　　　　　　　　　　　　　　　　　四・七

---

[1] 筆者後在陳曉維的博客（http://blog.sina.com.cn/s/blog_3f51e9190100f1rs.html）中見到此明信片。信上提到的「周邵二先生」應指周一良、邵循正。

　　明信片的收件人是開明書店編輯胡嘉。上面的郵戳較模
糊，無法識讀收發時間，不過，根據內容可知為一九五一年前後
之物，那時丁則良從英國回中國不久。丁則良清華畢業後，曾在
西南聯大、昆明師院、雲南大學任歷史系教授。據說三十年代還
曾受楊振寧父親之聘，教授楊振寧《孟子》。一九四六年，丁則
良赴倫敦大學斯拉夫研究所修俄國史。一九四九年中國革命的成
功，喚起了他的熱情。該年秋冬之際，他毅然放棄了國外優厚的
條件回國報效，在東北人民大學和清華大學任歷史教授。

　　這張明信片透露了他寫作該書的意圖，而這些初衷或目
的，構成了當時的時代背景。胡嘉顯然是接受了這本書的計劃，
《李提摩太——一個典型的為帝國主義服務的傳教士》作為「抗
美援朝知識叢刊」之一於一九五一年十一月由開明書店出版。

　　為什麼單選擇李提摩太這樣一個人，作為控訴的對象呢？
原因是李提摩太是一個典型的帝國主義分子。他從清末到民
初，在中國住了四十五年。在這將近半個世紀的期間裡，帝國
主義對中國的侵略愈來愈凶，中國人民所受的災難愈來愈嚴
重，而他卻由一個傳教士，變成為朝野矚目的「紅人」。在清
末的政治舞台上，他扮演了一個不大不小的角色。皇帝曉得
他，王公大臣恭維他，文人學者聯絡他，至於帝國主義者，更
是器重他。他擺出來的面孔很多：慈善家，教育家，科學家，

報館主筆，熱愛中國的「西士」。實際上，他是一個徹頭徹尾的帝國主義分子，一心一意要滅亡中國，使中國陷於萬劫不復的境地。他這一副偽善的面孔，必須予以拆穿，他的罪行，必須在中國人民的面前，揭發出來。在一部帝國主義侵華史中，還有很多類似李提摩太的人物，有待我們的檢舉與審判。讓我們首先來看看所謂「冀中國日興月盛」的李提摩太，究竟幹了一些什麼樣的陰險毒辣的勾當。

這是丁則良為《李提摩太》一書所寫的引言。

作為一個為現實與政治服務的歷史學家，丁則良自己很快就嘗到了現實與政治的慘烈，並為之付出生命的代價——一九五七年，「右派」丁則良自沉於北大未名湖中。

文化傳教

丁則良筆下心懷叵測的帝國主義分子李提摩太，在西方人及李氏生活年代的中國人眼中，又是個怎樣的形象？

與李提摩太有著幾十年友誼的蘇慧廉說：「在中國每個省、市、鄉、鎮的人對李提摩太這名字，都耳熟能詳，李提摩太在他們心中是眾望所歸的。從沒有一個來華的外國人、教士和平信徒的名字，像李提摩太那樣為人所知，由位居龍座的皇帝到坐在木凳的鄉村學子，都稱讚李提摩太的文章，欣賞他對中國的愛心。」[2]

英國駐華公使中任期最長的朱邇典[3]在為蘇慧廉的李提摩太傳記撰寫序言時說：「李提摩太在中國活動長達四十餘年，是一位傑出的人物，贏得了中國人民的敬仰和尊重。這種尊敬的程度只有極少數外國人曾經得到。」[4]

---

[2] 蘇慧廉：《李提摩太》，引言，第1頁。

[3] 朱邇典（John Newell Jordan，1852-1925），亦譯朱爾典，英國人。生於愛爾蘭，1876年來華，先在北京領事館任見習翻譯員，1888年升為北京公使館館員，1891年成為中文書記長。1896年出任漢城總領事，1898年升為駐華代理公使，1906年繼薩道義為駐華公使。1920年退休之後，曾出席華盛頓會議。

[4] 蘇慧廉：《李提摩太在中國》，序。

曾編撰《中國百科全書》（*The Encyclopaedia Sinica*）的英國漢學家庫壽齡[5]稱讚李氏：「在中國的十八個省中，我們可能找不出一個曾經被你傷害過的人。的確如此，知你最深的人，愛你也最深。」[6]

李提摩太一八四五年出生於英國威爾士（Wales）南部一個叫卡馬郡（Caermarthenshire）的地方。蘇慧廉說他的身上體現了威爾士民族精神——「富有想像又注重實際，熱情洋溢而又有自製力，篤信耶教而又寬宏大量，來自一個鄉村小教堂卻又是一個徹底的基督徒。」[7]

像很多新教傳教士一樣，李提摩太出身貧寒。他的父母有九個孩子，他是最小的一個。十五歲那年他信了基督教，不久後便對海外傳教發生興趣。哈弗福德韋斯特神學院（Haverfordwest Theological College）畢業後，受英國浸禮會委派，於一八六九年奔赴中國。他選擇到中國傳教，「因為中國人是非基督徒中文明程度最高的民族，當他們轉化過來後，有助於向欠開化的周邊民族傳播福音」。[8]

李提摩太初在山東傳教，一八七六年因山西大旱，轉赴太原、晉南賑災。初在中國的十餘年，他像傳統的傳教士一樣，傳揚福音，勸人皈依上帝，但收效甚微。據說他與他的同事在山西十三年也僅發展了約三十名教徒。[9]

李氏事業的轉折發生在一八八七年，那年他離晉北上從事文字工作。一八九〇年任天津《時報》主筆。一八九一年到上海同文書會任總辦，次年該會更名為後來廣為人知的「廣學會」（The Christian Literature Society for China）。廣學會辦有

5　庫壽齡（Samuel Couling，1859-1922），英國傳教士，漢學家。1884年來華，在山東青州傳教、辦學。1905年赴上海，任亞洲文會名譽幹事及編輯。1917年出版《中國百科全書》。獲1918年度儒蓮獎。死於上海。
6　蘇慧廉：《李提摩太在中國》，第304頁。
7　同上，第5頁。
8　李提摩太：《親歷晚清四十五年——李提摩太在華回憶錄》，李憲堂、侯林莉譯（天津：天津人民出版社，2005），第12-13頁。
9　沙百里：《中國基督徒史》（北京：中國社會科學出版社，1998），第261頁。

《萬國公報》等影響較大的報紙，並出版書籍一百三十餘種，在晚清乃至民國，對中國人瞭解世界起到了舉足輕重的作用。中國人也是通過李提摩太及《萬國公報》，第一次知道馬克思、《資本論》與社會主義。[10] 只是他當時沒想到，被他譯稱為「馬克思」的大鬍子及其追隨者後來掀起的思潮，如蘑菇雲般的力量淹沒了他的聲名。

在當時數以千計的外來傳教士中，李提摩太暴得大名，與他大力辦報、辦雜誌這些文化傳播作為有關。他堅定地認為，是為社會福音，並只有這樣才能改變中國。

李提摩太在其口述自傳中這樣寫道：

就像四十五年前我發現的那樣，在中國的傳教士所面臨的問題，不僅是如何拯救占人類四分之一的人的靈魂，而且還包括如何在年均四百萬的死亡率下拯救他們的肉體，以及如何解放他們那比婦女的裹足更扭曲的心智——從一種延續了無數個世紀的哲學和習俗的統治之下解放他們的心智，而正是那種哲學和習俗使他們陷入了聽憑任何可能傷害它的民族擺佈的窘境。但是，如果這個民族從無知和惡習的禁錮下獲得自由，並且沐浴到科學的、工業的、宗教的教育之光，它就可能成為這個地球上最強大的民族之一。[11]

學術界把李提摩太這種傳教方法稱為「文化傳教」，以區別與以戴德生為代表的傳統福音傳教。傳教士由此分為自由派和基要派兩大陣營。[12]

李提摩太經幾年文化傳教實踐後，更進一步認為「從官紳入手，是自上而下，感力及人，或更容易。比如水自上下流，較比水上流，為勢自順，所以決定要先引導上等人入道」[13]。

---

[10] 在中國最早提到馬克思及《資本論》的，是發表在1899年4月《萬國公報》第一百三十二卷上的〈相爭相進之理〉一文，該文由李提摩太和蔡爾康合寫。另有一說是1899年2-5月，李提摩太在《萬國公報》上發表用中文節譯的英國社會學家頡德著作《社會的進化》，譯名為《大同學》。

[11] 李提摩太：《親歷晚清四十五年》，序言。

[12] 參姚西伊：《為真道爭辯——在華基督教新教傳教士基要主義運動（1920-1937）》（香港：宣道出版社，2008）。

[13] 蘇特爾：《國外佈道英雄集（第六冊）——李提摩太傳》，梅益盛、周雲路譯述（上海：廣學會，1924），第34頁。

他結交的士紳很廣，其中有李鴻章、張之洞、曾國荃、左宗棠、康有為、梁啟超等。張之洞曾撥款一千兩資助廣學會，梁啟超自薦擔任他的中文秘書。

　　蘇慧廉後來為李提摩太寫傳時，仔細考察過他的思想淵源。他認為李氏此想法，其實是受蘇格蘭長老會牧師愛德華‧歐文[14]的啟發，「最好的傳教方法是去拜訪思想和文化上的領軍人物」。[15] 有資料顯示，丁則良是讀過蘇慧廉這本傳記的，但不知為何，在他的筆下，李氏結交官紳成為他「巴結官府」、「搜集情報，使得英帝國主義在中國的外交官、特務分子更加賞識他的能力」[16]的證據。

左 ｜ 4.2　穿中國服的李提
摩太夫婦。（Forty-
five Years in China）

右 ｜ 4.3　廣學會版《李提
摩太傳》封面。（上
海圖書館藏本）

---

[14] 愛德華‧歐文（Edward Irving，1792-1834），蘇格蘭長老會牧師，倡使徒公教會。

[15] 蘇慧廉：《李提摩太在中國》，第65頁。

[16] 丁則良：《李提摩太——一個典型的為帝國主義服務的傳教士》（北京：開明書店，1951），第8頁。

亦師亦友

考察蘇慧廉的傳教方法，可明顯看出李提摩太對他的影響。這種影響，自一八八四年兩人的第一次見面就開始了。

一八八四年秋天，蘇慧廉因甲申教案避難上海。已在華工作了十五年的李提摩太要回英國述職，他帶著家人也由天津來到了上海。「就是在上海，我和我妻子第一次有幸見到他們，這次會面令人永生難忘。」蘇慧廉說。[17]

「他天生就是領袖」，「他有著從每個人的身上找到善的訣竅」，[18]「他一直都試圖得出這樣一個推論，要始終相信每個人都有最好的一面，而這實際上正是教育的首要因素」。[19]蘇慧廉對這位年長自己十六歲的前輩一直推崇備至。他甚至認為，在所有赴華的傳教士光榮榜中，「後世子孫還可以考慮自馬禮遜之後，將李提摩太排在所有其他人的前面」。[20]

蘇慧廉與李提摩太保持了終身的友誼。一九一九年李提摩太去世，蘇著手為他立傳。他認為，這個人曾為亂世人心開路。

蘇慧廉為這本名為*Timothy Richard of China*的書配了個很長的副題——「先知、政治家、傳教士和中國人未曾有過的最無私顧問」（Seer, Statesman, Missionary & the Most Disinterested Adviser the Chinese Ever Had），這個副標題表達了他對這位亦師亦友的同道的敬仰與理解。這是關於李氏最早的一本傳記，也是迄今為止最權威的一本傳記。

此書一九二四年於英國倫敦出版，中文譯本當年九月便由廣學會在上海出版。二〇〇七年十二月，該書的中譯本《李提摩太在中國》作為廣西師範大學出版社「基督教傳教士傳記叢書」的一種終於再次在大陸出版。

---

[17] 蘇慧廉：《李提摩太在中國》，第138頁。
[18] 同上，第2頁。
[19] 同上，第8頁。
[20] 同上，第1頁。

第二節　山西教案

蘇慧廉赴任的山西大學堂，其創立源於一九○○年七月發生在太原的一場驚天血案。血案發生時，李提摩太與蘇慧廉都不在中國。

「在橫濱登陸十分鐘後，我就從報上瞭解到了山東的傳教士九死一生的詳情。聽到直隸首發的動亂正在向其他省份蔓延的消息，我感到震驚。」李提摩太在回憶錄中這樣記述。[21]於是他在神戶便給英國駐上海總領事發了一封電報，轉請時任英國首相的沙士比雷（Salisbury）爵士電告中國各省的總督和巡撫，確認督撫各人對英國臣民的安全負有責任。李提摩太抵達上海後，《晨報》已登載路透社的電訊，大意是英國首相已照會倫敦的中國駐英公使，聲明英國政府認為中國各省的督撫對各自轄區內的英國臣民的安全負有責任。

李提摩太在陝西及山西待過多年，對這兩省有特別的感情，於是他立即把路透社的電訊稿通過電報發給了西安和太原的傳教士。因為他知道，那時所有發給外國人的電報都必定先交給各省的督撫過目，這等於是以變相的方式照會這些大人。

但這封電報，對太原而言，來得太遲了。就在電報到達前的幾個小時，山西巡撫、被外媒視為「中國的尼祿[22]」的毓賢已對外國人大開殺戒。他對傳教士假稱兵力不足，無法在各縣為他們提供保護。全省傳教士於是被集中到省城太原，然而等待他們的卻是集體屠殺。

滴血的記錄

山西教案發生時，蘇慧廉正在英國休假。但他在後來出版的《中國溫州，1900》一書中，詳細記錄了一位親歷者對他的口述：[23]

---

[21] 李提摩太：《親歷晚清四十五年》，第278頁。

[22] 尼祿（Nero Claudius Caesar Augustus Germanicus，37-68），古羅馬帝國皇帝，西元54-68年在位。通常被列為古羅馬的暴君之一。

[23] 本節之懌程回憶均出自W.E.Soothill, *Wenchow,China, 1900*, 1-5。文中親歷者名為 Yung Cheng，暫譯為懌程。文中部分地名暫未考出，沿用原文。

我叫惲程，是浸信會的一員，一年半以前受洗於法爾定[24]牧師。在大屠殺慘劇發生之前，我染疾在身，一直居住在太原府浸信會傳教使團基地接受治療，暇餘研習《聖經》。當葉守真[25]醫生開辦的醫院被夷為平地後，我便於六月二十八日回到了家鄉。我是從Lou-pu回到城區，七月八號到達太原東南方向十里外的T'ie-ts'un村。大約下午三點，我在路上遇見了來自壽陽的畢翰道[26]牧師，隨同的有他夫人和兒子，以及一位紳士魯教士（John Robinson）和另一位女士鐸教士（Mary E. Duval），還有兩個小女孩[27]。他們被安置在兩輛馬車裡。在一家飯店前，馬車停了下來，押送的官兵（我只看見七八位）給他們買了些食物。車上兩位先生戴著手銬，畢翰道夫人餵給丈夫一些小燒餅和麵（一種粗製麵條）。魯教士則自己進食，但只吃了少許燒餅。畢牧師認出了我，並向我打聽太原府是否還有牧師。我告訴他所有牧師都被帶往靠近衙門的豬頭巷。在別人歇腳休息時，畢牧師和魯教士卻在為身邊的人禱告。人們驚奇地問：「你都要因禱告而被殺，為什麼還要繼續禱告？」就在那天夜晚，他們七人都被關進縣衙。

　　翌日，在縣衙邊的街道上見到一群人圍成一堆，於是我也跟上去看個究竟。我發現圍在中間的正是一群外國牧師和他們的妻兒，還有一些是羅馬天主教神父和修女，以及一些基督徒。我聽圍觀的人說他們即將被處死。我極力想擠出人群，但怎麼也擠不出去，因此也就只能待在那裡，眼睜睜地看著一群外國人遭到殺害。第一個被處死的是法爾定牧師，他妻子緊緊抱著他。他將妻子輕輕推開，然後走到一隊士兵面前，跪在地

並期有識者指教。

[24] 法爾定（George B. Farthing，1859-1900），英國浸禮會傳教士，1886年赴華。夫婦及三個孩子在此次教案中共同遇難。

[25] 葉守真（E. Henry Edward），內地會醫療傳教士，1882年抵華，先後在雲南、山西傳教，在太原建立賜醫生紀念醫院。

[26] 畢翰道（Thomas Wellesley Pigoot，1847-1900），英國人，畢業於都柏林三一大學。1879年以自費傳教士的身分抵達中國，為內地會滿蒙宣教史上的先鋒。曾任內地會山西省監督。1892年在山西壽陽建立壽陽宣教會。

[27] 指艾恩婷（Ernestine Atwater）與艾瑪麗（Mary Atwater），汾州公理會艾（E. R. Atwater）牧師的兩個女兒，均被殺於此次教案。

上，隻字未言。一瞬間頭落於劊子手刀下。

　　緊接著遭處死的是胡德理[28]、佩鴻恩[29]兩牧師及羅維特[30]醫生與衛理森[31]醫生，劊子手一一將他們砍首。隨後，毓賢顯得有點不耐煩，他命令身邊護衛，用他們手上的長把大刀一起參與屠殺。隨後被斬首的是鐸[32]牧師、席[33]牧師和懷德豪[34]。懷德豪命喪一刀，鐸牧師和席牧師則挨了好幾刀。男人殺完了，隨後便是婦女。法爾定夫人死死抓著自己孩子的手，小孩也緊緊抱著媽媽，但官兵將他們強行拉開，然後一刀向母親揮去。劊子手很快也處決完所有的小孩，手法可謂嫻熟至極，一刀皆準。官兵似乎要顯得笨拙不少，其中一些婦女挨了幾刀才斃命。羅維特醫生的夫人臨死仍戴著眼鏡，牽著自己的小孩。我依稀記得她對圍觀人群這樣怒吼道：「我們來此皆為傳播基督福音，拯救世人。我們從來都行善，為什麼要這樣對我們？」其中一個官兵取下她的眼鏡，隨即給了她兩刀。

　　法爾定牧師一家，是本次教案中遇難的最大一個家庭，除夫婦外，還有兒子葛愛（Guy）、女兒羅思（Ruth）和伊莉莎

---

[28] 胡德理（Alexander Hoddle），英國人，內地會傳教士，1887年抵華。1894年離開內地會，成為自由傳教士，1895年到太原傳教。庚子教案中遇難。

[29] 佩鴻恩（W. T. Beynon，1860-1900），英國人，1885年加入內地會，並於同年抵達中國。1892年轉入美國公理會，1895年接受大英聖書公會聘請，為山西省區域代理人。夫婦及三個孩子在此次教案中共同遇難。

[30] 羅維特（Arnold E. Lovitt，1869-1900），英國人，壽陽宣教會醫生，夫婦及一個孩子在此次教案中共同遇難。

[31] 衛理森（William Millar Wilson），英國人，1891年以自費傳教士身分抵華，從事醫療工作。1893年加入內地會，與夫人克莉絲汀（Christine Wilson）和幼子亞力山大（Alexander）在此次教案中共同遇難。教案後，衛理森的弟弟羅拔（Robert Wilson）以德報怨，捐贈一大筆款項，在山西平陽（今臨汾）興建了「衛醫生紀念醫院」（Wilson Memorial Hospital），服務當地民眾，並紀念兄長。該醫院中文名「善勝醫院」，意為「以善勝惡」。

[32] 鐸牧師（George W. Stokes，1863-1900），英國人。曾是畫家，1891年加入內地會，次年抵華。夫婦共同遇難於本教案。

[33] 席牧師（James Simpson），1887年夫婦共同加入內地會，次年同抵中國。1896年加入壽陽宣教會。夫婦在本次教案中一起遇難。

[34] 懷德豪（Silvester Frank Whitehouse，1867-1900），曾任戴德生秘書。英國浸禮會傳教士，夫婦在本次教案中一起遇難。

白（Elisabeth）。在生命的最後一刻，法爾定夫人緊緊握住的是六隻小手。據說毓賢極其殘忍，當著母親的面，將她們孩子的腦袋砍下來，然後再把女教士處死。

蘇慧廉繼續寫下惲程的見聞：

基督徒遭斬首後，被拉上前的是天主教徒。主教年事已高，鬍鬚皆已斑白，他質問毓賢為何要做如此傷天害理之事。我沒聽見巡撫作出任何回應，而是當即抽出佩劍橫著向主教臉部狠狠劈去，鮮血濺滿主教斑白的鬍鬚，主教就這樣慘遭斬首。隨後，神父和修女們也挨個遭處決。

這位被毓賢揮劍斬首的主教叫艾士奇[35]。艾氏一八六〇年底到達中國，先後在山東、山西傳教。一八七六年華北五省發生大饑荒，他與李提摩太一起賑濟災民。艾士奇在天主教徒中有極高的威望，一九四六年被教宗比約十二世宣為真福，2000年被教宗若望保祿二世冊封為聖人。與艾士奇同時被斬首的還有副主教富格辣[36]。

之後官兵從緊閉的大牢裡牽出畢翰道牧師和他的同伴，畢牧師與魯教士仍然戴著手鐐。畢牧師在臨死那一刻仍然在為別人不斷禱告。魯教士視死如歸，鎮定自若。畢牧師夫人臨死時牽著兒子的手，不過小孩子也隨後被殺。剩下的那位女士和兩個小女孩一會兒也被處決。那天總共有五十五名外國人遭斬首，其中三十五名基督徒，餘下二十名是羅馬天主教徒。同時遇害的還有一些當地基督徒，我沒全見到他們，不過有人告訴我有十三名之多。由於屠殺一直延續到傍晚，死難者的屍體因此被遺棄在原地直到第二天清晨。當晚，他們身上的衣物及戒指、手錶等被洗劫一空，第二天屍體被移往南門內。

---

[35] 艾士傑（Gregorius Grassi，1833-1900），1833年生於義大利，1848年入方濟各會（OFM），改名額我略。入會後八年晉升神甫。1860年到達中國，1876年升為山西教區副主教，1891年擔任山西北坼教區主教。管理山西教務二十五年，擴建了大小修道院，建造了大小教堂六十餘座。1900年7月9日遇難。

[36] 富格辣（Francescus Fogolla，1839-1900），義大利人。方濟各會山西北境教區副主教。

外國人臨死時表現出來的鎮定自若讓我們震驚，遇難者中除了兩三個小孩外，沒有一個人哭泣與吶喊。

何超

在太原，目睹這一慘劇的還有個叫何超[37]的中國人。這個矮小，還長著麻子的男人是其中一戶被殺戮的英國家庭的廚子。當他的男女主人及八歲的孩子被官兵帶走時，他拿著平底鍋，叮叮噹噹地敲著跟在後面，不離不棄。

「回去！」被逮捕者裡面的一個白人對何超喊：「你不需要跟著我們去送死，何超！我們把你解雇了。我們就要死了，你回家去！免得他們也抓你。」

但是這個長著麻子的矮小男人說：「噢，他們是不會害一個像我這樣無足輕重的小人物。沒有我，誰給在監獄裡面的你們買菜送飯？」

「沒有什麼能阻止何超跟著他們。對於那些不幸蒙受厄運的外國人而言，何超也是一個很好的安慰者。可能他覺得大家既然相信自己，自己就不能眼睜睜看著他們去死。」謝福芸後來這樣評價。

蘇慧廉一家到太原後就雇傭了這個忠誠並勇敢的廚子。不過，何超除了忠誠與勇敢，好像別無是處。

山西的土地是戈壁上的塵土聚成的，滿是灰塵，但即使是在這麼髒的環境裡，何超還能顯得更髒，簡直不可思議。……當我們吩咐他把衣服煮煮，弄得乾淨點，他肯定會把衣服弄得比以前更髒更油，這可能是因為他一直使用煤油燈的緣故吧。何超甚至不是一個好的廚師，而中國廚師一般都是挺好的。一段時間後，我們覺得簡直無法忍受，便想趕走他。我們叫何超來，在等待他到來的時間裡，我們會內疚地看著彼此。而當這個矮小還長著麻子、把一件乾淨的圍裙繫在皺巴巴的外套上的男人最終滑進來，害羞地笑著的時候，我母親就會充滿歉意地

---

[37] 原文為Ho Chiao，按威妥瑪拼音暫譯為何超。

掃我們一眼，清清自己的嗓子，給他下一些無關緊要的指示。然後，當他就要離開時，她才會突然想起似地給他一些溫和的責備，督促他以後把自己弄得乾淨一點。

......

當何超高高興興、毫無猜疑地回廚房去時，我母親就會看著我們並祈禱他能夠把碗給洗了，這樣也就沒事了。我父親明確對母親表態，如果她解雇了何超，他就要和她離婚，雖然五分鐘之前父親還是抱怨得最厲害的一個。[38]

從太原到山西

後據統計，當天有五十九人遇害，計新教三十三人、天主教二十六人。這一天是一九〇〇年七月九日，農曆六月十三日。除太原外，省內各地多有屠殺發生。山西是各省中死人最多的一個省。

有研究者認為，給毓賢下達殺絕洋人密令的是慈禧太后，只是後來風向大轉，太后又密令銷毀了庚子拳亂中與她有關的文件，並讓毓賢做了替罪羊。慈禧在那一年，短短的幾個月間，態度發生兩次一百八十度的轉彎。一是對義和團的態度，從剿到撫；二是對列國的態度，從戰到媚。

以後的歷史我們都知道了，只是名稱與說法不一：

一九〇〇年七月二十一日，八國聯軍抵達北京的凌晨，慈禧帶著光緒帝「西狩」，經張家口、大同、忻州、太原逃至西安。出逃前，慈禧已知道後果，她急調已被貶的李鴻章上京，任直隸總督兼議和全權代表。不過，次年春，八國聯軍一路下正定、井徑，直迫娘子關；二路趨龍泉關，進迫五台；三路佔領紫荊關，進迫平型關。清廷害怕聯軍會開進山西，惶恐萬分之際，有人想起了李提摩太。

---

[38] Hosie, *Two Gentlemen of China*, 27-28.

第三節　山西大學堂

共贏

　　山西巡撫岑春煊[39]給李提摩太的電報中有這樣一句話——「晉人皆信閣下為人正直。」岑春煊也是臨危受命，他知道，能救這盤危局的也許只有這個洋人。

　　李提摩太后來給出的對策便是《上李傅相辦理山西教案章程》。一九〇一年五月二十九日，他將這個方案面交李鴻章。這篇章程今天還可見，通讀之後，可見李氏的良苦用心。他語態謙遜，字句間亦無蠻橫無理之辭。此章程共七條，其中第一、二條這樣寫道：

　　一、各府州縣殺害教民甚多，本當按律正法。但太知此輩受官指使，又受拳匪迷惑，不忍一一牽累。為各府起見，首匪當懲辦一人以示警。若晉撫果能剴切曉諭，使彼等痛改前非，敝教亦將匪首從寬追究。

　　二、晉省地方紳民脅從傷害教民之人，雖寬其死罪，卻不得推言無過。凡損失教民財產，罰其照數賠還，並無依之父母孤兒寡婦，必有事奉養。[40]

　　山西被殺外國傳教士眾多，第五條希望：耶穌教五會中人有殺盡者，亦有回國者，不能一時來華。俟外國再派教士來華時，晉省官紳士庶當以禮相待，賠認不是。

　　當時處理教案，無外乎賠償鉅款並處理有責任的官員和義和團的首領。但李提摩太認為，傳教士生命可貴，非金錢可以抵償，所以不會以金錢出售他們的生命。他也明白，官府的巨額賠償一定會轉嫁到當地百姓的頭上，而這又進一步增加了仇恨。於是，就賠償問題，李氏提出如下建議：

---

[39] 岑春煊（1861-1933），字雲階，廣西西林人，岑毓英之子。1900年率兵「勤王」有功，授陝西巡撫，後調任山西巡撫。歷任兩廣總督、雲貴總督、郵傳部尚書，為晚清重臣。

[40] 甘韓：《皇朝經世文新編續集》，卷十九。

共罰全省銀五十萬兩，每年交出銀五萬兩，以十年為限。但此罰款不歸西人，亦不歸教民，專為開導晉省人民知識，設立學堂，教育有用之學，使官紳庶子學習，不再受迷惑。選中西有學問者各一人總管其事。

李提摩太自言：「在太原建立一所西式的大學，以克服人們的無知和迷信——這種無知和迷信正是導致對外國人屠殺的主要原因。」[41]

李提摩太提交的這個共贏方案，蘇慧廉評價甚高，認為是一個慷慨而偉大的提議，並且只有像李氏這樣經驗豐富與具遠見卓識的人才能提出來，因為「在這個計劃中沒有甚麼東西會拿掉，反而會帶來更大的價值」。[42]

有遠見的李鴻章馬上同意了李提摩太的方案。當年十一月，中外雙方代表草擬了合同草案八條，其主要內容是：山西籌銀五十萬兩，分期交付李提摩太，開辦「中西大學堂」。十年以內學堂課程及延聘教習、考選學生，均由李提摩太主持。十年期滿，學堂房屋及一切書籍儀器，概交晉省，並不估價。

兩條路線的鬥爭

不過，李提摩太的雙贏方案，並不是人人都能理解。即便是向李提摩太發出邀請的岑春煊，也認為「目前山西民窮財盡，拿不出那麼多的銀兩用以籌備大學」。後來，由於李提摩太自上海「疊次催促，函電往返」，岑春煊不得不於一九〇一年九月令洋務局提調候補知州周之鑲赴上海面議開辦事宜。

周之鑲抵達上海後提出的四個談判條件，看似宏大，卻與教育實質無關。一、晉省所出五十萬兩銀不稱罰款；二、西籍教師在校內不得宣揚耶教；三、學堂不得與教會發生關係；四、西籍教師不得干預學堂行政。岑春煊特別叮囑周之鑲「訂課程、聘教習、選學生，均由彼主政，未免侵我教育主權」，

---

41 李提摩太：《親歷晚清四十五年》，第282頁。
42 蘇慧廉：《李提摩太》，第245頁。

| 4.4　山西巡撫衙門口。（《莫里循眼
裡的近代中國》）

因此要「極力磋磨」。李提摩太對罰款稱什麼並不在乎，但他
堅持認為，如不讓西人主持學校，今所辦學堂與昔日之書院有
何相異？後來周之鑲也贊同了這點，他反過來電覆岑春煊，稱
李提摩太並無侵權之意。若無此條，則學堂不能按西方近代模
式辦理。若不簽署合同，恐有商談破裂之後果。岑春煊考慮到
「彼時和議甫成，時局尚未大定，晉省耶穌教案極巨，若與決
裂，必致收束為難」，於是「與司道等再四籌商，僉以宜委曲
求全」。最終，同意周、李所訂之合同。岑春煊此時的真實思
想是「實以迅了巨案為中心，並非真冀收育才之效也」。[43]

　　當年十一月，周之鑲代表山西當局，李提摩太代表基督教
山西各教會正式在《中西大學堂合同八條》上簽字。[44]

　　合同終於簽訂了，外國人認為塵埃落定，但在中國人看
來，這僅是一張紙而已。

---

[43] 王李金：《中國近代大學創立和發展的路徑——從山西大學堂到山西大
　　學（1902-1937）的考察》（北京：人民出版社，2007），第57頁。
[44] 《中西大學堂合同八條》原文詳見《山西大學百年紀事》，第4頁。

無獨有偶，一九〇一年九月十四日（光緒二十七年八月二日）清政府頒佈「除京師大學堂切實整頓外，各省於省城均設大學堂」的上渝。[45] 一直擔心外人「侵我教育主權」的岑春煊得到這一令箭，便迅速行動起來。他一邊叫周之鑲在上海談判，一邊在山西本地加緊改造書院，擬搶先一步創辦山西大學堂。山西大學堂與李提摩太要辦的中西大學堂，校名雖僅一字之差，但辦學模式及教學內容實質差異很大。但山西大學堂的籌備工作進展很快，經皇帝奏准，一九〇二年五月八日（光緒二十八年四月初一）便可正式開學。

　　山西本地的這些行動，當時遠在上海的李提摩太並不知曉。當他一九〇二年四月三十日帶著中外教習一行抵達太原府後，才發覺情況嚴重。他在回憶錄中寫道：「到太原後，我們發現有人正在大張旗鼓地籌備一所官立大學，與我負責籌建的大學很相似，並且被置於一位排外的政府官員的控制之下，那人曾千方百計反對建立西式教育的大學。他曾經去歐洲旅遊，寫了一本遊記，對他所看到的一切好的事務極盡詆毀之能事。」[46]

　　考慮到在同一個城市建立兩所競爭性的學校在實踐上並不可行，李提摩太與岑春煊交涉。

　　岑春煊說，兩所大學可以成為良性的競爭對手，你們外國人不是提倡公平的競爭嗎？李提摩太雖然贊成學堂競爭、傳教士競爭，但並不贊成一個城市裡的大學間競爭。他認為，如開辦兩所大學堂，既浪費經費，又將使中外不和，而終止中外不和，正是創辦中西大學堂的目的所在。為什麼不把兩者歸併為一所山西大學堂，一部專教中學，一部專教西學呢？「這種人力的分配更為高效，因為它不需要兩套教授班子、兩套教學設施。」[47]

　　岑春煊覺得「事關創舉，未敢率允」。經過反反覆覆的商議，中間還以《合併利弊論》為題詢問當時大學堂已招的一百

----

[45] 朱光壽：《光緒朝東華錄》（北京：中華書局，1958），第四冊，第4719頁。此亦稱「興學詔」。

[46] 李提摩太：《親歷晚清四十五年》，第283頁。

[47] 蘇慧廉：《李提摩太在中國》，第240頁。

餘名學生，結果多數人贊成，少數人反對。蘇慧廉在《李提摩太在中國》中對此亦有記載：「在談判的過程中，對立的那方認為自己已經贏得了已錄取的學生的支持。於是他們出了個作文題目，讓學生們分析聯合大學的利弊。結果他們大失所望，因為在一百零八篇作文中，有六十八篇贊成合併，只有十三篇明確地反對合併。」[48]

商議合併，歷時兩月之久。雙方爭議的焦點，仍在傳教及教育主權等問題上。最後山西官紳在確定「可無牽涉傳教之嫌」和「斷無主權旁落之嫌」的前提下，終於同意將中西大學堂以成立西學專齋的形式併入山西大學堂。士紳們覺得他們贏了，因為李提摩太要辦的現代大學，最後只成了山西大學堂的一個部分。更重要的是，這所學校還叫山西大學堂。

西學齋，尚未開始，就經歷沉浮。

歷史的安排

就在李提摩太與山西士紳爭辦大學堂時，清廷與洋人也爭鬥得很厲害。西方列國除要撫恤金、喪葬費等賠款外，還要求懲治兇手。禍首毓賢成了慈禧的替罪羊，這在當時是人所共知的。路熙的書中，也有這樣的記錄：

我覺得我內心深處憐憫毓賢這個人。他貪婪地渴望西方人的鮮血，也為之付出代價。他忠心侍奉慈禧太后，卻被她流放，據說在流放途中被害。傳聞八國聯軍進京，慈禧太后西逃，經過山西的時候就告訴毓賢，為了讓聯軍息怒，她也許要犧牲他。

十年之後，也許是神的安排，有了一段奇妙的因緣。一九一一年，辛亥革命，鄰省陝西省的省會西安有一萬個滿族人被殺害。毓賢的女兒也面臨著生命危險，她逃到她父親所殺害的人的朋友和同事家中躲難。他們收留了她，儘管知道她是誰。[49]

蘇慧廉後來在為李提摩太寫傳時，也提到這個歷史細節：「毓賢的女兒逃亡，在浸禮會傳教士那裡找到一個棲身之所，而

---

[48] 同上，第240頁。
[49] 蘇路熙：《樂往中國》，第365頁。

她所尋求庇護的城市就是當年她父親屠殺傳教士同事的地方。」[50]

歷史的弔詭，不是可以一歎而過。

《清史稿》將徐桐、剛毅、趙舒翹、啟秀、英年、裕祿、毓賢、李廷簫等煽動義和團的權臣合列一傳，最後論曰：「戊戌政變後，廢立議起，患外人為梗，遂欲仇之，而庚子拳匪之亂乘機作矣。太后信其術，思倚以鋤敵而立威。王公貴人各為其私，群奉意旨不敢違，大亂遂成。及事敗，各國議懲首禍，徐桐等皆不能免。逢君之惡，孽由自作。然刑賞聽命於人，何以立國哉？」[51]

蘇慧廉後來到太原。據路熙說，他每次坐車到巡撫衙門拜訪時，總會下意識地在入口處端正一下頭上的帽子。在他的心目中，那些在這裡無辜犧牲的外國傳教士及其家人，無一不是忠誠並忘我為中國服務的。[52]

一九九六年春天，蘇慧廉的重孫查理斯‧蘇西爾在近一個世紀後，也踏上這片土地。查理斯作為外商代表團成員，應山西省政府的邀請而來。他是個卓越的內燃機工程師，可能並不知道這段血腥的歷史。

第四節　西學齋

侯家巷的早晨

二〇〇八年七月二十四日，我一早便走入侯家巷，原山西大學堂西學齋工科樓至今還屹立在這條位於太原鬧市的小巷裡。

侯家巷不長，進巷走不了多遠就看見一幢西洋風格的老建築（圖4.5）。大樓由主樓及兩側的翼樓組成。主樓高四層，翼樓高兩層。一百年前，它是山西全省標誌性的建築，一百年後，風采依然不減。

---

[50] 蘇慧廉：《李提摩太在中國》，第235頁。
[51] 《清史稿》（北京：中華書局，1977），第四十二冊，第12758頁。
[52] Lucy Soothill, *A Passport to China,* 332-333.

據陪同的當地友人介紹，這幢老樓上世紀九十年代末期全面整修過一次，現在是太原師範學院美術系的教學用房。

　　大門緊鎖，好在有熟人帶領，得以入內參觀。入門即是空曠的大廳，左右各有一寬大的樓梯盤旋而上。我的目光很快就落到樓梯轉角處的石碑上（圖4.6）。嵌於牆上的石碑高約一米、寬約兩米，兩邊各一。這就是記錄了山西大學堂早年歷程的《山西大學堂設立西學專齋始末記》與《山西大學堂西學專齋教職員題名碑》。據說石碑上世紀五十年代曾被水泥抹平，也可能正是因此，逃過了後來的劫難。[53]

　　西牆上的《山西大學堂設立西學專齋始末記》由山西省諮議局議長梁善濟[54]親撰：

　　山西之有西學專齋也，自英儒李提摩太先生始。夫非常之舉，黎民所懼，以民俗伊塞習安固有之區，一旦輸以新學知識，遂一躍而入文明之域，士氣學風且駕它省而上，之是非李先生之力，烏能及此？然使非當時鉅公碩彥有以獨見其大，而知斯舉之不可□，則其效果亦未必有如今之卓著。天下事易於樂成，難與圖始，古今人情不甚相遠也。今西齋交還行有日矣，不急為記之，以示飲水思源，可乎？謹溯其設立之緣起，與十年來一切情狀事蹟，撮而書之，以作我國學界前途之觀感。……

　　東側的《山西大學堂西學齋教職員題名碑》共刻錄西齋教職員工三十六人，其中十五人為外籍，以英國人居多。我讀到第三行，即看到蘇慧廉的名字：

　　欽賜二品頂戴英京大學堂學士皇家地學會員西齋總教蘇慧廉

　　因為是暑假，整座樓裡僅有我們幾人。走在空蕩蕩的走廊裡，我時不時探頭打量兩側的教室與辦公室，想像著當年蘇慧

---

[53] 衛慶懷、張梅秀、王欣欣：〈兩件珍貴的山西大學校史資料〉，載《山西大學學報》，1990年第三期。

[54] 梁善濟，字伯強，山西崞縣（今原平）人。光緒二十九年（1903）進士，次年授翰林院檢討。後留學日本，入法政大學速成科學習。歸國後投入立憲運動，曾任山西諮議局議長。1913年當選眾議院議員。1914年任教育部次長，1915年10月辭職。

廉在哪個房間辦公，又在哪間教室上課？後來，查山西大學堂
校史才知，這幢工科大樓實建於一九一七年。那年蘇慧廉已離
開太原，他沒走進過這幢大樓。

那蘇慧廉在校時的山西大學堂，又是怎樣的呢？

現在能找到的校園外景照片，是蘇慧廉撰寫的《李提摩太
在中國》中的兩張插圖：一張是大門，有牌樓，還有影壁。牌
樓上額寫著校訓「登崇俊良」（圖4.7）。山西大學堂是我國
近代大學中最早提出特色校訓的大學。另一張是圖書館和鐘樓
（圖4.8）。據說那時該校已有規模不小的圖書館。

我查過原書，這兩張照片都沒署攝影者。很可能拍攝者就
是書作者蘇慧廉。蘇慧廉能拍照片，不過，拍得不是很好。

當然這些牌樓、圖書館、鐘樓，現在都沒有了。

西學齋

西學專齋當時分預科、專科兩個階段。預科學制三年，相
當於現在的高中。專科學制四年，相當於現在的大學本科。預
科畢業可升入專科，預科課程的標準就是倫敦大學入學考試的
水平。[55]

不過這樣的學制設計，上世紀五十年代，在丁則良的筆
下成為李提摩太為帝國主義文化侵略創造出來的新形式——
「西學專齋的教務完全由幾個外國人決定，教育學生的方針，
是要學生畢業後能夠升入英國的倫敦大學，並不問學生所學是
否符合中國的需要。換句話說，山西大學的西學齋，只不過是
倫敦大學的一個預備學校。一九〇七年，有二十五名學生被送
到英國去留學。到了一九一一年，山西大學才全部交還中國自
辦。帝國主義用中國人民的血汗辦起來的大學，山西大學是第
一個。這是李提摩太為帝國主義文化侵略創造出來的新形式，
比教會出錢辦的大學更能迷惑人們的視線。在山西大學創辦之
後十年，美帝國主義也如法炮製，把庚子賠款的一小部分退還

---

[55] 蘇慧廉：《李提摩太在中國》，第245頁。

上左 | 4.5 原山西大學堂西學齋工科樓
外景。（2008年7月24日攝於太
原）

上右 | 4.6 樓梯盤旋處的碑文。（2008
年7月24日攝於太原）

下 | 4.7 牌樓上額寫著「登崇俊良」
的校訓。（Timothy Richard of
China）

了，辦了一個清華大學。」[56]

再看看百年前的功課表：西學專齋學科分為五門：一曰
文學，內分同文史記、地理、師範等學。一曰法律學，內分政
治、財政、交涉、公法等學。一曰格致學，內分算學、物理、
化學、電學等學。一曰工程學，內分機器、工藝、礦路、地質
等學。一曰醫學，內分全體內外大小男女居宅衛生及藥物等
學。[57] 這五門學科，相當於今天的五個系。

今天看這個科系設置，特別佩服的是其根據山西作為資源
大省的特點，開設工程、礦路、地質等學科。其實，這就是英
國大學教育的模式。今人對英國模式的瞭解，還多停留在導師
制、學院制、寄宿制等上，其實其精髓之一是課程設置面向工
業需要，讓大學成為本地區工業研究的重要中心。[58]

西齋所定下的這些科目，明確寫在《山西大學堂創辦西
齋合同二十三條》第七條。為保證學科建設的穩定，合同第十
二條還特別補充規定：「課程無論如何商改，均不得與第七條
所列各學科稍有違背，及於此外增立別項名目。倘有違背，或
別有增立，可由巡撫立時將此合同作廢，並將以後應交之款停
交。如晉省官紳違背此合同，可由李提摩太將未交款項，立時
全取，移作翻譯有用書籍之用。」[59]

西學齋師資力量很強，外籍教師居多，教師都具有較高的
學術地位。英語是教學語言。

西齋學生除了正常的課程外，還有體操、網球、足球等
活動。每星期六上午便是專門的體操課。據說開學當年年末就
成功舉辦了由兩齋學生和全體教員參加的體育運動會。這些都
是當時中國的士子聞所未聞的。該校化學教習、瑞典人新常富

---

[56] 丁則良：《李提摩太——一個典型的為帝國主義服務的傳教士》，第59頁。

[57] 陳學恂：《中國近代教育史教學參考資料》（北京：人民教育出版社，
1987），下冊，第249頁。

[58] 中國近代最早創辦的三所官辦大學，京師大學堂仿效的是日本模式，北
洋大學堂則是以美國大學為模式，而山西大學堂，因為李提摩太的背
景，形成了英國式的辦學特色。三所大學，各有一種模式，後來各有興
衰，這是個很有意思並有待研討的話題。

[59] 陳學恂：《中國近代教育史教學參考資料》，下冊，第250頁。

（Erik T. Nystrom）不無幽默地寫道：「對於一個漫畫家來說，如能將學生們甩著辮子踢球的場面畫下來，那將是十分有趣的。」[60]

新常富給學生上化學課，第一課便是從巨大的爆炸與難聞的氣味開始。當爆炸聲響起的剎那間，坐在前幾排的學生已衝出教室。

在西齋的學生對新事物充滿好奇的同時，同處一座校園裡的中齋學子，仍走在傳統的「師授學承」之路。學生「既不分班，也無教室，每次聽課，則在『豐樹堂』。學生從前門由書辦（書記）唱名魚貫而入。老師全體出席，由後門（屏門）進入。各位老師按品職坐在中央暖閣前面，學生們分坐東西兩側。老師學生必須頂褂整齊。」[61]而西齋教習、學生則穿著隨便，課後接觸頻繁，常常在一起交談。儘管中齋學生經常批評

| 4.8 圖書館和鐘樓。李提摩太曾將自己的部分藏書捐獻給該館。（Timothy Richard of China）

---

[60] 《山西大學百年紀事（1902-2002）》（北京：中華書局，2002），第14頁。
[61] 王家駒：〈山西大學堂初創十年間〉，載《山西文史資料》第五輯，第83頁。

西齋學生「數典忘祖」、「捨己之地而耕人之田」，但對他們豐富、活潑的生活又有些羨慕。

西齋的師生關係雖然活潑，但教學管理很嚴格。據記載，西齋第一任總教習敦崇禮（Moir Duncan）曾與學生簽訂了一份契約，凡曠課翹課者一律投入大牢。這可能是中國歷史上最為嚴厲的校規。

在學生思想方面，有一條，明確禁止學生干預國事。[62] 後來中國學生運動此起彼伏，有人視之為荒廢學業，有人視之為愛國報國，至今仍難以一言蔽之。

前任敦崇禮

一九○一年底，當李提摩太與岑春煊在《晉省開辦中西大學堂合同八條》上共同簽字時，他的身分是廣學會總辦。他雖接下創辦山西大學堂的任務，但自己無法親赴山西，主持校政。他找到了時在陝西的英國浸禮會傳教士敦崇禮（圖4.9），請他出任校長。敦崇禮在處理「山西教案」時就是李的助手，為人古道熱腸，又有過人的精力。敦氏於是成為山西大學堂西學齋第一任總教習。一九○七年蘇慧廉之所以從溫州到太原，最直接的原因是敦崇禮於一九○六年筏月突然去世。

敦氏與蘇慧廉同齡，一八六一年出生於蘇格蘭一個貧窮小莊園。因家庭人口眾多，他很小時就外出闖蕩。在一位樂善好施的有錢人的幫助下，他完成了中學學業，後又進入蘇格蘭格拉斯哥大學（University of Glasgow）學習，獲文學碩士學位。為了去中國傳教，他曾去牛津大學學習漢語及中國經史。據蘇慧廉介紹，敦氏在牛津時師承著名漢學家理雅各。[63]

---

[62] 王李金：《中國近代大學創立和發展的路徑》，第297頁。

[63] 蘇慧廉：《李提摩太》，第246頁。理雅各（James Legge，1815-1897），英國人。1839年受倫敦會派遣到麻六甲傳教，並主持英華書院，1843年隨英華書院遷往香港，一邊傳教，一邊學習研究，並著手翻譯「四書五經」等中國經書。1861年開始在香港出版英譯《中國經典》（Chinese Classics）多卷本。1873年返回英國，出任牛津大學漢學講座教授，並繼續致力於翻譯。《中國經典》至1886年出齊，計二十八卷。他是西方第一個將中國儒家經典完整獨立翻譯成歐洲語言的人。

敦氏赴華比蘇慧廉晚了幾年，他於一八八八年由英國浸禮會派遣來華，先是在山西傳教，後赴陝西。

敦崇禮在陝西時，與滿族官員端方往來密切，關係融洽。路熙記載了一個發生在義和團運動期間的故事。當時毓賢已在山西大開殺戒，而鄰省陝西卻沒有遵照慈禧的密令。當時陝西的巡撫正是端方：

他請敦崇禮過來，悄悄告訴他殺害洋人的命令。

「我能拖延三天。告訴你們的人，快走吧。」

敦崇禮他們活著去了漢口，沿著長江去了上海，又乘船去了天津，最後到了北京。當時北京被八國聯軍佔領。八國聯軍來解救天津和北京被義和團攻擊的外國人。有一天敦崇禮在北京看到外國士兵（還好不是英國人）要洗劫一座中國大宅。

「房子主人救了我們。請尊重這座房子。」他叫了起來。

士兵不理睬他，他就去找軍官。軍官命令士兵停手。房子就是端方的，敦崇禮救了他的房產。[64]

| 4.9 敦崇禮。（Forty-five Years in China）

[64] 蘇路熙：《樂往中國》，第211頁。

李提摩太對敦崇禮評價甚高：「山西大學的成功，在很大程度上應歸功於他非凡的工作熱情、永不疲倦的精力、關於中國人和中國文字的廣博知識，以及他的聰明睿智和處理事務的實際工作能力。作為一個無畏的、誠實的和能幹的管理者，他贏得了所有人的尊敬。」[65] 蘇慧廉則說敦氏：「為人夠氣魄，古道熱腸，有過人的精力，他熟悉當地人的語言和風土人情，又深諳中國古典文學。……他辦事誠實能幹，勇氣可嘉，深得同事敬佩及愛戴。一九〇五年，格拉斯哥大學頒授名譽法學博士給他。」[66]

　　但這樣一位能幹的教育家，卻英年早逝了。

　　一九〇六年八月，山西大學堂痛失英才，敦崇禮病逝，死時才四十五歲，所有中外認識他的人都為他哀悼。他生病期間曾住在龍王山上的寺廟，按照他的心願，安葬在對面的山上，他的同事為他立白色的大理石碑紀念他，該石碑就成為當地數里以內的地標。敦崇禮生前，清廷給他二品頂戴，死後賞有頭品頂戴。[67]

| 4.10　2002年為慶祝山西大學建校一百周年而重建的敦崇禮墓，相當簡陋。
（2008年7月23日攝於烏金山）

[65] 李提摩太：《親歷晚清四十五年》，第289頁。
[66] 蘇慧廉：《李提摩太》，第246頁。
[67] 同上，第255頁。敦崇禮準確去世日期是1906年8月15日（光緒三十二年六月二十六日），逝後清政府追授一品光祿大夫，賞紅寶石頂戴。

據路熙回憶，她在太原時曾給敦崇禮夫人去信，告訴她白色的大理石紀念碑潔白如新。[68]

被蘇慧廉稱為「對面的山」，是位於榆次、太原、壽陽三市縣交匯處的烏金山。敦崇禮的墓今日還在這座山上（圖4.10）。這個來自蘇格蘭的異鄉人，來到中國後就沒能回到故鄉。[69]

第五節　太原生活

屋前的楊柳

蘇慧廉於一九〇七年七月抵達太原，正式履任山西大學堂西齋總教習。[70]

「這裡的氣候與溫州迥異，並不適合神經衰弱與失眠症患者，他們在這裡是要崩潰的。」蘇慧廉抵達太原不久，就給母國差會寫了這封信。[71]

在南方生活了二十多年後，他看北方是新奇的。這裡沒有江南的綠色，漫長的冬天，一切都灰濛濛。已經與江南不知不覺連在一起的路熙於是在家門口的草地上栽種了一株楊柳，「每當山西惡劣的冬季行將結束的時候，她總是滿懷期待著嫩綠的柳芽抽出來的那一刻。」[72] 當綠芽真正冒出時，她便對著女兒大喊：「快來，我的寶貝，快來看，柳樹抽出綠芽了。」[73] 謝福芸在她長大後寫的書中，常常回憶起這些當年的細節。一九一〇年前後，她劍橋畢業後曾到太原探望父母。她

---

[68] Mrs. Soothill, "Shanxi!," *The Missionary Echo* (1910): 14.

[69] 敦崇禮墓曾遭毀，詳見楊曉國《山西名山漫話》（太原：山西經濟出版社，2002）。2002年山西大學百年校慶前，重修該墓。

[70] 根據《中國近代大學創立和發展的路徑》（第269頁）記錄，蘇慧廉1907年7月才抵達太原，但他接任西齋總教習之職從1906年8月（光緒三十二年六月）起算。敦崇禮1906年8月去世，其間總教習一職由英國人畢善功（Louis Rhys Oxley Bevan）代理。

[71] *The Missionary Echo* (1907) : 269.

[72] Hosie, *Brave New China,* 99.

[73] Hosie, *The Pool of Ch'ien Lung* , 7.

見慣了劍橋的綠色,當時對母親如此大驚小怪的舉動還有點不以為然。

據謝福芸回憶,那時他們在太原的家就在山西大學堂內。屋前母親手栽的柳樹,她一九三六年重訪太原時還曾看見。

謝福芸在書中還提到兩個發生在太原的故事:

有一次我站在陽台的走廊上,廚子就在下面的院子裡。因為廚子送過來的培根肉有點涼,我想起來要替母親傳個口信給他,於是就對他喊道:「太太說她想吃人肉。」然後我看到是廚子瞪大雙眼和嘴巴,恐怖的神情湧在臉上。……他說:「什麼?」他的手抓住褪色的藍布圍裙,重複了一遍我的話,不過他的語調卻和我剛才說的不大一樣。片刻他的神情突然放鬆下來,接著就跑回廚房,對著每一個人嚷嚷我剛才說的話。我聽到人們含糊的詢問聲,接著就爆發出一陣笑聲。我父親這時出現在陽台的拐角處,早先的時候他在那研讀中國經典。

他說:「我還不知道我們家是一個食人家族呢,閨女,你知道你剛才是怎麼和阿哲說的嗎,太太說她想吃人肉?」[74]

| 4.11　蘇慧廉夫婦在太原家中。（TME）

---

[74] Hosie, *The Pool of Ch'ien Lung*, 47. 阿哲的原文為Ah Tsie,暫如此音譯。

謝福芸當時雖能說點官話，但因小時生長在溫州，她的發音帶有濃重的南方口音，以致分不清「羊肉」與「人肉」。蘇慧廉在考慮是否去太原時，也曾對自己能否快速學會北方官話有所擔心，但他的語言能力很強，估計很快就解決了這一問題。

　　在太原府的時候，Kung伯母曾經在一個下午來我家拜訪。看到鋼琴時，她請求我們彈唱一曲。在父親的伴奏下，我唱了一曲。這種田園牧歌似的生活深深打動了她，她後來時常充滿喜悅地提起這件事。當她向她的朋友們介紹我的時候也會說起這件小事，以此說明外國人還是很有家庭觀和家庭樂趣的。當她發現我父親能夠彈奏一些中國著名的曲調，如《茉莉花》時，顯得最為高興。那時她就會站在我旁邊和我一起唱，聲音高高地顫抖著，特別注意中文的發音。後來Kung伯母買了一台留聲機，在疲勞的時候就會聽聽音樂調節一下心情。[75]

　　這位被謝福芸稱為Kung伯母的優雅夫人是山西一位官員的太太。她與她家族的故事，我將在後面講到。

主持西齋

　　山西大學校史將大學堂初創十年劃分為三個時間段，即一九〇二至一九〇三年的初創階段，一九〇四至一九〇六年的改革階段，與一九〇七至一九一一年的發展階段。蘇慧廉在太原的歲月正處於發展階段。

　　蘇慧廉是西齋總教習，他的頂頭上司是時稱「監督」的總校校長。蘇慧廉在他的任內經歷三位監督：解榮輅、渠本翹[76]（圖4.12）與胡鈞。其中渠本翹就是當時名震四方的山西票號「渠家」的少東家，也是電視劇《昌晉源票號》中徐源潢之子

---

[75] Hosie, *Two Gentlemen of China,* 219.

[76] 渠本翹（1862-1919），原名本橋，字楚南，山西祁縣人。光緒十八年進士。曾任駐日本橫濱總領事，1904年回國，旋調山西大學堂監督。1906年參加山西紳民收回礦權運動，投資創辦山西保晉礦務公司，並任總經理。1909年9月至1910年3月再任山西大學堂監督。1910年被授為典禮院直學士。1911年被清政府任為山西宣慰使，未就任。後以遺老身分寓居天津，1919年病逝。

| 4.12　渠本翹。
（渠川提供）

的原型。「時大學堂尚與外人合辦，當之者每苦棘手。君處之
年餘，中外無間言。」渠本翹的孫子渠川給我其祖父的材料
中，有這一段關於山西大學堂的資料，這是渠本翹墓誌銘中的
原話。

　　關於蘇慧廉在西齋的具體工作，至今還所知不多。據山西
大學堂校史介紹，他在擔任總教習之職外，還兼任世界歷史與
世界宗教等課的教學。[77]

　　在山西大學，我很難繼續追隨敦崇禮的腳步。有許多困
難不容我慢慢思量，而且只有4年的時間，要完成這樣一個已
經有了輝煌開端的工作實屬不易。在我來校之前，敦崇禮博
士、畢善功先生和教員已經計劃引進法律、物理、化學和礦業
工程等專業課程。後來我們增加了一門土木工程課，由奧斯特
（Aust）先生授課。[78]

　　外國人主持的新式學校，到二十世紀初年已在中國遍地開
花。面對日新月異的中國，他們敏銳地感覺到，僅停留在一般
性的教育是不夠的。

　　讓社會上充斥著書記員、小學或中學的教員，這樣的結果
毫無價值，也無法滿足中國目前和日後的需求。這也正是我支

---

[77]　王李金：《中國近代大學創立和發展的路徑》，第269頁。
[78]　蘇慧廉：《李提摩太在中國》，第250頁。文中Aust先生，漢名歐師德，
　　　英人，時任工學教員。

持任何一種──諸如士思勳爵（Lord Cecil）設置的課程──能夠讓教會學校從一般性教育轉向專門教育，從多管齊下轉向專攻一門的課程設置的原因。術業有專攻式的教育能夠讓人們發現在最適合其天資發展的領域，自己到底有多專業。

問題是，如今有多少教會學校正滿足於教授一般性知識，並沾沾自喜。迄今為止，教會一直引導這樣的教學模式。他們是不是已經到達了自己的頂點而現在只能走下坡路？我知道那些腦中只有膚淺知識的年輕人獲得高薪聘用的困難。當如今的繁榮消失以後，這些人又有何價值呢？而長此以往只能培養出這樣的學生，我們的教會又將何去何從呢？為了建立威信，獲得價值，必須以專業發展為契機，採取更多更好的措施。舉我親身經歷過的事為例。我曾經四處尋找一位能譯物理學的翻譯，只需對中文、英文和物理知識有所瞭解即可，可是我卻白忙了一場。找高等化學方面的翻譯，我也遇到過同樣的困難。而且據我所知，中國沒有學校能夠在法律和土木工程方面為我提供幫助。

如今，不正到了教會學校採取措施讓自己的學生真正達到大學水準的時候了嗎？況且，難道不可以建設三四個設備精良、與官辦學校不再是競爭關係而是協同合作或是互為補充關係的大學嗎？同樣的，如果可能，這些學校不也可由學部負責註冊、巡查和考核嗎？政府所設置的課程留給我們很大的挑選空間，如果需要，也可以增加必要的課程。這樣的大學，根據政府所設標準進行招生，可以為中國的其他教會學校，甚至為政府所辦學校樹立榜樣。[79]

這是蘇慧廉一九〇九年應《教務雜誌》約稿而寫的一篇文章，其中談到了對中國教育現狀的看法。這些觀點，也可視為他在山西大學堂推進專業教育的注腳。

在這篇文章裡，他還提到專業術語規定之於專業學科建設的重要性。「在中國，人們提及歐洲名詞的時候必須採用日

---

[79] W.E.Soothill, "The Educational Position in Review," *The Chinese Recorder* 40 (1909): 637-638.

語的音譯，這不能不說是一件憾事。但是如果所有的中國學生都統一使用日本音譯的術語，那麼歎息著接受這一現狀不也不錯？」[80]

蘇慧廉曾為術語統一定名四處奔走。

山西大學成立之初，教材缺乏。大部分科目的術語一片混亂，每位翻譯都用自己的辭彙生造了術語的稱謂。一九一〇年，我在拜訪學部侍郎嚴修進士時，我讓他注意到該問題的嚴重性，勸他在北京成立一個術語部（Board of Terminology）。他說沒有資金，我引用孔子的話來回答他：「名不正，則言不順；言不順，則事不成；事不成，則禮樂不興；禮樂不興，則刑罰不中；刑罰不中，則民無所措手足。」這個評論最初是針對政府而發的，當他明白我的意思後，友善的臉上露出了微笑。六個月後，當我再見到他的時候，他提到了我的引言，說他已經派嚴復博士（曾留學於英國格林威治大學）成立審定名詞館（Bereau of Terminology），邀我前去參觀。於是，孔子建造了一所他從未想過的名詞館。[81]

蘇慧廉拜訪的學部侍郎嚴修就是被稱為「南開校父」的近代著名教育家嚴範孫。設立編定名詞館是嚴修於中國近代教育史上具開創性的工作之一。其實這個建議最早是由蘇慧廉提出的。蘇氏對此事自評甚高，這從一名叫華五的英國留學生的記錄中可知：

當著中國人在滿清末年開始研究新學時，主持人漫無計劃，混亂的現象因而發生。為了求科學名詞統一的事，蘇熙老特去學部建議，部裡的官說：「我們讀西學就讀西學，名詞沒有什麼關係。」蘇熙老憤然地說：「名不正則言不順。」這事是他親口對我說的，想來是真情。他對於名詞既然如是看重，無怪他在最後一次的病中還繼續編著中國佛學名詞字典，到他臨終前全稿總算告了完成，否則他死了也放心不下。[82]

---

[80] 同上，638。

[81] 蘇慧廉：《李提摩太在中國》，第246頁。學部奏設編定名詞館是在1909年10月29日（九月十六日），蘇慧廉所記時間有誤。

[82] 華五：〈英國的漢學家〉，載《宇宙風》（第四十三期，1937），第323頁。

學部編定名詞館一九〇九年十一月正式開館,由嚴復出任總纂。後來鼎鼎大名的王國維出任協修。[83] 據蘇慧廉自述,在名詞館開館前,他還曾與因翻譯《天演論》《原富》而名噪一時的嚴復有過一次愉悅的談話。[84] 嚴復無疑是那個時代主張西學救國的旗手。

Y.M.C.A.

　　合同規定,學校不設宗教課,作為傳教士的蘇慧廉,對此也表示理解。「在一所用非基督教的錢興建的大學堂中強制非基督徒接受基督教教義的宣傳無疑是不道德的,這也與大學堂的目的相違背。」[85] 於是他在講授世界歷史課程時,「曲線」強調基督教對人類文化的重大貢獻。據說不少學生受之影響,或接受洗禮,或前往基督教青年會聽道。

　　由於情況特殊,大學堂並非宣傳宗教的理想地方,所以我欣然接受英浸禮會差會的邀請,協助並擔任他們設立的基督教青年會的首任會長。[86]

　　今天仍活躍於世界各地的「基督教青年會」(Young Men's Christian Association Society,簡稱Y.M.C.A.)已有一百六十多年的歷史。青年會一八四四年由英國商人喬治·威廉(George Williams)創立於倫敦。一八五一年被介紹到美國後,得到蓬勃發展。它所宣稱的「改進青年人精神的、道德的、社會的和體魄的目的」,因非常適合於擴張變化中的十九世紀美國城市社會,於是逐漸從一種單純以宗教活動為號召的青年職工團體,發展成以「德、智、體、群」四育為主導的社會活動機構,並在上個世紀起成為推動美國生活方式的重要力量。

[83] 袁英國、劉寅生:《王國維年譜長編(1877-1927)》(天津:天津人民出版社,1996),第57-58頁。

[84] W.E.Soothill, "The Educational Position in Review," *The Chinese Recorder* 40 (1909): 638.

[85] 吳梓明:《基督宗教與中國大學教育》(北京:中國社會科學出版社,2003),第41頁。

[86] 蘇慧廉:《李提摩太》,第248頁。

中國最早的基督教青年會由美國傳教士施美志（George B.Smyth）和畢海瀾（Harlan Page Beach）於一八八五年前後分別成立於福州英華書院和直隸通州潞河書院。一八九〇年第二次全國傳教士大會通過決議，向北美協會正式請求派人到中國組織青年會。北美協會也認為有責任協助中國建立青年會，遂於一八九五年派遣生長在中國、為「學生志願海外傳教運動」工作過五年的來會理（David W. Lyon）來到中國，成為中國青年會第一名專職幹事。從此中國青年會成為世界青年會的一個部分。

據記載：太原青年會創建於一九〇九年，「由英國浸禮會聯合葉守真、蘇慧廉、賈立言、魏禮模等十餘人發起籌備。賈立言、魏禮模、趙守衷為幹事。開始時，借用浸禮會南門街房屋，僅辦了查經班和遊戲會。一九一三年建成青年會會所，上報青年會全國協會，領到青年會全國協會證書，全國協會總幹事王正廷參加了開幕儀式，閻錫山也親自到會祝賀。」[87] 實際上，蘇慧廉還任該會第一任會長。

蘇慧廉從此與青年會建立了密切的聯繫。第一次世界大戰期間，他還在歐洲為青年會效力。

蘇慧廉在晉期間，被譽為學生志願海外傳教運動「三傑」之一的美國基督教青年會幹事，也是國際知名的自由派代言人舍伍德‧艾迪[88]到山西佈道。一九〇七年，「當艾迪來山西以耶穌基督為題分四次演講的時候，學生都踴躍赴會，由於聽眾很多，青年會演講廳一時不能容納這些群眾。筆者不曉得多少大學堂的學生加入了教會，如果有的話，他們對社會國家都有益處。但有一事我很清楚，就是無論他們往何處去，他們都不

---

[87] 趙曉陽：《基督教青年會在中國：本土和現代的探索》（北京：社會科學文獻出版社，2008），第46頁。

[88] 艾迪（Sherwood Eddy，1871-1963），美國人。1891年畢業於耶魯大學，後任紐約青年會幹事。對亞洲地區的傳教事業極有興趣，曾九次赴華。「九一八」事件爆發時，適在東北，即電國際聯盟報告事實真相，為最早向國際社會傳達客觀公正之聲音者。著述甚多，譯成中文的有《宗教與社會正義》《性與青年》《現代的新信仰》《蘇俄的真相》等。

4.13 蘇慧廉（前排左二）離溫後每年仍回溫州一趟。1911年春節回溫時與同事合影。左一前後是山邇慢夫婦，後排左二是郭多瑪，後排右二是謝道培，右一前後是包醫生夫婦，他們的兩個孩子坐在最前排。（TME）

會仇教，反之他們對教會已產生好感，筆者也沒有聽聞有恨惡教會的例子。倘若大學堂僅有的貢獻，不外乎拆毀官員、士紳等人對基督教的敵意和培養友好的態度，大學堂的工作，可謂沒有白費，然而大學堂的貢獻，並不僅於此。」蘇慧廉自己說。[89]

　　身在太原，蘇慧廉沒有忘記溫州。一九〇八年農曆新年前，蘇慧廉特地回溫，一待就是三週。[90] 當年離開溫州時，他曾答應每年會回來一次。路熙說：「他恪守自己的諾言，每年春節假期，也就是制訂來年計劃的時候，他從山西千里迢迢回溫。」[91]

[89] 蘇慧廉：《李提摩太》，第248-249頁。
[90] *The United Methodist Church: Report of the Missions , Home and Foreign, for the Year Ending April, 1908*, 28.
[91] 蘇路熙：《樂往中國》，第363頁。

第六節　一本破舊的《論語》

蘇慧廉與理雅各

　　路熙回憶：「蘇慧廉的新職務並不清閒，他很少出去進行快樂的郊遊。大學堂裡不少中國學生中文典籍的知識不比他差，因為只有通過科舉考試的人才能進入這所大學。為了和學生們能保持同步，至少為了維護師長的尊嚴，蘇慧廉像學生一樣鑽研中文，不過這也不是壞事情。」[92] 蘇慧廉後來卓越的漢學成就，與山西的這段苦讀有密切的關係。這其間，他的學術成果便是英譯《論語》。

　　《論語》之於中國人如同《聖經》之於西方人。早在利瑪竇赴華時，西來的傳教士已嘗試將包括《論語》在內的《四書》翻譯成西方的文字。《論語》最早的西方版本是一六八七年在法國巴黎出版的《中國哲學家孔子・用拉丁文解釋中國人的智慧》（*Confucius Sinarum Philosophus, sive Scientia Sinensis Latine Exposita*），該書的譯者是從中國歸來的耶穌會傳教士柏應理（Philippe Couple）及其同事。《論語》最早的英譯本也是由傳教士完成的，傳教士馬希曼（Joshua Marshman）在一八〇九年出版了《論語》的節譯本 *The Works of Confucius*。隨後倫敦會傳教士柯大衛（David Collie）在一八二八年出版 *The Four Books*，外國人把《四書》（包括《大學》《中庸》《論語》《孟子》）直譯為「四本書」，這個名稱一直沿用至今。

　　這些早期的《論語》譯本，都是選譯，並且中間還夾雜了譯者的個人觀點。直到一八六一年，英國傳教士理雅各在香港出版了《論語》的全文譯本（以下簡稱理譯），它是按照中文逐字翻譯的，並附以原文及大量注釋。理雅各還首次使用了「Analects」一詞來作為《論語》英譯本的書名。

　　理雅各不只翻譯一部《論語》，他的一生都在從事「四書五經」的翻譯。他是西方第一個將中國儒家經典獨立並完整翻

---

[92] Lucy Soothill, *A Passpor to China*, 316-317.

譯成歐洲語言的漢學家，他所翻譯的《中國經典》（*Chinese Classics*），也是中西方接觸交流以來第一個由個人完成的完整譯本。此舉奠定了他在十九世紀英國漢學界乃至整個西方漢學界的崇高地位。

「理雅各博士對於中國傳統經典里程碑式的貢獻太知名了，以至於已難以用更好的方式去表達。他曾經是我的引路人、哲人和友人。我讀他的譯文越多，越是為他淵博的學術造詣所傾倒。他理解之精確、求學之鑽研及清晰的表達力，讓人敬仰。」蘇慧廉在他的《論語》譯本的前言中，這樣寫道。[93]

一八七三年，為專心譯書，也為了家庭，理雅各離開已居住了三十多年的香港返回英國。一八七六年他出任牛津大學第一任漢學講座教授。當時理雅各已近花甲之年，正做著前往中國準備的蘇慧廉還只是個毛頭小伙。那時，全英國也沒幾人去過中國，更遑論精通漢語。因此，理雅各成了蘇慧廉的漢語老師。

這段有幸師從全歐洲最偉大漢學大師的經歷，對蘇慧廉而言是珍貴並難忘的。他在後來出版的學術專著《儒釋道三教》[94]的扉頁上這樣寫道：為了紀念理雅各。

我們回過頭來，說理雅各的《論語》英譯本。

理譯《論語》出版於一八六一年，經一個半世紀的考驗，此譯本在西方學界仍被視為介紹中國儒家經典的權威譯本和正統的參考書，有著其他譯本不可取代的地位。學界認為理譯的「最大特色是漢宋兼採，忠實嚴謹。譯英之難，在於全面精確傳達經文的義理，欲明義理，則須在訓詁、考據、辭章上下功夫，理譯的價值也正在此。」[95]

---

[93] W.E. Soothill, *The Analects of Confucius* (Yokohama: Fukuin Printing Company, 1910), Preface, 2.

[94] W.E.Soothill, *The Three Religions of China*（London: Hodder and Stoughton, 1913）。該書封面有中文書名《儒釋道三教》。

[95] 王輝：〈從《論語》三個譯本看古籍英譯的出版工作〉，載《廣東外語外貿大學學報》（2003年第9期）。筆者在本節撰寫時還參考他的另一篇論文〈理雅各與《中國經典》〉，載《中國翻譯》（2003年第2期）。

理雅各的翻譯原則是，「對於原文的忠實，要超過對於行文雅致的關注。」[96] 在他看來，經典的權威性，決定了對於經典的翻譯也必須將「忠實」作為首要原則。因此，它的譯文可以說是高度的直譯。一個世紀後，另一位學貫中西，並嘗試用英文翻譯《論語》的林語堂，也稱理譯為「嚴謹的學者風格的著作」。

既然有這樣一座豐碑在前，蘇慧廉為什麼還要再次翻譯《論語》？他在英譯本序言中幽默地解釋：「因為在理雅各的譯本出現之後，並沒有得到它應該得到的重視。所以，他希望自己這樣一個新譯本的出現，至少可能會對它的存在與價值引來更多的注意。」[97]

這是客氣話，其實主要的原因，在蘇慧廉看來，理雅各的譯本在注重學術價值的同時，也有「學究氣」過重之嫌。它過於正式化的措辭，使得《論語》「難以為一個英格蘭的頭腦所接受」。也就是說，蘇慧廉感覺到，為了進一步向更多的英語讀者，特別是那些非專業的英語讀者介紹儒家經典，需要有人提供一個更現代的嶄新譯本。

網上淘書

近年我一直在尋找蘇慧廉的《論語》譯本，直至二〇〇八年秋季，一個偶然的機會，在美國一家舊書網站上發現了它。書雖有點破，但竟是初版本！馬上下單。幾週後，越洋快遞送來了這本期待已久的書。

這是本硬封精裝的書（圖4.14），綠色封面上是一幅燙金的孔子肖像。書脊上有它的中文書名《論語譯英》，書脊下方的圖案是枚白文印章，印文是「蘇慧廉印」。這也可證明，「蘇慧廉」是他的標準漢名。

---

[96] 《中國經典》第一卷、第二卷再版前言，轉引自段懷清：〈理雅各《中國經典》翻譯緣起及體例考略〉，載《浙江大學學報》（人文社科版，第三十五卷第3期，2005年5月）。

[97] Soothill: *The Analects of Confucius*, Preface, 1-2.

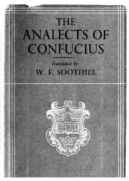

左 ┃ 4.14 《論語譯英》封面。
右 ┃ 4.15 謝福芸編輯的《論語》口袋本。

　　此書一九一○年由福坤（Fukuin）印刷公司出版，「福坤」是日本橫濱一家印刷廠。二十世紀初期，中國絕大部分《聖經》都是在這家廠印製的。因為是在日本印製，書後的版權頁用中、日文寫著印刷所、印刷者等資訊。「發行者」兼「著者」都是蘇慧廉，他的頭銜這樣用中文寫道：「宣教師、英國人，在清國山西省太原府大學堂。」

　　除序言外，正文計一千零二十八頁，分四大部分：

　　第一部分是緒論，長達九十八頁，全面介紹與《論語》相關的背景知識，如中國歷史、孔子家世、《論語》成書經過、《論語》注釋書籍、孔門弟子、歷史年表、地圖、術語釋義等，並附彩印中國地圖。緒論旁徵博引，甚至還提到了程子認為《論語》之書成於有子、曾子之門人這一觀點。[98]不過，後來馬一浮讀到此處，認為「子亦通稱，不必定出門人。《論語》自是七十子後學所記，其間或出游、夏之手者亦有之。但以領會全書為要，蘇慧廉輩瑣瑣考據，何足道哉！」[99]

[98] *The Analects of Confucius,* Preface, 70.
[99] 《馬一浮集》（杭州：浙江古籍出版社、浙江教育出版社，1996），第三冊，第950頁。

第二部分是譯文正文，《論語》全文二十篇，從《學而》直至《堯曰》。

蘇慧廉的譯法是逐句英譯，並附上詳細的注釋。蘇慧廉在序言中稱，翻譯過程中主要參考了四個譯本，即理雅各英譯本、辜鴻銘英譯本、晁德蒞[100]法譯本與顧賽芬（Séraphin Couvreur）法譯本。理雅各本不再贅言。辜鴻銘是清末民初一位以古怪而著稱的人，懂很多國文字，其英文之好，連英國人都驚歎。他在一八九八年譯出了《論語》，為了讓以英語為母語的人讀懂這部中國的經典，他「努力按照一個受過教育的英國人表達同樣思想的方式來翻譯孔子和他弟子的談話」。他認為理雅各「只是一個對中國經書具有死知識的博學的權威」，因此他的譯文別出心裁，「只要可能，一概不用中國人名、地名」。為了使內容和思想易於被西方理解和認識，他還廣徵博引西方的名句、典故參證注釋，以「勾起讀者原來的思路」。因此，辜氏譯本在西方也曾廣為流傳。[101] 撰寫《文化怪傑辜鴻銘》一書的黃光濤認為，蘇慧廉的譯本「明顯帶有辜氏譯經影響的印記」，他的翻譯受惠於辜鴻銘的「甚至絕不下於受惠於理雅各」。[102] 顧賽芬的譯本，蘇慧廉看到較晚。蘇氏自稱，幾乎是「在最後修訂時才看到顧氏的譯本」[103]。顧賽芬是法國耶穌會教士，長期在中國傳教。他終生辛勤筆耕，幾乎以法語翻譯出版了所有的儒家經典文獻，其數量之多、涉及之廣，在整個漢學界中也不多見。顧賽芬、理雅各和衛禮賢（Richard Wilhelm），並稱為漢籍歐譯三大師。

---

[100] 晁德蒞（Angelo Pere Zottoli，1826-1902），字敬莊。義大利那不勒斯耶穌會士，後轉入法國天主教耶穌會，1848年來華，居上海。1850年升為神父，1852年任聖依納公學（又稱徐匯公學，即今徐匯中學前身）校長。復旦大學創始人馬相伯便是晁氏的得意門生。1879年以法語翻譯出全本《論語》。另著有《中國文學教程》（拉丁文），該書收有各種字書，如《三字經》《千字文》《詩童詩》等，是早期西方人瞭解中國文化的範本。

[101] 張小波：〈關於理雅各和辜鴻銘《論語》翻譯的對比研究〉，載《株洲工學院學報》（第十四卷第4期，2000）。本段辜氏原文亦引自此文。

[102] 黃光濤：《文化怪傑辜鴻銘》（北京：中華書局，1995），第101-102頁。

[103] *The Analects of Confucius*, Preface, p3.

第三部分是附錄索引，也可稱論語字典。蘇慧廉以筆劃為序，將《論語》正文中出現的漢字按部首檢出，分二百十一部。蘇慧廉此前編過《四千常用漢字學生袖珍字典》，兩本字典在體例有相似之處。

第四部分是古今地名對照表，採用了美國公理會傳教士萬卓志[104]的成果。

蘇譯《論語》如上體例，與理雅各譯本差別不大。

一九九一年三月的《教務雜誌》有一則書評，比較了理譯與蘇譯的區別。認為不僅是內容，即便是書價，蘇譯也將更受學習中文的人歡迎。蘇譯《論語》當時定價六元。[105]

燼餘之書

在通往卓越漢學家的道路上，《論語譯英》為蘇慧廉奠定了堅實的第一步。

蘇慧廉在這本書上花了很多心血。一九〇七年離開溫州時，他已基本完成翻譯，但直到一九一〇年該書才得以正式出版。蘇慧廉在序言中說明，出版「不幸延後三年，因為書稿在印刷商處被焚，部分內容不得不重寫」。[106]

好事多磨，後來在西伯利亞的鐵路上，書稿又隨托運行李丟失。為了找回它，蘇慧廉夫婦從莫斯科一直搜索到哈爾濱。最後，一個歐洲海關官員在瀋陽一家日本商店堆積如山的遺失行李中找到它。[107]

經過兩次波折，蘇慧廉視書稿為心愛之物。據路熙回憶，在山西的那幾年，他每年均回溫州一趟。每次臨出門時，他都嚴肅交代妻子，「萬一房子起火，唯一重要且須不惜一切代價搶救」的東西，便是書房抽屜裡這一疊書稿。路熙說不必奇怪

---

104 萬卓志（George Durand Wilder，1868-1946），美國公理會傳教士。1894
來華，在通州傳教。業餘研究華北鳥類，有相當成就。
[105] *The Chinese Recorder* 42 (1911): 174.
[106] *The Analects of Confucius,* Preface, 5.
[107] *A Passort to China,* 318.

蘇慧廉對這本書如此關心，因為他已為此付出太多的努力。
「長年的耕耘甚至讓他得了『孔夫子』這樣的綽號」。[108]

牛津經典

　　蘇慧廉的《論語譯英》，一九三七年被收錄於牛津大學出
版社出版的「世界經典叢書」（*The World's Classics*），當時蘇
慧廉已去世，於是編輯工作由謝福芸擔任。

　　謝福芸一九三六年又有一次中國之行，在路上，她便帶著
父親的《論語譯英》。

　　在前往中國的路上，命運讓我在加爾各答接受編輯我父
親翻譯的《論語》的任務。《論語》是孔子和他門徒的談話記
錄。「英國的讀者們，」書的前言這麼說道，「並不能夠理解
為什麼中國人這麼多世紀以來如此尊崇孔子。在他們看來，孔
子顯得沉悶無趣。」

　　現在，我完全接受了這種說法。此前，從沒有理解為什麼
我父親堅持不懈並花費那麼大的力氣來翻譯。過去我也曾帶著
痛苦和虛偽的責任感去讀，但是私下偷偷認為這都是一些措辭
浮華的陳詞濫調。當然，我也沒有徹底瞭解把這些意義壓縮在
表意符號裡的中國警句翻譯成為相同意思的英語到底有多大的
難度。

　　在隨後從可倫坡到澳洲的船上，我一直在和這本厚書以
及它更為厚重的內容做鬥爭。當我到達澳洲的時候，我把這本
書暫時放下了，畢竟一個人在她的一生之中，不是每一天都能
夠進入新大陸。澳大利亞的燦爛陽光奪去了我的注意力。在雪
梨，我住進了一間公寓。房間在高層，站在窗口即可俯視壯
麗的港口。寧靜的海灣，被水環繞著的綠樹，還有重重的小
山，一切盡收眼底。在這樣的環境裡，我又拿起了孔子。因此
對我而言，孔子智慧的言語將永遠讓我聯想到沃克盧斯海灣
（Vaucluse Bay)的美景。因為那時，我總是從書上抬起眼睛，
俯視那藍色的波濤。

---

[108] 同上，318。

很快孔子就吸引了我，我不由得笑了起來：我認識到此刻陪伴著我的這個老人是一個風趣、快樂、充滿活力而又知識淵博的紳士。他的思維正在磨礪著我的智慧，並擦亮我的頭腦。

如切如磋，如琢如磨。

這是父親最費解也最喜歡的句子。突然之間我覺得我也像一塊珍貴的美玉正被來自古代中國的敏銳思想切磋、琢磨。當許多世紀前，他的弟子子貢開始能夠理解上述兩行詩句的意思時，孔子很高興，他說：「始可與言詩已矣。」後來我覺得這不僅僅是孔子與弟子在談論，我也在聽他們說，因為我已經開始讀懂它了，而不僅僅是對這些富有哲思的語錄做簡單的斷章取義。就像火車上的同伴對我們的福音書充滿新奇一樣，我也開始去閱讀中國聖賢的書，不是把他們當作學者，而是視為一個談吐之中充滿洞察力和智慧的人。我發現孔子會和他的弟子們打趣，從而使他們獲得智慧。他的平和、思索，他的奮鬥和勇氣都感染了我。孔子一定具有無窮的魅力，無論他被放逐，或受侮辱，抑或處於挨餓，乃至受到背叛，弟子們始終追隨左右。他們對孔子的崇敬和忠貞，在經過了數千年之後，在我身上也產生了共鳴。多麼偉大的愛，多麼強烈的求知欲啊！當孔子去世以後，人們想讓他的大弟子子貢繼承孔子的位置。子貢說：「仲尼，日月也，無得而逾焉。」他拒絕了這個提議。

我的父親將孔子和他的弟子如此生動的關係展示給我，在澳大利亞，這片最年輕的大陸上。[109]

謝福芸編輯的牛津版蘇譯《論語》[110] 是個口袋本（圖 4.15），共二百五十四頁，分導讀、正文、注釋、索引四大部分。由謝福芸撰寫的導讀有四十一頁，主要介紹孔子生平。最後她還介紹了《論語》翻譯歷程，其中提到了早期的天主教傳教士、理雅各及她父親。為減少篇幅，正文部分，謝福芸去掉了中文原文。文後的注釋，也壓縮到二十餘頁。

---

[109] *Brave New China,*32-33.
[110] W.E.Soothill,*The Analects of the Conversations of the Confucius with his disciples and certain other* (London: Oxford University Press, 1937).

毫無疑問，這是一個更為現代的英譯版本，媒體認為它受到普羅大眾的歡迎。[111] 我在歐美的圖書館，常能看到牛津這套「世界經典叢書」，其中的《論語》，一直到上世紀六十年代還採用經謝福芸編輯的蘇慧廉譯本。

第七節　洋人與大人

丁寶銓

　　蘇慧廉在山西時，該省的「一把手」是丁寶銓（圖4.16）。丁寶銓（1865-1919），字衡甫，號默存，江蘇淮安人，為晚清名臣。

　　蘇慧廉剛抵達太原時，就見到了紅光滿面的丁大人：

　　近年來大出風頭的是丁大人。英國公司曾擁有一定年限的煤礦開採權，而丁大人爭取向英國贖回山西煤礦。他從北京回來的時候，被當成了英雄。他進城的時候，城門內外人山人海。遲鈍的人們變得這麼熱情，真的很有意思，值得研究。丁大人紅光滿面，眉開眼笑，看見我們，還和我們問好。我們也為這一次外交成功向他祝賀，因為煤礦畢竟非常寶貴。[112]

　　丁寶銓由京返晉，代表轟轟烈烈的保礦運動宣告結束。這場歷時三年的群眾運動，我在後面的章節還要詳細講述。

　　蘇慧廉與丁寶銓就此相識，後來常有往來，並過從甚密。其實在蘇慧廉赴晉前，丁寶銓出任過山西大學堂督辦，他在這個位置上雖不到一年（一九〇六年七月至 一九〇七年春），但「為西齋開辦法律、礦產、格致三科，中齋開辦高等課等方面做了不少工作」。[113]

---

[111] Sunder Joshi, "The Analects of the Confucius by W.E. Soothill; Lady Hosie, " *The Journal of Religion,* Vol.18, No.3 (Jul., 1938), 373-374.

[112] 蘇路熙：《樂往中國》，第371頁。

[113] 〈山西大學歷任校長〉，http://www.sxu.edu.cn/xxgk/lrxz/13774.htm。

當時清廷重視辦學，丁在山西積極回應。因辦學有成績，他由按察使升任布政使，後又任巡撫，成為封疆大吏。

據蘇慧廉回憶，當年他在晉時與丁寶銓常互傾理想和見解。路熙記錄了丁大人曾為一件事向蘇慧廉訴苦：

當時，山西省大量農民種植鴉片，名聲狼藉，在朝廷的支持下，丁大人派人取締鴉片種植，農民紛紛反抗。丁大人派一隊人馬震懾住他們，把鴉片連根除掉。一次農民堅決抵抗，拿農具對抗士兵。於是發生激烈衝突，死了十一個人。他對蘇慧廉說：「朝廷譴責我，其實我取締鴉片種植也是按命令行事。」[114]

路熙不知道，就是這次衝突改變了丁寶銓的人生命運，同時也改變了山西後來的歷史進程。

山西近代史上把這次發生在交城、文水兩地的民變稱為「交文禁煙慘案」。

一九〇九年，歲己酉，秋收告歉，麥種失時，交（城）文（水）兩縣農民，為了亡羊補牢，播種鴉片。當時雖有禁種之令，但清末政治不過一紙空文，既未家喻戶曉，人民亦莫由而知。逾年庚戌，春雨及時，煙苗茁壯，未幾，葉茂花繁，正喜收穫在望，而鏟煙之令遽頒。縣衙因執行困難，為推卸責任計，先後呈報大吏。彼時，山西巡撫丁寶銓聞報，即派新軍混成旅管帶夏學津帶兵前往，駐紮開柵鎮，幫同兩縣知縣鏟煙，分兵分段，督令根除。人民生死關頭，環跪哀求，愈趨愈眾。該夏學津魯莽滅裂，不善陳兵勒導，寬猛兼施，反恃其為丁撫親信（其妻姿容妖豔，人稱夏姬，傳言拜丁為其義父，日常出入撫署，頗有非議），群眾略事嘩噪，即操切從事，下令排槍射擊。一剎那間，哭聲震天，死傷群眾三四十人；更威逼人民，持竿橫掃，煙苗頃刻而盡。[115]

丁寶銓下令鏟煙的背景是清廷於一九〇六年發佈嚴禁吸食鴉片的諭旨。作為巡撫，丁氏自然守土有責。但因種鴉片收益

---

[114] 蘇路熙：《樂往中國》，第372頁。
[115] 尚德：〈山西交文慘案始末述〉，載《山西文史資料》第三輯，第8頁。

高，不少農民「下有對策」，並期望以聚眾抗爭的方式成為一種自保的手段。對普通百姓而言，禁止鴉片，健民強國，只是一句必要時喊喊的口號而已。

丁寶銓帶令禁煙，本是利國利民的好事，但他的錯，在於手下開槍了。政府向人民開槍，只要槍聲一響，它就輸了。在現場下令開槍的人叫夏學津，新軍混成旅管帶，以治軍嚴格而著稱，也是丁寶銓在軍界的幹將。

交城、文水的槍聲，在震驚三晉的同時，也給了正在伺機而動的山西同盟會會員「掃除革命主要障礙」的一個機會。同盟會會員王用賓[116]任總編的太原《晉陽日報》，借機連續登載揭露丁寶銓、夏學津鎮壓民眾造成流血慘案的報導。《晉陽日報》作為同盟會在山西進行宣傳鼓動的重要陣地，自然熟稔宣傳之道。在揭露暴行的同時，也迅速抓住丁寶銓的「生活作風」問題，稱夏學津之妻美艷，時常出入撫署，兩人關係曖昧。這則桃色新聞，讓丁、夏立馬身敗名裂。北京《國風日報》、上海《申報》隨後也予以轉載，一時間，全國輿論譁

| 4.16 丁寶銓。（《莫里循眼裡的近代中國》）

---

[116] 王用賓（1881-1944），山西大學堂中學齋第一批學生，1904年留學日本。翌年，同盟會在東京成立，即成為首批會員，並擔任東京及山西同盟會支部長。民國期間歷任山西省臨時議會議長、國民黨山西支部籌備處處長、河南省代理省長、立法院法制和財政委員會委員長、考試院考選委員會委員長、國民政府司法行政部部長等職。

然。與此同時，同盟會會員又專赴京城，特請御史胡思敬上疏彈劾丁寶銓禁煙措置失當。丁、夏雖知此事背後有革命黨的策動，但終究壓不住輿論的攻擊和朝廷的追究，後來分別受到了撤職留任和撤職的處理。民國成立後，大家才知道，這場「倒丁運動」的背後主謀是閻錫山，他以此擠走夏學津，順理成章成為二標統。革命黨人從此把山西的軍權控制到了自己手中。號稱「能吏」的丁寶銓，仕途從此向下，宣統三年「病免」。[117]

路熙記載，丁寶銓曾不無委屈地對蘇慧廉說：「朝廷譴責我，其實我取締鴉片種植也是按命令行事。」但蘇慧廉說：「十年二十年後，你就會明白，做事情不能操之過急。」這個僅年長丁寶銓四歲的外國人，似乎比中國人更懂中國。[118]

夜宴

路熙筆下，還詳細記載了她與丁寶銓夫人的友好交往：

丁大人在校長家拜訪的時候，蘇慧廉讓他來見我，丁大人沒有拒絕。那些官員太太來看我的時候，也都很樂意看到蘇慧廉。但我去她們家拜訪，情況就不是這樣。我去衙門拜訪她們的時候，從來沒有看到男士出現。看來所謂革新，只是外部，內在還沒有變。為了回報丁大人和丁太太的友善，我們請丁太太共進晚餐，準備好好招待她。預訂的時間是六點半。送走最後的客人，時間很緊，我趕緊穿上了禮服，幾乎沒有時間洗臉。丁太太和大批隨從正好準時來了。

我邀請了五位英國女士來見丁太太，一位唱歌唱得很好，三位能講流利的中文，最後一位是礦藏學教授的妻子。我像個紳士一樣伸手拉著丁太太進入餐廳，她笑得渾身發抖。她能熟練使用刀叉，但吃的很少。這次晚飯能成功全靠了聖誕節留下的彩包爆竹（外面包有裝飾性硬紙板的小圓筒，裡面裝有糖果或聚會紀念品，從一端或兩端同時拉出紙繩時，會發出爆裂聲）。我們馬馬虎虎吃

---

[117] 錢實甫：《清季重要職官年表》（北京：中華書局，1959），第221頁。
[118] 蘇路熙：《樂往中國》，第372頁。

著，中途想到了這個餘興節目。丁太太忙於玩彩包爆竹，更沒空吃菜。二十一歲的她很喜歡拉彩包爆竹。她不僅喜歡爆竹裡面的東西，連外包裝也要。我們欣然同意。結果她在一身的珠光寶氣之外，還戴上一個小玩意回家。至於帽子、圖畫、假面具、假鼻子，紮成一堆，讓女僕保管。這是我玩彩包爆竹玩得最滿意的一次：

在晚飯前，我們那位善於唱歌的客人自彈自唱了一首英文歌。丁太太坐在她身邊，聽著她訓練有素的嗓音，看著她熟練彈奏鋼琴的手指。鋼琴是用火車運到山西，由騾子馱進這裡。九點鐘的時候，傳來這麼個消息：

「大人派人請太太回家。」

於是丁太太就回家了。

她上了四輪馬車，近來太原城有七輛這樣的馬車，這是其中之一。車子在泥土堅硬的網球場地等她，上車後，馬車離開。我們開心地道別。第二天早上，我很難過地聽說回家途中，丁太太的馬車翻了。

「但她沒有受什麼重傷。臉部擦傷，還有頭上的一兩顆珍珠丟了。」

「我一點也不奇怪會出意外。丁太太叫車夫來載我去衙門的時候，車夫就是這樣在街上橫衝直撞。」

這時候，我和身邊的女士大笑起來，眼淚都笑出來了。因為我們身後就有一位快馬加鞭的車夫。他一定要跟住我們，在我們到達的時候出示我們的卡片。

似乎丁太太離開大學操場的那晚，月光明亮，洋式的道路鋪著碎石，很平整。但是這位魯莽的車夫拐彎太快，狠狠地撞到了水溝邊的大石頭上，車翻了，丁太太被扔了出來，在這樣舊式的馬車裡結束了飆車和西式娛樂的一夜。

不過，故事沒有就這麼結束。關於我們的晚餐有一個不錯的結局。第二天，一個穿制服的僕人給我送來了丁太太的禮物：墨綠的花瓶和紅漆的託盤，都很貴重。我不願接受，又不敢全部拒絕。於是我留下了紅漆託盤，不怎麼貴的一個。僕人一口拒絕：「你一定要兩個都留下。」

他催促許多次。我沒有辦法，只好接受。丁大人後來告訴我製作墨綠色花瓶這種工藝在中國已經失傳了。

之後我們彼此拜訪，都非常滿意。有一次，丁太太問了一個問題，嚇了我一跳。

她直接問我：「你覺得中國人和英國人通婚怎麼樣？」也許她聽說在太原有這樣的事情發生。我猶豫了一會兒，然後嚴肅地看著她，簡潔地說：「時機還不成熟。」

她大力點頭，直白地說這也是她的觀點。

……

如果我在中國官太太中就認識丁太太一個，那未免讓人失望。我不知道別人會不會覺得丁太太漂亮，因為百花入百眼。一次，我和一群中國年輕人談到一位女士，下面一片沉默。這位女士他們都認識，很討西方人喜歡。其中一人怯怯地說：「這位女士，按中的觀點看，算不上好看。你們喜歡她就因為她不太有中國味。」

也許丁太太也是如此。慢慢我知道她不是丁大人的原配，原配夫人獨自留在丁大人遙遠的老家裡，這位是二房太太。也許因為她生下一個好兒子，所以丁大人帶她來山西，讓她做山西省的第一夫人。[119]

路熙見到的這位年輕夫人，姓吳。據《山西巡撫丁恪敏公墓誌銘》記載，「夫人楊氏，側室管氏、吳氏。子晉生、晉來、晉成，皆吳氏生。」[120] 留在域外的這段英文描寫，可能是吳氏留在人間唯一形諸文字的記錄。

巡撫之死

丁寶銓是一九九一年六月十八日被免去山西巡撫一職的。他離開撫署——庚子年曾灑滿外國人鮮血的地方——沒多久，武昌城頭就響起了槍聲。

---

[119] 蘇路熙：《樂往中國》，第372-376頁。
[120] 鄭孝胥：〈山西巡撫丁恪敏公墓誌銘〉，載《辛亥人物碑傳集》（北京：團結出版社，1991），第654頁。

太原的光復是在一九九一年十月二十九日凌晨，以閻錫山為代表的新軍一標、二標一千餘名官兵在狄村軍營誓師「北應」。拂曉時分，起義軍趕到太原承恩門，已被同盟會爭取的巡緝隊同志打開城門，起義軍趁著微露的曙光湧入太原。起義部隊快速趕到巡撫衙門，用石條砸開大門，擊斃守衛後，直接面對接替丁寶銓的新任巡撫陸鍾琦。

陸鍾琦，字申甫，順天宛平人。光緒十五年進士，做過溥儀父親載灃的老師。有孝子之稱。他由江蘇布政使上調山西巡撫，履新還不滿百天。

發難時陸巡撫此時衣冠整齊，立於三堂樓前，陸公子隨其旁。陸公子說：「你們不要開槍，我們可以商量。」陸巡撫說：「不要，你們照我打罷！」當時因陸巡撫之隨侍有開槍者，遂引起革命軍之槍火，陸巡撫及其公子均死於亂槍之中。[121]

陸公子名光熙，字亮臣，亦是進士出身，東渡日本學陸軍，卒業歸，授編修，擢侍講。為人亦極孝，曾有割股療親之舉。一說其在東京留學其間加入同盟會，與孫中山、汪精衛等有交，負使命回國，勸其父反正。不料，事尚未成而晉軍變，他倒在了革命同志的槍下。

起義士兵後衝入內室，將陸鍾琦的妻子唐氏和僕役萬春殺害。陸鍾琦十三歲的長孫陸鼎元也被刺傷。陸氏幾遭滅門。

時任英國駐華公使朱邇典在給英國外交大臣格雷（E.Grey）爵士的信中，也提到陸鍾琦之死。

上月二十三日，太原府城陷落，當時革命黨人前往巡撫陸鍾琦的官邸，陸鍾琦回答那些質問他的人們說，他拒絕停止他對清朝的效忠；他還告訴那些攻擊他的人們，他寧死不降。因此，他被槍斃。有一位從太原府給我提供情報的人，後來察看了巡撫的屍體，發現他的胸部有兩處彈傷。他的妻子和兒子遭遇同樣的命運，後來他的官邸被焚毀，於是城內大部分地方遭到搶劫和焚

---

[121] 郭汾陽：〈清末山西巡撫陸鍾琦父子死之謎〉，載《浙江檔案》（2001年第11期），第37頁。

燒，人們被任意屠殺。然而，革命黨人注意不使外國人受到傷害，並且在他們被迫不能外出期間，向他們供應食物。[122]

光復那天，丁寶銓可能已離開太原，如果他還是巡撫，誰是槍下鬼就不得而知了。

殺了巡撫，太原起義宣告成功。當天上午，閻錫山在一片混亂之中被推舉為都督，從此開始了他長達三十八年「山西王」的時代。這一天，是農曆九月初八，「是日適為先生廿九歲生日」[123]。

次年九月十八日下午，孫中山應閻錫山的邀請，乘專列抵達太原。第二天，山西各界人士在山西大學堂舉行盛大的歡迎大會。孫中山發表演說，熱情肯定了山西回應南方起義，鉗制清軍南下的功績。可惜的是，蘇慧廉當時已離開太原，要不他可一睹革命領袖的風采。

逃過一劫的丁寶銓，辛亥後以遺老身分隱居上海。但身處亂世，哪裡又是安居之地？路熙記到：「關於他的最後一條消息讓我們驚訝：光天化日，上海街頭，他中彈倒地，兇手隱沒在人群裡逃走。」[124]

第八節　蘇家、翁家與渠家

蘇慧廉的回憶錄對山西的生活幾無記錄。路熙在《中國紀行》中，倒有一章專述太原生活，這章分兩節，前一節寫丁寶銓，後一節寫太原府的兩個名門望族：漢族的Kung家與滿族的Lo家。「我們剛來，他們就誠懇而友善地接待我們。我們從認識到相知，長期的分別和歡樂的重逢證實了友誼的真實。不論在中國，還是在英國，無論是孩子們，還是長者之間，友誼不斷地發展。」

---

[122] 《英國藍皮書有關辛亥革命資料選譯》（北京：中華書局，1984），上冊，第162頁。
[123] 郭榮生：《閻錫山先生年譜》（台北，1984），第14頁。
[124] 蘇路熙：《樂往中國》，第376-377頁。

Kung家、Lo家，到底指誰？第一次讀路熙的書，這個好奇便產生。可惜她只是用很少的筆墨寫他們，「我不需要多講Kung家事情，達玲的第一本書講過他們」，於是我又去找謝福芸的著述。

一九二四年在倫敦出版的《名門》（*Two Gentlemen of China*）是謝福芸第一本關於中國的書。該書寫的就是Kung與Lo兩大家族的故事。Kung家在書中佔有不少的篇幅，如第十一章《家庭圈子》（*The Family Circle*），幾乎是專門寫Kung家身世的。辛亥前後，謝福芸在天津時就住在Kung家。她的中文名字也就是這位有著「中國不常見的鷹鉤鼻，整張臉因為短短的銀色鬍鬚而顯得更加生動」的Kung大人給取的。

據謝福芸記載，當時五十多歲的Kung大人，官服上繡著一支鶴。他的父親是個翰林，還做過皇帝的老師。Kung大人自己在十八歲時也成為翰林，不過他一直陪伴父親，直至其父過世。後經慈禧恩准，他成了山西省的Provincal Judge。也就是那時，Kung家與蘇慧廉一家相識。[125]

大人姓「Kung」，譯成漢語，是「孔」，還是「康」？我遍查清朝職官年表，在蘇慧廉居晉時的山西，都未有這兩姓的高官存在。

其實在《名門》一書的前言，謝福芸已明確表明，書中人物都是化名，「這是Li Chen的意見，並且這些名字還是他親自所擬。」書中的Li Chen是Kung大人的公子，因為與謝福芸年齡相仿，兩人成為很好的朋友。

讀過謝福芸幾乎所有關於中國的小說，從她個人的經歷及所述之事的來龍去脈，我確信她筆下的人物及故事都有真實的背景，只是多以化名出現。就像你受邀參加一場化妝舞會，原本認識的人今天有意戴起了面具。於是，探尋他們真實面目的意願，在我變得更為強烈了。

---

[125] Hosie, *Two Gentlemen of China*, 111-123.

常熟翁氏

Li Chen這個名字，在路熙的回憶錄中也閃現過一次——「宰相翁同龢被罷免，他是我們的朋友Li Chen的叔叔。達玲還寫了本關於他的書。」[126] 這句話宛如人潮中的驚鴻一瞥，讓我將Kung與「翁」聯在了一起。

翁同龢是晚清重臣，常熟翁氏更以「狀元門第、帝師世家」而著稱。翁氏家族正式發跡於翁心存。翁心存歷官工部尚書、戶部尚書、體仁閣大學士。同治年間入值弘德殿，授讀同治皇帝。翁心存有三子，即翁同書、翁同爵與翁同龢。

翁同龢自咸豐六年（1856）狀元及第一舉成名起，直至一八九八年回籍，四十二年都在京師任要職，歷任戶部侍郎、都察院左都御史、刑部工部戶部尚書、總理衙門大臣，是同治、光緒兩朝帝師，並兩次入值軍機大臣。清代漢族大臣得入軍機者僅有三人。翁家在翁同龢的時代，走上最頂峰。

戊戌事變後，翁同龢被撞出京城，罷官歸里。翁家仕途由盛轉衰。翁同龢子侄輩中，雖有翁曾源中狀元，但終因翁曾源多病，英年早逝，沒能為翁家帶來新一輪的復興。

後來提振翁家仕氣，被稱為「翁家在清朝政壇上的絕響」的是這位早逝狀元的兒子翁斌孫（圖4.18）。[127] 翁斌孫（1860-1922），字弢夫，號笏齋，光緒三年（1877）年僅十七歲便高中進士，供職翰林院庶常館，選為庶起士。一八八〇年散館，授為檢討。後歷任功臣館、國史館、方略館、會典館的協修、纂修、總纂。蘇慧廉在晉前後幾年，他在太原與天津為官，一九〇六年任山西大同府知府。一九一〇年授山西勸業道，一九一一年補授直隸提法使。

書中的Kung大人，也許就是翁同龢的侄孫——翁斌孫。

---

[126] Lucy Soothill, *A Passport to China,* 307. 路熙誤記為叔叔（uncle），可能是外國人搞不清中國的輩份。

[127] 謝俊美：《常熟翁氏》（北京：中國人民大學出版社，1999），第390頁。翁斌孫為翁同書次子翁曾源之子，後出嗣為長兄翁曾文之子。

翁斌孫有三子五女，幼子翁之憙（1896-1972），字克齋，畢業於天津英國教會開辦的新學書院，通中西文，尤精繪事。謝福芸在書中，說她這個好友擅丹青，英文很好，曾作為中國一代表團的翻譯來過英國。莫非Li Chen就是翁之憙？

在謝福芸的另一本關於中國的著述《中國女士》[128]中，有一張五個孩子的插圖（圖4.19），下面一行小字說明此照經Li Chen授權。我結合書中內容，可知照片中的孩子是Li Chen的子女。我想，如果能證實這五個孩子是翁家後人，那便可確認「Kung」家就是常熟翁家。

尋找翁氏後人

我決定尋找翁氏後人。

翁開慶，翁之憙長子，一九一五年出生，二〇〇九年已是九十四歲高齡。曾是工程師，現居天津。

翁興慶，又名翁萬戈，翁之憙三子，後過繼給翁之廉，承繼翁同龢一支。現居美國，曾任美國華美協進社社長，同時在古書畫收藏界享有大名。

翁永慶，翁之憙五子，曾任朱德的保健醫生，現居北京。

但我又如何能與這些歲至耄耋的名門之後取得聯繫？我託人四處打聽，直至二〇〇九年一月二十五日收到老友丁小明博士的郵件：

沈兄如晤：

…………

兄所詢翁萬戈先生聯繫方式一事，弟回家前已託過常熟的曹培根先生代詢，曹通過翁同龢紀念館的王館長問到與美國翁氏的聯繫方式，他們沒有直接與翁萬戈聯繫過，正常都是與翁萬戈的兒子翁以鈞聯繫。曹告訴我，翁以鈞的電郵是weng_yijun@163.com（翁與以之間有一小橫線，但不知是下橫線還是

---

[128] Lady Hosie, *Portrait of a Chinese Lady and Certain of Her Contemporaries.* 五少年合影在第196頁。

中橫線，兄可兩個都試發一下），兄可直接與這個電郵先聯繫一下，如不順利，再通過其他渠道幫兄聯繫。

看看電腦時間，已是牛年，祝兄新年寫作順利，事業更進。

弟：小明

一月二十五日正是鼠年除夕，我在溫哥華。新年初一晚上，我便給翁以鈞先生發去了郵件，並附上《中國女士》書中五個孩子的合影。丁小明叫我兩個郵箱都試試，於是便將發給「中劃線」的郵件抄送給「下劃線」。電腦螢幕上小橫杠一上一下，像我當時不確定的心情。

一月二十九日，正月初四。一早打開郵箱，驚見翁以鈞的回復：「接到您一月二十六日E-mail，十分驚喜！我已將來函轉致各知情人。您的判斷與推測基本正確，唯照片不是翁家的家人。」他同時還告訴我，他不是翁萬戈的兒子，而是他的侄子。現居天津。

如果照片中人不是翁家人，那麼我的推測將立於何處？

正在困惑時，當天上午收到一封來自美國署名Ssu Weng的郵件。她告訴我，已從天津堂兄翁以鈞處轉獲我的郵件及照片。她是翁萬戈先生的女兒翁以思，下月四日將去東部看望父親，請他再辨認照片中人。她說聽他父親說起過，家中長輩在晚清時與外國傳教士有過交往。她父親還在一篇文章中提起過此事。

二月五日，收到翁以思女士發來的郵件：

經家父辨認，照片中人就是他及他的兄弟。第二排右邊是老大翁開慶（即翁以鈞的父親），左邊是老二翁傳慶，第一排右邊是老四翁崇慶（早夭），左邊是老五翁永慶。站在最高位的便是他自己。

翁以思說，他父親看到這張老照片很高興。她說父親知道謝福芸，也有《中國女士》一書，但納悶的是為什麼他的書中沒有這張照片？[129]

---

[129] 經後來查考，《中國女士》除紐約版外，還有倫敦版（1929）。紐約版

一週後，我與翁萬戈先生直接通了電話。翁萬戈生於一九一八年，已年逾九旬。但聽他洪亮的聲音和清晰的回憶，讓人覺得話筒那一頭僅是個六十餘歲的人。

　　翁先生告訴我，這張合影應攝於一九二六年之前，「因為我六妹是一九二六年出生的，這張照片裡還沒有她。照片是照相館裡拍的，我記得四歲時就去照相館裡拍照。」他還說，現居台北的六妹見過謝福芸。「我問過六妹，不過，那時她也小，只知道見過，沒有其他的印象。」

翁萬戈的回憶

　　其實在二〇〇九年五月，翁先生為即將在北京舉行的「傳承與守望──翁同龢家藏書畫珍品展」所寫的一篇文章裡，曾說到傳教士對其祖父及其家族的影響。在這篇題為〈翁氏六代珍藏及其文化意義〉的長文裡，他認為，這批家族收藏能經六代至今的原因，「最主要的是『家教』」。從個人經驗說起：生祖斌孫公，既守舊，但也維新。他堅持我們兄弟三人入私塾（當時四弟在懷抱中，其餘兩弟一妹未生），一如準備科舉考試。我四歲開始背誦《詩經》，接著是四書、部分的《書經》、《禮記》、《左傳》、《史記》、《漢書》、唐、宋詩文等；同時用方格練字，作文。我十二歲時，之憙公才送我們入中學，受現代教育。但祖父很開通：他在山西時，與當地的英國教士交友，收教士的女兒為義女，她同我三姑母及之憙公很熟。因此之憙公在求得結實的國學根底後，入了英國教會辦的天津新學書院，結果也精通英文及理解西方文化。我們兄弟三人的啟蒙英文，是由他親授的。他的書法及山水畫，有相當的程度；見我們愛好美術，就不斷地指點及鼓勵，允許用他的現代精印書畫冊作模仿，及在他上班時佔有他的書法畫室。我們的母親胡樨齡也會畫，她是晚清執行新政、練兵、督修鐵

比倫敦版多了兩章，並有插圖。翁萬戈先生所藏為倫敦版，因此他的書中沒有五少年合影。本書引文採用紐約版。

路、主張變法自強的大臣胡燏棻[130]的女兒：她主持家政時，既慈且嚴。天津發大水時，指揮家人及親自搶救古籍文物。至於文恭公這支的守護工作，要仗著常熟的母親強夫人：從維修綵衣堂、祖墓、丙舍到保管的天津租房裡的藏品，都認做一生最重要的職責，移交到我這個後嗣手中為止。」[131]

這裡提到的英國教士就是蘇慧廉。被翁斌孫收為義女的教士女兒就是謝福芸，翁家人至今仍稱她「蘇小姐」。

經過翁開慶、翁永慶、翁萬戈及翁以鈞等人的回憶，蘇家與翁家的交往情況逐漸清晰起來。

一九〇六年翁斌孫就任山西大同府知府。翌年，蘇慧廉帶著全家也來到山西。可能是工作的關係，兩人相識，並從此成為知交。翁斌孫比蘇慧廉僅長一歲。

蘇慧廉在晉的時間雖不長，但他給翁家很大的影響。二〇〇九年夏，我與翁萬戈先生在上海聊天時，他甚至說這種影響是「決定性的影響」。翁萬戈先生說，翁斌孫十七歲便中進士，是個傳統的士大夫，後來進民國，也算遜清的遺老，但他在那時能送兒子去教會學校，這明顯就是受蘇教士的影響。據說民國時，瑞典人在天津創辦瑞華大學堂，還曾力邀翁斌孫出

---

[130] 胡燏棻（1840-1906），字芸楣，亦作雲眉，安徽泗州人。同治十三年（1874）進士，選庶吉士。1877年散館外放廣西靈川縣知縣，未上任，捐納為道員，補天津道，入李鴻章幕府，督辦糧草。1891年出任廣西按察使，1894年調北京。同年爆發甲午戰爭，清陸軍潰退入關，胡燏棻單騎宣諭，遣散潰兵。11月朝廷命主練兵，屯小站，成十營，號定武軍。小站練兵自此始。又上書變法，當年朝廷定議造津蘆鐵路，自天津至北京蘆溝橋，命充督辦。又任順天府府尹，1897年任關內外鐵路督辦。1899年任總理各國事務衙門大臣，以談洋務著稱。後歷任刑部、禮部、郵傳部侍郎。

[131] 《傳承與守望——翁同龢家藏書畫珍品》（北京：文物出版社，2009），翁萬戈序。由中華世紀壇世界藝術館、中國嘉德國際拍賣有限公司及文物出版社共同主辦的「傳承與守望——翁同龢家藏書畫珍品展」2008年12月10日至2009年2月1日在中華世紀壇世界藝術館舉行。此次展出的五十件古代書畫，時代自宋至清，珍品迭出，體現了翁氏家族獨特的文化品味。翁萬戈先生親臨北京，參加畫展開幕式。北京展覽結束後，部分展品移師美國洛杉磯。「六代翰墨流傳——翁氏珍藏書畫精品展」於2009年4月11日至7月12日在亨廷頓圖書館舉行。

任漢文總教習，並擔任一二門課。翁斌孫「漫應之，未敢遽諾也」。[132]

翁斌孫夾在新時代與舊時代之間，也夾在新學與舊學之間。雖為夾縫中人，但他是開明的。據謝福芸記載，辛亥後，與翁斌孫私交甚好的袁世凱欲任命他為山西都督。作為前清舊宦，是否出任民國職務，他與謝福芸有過開誠佈公的討論。[133]

翁萬戈四歲時，祖父就過世了。因此他的記憶裡，僅有翁斌孫很少的但甚威嚴的印象。翁斌孫一九二二年去世，當時謝福芸已返回英國。她驚聞噩耗，於是給翁斌孫的子女各送了一本《聖經》。[134]

翁斌孫孩子與謝福芸都很熟。書中那個叫Li Chen的年輕人，就是翁之憙，翁萬戈的生父。名為Li Hsien的老三，真名叫翁之廉，是翁萬戈的嗣父。

據翁之憙日記，他第一次看見蘇慧廉是一九九一年的三月十一日：「蘇慧廉至，父命余出見，稍談數語即出。」一個多月後的四月二十四日，下午三點鐘，謝福芸及衛乃雅太太並攜其二歲幼孩來訪。僅稍談片刻，蘇慧廉「帶照相器來，云欲為吾家諸人攝影，於是至庭，在樹下各式，共照五片。」[135]

翁家與蘇家後來成為世交。因蘇慧廉等人的影響，翁之憙也是在教會學校上的學，並因此精通英語。一九二五年他曾赴歐洲考察，英國是其中的一站。在倫敦，謝福芸陪他走了很多地方。他也兩次赴牛津，拜訪蘇慧廉夫婦。

一九二六年，蘇慧廉夫婦攜謝福芸回訪中國。他們經過天津時還前往翁府做客，當時翁斌孫已去世。

---

[132] 《翁斌孫日記》戊午年（1918）二月廿六日條：「到治長路訪新君。談學堂事，擬約余為漢文總教習，並擔任一、二門功課，予漫應之，未敢遽諾也。（瑞華大學堂）（新君瑞典人）」此中提到的瑞典人新君，指新常富。新氏曾任山西大學堂化學教員，為蘇慧廉同事，著有《晉礦》。

[133] Hosie, *Two Gentlemen of China*, 240.

[134] Hosie, *Portrait of a Chinese lady and Certain of Her Contemporaries*, 261-262.

[135] 《翁之憙日記》，未刊，翁以鈞提供。日記提到的衛乃雅是山西大學堂教習，英國人。

上右 | 4.17　謝福芸寫了多
　　　 本關於中國的小説。
上左 | 4.18　翁斌孫。（翁
　　　 萬戈提供）
　下 | 4.19　翁家五個孩子
　　　 的合影。（Portrait
　　　 of a Chinese Lady
　　　 and Certain of Her
　　　 Contemporaries）

花兒

謝福芸的筆下還出現一個叫Wan Lan的女人，說她的小名叫「花兒（Flower）」，是Kung大人的愛女，當時二十歲，與謝福芸年齡相仿。謝福芸住在翁府時，兩人同宿一床，交情甚篤，並結為金蘭之好。

第一次與翁萬戈先生通電話時，我便向他瞭解「花兒」的真名。翁先生告訴我，她叫翁之菊，是他的三姑媽。「菊花，菊花，所以叫花兒吧。」

我說，謝福芸的小說裡，說她後來嫁給一個富貴人家，府邸很大。

翁先生問我：「你知道山西渠家嗎？翁之菊就嫁給渠家。我三姑父叫渠晉銼，渠本翹是他父親。銼是鐵銹的意思。他號鐵衣，表謙虛。三姑父與我們往來密切。家裡很有錢，網球場什麼的都有，不過後來也敗落了。」

渠氏家族是明清以來聞名全國的晉中鉅賈，祖籍山西祁縣。今日祁縣還有渠家大院，是旅遊的熱門景點。據說渠家鼎盛時，光祁縣城內就有十幾座大院，千餘間房屋，占地三萬多平方米，人稱「渠半城」。

我向翁萬戈瞭解更多關於花兒的故事時，他告訴我，三姑媽有個兒子，也就是他表弟，在大陸，是個作家，寫過關於渠家的書。可能那裡會提到他母親。

我當即在電話裡就問：「這個作家，是不是叫渠川？」

我知道渠川先生，他在上世紀九十年代初期便撰寫了以山西票號為題材的長篇小說《金魔》[136]，這部小說，就是後來風靡全國，並獲「飛天獎」一等獎的電視劇《昌晉源票號》的腳本。媒體稱，是渠川開闢了晉商題材創作之先河。

「他給我寄過書，很多年前了，名字一時記不起來了。」翁萬戈先生在電話的那一頭，不敢肯定。但我心裡幾乎已篤定，這個寫渠家故事的人就是渠川。

---

[136] 渠川：《金魔》（福州：海峽文藝出版社，1990）。

放下萬戈先生的電話，我即給遠在家鄉溫州的父親發郵件，我知道家父與渠川是好友。

網路時代，溫哥華與溫州只有時差，沒有距離。不一會兒，即收父親回覆：「我跟渠先生通了電話，一切屬實。翁萬戈是他的表哥。待你回來去採訪他吧。」

聽渠川說往事

二〇〇九年三月，從遙遠的溫哥華回到老家溫州。初春的家鄉，多雨，潮濕。

三月七日下午，和父親一道去拜訪渠川先生。我有十來年未見他了。上世紀九十年代，我還在《溫州日報》做副刊編輯時，渠川先生是溫州市作家協會主席。因工作的關係，我們常有聯繫。

按響門鈴，門尚未打開，便聽見他熟悉並響亮的聲音。他是北方人，熱情與爽朗奪門而出。

「燙燙暖，燙燙暖。」師母端茶過來時渠川先生故意用溫州話對我們說。他在溫州已近三十年，但溫州話仍處於不會說的水平。渠川的夫人是溫州人，因了這緣故，他於一八七〇年來到溫州，先後擔任溫州市文化局創作室主任、市作家協會主席等職。溫州成了他的第二故鄉。「按古人的說法，我這叫流寓溫州。」

「我出生的那年是美國大蕭條的時候，今年又碰到世界經濟危機，大概準備給我送終了。」寒暄時，老人自己調侃自己。

一九二九年生於天津的渠川今年已八十高齡。他原名渠川瓚，參軍後改名為渠川。一九四九年初，北平和平解放前的圍城階段，這位燕京大學一九四七屆新聞系的學生協同一位同學以「C_1、C_2」為代號，穿越封鎖線，成了解放軍第四十軍新華支社的記者。上世紀五十年代起，他在總政《志願軍一日》、《星火燎原》編輯部任編輯，後來成為瀋陽軍區文化部專業作家。一九四四年起發表作品，《永久的感念》五十年代便被譯成外文，介紹到國外；《兩個紅軍小鬼的故事》《伊田助男》

4.20 渠家合影，最右邊的小男孩是渠川。（渠川提供）

《生命不息衝鋒不止》先後入選教材。當然他最具代表性的作品還是長篇小說《金魔》，曾獲華東優秀文藝圖書評比一等獎，後來又被改編為電視連續劇，影響甚廣。

「你父親那天給我打電話時，我還是一頭霧水，後來翁以鈞也來電話，才瞭解了一些。」於是我把此事前後經過向他複述了一遍。

「輾轉了大半個地球，最後還落在溫州。」我說。

「太妙了，做夢都想不到。」他亦感歎。

渠川先生說他以前只知道李提摩太，不知道蘇慧廉。當我告訴他蘇慧廉在山西大學堂任職時他祖父渠本翹正是監督，他更歎「緣份、緣份！」他說，他正準備寫關於渠家的第三本書，「第二本沒寫到山西大學堂，但寫到李提摩太了，下一本可能要把蘇慧廉也寫進去。」

聽八十歲的老人談他的父母與祖父母。他說，翁家與渠家結親，源頭在渠本翹是翁同龢的門生。一八九二年會試後，渠本翹中進士，為三甲第七名，時年三十歲。當時翁同龢正是主考。「山西晉商，都不主張讀書，唯有我祖父是進士，所以他是叛逆，走的路也就與別人不一樣了。」

渠本翹一九〇四年被派往山西大學堂擔任監督。他任此職的時間不長，僅年餘，一九〇六年辭職。後來清政府成立典禮院，被授為直學士。從此，渠本翹被稱為「渠學士」，走上了一生宦海的頂峰。

渠川的父親渠晉鈺，是渠本翹的長子。他與翁之憙都是天津新學書院畢業的。「新學書院是個教會學校。那時家裡有錢的，思想比較新派的多去讀教會學校。我中學、大學也都讀的是教會學校。我中學參加足球隊，教練就是義大利人。當然，以前不知道，我們去讀教會學校，最早與蘇慧廉有關。」「我爸爸沒幹過什麼事，祖父、父親都死了，他是長子要管家，是個收藏家。」

我當然要請他談母親，即謝福芸筆下的「花兒」。「謝福芸說你母親很能幹，是長房長媳，要管很多事。」一九二六年謝福芸隨父親再次來到天津時，曾專程去渠府探望過這位結拜姐妹。當時翁之菊已三十八歲。[137]

「我看我母親不大行。」在渠川的眼裡，母親並不能幹。

「不過，娘——我們都叫娘——能燒一手好菜，家裡有傭人，不用她燒，但我們有時叫她燒紅燒魚，她燒得特別好。畢竟是南方人。」「我母親還會點英語。不過我們覺得她發音不好聽，可能是英國音，跟蘇小姐學的。」「她會寫字，給我們的信，都是她寫，寫毛筆字。也愛看書，看的是張恨水、劉雲若的小說。我們那時候看魯迅、茅盾，她看的檔次不高。」

渠川先生說，在我提起這事以前，他已知道有個蘇小姐。「母親有次帶了本書來，說是蘇小姐寫的，還說裡面有我們九個孩子的照片。」

他說的這本書，書名叫《義勇中國》（*Brave New China*），是謝福芸第三本關於中國的書，寫於她一九三六年又一次訪華之後。在該書第九章《老四吃了一個土豆》（*Fourth Brother Eats a Potato*），又寫到她與翁家後代相會在天津。翁

---

[137] Hosie, *Portrait of a Chinese Lady and Certain of Her Contemporaries*, 299-300.

之憙的妻子胡楎齡當時去車站接她，在天津的幾天，她就住
在翁府。

在《義勇中國》中，謝福芸自然也寫到「花兒」，並在第
三章內附了一張翁之菊九個孩子的合影（圖4.21）。照片中左
邊第三人就是渠川，謝福芸在書中親昵地稱他「小熊（Little
Bear）」。渠川說自己參軍後就沒有再見過這張所有兄弟姐妹
並排坐在地上的照片。

「我對蘇小姐的印象是，很高大，印象可能來自照片。說
不定小時候也見過一面，她好像穿著裙子，燙髮。」

後來，在翁萬戈翻箱倒櫃找出的翁之菊與謝福芸的合影
（圖4.22）裡，謝福芸倒真是穿裙子、燙髮的打扮。這張照
片，三十年代拍攝於天津翁家花園。被謝福芸攬在胸前，笑顏
如花的小女孩叫翁蟾慶，是翁萬戈的六妹、渠川的表姐、翁以
鈞的姑姑。現居台灣，八十五歲。

問答

不論是採訪翁萬戈，還是渠川，我都會問同樣的問題：你
們家信基督教嗎？作為傳教士的蘇慧廉，在宗教信仰方面對你
們家影響如何？

渠川先生搖頭。翁萬戈先生說，我們翁家沒有一個信教
的，渠家也沒有。

第九節　學生與運動

中國第一歷史檔案館保存著一份光緒三十三年（一九〇
七）十一月的外務部檔案——〈外務部庶務司擬致各督撫將軍
函諮文稿〉，其中提到蘇慧廉：

光緒三十三年十月二十四日，准山西護撫文稱，本月十
一日據郵政局由英京寄到《新世紀報》，查閱該報，革命排
滿，倡言無忌，荒謬狂悖，專事煽惑。所慮年輕子弟，見異思
遷，引入迷途，貽患何堪設想，正在設法籌辦。又准大學堂總

教習洋員蘇慧廉亦函請查禁前來，業經本護院通飭各該地方官聯絡社會，多方曉諭，務使父詔兄勉，人人皆知該報為悖逆之媒，無論何人何處，概不准購閱代售。如有寄送到境，即呈由各該地方官收取焚毀，並行提學司，責令各該監督監學加意察查。遇有此等報章，一體收取送官銷毀，以免流傳在案。該報注明發行於法京巴黎，郵局轉寄又毫無限制，似此紛紛投寄，他省諒亦不免，應如何設法嚴禁，請察照辦理等因。本部查該

上｜4.21 謝福芸書中的渠家九兄妹合影。（Brave New China）

下｜4.22 翁萬戈先生找出的蘇小姐（右一）照片。左邊的中年人是翁之菊。前面的小女孩是他六妹翁蟾慶，現居台灣，年逾八旬。

報倡言悖逆，發行於巴黎，轉寄於郵局，散佈各行省，於風俗人心大有關係，實足為地方治安之害，亟應設法嚴禁。山西境內既有此種逆報，經該護撫通飭各該地方官，多方曉諭，收取銷毀，並行提學司各在案。似此紛紛投寄，難保無購閱代售等弊，相應咨行貴將軍督撫查照，迅即轉飭各該地方官並行提學司，設法曉諭，嚴密查禁。一有此種逆報，即收取銷毀，以靖人心而保公安，是為切要。[138]

「大學堂總教習洋員蘇慧廉」所舉報的《新世紀報》，便是後來成為國民黨元老的吳稚暉在一九〇五年創辦的革命報刊。一九〇三年《蘇報》案後，吳稚暉流亡海外。他後來認識了孫中山，加入同盟會，隨後便在英國創辦了這份《新世紀報》。

集會、辦報、革命、民主、學運，這些名詞總是連在一起。在晚清，特別是進入二十世紀後，這些名詞還成了新思維、新文明的代名詞。

學運發軔

其實早在蘇慧廉抵晉前，山西的學生運動已經開展起來了。在中國近代革命史中，屢被提及的山西爭礦運動發生在一九〇五年。按傳統史書的敘述方式，爭礦運動的背景是：十九世紀末，帝國主義在中國劃分勢力範圍後，掠奪鐵路建築權和礦山開採權成為其對華侵略的主要內容。腐敗的清政府根本無力保持國家的主權，中國的路權和礦權大量落入列強手中。

一八九八年五月二十一日，山西商務局經光緒批准，同英義聯合的福公司簽訂了〈山西開礦制鐵以及轉運各色礦產章程〉，規定將盂縣、平定州、潞安、澤州與平陽府所屬煤、鐵及他處煤、油各礦的開採權轉歸福公司辦理，限期六十年。福公司的買辦便是《老殘遊記》的作者劉鶚。劉鶚「謗滿天

---

[138] 傅美英、方裕謹：〈辛亥革命前清政府對革命書刊的封禁〉，載《歷史檔案》（1982年第2期）。

下」，可能與這身分有關。在當時的中國，買辦幾乎與賣國、漢奸劃等號。現在，這名稱改叫「外方代表」，是各級政府招商引資力邀的對象。

因山西對外運輸困難，再加上後來的義和團事件，福公司取得開礦權後一直未著手開採。 一九〇五年二月，山西紳商組成山西同濟礦務公司準備開採煤礦。這時，福公司也派人到平定州、盂縣勘察。當他們發現當地正在自行開挖煤井，便向清政府要求，希望遵守已訂立的章程，禁止中國人在以上各地辦礦。這本是一件經濟糾紛，不料卻激起山西愛國人民的憤怒。當地士紳解榮輅、梁善濟、知縣崔廷獻、舉人劉懋賞等三百四十三人聯名上書山西巡撫張人俊，指責原訂合同使中國人喪失利權，要求廢止。

這類爭端以前不是沒有發生過，但這次有所不同。

一九〇五年十月十三日，《第一晉話報》第四期刊出一篇署名「竹崖」的文章——「九月初七日（十月五日）從天外飛來一個驚天震地破天劈腦的響聲，令人一聽，魂不附體，膽破色灰。就是英義兩國的福公司要一口吞進我們山西人性命的礦。」「福公司是和商務局立的合同，不是和山西全體的人民立的合同。山西人不承認商務局的賣礦，更不能承認福公司的立約。這合同是不值一廢的，只苦我們山西人不廢，山西人一起來廢，便如反手一般。」[139]

百年前的報刊就像今天的互聯網，在傳佈新觀念的同時，也成為語言暴力的發洩場，並令大眾輕易陷入極端化的情緒。最先被「感動」的總是熱血學生。

十一月二十八日，山西大學堂學生得知當局正在海子邊（山西商務局所在地）宴請福公司代表，於是立即召集近千名同學結隊前往遊行示威。門警拒不讓入，憤怒的學生即打倒門衛，衝進宴會間。 這時距義和團事件不遠，洋人突見近千人蜂擁而入，一時亂作一團。幾個膽小的還鑽入桌下。看到洋人如

---

[139] 《山西大學百年紀事》，第26頁。

此狼狽，學生覺得揚眉吐氣。「後來人們戲言：這是福公司滾出山西的先兆。」[140] 隨後聲勢浩大的遊行隊伍轉往巡撫衙門請願，要求當局廢止合同，收回礦權。

山西大學堂的這次行動，可能是中國教育史上的第一次宏大的學生運動。時距五四運動還有十四年。它開啟了學生愛國運動的先河，也打開了潘朵拉的魔盒。

山西的學生能動起來，與山西大學堂有學生留學日本很有關係。該校學生在日本之時，正是孫中山在東京組織同盟會的時期，於是許多人加入該會，並從此樹立起革命救國的信念。這批人後來成為山西革命的骨幹力量，其中著名者有景耀月、王用賓等。這些同學後來回國，帶回《民報》《猛回頭》《革命軍》《大義錄》等書報，在中西兩齋間傳閱。一九○七年清廷下令各省停派官費留日生，應與看到這種革命的苗頭有關。[141]

在《第一晉話報》刊出那篇叫人「驚天震地破天劈腦」的文章的同一天，就讀於東京法政大學的山西大學堂留日學生李培仁（圖4.23）做出了一個驚天動地的舉動——蹈海自殺，以示對清廷軟弱賣礦和帝國主義蠻橫掠奪的抗議。李培仁蹈海比陳天華還早了兩個月。

李培仁之死，一瞬間便將爭礦運動推向高潮。後來李培仁的靈柩回國，愛國人士在太原舉行追悼會，到會者數千人，群情憤慨，政府與英商一時不知所措。[142]

學生運動最熱烈時，福公司英人電請李提摩太親赴太原，協助西齋說服和管束學生，以期儘快結束紛爭。當時西齋學生代表崔廷獻等人正憑藉所學知識與英人力爭，學生還準備赴北京襄助交涉贖礦之事。

---

[140] 冀貢泉：〈山西大學堂和爭礦運動〉，載《山西文史資料》第二輯，第39頁。

[141] 1906年，清政府鑑於留日學生人數巨大而失之過濫，教育水準低下的情形，曾頒佈《管理遊學日本學生章程》。1907年，更下令各省停派官費留日生。

[142] 可參李浩、郭海：《晉礦魂：李培仁與山西爭礦運動》（太原：山西人民出版社，2001）。李浩為李培仁孫子。

李提摩太是見過大世面的人，在其一生也處理過很多大事難事，但這次面對自己培養出來的學生，「雖用盡種種辦法進行說服，卒無絲毫效果，乃抱頭痛哭離開山西，返回上海。敦崇禮也氣憤身死。英商福公司不得不廢除採礦合同，而埋怨李提摩太作繭自縛。對山西人之倔強，從此加以注意和警惕。李提摩太經這一場教訓，對西齋學生悲觀失望，逐漸由熱變冷，而西齋學生也感到『非我族類，其心必異』是千古名言。」[143]

　　李提摩太勸說無效，只能鎩羽而歸。那一刻，他感到一種巨大的陌生感和無力感，他也許會反問自己，我是作繭自縛嗎？

　　李提摩太走了。敦崇禮也於一九〇六年去世，他的死是否與這場學運有直接關係，不得而知。[144] 但山西大學堂學生為爭礦鬧得最凶時，他作為西齋總教習，面對混亂的校園與怒目相向的師生關係，必然心力交瘁。

　　位於侯家巷的山西大學堂校園自此不再平靜，師生關係也從此逆轉。發萌於侯家巷的這種校園政治生態，後來蔓延到全國，並流布至今。從事閻錫山研究的美國學者佩佛爾・納旦尼爾在寫到山西大學堂的這段學運時，曾犀利地指出：「當愛國主義成為一種職業時，知識分子的成長就受到了阻礙。」[145]

　　但在當時，大學堂學生的參與極大地鼓舞了全省人民爭回礦權的意志和決心，而「官吏知民力率不可當，士大夫多起抗爭」，於是紳學各界代表聯名稟請山西巡撫，要求批准創設「保晉礦務公司」，讓自己人開採全省各種礦產。一九〇七年春，「保晉公司」成立，第一任總經理便是渠川的祖父渠本翹。一九〇七年八月，清政府電令山西按察使丁寶銓負責與福公司交涉贖礦事宜，最終以賠償白銀二百七十五萬兩為條件，在一九〇八年與福公司簽訂了《贖回開礦制鐵轉運合同》十三條。聲勢浩大的爭礦運動，終於迫使「福公司」放棄山西的開

---

[143] 王家駒：〈山西大學堂初創十年間〉，載《山西文史資料》第五輯，第85頁。

[144] 《晉礦魂》一書也持氣死說，並誤認為敦崇禮是李提摩太的女婿。

[145] 王李金：《中國近代大學創立和發展的路徑》，第310頁。

採權，在索取賠償後退出了山西。至此，歷時三年轟轟烈烈的爭礦運動宣告結束。[146]

爭礦運動宣告結束時，蘇慧廉已來到太原，他目睹了這場聲勢浩大的群眾運動的尾聲。「我們到達太原府的時候，山西巡撫是恩大人，一位滿族貴族。……但近來大出風頭的是丁大人。英國公司曾擁有一定年限的煤礦開採權，而丁大人爭取向英國贖回山西煤礦。他從北京回來的時候，被當成了英雄。」[147]蘇慧廉也就是在歡迎的隊伍中初識丁寶銓。

路熙說：

問題是現在值得祝賀嗎？丁大人和人們為經營煤礦付出了代價，這個代價讓山西省財政不堪負荷。西方人經營煤礦的時候，有組織，有技術，還有現代機器，所以收益能上升。但現在煤礦不賺錢，煤礦在效率低下的當地公司手中，而煤深深埋在地下。煤礦運作得好，其實可以為上千的中國貧民提供工作機會。[148]

左 ｜ 4.23　李培仁。（《晉
　　　礦魂》）
右 ｜ 4.24　王錄勳。（《山
　　　西大學百年校史》）

---

[146]張承銘、閻冰：〈張士林與山西爭礦運動〉，載《文史月刊》（2005年第10期）。
[147]蘇路熙：《樂往中國》，第371頁。
[148]同上，第371頁。

確實，保晉公司開辦沒幾年，便因資金短缺、經營不善陷
入難以為繼的局面。

塞西爾宴客

　　山西大學堂派往日本的官費留學生都來自中齋。西齋由英
國人承辦，赴英留學遂成為必選的的途徑。據記載，從光緒三
十年（1904）開始，西齋開始保送成績優良者官費留英，去學
習鐵路和礦山工程。第一批就有二十四名學生成行。到一九九
一年，西齋共選派三十六人官費留英，數量居當時全國之首。
這批早年的留學生，大都在英國取得碩士、博士學位，返國後
服務於各界。山西大學堂後來交還給中國人主持，他們成為該
校的骨幹力量。此與留日學生多走上革命道路，形成鮮明的對
比。當然，在極「左」時期，也有人認為，李提摩太提倡西齋
畢業生到英國留學，「是養成英人在中國的高等代理人。清政
府不察，於是有留英學生之保送。」[149]

　　一九〇七年五月，山西大學堂第一批留英學生已抵倫敦，
當時蘇慧廉也在英國。此時他雖未赴任，但已接受了該校的聘
請，於是便以東道主及總教習的身分，宴請這批遠道而來的年
輕客人。塞西爾（Cecil）大酒店是當時倫敦最豪華的酒店之
一，蘇慧廉帶著家人，請這一群從未踏足過如此奢華場所的中
國學生吃飯。

　　一年夏天，也就是我和弟弟都被劍橋大學錄取的時候，
我父親經西伯利亞短暫回國。這時他堅持要請在英國的山西學
生聚一次。我和弟弟都不是很贊同，我們認為如果他非要把為
數不多的錢財散盡，那也更應該把它花在家人身上。當天來的
賓客中幾乎沒有人穿晚禮服，但父親堅持要我們穿上。那些山
西學生並不像廣州人或上海人那麼注意服飾，所以一開始的時
候，我們感到他們和酒店的氛圍格格不入。[150]

---

[149] 王家駒：〈山西大學堂初創十年間〉，載《山西文史資料》第五輯，第
　　85頁。
[150] 謝福芸、王錄勳的回憶及對話引自 *Brave New China*, 94-95。

這是謝福芸的回憶。

他們二十四個人啟程前往英國時，我父親還沒有接手山西大學堂。他們至今都記得是如何坐著驢車忍受一路風霜，穿過平原，然後又坐火車來到京津。對那時的他們而言，北京與天津無疑是生平所見最大的城市。下一站到了上海，在縱橫交錯的街道面前他們慌了神，絕對不敢單獨行動。隨後乘船，一路顛簸來到了大英帝國。這也是分別的時候，從此各人散落到了不同的城市。初到異鄉，他們人生地不熟，英語也不行，需要學習的東西很多，對自己的國人身分幾乎要失去信心。公使館裡精明的廣州人也嘲笑這些來自北方的同胞，說他們的辮子像豬尾巴，並叫他們笨熊。

「他們以我們為恥，我們可是同根的中國人。」謝福芸記得王錄勳[151]這句悲傷的感歎。王錄勳（圖4.24）是第一批赴英留學的山西大學堂學生，當時留英的這批人後被稱作「二十四傑」。

一九三六年謝福芸重返山西，當年的窮學生、時為山西大學校長的王錄勳特別邀請她參加留英同學的聚會。席間，大家紛紛回憶起塞西爾的宴請及當年的往事。

「事實上，駐英大使也曾給國內發過電報，認為應該把我們這批人送回國，」現任山西外事局代表的另一位留英學生插了一句：「但是您父親竭力反對。」

「後來，我們花了一年的時間專門學習外語，最後都通過了考試，有些還考得很不錯。」王校長自豪地說：「後來我們回到了自己的祖國工作，我們山西省也成了全國模範省，而其他省份卻在原地踏步，沒有取得任何進步。」

「正是您父親拯救了我們。他從來都不以我們為恥！從來不！他邀請我們共進晚餐——而且是在塞西爾這樣的大飯店。」其他人附和著說道。

---

[151] 王錄勳（1885—1960），字獻辰，山西臨汾人。1906年畢業於山西大學堂預科，次年公派英國倫敦大學工程科留學，獲博士學位。1912年9月起歷任山西大學物理學教授、工科學長，1918年8月至1937年11月出任山西大學校長。曾任山西省建設廳廳長，山西省公路局總工程師等職，著有《山西省汾河水域的勘測及水利資源》。

謝福芸仍記得那天在塞西爾酒店，蘇慧廉還做了一個在她看來充滿教條意味的發言。「事後我們都曾為此責備過他，他讓整個宴席的氣氛變得沉重起來。『我瞭解他們，你們不懂，』父親如是說。」

　　蘇慧廉真的瞭解這幫來自苦難中國又熱血沸騰的年輕人嗎？

　　《山西大學百年紀事》中有這樣的記錄：

　　一九〇七年七月，剛剛抵達英國倫敦的西齋留學生趙奇英、龐全晉、李建德、武盡傑、耿步蟾、白象錦、張靜山等二十餘人舉行遊行，抗議英國福公司掠奪山西礦權的行徑。[152]

　　二〇〇二年出版的《山西大學青年運動史》認為，他們即便遠離祖國，仍表現出「同仇敵愾的愛國義憤」[153]。

第十節　最後一課

蠟燭與空氣

　　謝福芸的書中，有李提摩太創辦山西大學堂時為獲得更多官員的支持所準備的一個細節。

　　「看！」在一次精心準備的午餐會上，李提摩太拿出一隻玻璃杯，然後點燃一支蠟燭，並放置其中。這時火焰很旺。隨後，他將一個碟子蓋在玻璃杯口，火苗漸漸熄滅了。

　　「這支蠟燭就像我們山西，」他說道，「它需要外面的空氣才能燃燒。山西常鬧饑荒是因為缺少一條通往外界，能將各地的糧食運進來的鐵路。山西人亂殺外國人，是因為他們不瞭解外面的世界及外國人發明的現代科技。」

　　官員都不約而同地站起來盯著蠟燭看。「我們需要外國人來辦鐵路和大學。」他們說。

　　「不管是鐵路還是大學，建成十年後，都將交還給中國人

---

[153] 陳文秀、張民省、劉秋旺：《山西大學青年運動史》（北京：中央文獻出版社，2002），第10頁。

自己管理。」李提摩太向他們保證。他最終兌現承諾。[154]

　　這條由李提摩太於一九○二年倡議修建的鐵路，從河北正定到太原，全長二百八十三公里。一九○七年完工的正太鐵路是山西境內第一條鐵路。

　　一九○八年底，李提摩太坐火車蒞臨太原。原山西大學堂學生、時任省諮議局議長的梁善濟召集省城所有中等以上學校的師生在廣場舉行盛大的歡迎大會。梁善濟致辭：「今日歡迎先生的學校師生來自軍事、農林學校，來自普通中學，來自大學堂，那些學校的校長幾乎都是山西大學堂昔日中西齋的畢業生，這不僅在太原府，而且山西的許多縣城，正由於大學堂畢業生們的努力，各類學堂似雨後春筍般在山西大地上出現，給山西教育注入了生機，這一天，我們均應感謝尊敬的山西大學堂西齋的創立者，尊敬的李提摩太先生。」[155]

　　李提摩太自己的回憶錄中，對這天所受到的禮遇沒有記錄。歡迎儀式蘇慧廉在場。在李提摩太傳中他有提到這一天，但沒有具體記錄李提摩太對學生說了什麼。李氏的一九○八年，蘇慧廉只寫了當年一月他在日本訪問時，給七百多名中國留學生做個講座。「我告誡學生，在完成學業之前，在學完早稻田大學所傳授的一切知識之前，不要回國參加政治活動，否則將有百害而無一利。」[156]遺憾的是，絕大多數的中國學生把這位外國老人的話當成了耳邊風，正如三年前捲入爭礦運動的學生一樣。

　　一九○八年以後的山西大學堂，不論是李提摩太還是蘇慧廉，都鮮再提及。後來寫山西大學堂歷史的人，對那段時期的總結是──「西齋代理總教敦崇禮病故後，繼任X者蘇某（英國人）因李提摩太對爭礦運動未能取得勝利，意志消沉。蘇某失掉靠山，也漸專理教務，不敢過問政治。而況十年合同，不日到期。」[157]此中蘇某，便指蘇慧廉。

---

[154] Hosie, *Brave New China,* p90.

[155] 《山西大學百年紀事》，第41-42頁。

[156] 蘇慧廉：《李提摩太在中國》，第280頁。

[157] 王家駒：〈山西大學堂初創十年間〉，載《山西文史資料》第五輯，第87頁。

一九〇九年夏，蘇慧廉短暫返英一趟，並回到了故鄉哈利法克斯。倫敦大學所藏的蘇慧廉信件中，夾著一張沒有報頭的新聞剪報，報導蘇慧廉在故鄉訪問了布倫瑞克聖道公會教會。在那裡，他受到了眾多老友的熱烈歡迎，其中包括他的胞弟、時任阿什維爾學校校長的艾爾弗雷德牧師。

十年期滿

按照一九〇一年底訂立的《中西大學堂合同八條》，李提摩太僅負責西學齋頭十年的管理工作。到一九一〇年，西學專齋已開辦九年，期限將滿。經丁寶銓與李提摩太協商，後者表示願提前一年辭去西齋總理職務，來晉辦理移交手續。

一九一〇年十二月中旬，李提摩太再次來到太原。「李先生由滬至晉，歡祝之聲盈於道路，至以一見其面為榮」[158]。

丁寶銓率省城官員及全體師生於十二月十四日（宣統二年十一月十三日）在大學堂禮堂召開歡迎會，「會上有演說，都是對大學堂的貢獻，讚不絕口。李提摩太的回答感人。他這次的來訪，決定這大學堂不必等到十年期滿，就交付官辦。他深信新式教育已在該省植根，於是他決意立刻辭去大學堂督辦之職。」[159]

丁寶銓當場接受了李提摩太的辭呈，將西齋正式收回，由省負責辦理。李提摩太希望他之前聘請的西齋中西教習在新的階段能繼續得到延聘，丁表同意，並允諾將繼續擴大辦理西齋。[160] 據蘇慧廉記錄，當時除了他以外，西齋還有畢善功、新常富、華林泰（Warrington）、歐師德等外籍教員，另外還有十四名中國教員和文員協助工作。[161]

蘇慧廉在這裡沒有點出大名的一位「外教」，後來成為西方漢學界的翹楚。他叫高本漢（Bernhard Karlgren），因其在中國方言和語言史領域開創性的研究工作而蜚聲國際。高本

---

[158] 梁善濟：〈山西大學堂設立西學專齋始末記〉碑。
[159] 蘇慧廉：《李提摩太》，第256頁。
[160] 《山西大學百年紀事》，第45頁。
[161] 蘇慧廉：《李提摩太在中國》，第250頁。

漢一九一〇年夏抵達太原，經同為瑞典人並是校友的新常富之薦，到山西大學堂擔任「外教」，「每週上二十二小時法文、德文和英文課，每月工資一百七十兩白銀。」[162]

高本漢的學生、諾貝爾文學獎評委馬悅然一九九五年推出了《我的老師高本漢》一書，書中披露了一封高本漢一九一〇年七月十三日寫給女朋友茵娜（Elin Nilsson）的信，信中對他的上司頗為不恭：

> 所有在太原的英國人都很怪。首先是那位校長蘇慧廉，過去是一位傳教士，趾高氣揚，自認為無所不知，事事都想插手，因此眾人對他恨之入骨；他的老婆跟他是一丘之貉，神經質和醋意十足。然而他對我的善意是很重要的，因為他的書房有很多關於中國的書籍。[163]

高本漢當時還僅二十出頭，有點年輕氣盛。不過，馬悅然說，高本漢有理由與蘇慧廉保持良好的關係，因為蘇慧廉答應給他找到山西各地講方言的人，以便他研究中國方言。高本漢後來因寫出《中國音韻學研究》而被稱為「首開中國歷史音韻學研究的先驅」。在這本傳世的漢學名著裡，他表列了三十三種漢語方言，其中屬於山西轄境範圍內的就有八種。[164]

對蘇慧廉略有微辭的還有洪業。洪業上世紀二十年代末期曾遊歷歐洲，並在牛津見到了蘇慧廉。蘇慧廉「特意給他幾個質難問題，見洪業應付裕如後，才對他平等相待」。[165] 洪業畢業於美國哥倫比亞大學，先後在燕京、哈佛任教，後成為國際著名的史學家。

---

[162] 馬悅然：《我的老師高本漢：一位學者的肖像》（長春：吉林出版集團有限責任公司，2009），第72頁。

[163] 馬悅然：《我的老師高本漢：一位學者的肖像》，第70頁。

[164] 詳見馬毅：〈高本漢早期學術行曆與《中國音韻學研究》的撰作〉，載《中山大學學報》（社會科學版，2007年第1期，第四十七卷，總205期）。

[165] 陳毓賢：《洪業傳》（北京：北京大學出版社，1996），第101頁。此書中蘇慧廉譯為蘇迪赫爾。

移交

一九一一年二月，蘇慧廉代表英方正式向山西辦理了移交西齋的手續。

西齋十年，成績有目共睹。共畢業學生三百六十三人，其中預科三百十三人，專科五十人。派出三十六人赴英國留學。[166]

當時洋人對山西大學堂的評價可以莫理循為代表，他稱讚這「是一所完全由英國人主辦的有聲譽的學府」[167]。也有人評價，晚清以降，直至民國，山西大學堂是亞洲最好的大學之一。

對西學專齋取得的成績，清政府予以嘉獎。一九一○年，根據巡撫丁寶銓《奏大學堂西學專齋合同屆滿請獎教員折》，清廷賞西齋總理李提摩太三代正一品封典。李氏一九○七年一月曾獲二等第二雙龍寶星勳章[168]。每三年獎勵一次，是辦學合同第十六條的內容——「西學專齋各教習每屆三年，果系認真教諭、著有成績者，擇優保獎。」

蘇慧廉一九○六年夏接任西齋總教習，現在他的工作也滿三年，他此次獲賞二品頂戴並三代二品封典，並被授予二等第三雙龍寶星勳章。西齋副總教習畢善功同時獲賞二等第三寶星並二品封典，新常富獲三等第一寶星勳章。[169]

為了紀念這段功業，山西省諮議長梁善濟親撰《山西大學堂設立西學專齋始末記》（圖4.26），這篇文章被刻入碑石，

---

[166] 《山西大學百年校史（1902-2002）》（北京：中華書局，2002），第23頁

[167] 駱惠敏：《清末民初政情內幕——〈泰晤士報〉駐北京記者、袁世凱政治顧問喬‧厄‧莫理循書信集（1912-1920）》（北京：知識出版社，1986），下卷，第70頁。

[168] 1891年總理各國事務衙門向朝廷上奏勳章章程，建議設置雙龍寶星勳章，此奏摺很快獲批，由此誕生中國歷史上第一枚勳章。雙龍寶星勳章外形為星狀，圖案仿照清朝國旗，以龍為標誌。分五等十一級，等級用滿文標於寶星之上，並鑲嵌珠寶，或珍珠，或珊瑚，或寶石，以其顏色區分等次。The Chinese Recorder 1907年3月號第171頁曾報導李提摩太等獲勳情況。

[169] 丁寶銓：〈奏大學堂西學齋合同屆滿，請獎教員折〉，載《中國近代教育史資料彙編‧高等教育》（上海：上海教育出版社，2007），第73頁。此奏摺中未提蘇慧廉獲二等第三雙龍寶星勳章。路熙在回憶錄（327）中提到蘇在1911年獲寶星勳章。

| 4.25　雙龍寶星勳章。

與《山西大學堂西學專齋教職員題名碑》一起，立在校園裡，並有幸保存至今。當時李提摩太已回國。梁善濟還仿照此碑，以銀為質，專做了兩塊長一米見方的銀牌，交蘇慧廉帶回英國贈李氏作為紀念。

蘇慧廉是一九一一年七月離開太原的，從此沒有再回來。他帶著兩塊銀牌，連同自己近三十年在華的經歷，還有疲憊的身心，踏上歸程。

謝福芸一九三六年回訪山西大學，那時蘇慧廉剛去世。在一個新的高高的大廳裡，她發現父親的名字被刻在高大的黃銅版上：

第二天下午，山西大學為我舉辦茶話會。他們把我領到一個新落成的高高的大廳。寬闊的台階兩側是高大的黃銅板，上面鐫刻著漢字。我剛走上台階，王錄勳校長就把我引向左側——這在中國是上首的位置。「看，這是你父親的名字。」他說。

「蘇—慧（聰慧）廉（廉直）。」我讀出名字，這是對 Su Huei-Lien 的翻譯。從他一生經歷的諸多冒險來看，這個名稱也不算完全準確。黃銅板上還有很多其他的英國創建者、教職員，甚至是殉難者的姓名，這些殉難者也是為這所大學而死的。在右邊的黃銅板上，刻著中國籍同事的名字。

「我們可能現在就會死去，」王校長說，「但我們並不想讓我們山西省忘記這裡是怎麼開始的。」[170]

---

[170] *Brave New China*, 98.

山西沒有忘記這些英國人。據謝福芸記載,她一九三六年在太原時受到了特別的禮遇。校長特地從政府那裡借了輛福特汽車去車站接她。在當時,特別是「在山西這樣一個偏遠的省份,這樣的車從進口到平時保養,都是一筆巨額的開銷。」

「真是不敢當。」謝福芸用中文謙遜地說。「您過謙了。」校長則用英文回答:「如果不用車來接蘇先生的女兒,那簡直就是山西省的恥辱。」謝福芸那次在太原,還受到閻錫山的接見,原因也是同樣——因為她是蘇慧廉的女兒。[171]

蘇慧廉走後

蘇慧廉離晉後僅三個月,武昌起義爆發,山西新軍隨後回應。

在一九一一年爆發的革命運動中,丁寶銓的繼任者被刺殺,城區大部分遭到破壞。但革命派卻沒有觸動學校的建築。學校的財務總監,一位姓高的基督徒,以前曾是我妻子的寫作助手,在各個班級教室的門上,在學校的所有建築物的門上,都貼上了外籍教授的名片。叛亂者不敢觸動外國人的任何財產。在革命運動後很長一段時間裡,局勢一直非常混亂,經費也接濟不上,教授和學生零落四方。[172]

李提摩太如上寫道。

這位基督徒叫高大齡,是個中國人,時任西齋會稽與庶務。他派工匠將中齋所有通往西齋的門用磚砌死,並將外籍教員的外文名片放大,貼在前後門及閘外的牆上。被高大齡拿來做護身符的是瑞典人新常富的名片。

新常富出生於瑞典一個上院議員家庭,受過良好的教育。一九〇二年新春伊始,二十三歲的他隻身從那不勒斯港登船向上海進發,初衷是去中國找份報酬豐厚的工作。在上海,他經人介紹認識了李提摩太,當時李氏正在籌建山西大學堂,於是

---

[171] Hosie, *Brave New China*, 87.
[172] 李提摩太:《親歷晚清四十五年》,第295頁。

| 4.26 《山西大學堂設立西學專齋始末記》碑。

他的夢想及青春就與這所學校聯繫在一起。

作為化學教員，新常富對化學的教學與研究是卓越的。一九〇八年商務印書館出版的《無機化學》就是新氏所著，該書是當時國內流行的化學教科書。一九一三年，新常富又著《晉礦》（*Geography of Shansi*），對全省人口、商務、地質進行了全面的介紹。其對礦產資源的調查分析，尤為詳細。新常富在山西大學一直留任到一九二〇年，成為該校任職時間最長的外教。新氏晚年遷居北京，一度在燕京大學地理系兼課。一九三七至一九四九年任瑞典新聞社駐華通訊員，兼北京瑞典協會會長。一九五七年在北京去世。[173]

西元一九一一年，就像一個歷史的十字街頭，有人來，有人走。九月，西齋派往英國的第一批留學生結束了在英國的學業，返回故鄉太原。後來擔任山西大學校長的王錄勳在一九三六年對謝福芸說：

---

[173] 行龍：〈不該忘記的新常富〉，載《山大往事》（太原：山西人民出版社，2002），第31-35頁。

你應該記得你父親是一九一一年七月走的，過了三個月左右，十月份的時候辛亥革命就爆發了。我們這些在英國留學的學生是九月份到山西的，結果錯過了您父親，卻正好趕上了革命。不是山西本省的教師都走了，我可不是責怪他們，畢竟在當時，沒錢維持這麼一所大學。省裡說京城的中央政府會撥款給我們，中央也說很快就給，但我們從來沒見到錢。中國人可以節儉辦事，再說我不能看著你父親打下的這麼好的基礎就此付諸東流。雖然我是工程師，但還是把管理學校的擔子接了過來。[174]

　　謝福芸印象——她父親的這位中國繼任者，有寬闊的肩膀和光潔的額頭。他的話語充滿了韌性和智慧，語氣中充滿激情。

[174] Hosie, *Brave New China*, 88-89.

第五章　烽火（1912-1919）

我們看錯了世界，卻說世界欺騙了我們。
　　　　　　　　　　　　　　　　　　　——泰戈爾

第一節　北京女校

皇城根下

　　一九一一年七月，蘇慧廉將山西大學堂西齋交還給中方後，便帶著妻子離開了太原。綜合現有的材料，可知他們離開太原後先是到了北京，因為謝福芸住在北京。之後蘇慧廉返回英格蘭，路熙則留京與女兒同住。

　　一九一一年，謝福芸二十六歲，正是朝氣蓬勃的年齡。這位畢業於劍橋大學的年輕人，當時重返中國，就是希望能像父親一樣幹番事業。「我要盡我所能去滿足中國人的需要。如果我能，我願意把劍橋移到中國去。」她計劃辦一所如母校劍橋紐海姆學院式的女校，此舉也得到了蘇慧廉的支持。

　　他完全支持我的想法，並且給我提出很好的建議。在那段時間，我特別希望做的是在北京辦一所面向貴族的女校，就像日本的貴婦學校、印度的高級種姓子女學校那樣。我們覺得在中國，中產階層和窮人家的女孩都逐漸接觸到教會學校和公辦學校，但是靠皇權最近的貴族階層，由於階層的原因，還被排除在最有影響力的現代教育之外。通過帝國最後一位皇太后慈禧的作為，人們可以瞭解到這些貴族婦女對國家命運所起的影響。慈禧太后如果對科學真知和現代歷史有哪怕最膚淺的一點認識，她怎麼能去支持義和團？她對過去的致歉總是說她不知道她做了什麼。

　　當我們在啟動這一冒險之舉時，坐在龍座上的是個五歲的小皇帝，被他的母親和其他朝廷裡的貴婦小心照料著。我們希望能把官員階層的一些女孩吸引到學校來。我們夢想中國的女孩子們能夠學會知足常樂，學會務實有效，學會勇敢直面真理。我們希望她們的古典氣質能和新知識恰如其分地融合在一

起，從而吸引更多的人加入到我們這個以紐海姆女校為範本的學校中來。

　　非常幸運，一位校友獲悉了我們的計劃，她就是博登‧史密斯小姐。她的父親是個傑出的海軍將官。當她父親還只是候補軍官的時候，就參加了白河碉堡的會談。她父親常常稱大英帝國欠中國甚多，原因是中國是個自給自足的國家，不需要從我們這裡得到什麼，而我們卻用武力凌駕其上。很多人猛烈抨擊他的觀點，他們說那個時候面對中國政府的傲慢無禮和一再的言而無信，除了動武別無他法。她父親勇於冒險的血液同樣在博登小姐的血管裡奔騰，劍橋學位考試後她拒絕了英國大學裡更輕鬆舒適的生活，而是樂意與我們合夥辦學校，投入到這件吃力不討好的事情中來。她比我早一年離開劍橋，在美國一所大學待了一年，還寫了本關於那裡的書。而後又在倫敦接受一個教師培訓的課程。處理好一切事務後，在我之前來到了中國。她面臨的困難更大，因為中國的人和語言對她而言都是完全陌生的。她經由印度前往中國，我一度擔心會捲入到印度的騷亂中去。所以當她安全到達時，我感到非常寬慰。也正是她，召集來了第一批士大夫家的小主顧們，並且在椅子胡同裡置辦起各項設施來。她買來桌椅，給窗戶裝上玻璃，承擔了大部分的事務，同時還從早到晚忙著學漢語。[1]

　　這所位於石駙馬大街椅子胡同（Chair Lane）的女校，當時叫北京培華女子中學。椅子胡同靠近紫禁城，因為家長希望他們的孩子能儘量離皇宮近一點。此為貴族學校，梅貽琦、洪業都把女兒送到這兒來。林徽因（圖5.1）、趙曾玖[2]也畢業於該校。

　　與謝福芸合辦培華的校友博登‧史密斯小姐，漢名包哲潔[3]，也是個女中豪傑。除創辦培華外，她更大的功績是與丁淑靜[4]等創辦了北京基督教女青年會。

---

[1] Hosie, *Two Gentlemen of China*, 31-33.
[2] 歷史學家瞿同祖的夫人。
[3] 包哲潔（A .G. Bowden Smith，？-1945），又譯為鮑哲潔，英國人。中華聖公會傳教士，1910年來華，在北京創辦培華女校，並任校長。
[4] 丁淑靜，1911年畢業於華北協和女子學院，曾赴紐約女青年會進修，

北京培華女中

今日關於培華的材料很少，所以無從知道這所由幾個外國青年女子創辦的女校具體的籌備過程。據謝福芸回憶，一九一一年九月學校正式開學了。

我們滿懷期待地啟動了我們的學校，結果一個月以後辛亥革命就爆發了。不僅滿人失去了往日高貴的地位，其他階層的權貴也都逃走並躲了起來。從我個人的感受來看，令他們難受的是革命要建立一個共和國。從正式意義上來講，也就不會再有公主、貴婦或者貴族階級。儘管現在所有的人都成了公民，但對往日手握大權的貴族，人們還是有很明顯的偏見和敵視。袁世凱曾經被清廷授予極高的爵位，甚至賞賜過一件黃馬褂，但他也表露出要遠離貴族的意圖。他用他那蹩腳的英文，向外國朋友開玩笑地介紹自己，說自己是「密斯太袁（Mistaire Yuan）」。其實每個人包括袁世凱自己都知道，對於普天之下的中國人而言（除了一部分莽夫），他就是「最大的」。……這樣就不會保留貴族階層了，當然我們當下的困難也就難以解決，儘管我們已經準備像輔助帝國一樣去輔助民國。[5]

「密斯太袁」，就是「袁先生」的意思。袁世凱當時以改稱「先生」來表示自己擁護「共和」。謝福芸故意將「Mr.Yuan」寫成「Mistaire Yuan」，是有意模仿袁世凱古怪的英文口音。

不得不承認，中國的南方人在吸收現代教育的優點時總是比北方人要快很多。滿人朋友會抓住我們的手，輕輕拍著，笑著讚揚我們「智慧非凡」，但是我們也知道，要讓他們把女兒送到學堂來，我們還得有很好的耐性。隨著革命形勢的發展，他們越來越堅定地把心思埋在肚裡，安安靜靜地躲在家裡。因此在我們僅維持了短短一個月的學校裡，大半是來自南方的學生。大量南方人來到北京，他們有的想做官，有的想從事一些

1912年任上海女青年會幹事，後任全國女青年會幹事、總幹事。

[5]　Hosie, *Two Gentlemen of China*, 33-34.

5.1在培華女中讀書時的
林徽因（右一）與她的表
姐們。（《梁思成林徽因
與我》）

新行當，比如在中國人的生活中開始變得重要的法律和醫藥
業。當然，這些父母最大的願望還是想讓孩子儘量離皇宮近一
點，而我們學校所在的椅子胡同離皇宮的圍牆僅咫尺之遙。因
此有那麼一段時間，我們小小的學堂差點被擠爆。後來形勢突
變，第一個想到要離開北京的也是這些南方人。學校裡的孩子
們也捲入了這場大撤退中。人們一窩蜂湧上火車，有的爬上了
車頂，有的擠在踏板上，甚至連減震器上都有人！都以為這場
革命會和發生在世界各地的革命一樣，皇宮立刻就會被包圍起
來，可是中國卻是個例外，那個男孩皇帝仍然安穩地住在皇宮
裡。這絕對是革命史上一個詮釋寬恕的獨特例子：民國的總統
在一座大官邸就職，而小皇帝就端坐在湖對岸的紫禁城裡。[6]

　　一九一一年的改朝換代，雖然也有流血，但相比於此前
的任何一次王朝鼎革，算是最「和平演變」的一次。「儘管如
此，」謝福芸說：「沒人知道未來會發生什麼？」

---

[6] 同上，34-35。

第二節　逃難

「我在中國的經歷，以暴亂始，以革命終。中國的生活很有價值嗎？的確很有價值。」謝福芸在給母親的回憶錄撰寫序言時，把路熙在最後一章中的這句話，放在了開頭。[7]

辛亥革命給我們這代人的印象，好像只有武昌城頭的一聲槍響。現在從路熙及謝福芸的書中，可窺見一些親歷者的別樣記錄：

沒有人會想到，騷亂會在那個特殊的時候發生。辛亥革命在此前的十月爆發，那時候大家都覺得會有動亂，結果什麼也沒有發生。於是每個人都聳聳膀，擺出一副玩世不恭的表情，振振有詞地說：「變來變去，還不都是老樣子。」二月十二號，那個滿族的小孩皇帝，確切地說，是攝政王以小孩皇帝的名義宣佈皇帝正式遜位。即便從這個時候起，有兩個多星期一切也都是老樣子，而且這種老樣子似乎還將保持下去。王朝已經風雨飄搖，遲緩的北方無力挽大廈將傾。華中和華南的人反應似乎機敏些，在幾個月前就適應了新形勢，其實他們正是革命最初的煽動者。[8]

謝福芸與母親當時就住在紫禁城邊。南方起事後，「士兵們恫嚇要在這一帶特別地鬧一番。我和母親，還有包哲潔小姐是唯一居住在這裡的三個英國婦女。由於毗鄰皇宮，我們很早就察覺到了不祥的氣氛。」謝福芸記錄了一個特寫鏡頭：

有很長一段時間，在我們的胡同裡，放肆的小混混們總是衝著我們又喊又叫：「你們去死吧！我們會打你們、殺你們！」有一次我母親一把抓住其中一個叫得最起勁的小孩的辮子，問他是誰教他說這些話的。剛才還齜牙咧嘴的小孩，馬上變得一把鼻涕一把眼淚。被一個外國女人抓住讓他非常害怕，誰知道她會不會突然之間就變成一個可怕的魔鬼呢。小孩結結巴巴地說：「是，是我爸教我的。」

---

[7]　Lucy Soothill, *A Passport to China*, Forward.

[8]　Hosie, *Two Gentlemen of China*, 18.

「馬上回家告訴你爸，他是錯的！」母親氣憤地說道：「去問問他，哪有對住在你們國家的客人這麼說話的！」小孩逃開了，這樣的口號也沒人喊了，可是也只是一時沒人喊罷了。[9]

路熙說自己有男性般的性格，關鍵時刻，陽剛之氣會表現出來。但是，此時的她畢竟是個沒有丈夫在身邊的女人。「這段時間，福芸與我都很緊張，很大一部分是因為蘇慧廉在英國拍來電報，讓我們從滿族人聚居地搬出來。」[10] 因為，這場革命的對象就是滿族人。「驅除韃虜，恢復中華」是那時最響亮的口號。

逃難之夜

擅於寫作的謝福芸在《名門》一書中記錄了逃難之夜：[11]

一天晚上，正當我們準備坐下來用晚餐的時候，門外突然響起一陣敲門聲。在當時的氛圍下，我們並沒有覺得驚奇。僕人進來通報說，公使大人的馬車和兩個穿紅藍色相間制服的警衛就在門外。正說著，副領事就進來了。既然命令已經傳來，我們就只能放下湯匙和喝了一半的湯，服從指揮。我母親馬上轉換角色，並且鎮定自若。當她還是一個待嫁新娘的時候，她就已經通過電報和中國打起了交道。在那封電報上，父親說為她準備的房子和傢俱都已毀於暴亂的火光。父親建議她推遲出航，而母親的回復是「馬上過去」。此刻，母親請求給她一個小時的時間收拾衣物，因為冬天已經降臨，而北京的冬天尤其寒冷。副領事伊斯特（Eastes）先生猶豫了一下，但隨後還是答應了。

副領事先生很熱情地幫助我們，直接動手幫我們將毛毯和被褥打包。他甚至還對保姆充滿耐心，幫助她捆紮、打包。保姆正坐在那裡歇斯底里地痛哭，並堅信死亡是自己不可逃脫的命運。她八歲的小兒子把腦袋埋在她的膝蓋上，也卯足了勁

---

[9] 同上，21。
[10] Lucy Soothill, *A Passport to China*, 334.
[11] Hosie, *Two Gentlemen of China*, 22-29.

和她的哭聲較勁。一個和我們一起生活，受過教育的十八歲中國姑娘則緊緊抱住雙肩哭泣。這三個人真構成了表現歇斯底里症的一幅不錯畫面。不過那個姑娘的恐慌是有原因的，她信基督教的父親，在一九〇〇年的時候被義和團拖出屋子，用劍肢解。這事給她留下的是永久的恐懼。

當然，路熙給了僕人她所能做到的最大承諾，決不把他們扔下。

帽子被亂七八糟地塞到一個盆子裡，裡面還有我的溜冰鞋——冰刀尚交錯在一起。書本、照片、我們尚未吃完的晚餐、以及鹽與胡椒粉罐，都一起被裹在桌布裡。……我可以想像，當Jordon公使看到我們逃命時帶著一馬車的破爛時，會是什麼樣的表情。

……

一個小時後，我們這一大隊人馬就向使館出發了。那個男孩和僕人不顧夜色已晚，不知從哪兒招呼來兩個馬車夫，並弄來了他們的騾子和推車給我們搬行李。他們有著大多數中國僕人所具有的令人欣慰的可依賴感。他們還招呼了幾輛黃包車放自己的被褥行李。那個歇斯底里的老媽子，因為裹了小腳，估計無法完成預計兩小時的路程，於是我們就把她母子，還有那個姑娘安置在了公使大人的馬車裡。壯觀的馬車讓沒見過世面的他們終於安靜了下來，這讓我們也鬆了口氣。我們四個白人艱難地穿行在中國北方的黃土地上，其中絕大部分路程是沿著北京城邊的城牆。城牆巨大的陰影籠罩著我們，星星在天空交相輝映，似乎比在歐洲看到的還要亮。寂寥夜空中唯一可以聽到的便是手推車上繩索的嘎吱聲和騾子身上鈴鐺的叮噹聲。

當時的英國公使館在東交民巷（圖5.2），就是庚子年被義和團圍攻的地方。

走出沒多遠，我就發現把廚子給忘在家裡了。我趕緊跑回去，喊著他的名字找他。他正在鎖門，不過鎖門的時間也太長了。他馬上應聲，然後一路小跑過來，肩膀上掛著的平底鍋叮叮噹噹。他氣喘吁吁地說自己也經歷過一九〇〇年的動亂。

其他人都已上路，並催促著我們抓緊趕路，平時看上去走得很慢的騾子其實也蠻有效率。廚子突然又想起櫃子頂層還有些冷的馬鈴薯，於是又跑回去，回來時還帶回些碗筷。他說自己對當年被圍攻時的情形還有深刻的印象，那時他為一個叫蓋姆威爾[12]（Gamewell）的有名的美國醫生做飯。

東安門有中國士兵把守，他們懷疑地盯著我們，但是公使館警衛紅藍相間的制服還是震懾住了他們，一句話沒說就放我們通行了。出了內城，街道雖然狹窄了，但反覺安全些。因為想著廚師的事情，這條路對我而言並不是很長，但是伊斯特先生承認自己有點害怕，因為這高高城牆好像沒有盡頭似的。就在我們緩慢行進的過程中，把守大門的士兵已經把城門關上，並開始對滿人進行恐嚇和襲擊了。

路熙回憶錄中也有這個驚心動魄之夜的記錄：

英國公使John Jordon兩次夜間派車來接這住在危險地帶的三個女子，護送我們到安全的地方。可敬的公使夫人對我們非常友善。我們請求John爵士讓我們住在距離入口最近的工程處的空房子裡。他同意了。三四個月來，我們就住在那裡，也就在那幾個月，中國發生了很多重大事件。[13]

謝福芸、路熙都提到的John Jordon爵士就是當時駐華的英國公使朱邇典（圖5.3），一個中國人很熟悉的「帝國主義侵略者」的名字。朱邇典與袁世凱關係甚密，也正因此，「反帝反封建」時，中國的教科書認為是朱邇典扶持袁世凱篡奪了辛亥革命的勝利果實。

朱邇典自一九〇六年擔任英國駐華使館公使，直至一九二〇年退休回國，是所有英國駐華公使中任期最長的。他精通中文，瞭解中國，在當政期間甚至直接左右著中國政局，為晚清民初遠東政壇舉足輕重的人物。

---

[12] 不知此蓋姆威爾，是否指美國美以美會的傳教士賈腓力（Francis Dunlap Gamewell）。賈腓力是北京匯文中學的創辦人，匯文則是燕京大學的前身。

[13] Lucy Soothill, *A Passport to China*, 334-335.

朱邇典與蘇慧廉一家私交甚篤，蘇慧廉後來撰寫《李提摩太在中國》，寫序人便是朱邇典。現存放在英國國家檔案館的謝福芸檔案也顯示，在蘇慧廉去世後，朱邇典還給謝福芸不少幫助。

1912年2月29日夜

躲進公使館三個月後的一天晚上，路熙正坐在火爐邊，突然高大莊嚴、穿著禮服的朱邇典夫人來到她門口，輕聲問：「你們知道嗎？袁世凱撕毀約定，正在火燒北京城。」[14]

路熙馬上走到窗邊，往外張望。她看到「恐怖的正在起火的房子，天空的顏色就像火爐」。一會兒，公使夫人問她：「能來一起為難民們準備床鋪嗎？」

沖天火光中的騷亂，史稱「北京兵變」。

昨晚八時左右，袁世凱本人的第三鎮士兵突然鬧事，肆意焚掠內城的大部分地區，該處現已成為廢墟。斷斷續續的開火整夜未停，其目的是恫嚇居民，從而便利於他們進行搶劫；看來似乎很少有人死亡。據說，鬧事的起因是由於減發軍餉。

外國人沒有遭受傷害；英國臣民在使館區內安然無恙。袁世凱平安無事，今晨城內已恢復平靜。[15]

第二日，朱邇典便給英國外交大臣格雷發出了如上的電報。

鬧事的軍隊是北洋陸軍第三鎮的兩個標，為首者是後來位至民國大總統的曹錕。後世也有人認為這是袁世凱唆使「曹三傻子」幹的。

兵變是袁世凱的傑作。在袁世凱如約逼清帝退位之後，南京的革命黨人也如約把臨時大總統讓了出來，可屁股尚未離開總統椅子的孫中山還有點放心不下，不僅急火火地炮製了一個臨時約法，而且還想出了一個定都南京的辦法來約束這個世之梟雄。為了讓生米變成熟飯，他派出了以蔡元培為首的使團

---

[14] 同上，335。
[15] 〈第119件朱爾典爵士1912年3月1日致格雷爵士電〉，載《英國有關辛亥革命資料》，下冊，第436頁。

左 | 5.2 今天的東交民巷，這個牌坊
是當年英使館的舊物。（2008年
11月26日攝於北京）

右 | 5.3 朱邇典。（《莫里循眼裡的
近代中國》）

前來迎請袁世凱南下就職。袁世凱當然不肯就範，離開自家的
老巢到革命黨的勢力範圍去，但又不想公開說不，於是他麾下
的大兵就演出了這麼一齣戲。不過，雖然軍人以服從為天職，
北洋軍更是向以昔日的袁宮保、今天的袁大總統的馬首是瞻，
但這種縱兵在大街上搶劫的事，還就是外號曹三傻子的曹錕才
肯幹（曹錕能從保定街頭一個什麼也不是的布販子，混成堂堂
師長，靠的就是這股絕對服從的傻勁）。從此以後，曹錕的第
三師以堂堂嫡系國軍之身長時間背上了惡名，直到他的後任吳
佩孚接手之後，花了很大力氣才得以洗刷，當然這已經是後話
了。北京兵變搶了上千家的店舖，更把南方的使團嚇得半死
（使團住的地方，槍聲尤其密），一個個倉皇從窗戶跳出，在
牆根底下蹲了半宿。兵變的政治效應立竿見影，老袁有了不走
的藉口：北方不穩。受了驚嚇的南方使團也領教了北洋軍的厲
害，只好作罷。以孫中山為首的革命黨人對袁世凱最後的一點
約束，就這樣被消解得乾乾淨淨。[16]

_____

[16] 張鳴：《近代史上的雞零狗碎》（西安：陝西人民出版社，2008），第

那時，不論是路熙、還是朱邇典夫人，都不知道這可能是袁世凱的「陰謀」。她們看到的，只是中國人的又一次災難。

我記得，二月二十九日我們在使館門口等待難民的時候，滿眼烽煙，耳中充斥著暴徒們的嘶喊聲。當我們不安地在使館的草坪上徘徊時，一個男僕匆匆給公使夫人送來信件，然後他就抽泣起來。「太太，」他說，「這是中國淒慘的一夜，我聞得到屍體被燒焦的氣味！」男僕的話使得公使夫人開始給我們講述庚子年一個英國聖公會傳教士在山東的故事，這故事和我們的廚子何超的事蹟差不多。

這個英國傳教士非常普通，普通到別人都不會特別注意他一眼。拳匪抓住了他。他們懷疑附近還有很多中國人是基督徒，可是並不知道是哪些人。他們想把這些人抓出來，於是拳匪們便帶著他到處遊街，逼迫他說出教徒的名字。他們用刀砍他，把他打得遍體鱗傷，但他始終一言不發。不幸中的萬幸是，第二天他就殉教了——至死也沒有說出一個教徒名字。[17]

謝福芸記得朱邇典夫人是哽咽著講述這個故事的。「眼淚也劃過了我的面頰。如果我們也不得不再經歷一次這樣的戰亂，我們能像死去的偉人那樣富有勇氣嗎？」[18]

第三節　託付

LO大人家世

北京兵變中，蘇慧廉的中國好友Lo大人，因是滿人，成為被洗劫的對象。Lo家在北京的大宅就緊挨著東安門，處於騷亂的中心。

據路熙記載，Lo家是庚子教案後抵達太原府的，一九〇七年蘇慧廉到太原後沒幾個月，Lo即被任命為山西巡撫。Lo做巡

12-13頁。
[17] Hosie, *Two Gentlemen of China*, 36.
[18] 同上，37。

撫的兩年全家就住在衙門裡。「住在這裡需要勇氣，因為據中國人的說法，衙門台階上有五十個被毓賢殺害的西方人的冤魂在出沒。」[19]

蘇慧廉與Lo大人認識後便相交甚契，兩方的家眷也時有往來。路熙曾邀請Lo太太來大學堂參觀，「蘇慧廉屈尊給這位令人敬畏的女士當導遊。」[20]

路熙筆下的Lo大人育有一子三女，與謝福芸都有往來。其中最小的女兒「香花」（Blossom）與謝福芸關係尤密。

謝福芸後來寫的《名門》，主要故事就圍繞Kung與Lo這兩個大家庭展開。在她另外兩本關於中國的著述《中國女士》《青龍潭》中，也都有提到Lo家小女香花。在《青龍潭》中還寫到香花的姓氏——「香花的姓是很不尋常的，這可能是由蒙古的姓音譯而來。Lo，正如她寫的那樣，代表著駱駝的意思。」[21] 也是在這本書裡，她說Lo大人後來還當過河南巡撫，又曾經到江西任職。[22]

我曾費了不少力氣，確認Kung家是翁家。那這位Lo大人又是誰？

Lo府災難

北京兵變後，路熙母女惦念著這位中國老友。動亂過後兩天，在得到可以外出的許可後，她倆即雇了輛黃包車，直奔Lo府。

謝福芸文筆細膩，在《名門》中，她用兩章篇幅記錄了一個驚險的故事及這個不幸的家庭。[23]

到了東安門的時候，我們慶幸地發現士兵們還沒有能夠進入皇城，所以椅子胡同的鄰居逃過了這次襲擊。當時士兵已將大門包圍了起來，準備放火焚燒亂石堆中的木料。由於皇宮

---

[19] Lucy Soothill, *A Passport to China*,328.
[20] 蘇路熙：《樂往中國》，第389頁。
[21] Hosie, *The Pool of Ch'ien Lung*, 88.
[22] 同上，83。
[23] Hosie, *Two Gentlemen of China*,38-58.

裡的衛士拼死守衛這最後的防線，他們才放棄了武力進攻的企圖。我們進城還順利，往裡稍走一段就來到了Lo大人所住的草市大街[24]。

在那裡，我們也發現了沒能進入皇城的暴亂分子將他們的不滿情緒發洩到了滿人身上，這其中就包括我們倒楣的朋友Lo大人一家。他們砸壞了兩扇厚重的朱紅色大門，被砸爛的門閂扔在庭院的地面上。老門衛把我們從暫時替代大門的柵欄後面熱情地迎了進來，並立馬用最高音量喊叫：「太太！太太！外國的夫人們來幫助我們了！就是蘇太太和她的女兒。」

Lo太太立刻跑出來——因為是滿人，她並沒有裹小腳——迎接我們。她與我們擁抱，並用英國的方式親吻我們。因為英語教科書上有親吻的畫面，所以在早年我們認識時，她就讓我教了她們這種原本陌生的打招呼方式。

Lo太太將我們領到後院，告訴我們事情的經過。那些要衝進來的士兵在遭到門衛的攔阻後，不僅破門而入，並且狠狠地毆打了他。那個門衛就站在邊上，聽Lo太太這樣說便插嘴道：「厲害！哎呀！很厲害！」——「噢，太可怕了！」他不停地點頭，並重複，還指著自己身上被毆打的痕跡，好像用這種中國僕人特有的方式就能證實主人所言不虛。那些士兵五次試圖縱火燒了這房子，但每次都被這個忠誠的門衛阻止，並撲滅了火苗。

Lo太太告訴我們，Lo大人僅在兒子的陪同下就到前院英勇地應付那群流氓。他的兒子試圖保護父親，但是那些士兵粗暴地制服了他，並逼著Lo大人跪了下來，用來福槍頂著他的腦袋，威脅說，如不說出金銀藏在哪裡，就會打爆他的頭。辛亥革命前，中國人都還習慣將財產埋在家中的某個角落，儘管這些年來中國的銀行業得到了明顯的的發展，特別是上海、漢口、天津這些還算安全的城市。因為幾乎所有人都知道藏寶方法，所以Lo大人也只能把埋藏銀子的地方告訴他們。他坦白

---

[24] 原文為Haymarket Street。

了兩處地方，各有一百兩，然後就沉默不語了。士兵就用槍托狠狠地捧Lo大人，他的兒子看不下去，就哭喊著說自己知道他姊妹的藏寶地——就在磚砌的床或者叫「炕」的暖氣通道裡面。之後，暴徒就衝進了屋裡，到處戳來刺去翻找東西。他們還抓住一些老媽子，搶走她們廉價的鍍金耳環。「甚至還有盛鴉片的小碗。」門衛突然插了一句。府中的女眷躲進廚房後面一個不起眼的地方，她們都默不做聲。Lo太太因為不想離丈夫太遠，沒去後面與女眷一起避難。她躲在了前院的柴間，幸運的是僕人們剛在裡面儲藏了不少煤球。柴間紙糊的窗戶朝著前院，她透過窗戶縫兒往外看。當看到自己的丈夫被毆打時，她的心疼得揪了起來。一個暴徒向柴間開了一槍，子彈從她頭上擦過去。那個暴徒踢開門的時候，她趕緊把自己藏到了一個黑暗的角落。

Lo太太說：「子彈就只弄出這麼小的一個洞，卻有那麼大的威力！」

面對暴徒，手無寸鐵的年輕兒子和老邁的父親仍然勉力維持舊有的尊嚴。府中的人們本希望這些暴徒看到這一幕時會因羞愧而離開。事後談起這些，Lo太太流著眼淚告訴我們，那些無恥的人完全不懂規矩。她一想到整個國家陷入了「驅逐韃虜」的狂熱之中，對統治了他們近三百年的滿族人橫加搶劫，如同這些暴徒對他們所做的一樣，就無法抑制憤慨的情緒。

我們難過地問：「那他們是不是搶走了你們全部的錢財？」

Lo太太回答說：「只剩下一點了。」邊說邊意味深長地掃了一眼在附近的一個老媽子。即便在這樣不尋常的氛圍下，她還在挑弄炭盆子裡的煤，試圖按照中國人待客的方式，照例給我們泡茶。我們明白了Lo太太的暗示，於是請求老媽子不要再忙茶水了，以免太太的心更加緊張，但是老媽子仍堅持遵守待客之道。Lo太太傷心地接著說：「大人的皮衣、官服還有我們的絲綢都被搶走了。」我們可以想像出一個士兵把貂皮和狐狸皮掛在來福槍上的情形。

Lo太太領著我們看洗劫後的情形。士兵把櫃子和箱子裡面的東西都翻到了屋子中央，搶走了其中最好的，僅留了些次品。他們甚至還衝進了Lo太太的臥室，這使我們都感到很憤慨。他們還肆意砸開了Lo太太漂亮的衣櫥，這是盛載著主人感情的古董，她當年從娘家帶來的嫁妝，由母親傳給女兒，已在家族中傳遞了一個世紀。結實的櫥身倒是抗住了來福槍的敲打，不過兩扇門卻不能倖免。那些暴徒報復似地把抽屜拖了出來，倒出了裡面的東西，還用槍把抽屜砸了個稀巴爛。

　　「真是太缺德了，」Lo太太又氣憤又厭惡還帶著點蔑視說，「根本沒有必要砸開，櫥子壓根就沒有鎖。」

　　……

　　Lo大人就是仗著自己的灰白頭髮才去應付那些暴徒，但沒有料到的是那些人已沒有是非感。

　　我們很自然地問道：「Lo大人現在在哪？」

　　「哦，他昨天到城北的妹妹家去了。」Lo太太回答道，「他病得很重，在他身上發生的事情讓他身心俱疲——一個巡撫，一個年邁的老人，連皇太后都敬他三分的人，卻被賤民虐待！比起損失了些財產來，受到侮辱、有失尊嚴讓他更為難受。」

　　「那你的兒子、兒媳和女兒們呢？」

　　「他們現在都在其他的親戚家，現在很安全。他們砍了棵大樹，用它頂住了大門，自己則從旁邊的小門進出。他們還在馬槽後面堅固的牆上鑿了個洞，如果受到襲擊的話，就從這洞爬到後面更小的院子裡面去。那個院子的門已經用磚給砌上了，隨後只要用乾草把洞口遮住就行了。」

　　後來我們也看到了那個巧妙的藏身之處，這把我們帶回了現實。當一切道德標準都被拋到一邊之後，這些有教養的年輕女孩子，也包括其他中國人，就是處在如此殘酷的現實中。我們也看到Lo家年輕的媳婦，慘白著臉，仍在發抖。她已懷孕，就要當媽媽了。在Lo大人妹妹家，他們告訴我們，他們也佩了把槍。

　　這時候，Lo太太就獨自一人留在了草市大街的家裡。

「你看，」這個堅強的老太太說，「在這兒的人都是老人、保姆、門衛，還有我。要是他們連兩個老女人都不放過，那真是太無恥了。當然門衛也不會在危難的時候置我們於不顧，他在我們家當了一輩子的門衛，他的父親就是Lo家的門衛，他的祖父也是，家中祖祖輩輩都一直為Lo家看守大門。」

「為什麼你不去自己娘家躲躲呢？」

「萬萬不可。那些暴徒還在盯著我們，如果他們認為這屋子空無一人，只會洗劫得更厲害。而且，我也習慣這類事情了。以前，Lo大人還在河南當巡撫的時候，因為鬧饑荒，也有一群暴民闖進衙門和我們家，比現在的情況還要壞，因為那時候孩子們還很小。」

Lo太太是一個既理智又機警的人，我們打心底裡敬佩她。她還和我們說，白天她當值看家，晚上她丈夫和兒子會來接班。

面對這樣的狀況，路熙問有什麼可以幫忙的嗎？

Lo太太脫口而出：「那些暴徒可能還會回來，你們若能幫忙保管兩個花瓶和兩幅卷軸，我們就感激不盡了。這幾件東西是大人的老朋友託付給我們的，那人去年被委任到了四川，在他從那些不安定的地區回來之前，希望我們能幫助保管。大人非常擔憂這些東西的安全。」

謝福芸很感慨，Lo家在危難之際，最放心不下的是朋友的東西。義重如山，在中國這麼多年的蘇氏母女已懂得「義」對於中國人的份量。

我們覺得要讓花瓶和卷軸不受到一丁點兒損害有點困難，就詢問這幾件東西是不是特別珍貴。

「極有可能，」Lo伯母說，「因為我們的那位老朋友說，這幾件東西在他家裡已經好幾百年了。等你們到家以後，可以打開來看看。也許它也想見見你們。」

當她充滿信任地把裝著藝術珍品的木頭箱子以及紙盒子交給我們時，我們就知道該走了。

「不過，你肯定也有一些自己的東西希望我們代為保管。」當老媽子去叫一直在等我們的黃包車時，我們終能自由

地交談會兒。Lo太太遲疑了一會，擔心會麻煩我們，隨後又像鬆了口氣似的請求我們在明天早上再過來一趟。並說對於我們的幫助，她將感激不盡。我們承諾還會再來後，就把珍貴的花瓶放在膝上，回使館去了。

帶槍的路熙

第二天，路熙與謝福芸按約再次前往Lo府。遇事冷靜果斷的路熙，還隨身帶了把手槍。

這一次我們找出了家裡那把古老的左輪手槍。這把手槍跟著我們從中國南方來到北方，除了偶爾的練習以外，從來都沒有用過。怕被別人看見，我們小心翼翼地把它收在行李箱的底部。在逃往使館之前，一個朋友來造訪，他堅持要我們把槍和收在另一個箱子裡的子彈夾都找出來。

我母親像中國的長輩一樣告誡我，沒有比旅行時帶著危險的槍支更危險了。她建議我一旦遇到危險就用拳頭和帽針。我知道她和我一樣，對手槍的恐懼遠遠超過了對暴徒的恐懼。但我也知道一旦任何人膽敢威脅她中國朋友的財產，她已做好掏出手槍的準備，儘管這是她的無奈之舉。

我們把手槍藏在一個紅色緞子做的手提包裡，這包還是一個中國將軍送給我們的。當我們坐在晃晃悠悠的黃包車上，經過外國人稱作「灰胡同」的地方時，母親非常不安地盯著包。後來她告訴我，那時不知為何特別害怕，總覺得槍會被顛出來，而子彈會射向前面車夫的後背。

這一天，Lo太太將家中的細軟交給了路熙母女，在臨走時還告訴她們，其實還有些金塊與銀塊埋在地下，過幾天想挖出來，也委託路熙存到外國銀行裡。友人之託，讓路熙感覺沉甸甸的。

因為急著去安置財物，我們一會兒就告辭了。肩負著如此重托，我母親反而愈顯勇敢。當我們顛簸著經過崗哨時，巡邏的士兵不懷好意地盯著我們。母親迅速決定先發制人，她堅信她的銀色頭髮會成為護身符。在中國城市的街道上，一個女人

家得把眼睛往下垂一些，或者就直直地往前看。我母親完全不顧這些規矩，她上下打量著那些士兵，故意提高聲音，用中國話問我是否認識這些人。「他們是不是那些無恥的士兵啊？完全不知禮義，不懂規矩，膽敢去洗劫Lo大人的府邸。」她說道，「袁世凱已經把幾個為首分子的腦袋給砍掉了，是吧？」

如果不是心頭上還「壓」著這麼多寶貝，我一定會開懷大笑。因為這些士兵慌慌張張、狼狽不堪地溜回了崗哨。舌頭也是一件小小的武器，不過往往只屬於女人，也只是偶爾生效。我母親一席話講得真棒，不過她還是擔心了好一會，害怕她的話會刺激那些惡棍再去洗劫Lo府，也許那時候Lo府正在挖掘財寶。

又過了幾天，Lo太太與他兒子坐著馬車來了。車座後有價值幾千鎊的金塊銀塊，用藍色的棉圍巾蓋起來。

當我們最終到達銀行的時候，卻遭受沉重的打擊。經理遺憾地告訴我們，儘管很樂意效勞，但是他沒法開出一個金塊帳戶。同樣由於一些技術上的原因，他也不能在未經準備的情況下把Lo伯母的金塊兌換成現金。那該怎麼辦？英國女人們如此盲目地信任銀行經理的權力，只是因為這種意外沒在白人婦女身上發生過。我們驚駭地看著彼此，難道要把這些金塊帶回去並重新埋起來嗎？面對困難，Lo伯母一點都沒有猶豫，她默默地把藍圍巾下的東西交給了我母親。

「我的大姐，」她親切地說，「別犯愁了，你告訴過我你的銀塊也存在這裡，你就把我們的東西當成你的東西，存在這裡，可以嗎？」

幾天前託付花瓶與畫軸後，Lo太太已經與路熙姐妹相稱了。

於是就這麼定下來了。金子和銀塊都被清點了一遍，很顯然，哪怕是一根頭髮的重量，英國的度量衡和中國也是一致的。其實Lo伯母也知道它們該有多重。當銀行經理把收據從櫃檯上遞了過來時，母親希望Lo伯母直接收下，但她謝絕了，她請求我母親代為保管。

隨後，我們把Lo伯母請到了我們在使館的住處，並且讓她看看存放花瓶、卷軸等珍寶的地方。最後我們覺得這些東西也

是放在銀行的保險箱裡更好。在和我們深入接觸後，Lo伯母已經完全信任我們。她從懷裡掏出了一些紙，這是Lo大人在西城區買的那所大宅的地契。她說她侄子建議Lo大人把平生的積蓄都拿出來。她現在把這些都交給我們，所有的都交給了我們。她說她害怕暴徒會毀了這些東西。後來我們發現幾乎可以宣稱自己是房子的主人，因為她把所有的產權證書都交給了我們。Lo伯母對外國人和她的朋友的信任，由此可見一斑。

在那動盪的歲月，蘇家幫助Lo家保存了財富。「我生平有許多自豪的時刻，這便是其中之一。」路熙在晚年撰寫的回憶錄中，如此評價這一段驚險的經歷。[25]

戒指

兵變後不久，京城又恢復了平靜。經歷過這樣的託付，蘇Lo兩家的關係更近了。Lo太太經常邀請路熙母女到Lo府玩，還笑稱這是他們的「新家」，因為這個家的地契都在路熙的手中。

「在英國的蘇慧廉和海生需要我們，在回英國的前一晚，Lo太太和香花來跟我們道別，送禮物給福芸和我，包括兩大卷漂亮精緻的絲綢。」[26]謝福芸一九一三年一月二日與謝立山結婚。[27]度蜜月時，她身上就穿著用這些漂亮絲綢做的衣服。

Lo太太還送給路熙一枚金戒指，「中間鑲了墨綠的翡翠，兩邊還有兩隻像鳥一樣的東西。她解釋：這是蝙蝠，能給你帶來福氣，意味著你能快速而安全地飛到英國。」[28]

我一直戴著，但後來戒指磨損得越來越厲害。它銳利地割傷了我，讓我無法忍受。我去找一個西方的能工巧匠，問他：「這麼純的金子，你有什麼辦法嗎？」

他想了想，說：「在戒指裡加入西方的黃金讓它堅固，把柔軟的中國黃金包在外部。」

[25] 蘇路熙：《樂往中國》，第395頁。
[26] Lucy Soothill, *A Passport to China*, 336-337.
[27] 此為謝立山第二次婚姻，其原配叫弗洛倫茲（Florence），兩人1887年12月1日結婚。弗洛倫茲1905年去世。
[28] 蘇路熙：《樂往中國》，第395頁。

「戒指還這麼漂亮嗎？」

他回答：「肯定不會損害戒指的美觀。」

他做到了。這枚混合了中西黃金的戒指，還有翡翠和蝙蝠，在我指頭上一戴就是二十年。[29]

路熙說：「這是個比喻：東方和西方，美麗和力量需要彼此互補，當它們結合一起，還有什麼事情做不到呢？」這句話是《中國紀行》一書最後一章的最後一句。

路熙去世後，戒指傳給了謝福芸。一九三一年夏，謝福芸在牛津為她母親的回憶錄撰寫後記時，用如下這句話結尾：

我的手中有一枚戒指：熔鑄了東方和西方的黃金。我知道：這是一個託付，而不是遺產。[30]

Lo大人與Kung大人

我後來查考出，這個不幸的Lo大人叫寶棻，字湘石，蒙古正藍旗人。一九〇一至一九〇二年間，任四川川東兵備道，

| 5.4 1908年寶棻視察山西陸軍小學堂時與學生合影，這也是我找到的唯一有寶棻的照片。（《中國軍事史圖集》）

[29] 同上，第396頁。
[30] 蘇路熙：《樂往中國》，第399頁。

鎮壓過當地義和團運動。一九〇三年由江西糧台道擢湖北按察使，後轉任浙江布政使。一九〇七年任山西巡撫，寶棻在山西僅兩年，一九〇九年調任江蘇。接替山西巡撫一職便是因處理爭礦、辦新學而聲譽鵲起的丁寶銓。寶棻在江蘇巡撫的位上也僅半年，接替他的人正是後來喋血山西的陸鍾琦。

　　一九一〇年三月寶棻出任河南巡撫，不料，第二年清社即傾。據《中國歷史大辭典》記載，這位忠誠的滿大人在「武昌起義後，極力鎮壓河南革命運動。清帝遜位後歸隱以終」。[31]

　　一九一二年二月二十九日，寶棻北京的家被洗劫時，時任直隸提法使的「Kung大人」翁斌孫也正好出差經過北京，並住進一家客棧。那天晚上暴動發生時，住店的客人都跑到了二樓，結果因湧上來的人太多，樓板塌了，住在二樓的翁大人和其他人一起都摔到地上。「我們跌成一堆時，若革命黨進來，就可一網打盡了。」幾天後還一瘸一拐的翁斌孫見到謝福芸時這樣打趣。[32]

　　這兩件事看起來不大相關，但卻是這場革命中共同的悲劇。

第四節　華中聯大夢

蘇慧廉的新工作

　　謝福芸忙於籌備培華女中的時候，蘇慧廉也正忙著一所學校的籌備工作。這是所大學，校名擬為「華中聯合大學」，他受聘為校長。[33]路熙說：「當山西大學堂於一九一〇年交給中方管理的時候，蘇慧廉便覺得要去幹點別的事情。」[34]

　　蘇慧廉對在中國辦高等教育情有獨鍾，並充滿期待：

　　我想問，基督教辦學的目標和目的是什麼？是為了幫助人們在社會上出人頭地？在此方面幫助他人，實為樂事，我們

---

[31]　《中國歷史大辭典》（上海：上海辭書出版社，2000），下卷，第1971頁。
[32]　Hosie, *Two Gentlemen of China*, 71-72.
[33]　Kenneth Scott Latourette, *A History of Christian Missions in China*, 632.
[34]　Lucy Soothill, *A Passport to China*, 334.

都希望看到我們的學生在一生中有所成就；還是為了啟迪智慧並讓他們的民族獲得物質上的豐盛？是的，如此明智之舉也是基督徒的責任。我們的主就為我們做出了榜樣，當我饑餓的時候，祂給我食物；當我口渴的時候，祂給我水喝；當衣不蔽體、疾病纏身、身陷囹圄的陌生人出現時，祂會幫助他。如果身體上的饑餓、饑渴、衣不蔽體和不得自由需要基督徒的幫助，那麼精神上的饑渴和不自由所帶來的災難性後果又會擴展至多大的範圍？不可否認，我們幫助他們啟迪智慧獲得物質繁榮，是遵循了主的旨意。但是，我們認為，我們要給予中國的是比物質更為高尚的禮物，是一種力量，不僅能夠改造他們，並且能夠讓這個民族浴火重生，抵達另一個更高的維度。當前，中國只有兩個維度，有長、有寬，但卻沒有深度。她的繪畫缺乏透視技巧，她的音樂缺少和聲，她的文學無法振奮人心，她的家庭生活不見樂趣，而她的公眾生活也缺乏純淨和活力。所有這些我們都可以教給我們的學生，要不他們無法進入深沉而豐富的生活。我們通過耶穌基督讓他們完整地瞭解上帝的力量，是這種力量，也惟有這種力量，能夠重新改造中國人民，讓他們更上一層樓。不幸的是，他們和他們的後輩卻害怕這種力量，部分是因為這種力量穿著外國的衣衫，部分是因為他們缺少鳳凰涅槃的動力，他們認為那是徒勞無功的。不論如何，我們通過實踐將這樣的力量教導給了他們的下一代，而不是機械地向他們灌輸教條。但是，這種力量不應借由強迫的手段，而且我們也不願強迫他人，我們只能做我們力所能及的。我們清晰地認為，短期教育無法塑造人格，而不健全的人格是無法抵達至聖所的。[35]

在這段話中，我們可感受到蘇慧廉教育理念的深邃、執著及對中國的愛。

英國需要感激中國的地方不是一點點，在教育領域英國人有足夠的理由呼籲自己的同胞去承認這一點。而且，我們也很

---

[35] W.E.Soothill, "The Educational Position in Review," *The Chinese Recorder* 40 (1909): 638-639。文中提到的至聖所，根據《聖經》，認為是耶和華的住所。

難找到比幫助中國建立一所大學更好的感激方式了。儘管有些人還不認可，但是毫無疑問，在英國成為一個更加清醒的國家這一過程中，沒有哪一個國家能比中國給我們的幫助更大了。在我們國家，靠什麼取代了酒精呢？為此我們應感激誰呢？人們必定要喝一點東西的，不能僅僅是水吧。如果不是茶的出現，並在我國得以推廣，我們可能就無法替代酒。中國給了我們茶，而我們給了他們鴉片，沒有人可以說這是一個令人滿意的回贈。[36]

客卿中國三十年，蘇慧廉已對中國有很深的感情。

蘇慧廉辦大學的機緣來自一位從中國回英國的傳教士赴牛津的一次拜訪。那是一九〇八年的三月，幾乎是在頃刻之間，幫助中國建立大學的委員會就由牛津和劍橋組建起來。無獨有偶，以士思（William Gascoyne-Cecil）勳爵為首的代表團也在這段時間結束了中國的考察回到英國。[37] 後來做過埃克塞特主教的士思勳爵在英國很有來頭，他確信要讓中國基督教教育工作更上層樓，成立一所設施齊全、師資充裕的大學已是刻不容緩。牛津劍橋聯合委員會聽到這個消息後，立刻邀請他來領導這項計劃。[38]

蘇慧廉後來在《李提摩太在中國》中對這段機緣有更清晰的表達：

這個代表團訪問中國之行帶來另一結果，就是產生一個名為「牛津劍橋（之後稱為聯合大學）計劃」，其目的就是在中國開辦一間大學。參加這項計劃的大學，英國有三所，美國三所，加拿大一所，組織成委員會。士思勳爵是英國委員會主

---

[36] W.E.Soothill, "The Proposed University for China in its Relation to Missions," *The Missionary Echo* (1912): 52.

[37] 士思將訪問中國的見聞寫成一書《改變中國》（*Changing China,* London : James Nisbet & Co., Ltd., 1910），其中第275頁提到蘇慧廉，說他當時正執掌山西大學堂。也是在該書中，士思強調，為了把中國學生從西方唯物主義的漸侵漸染的攻擊下拯救出來，這項聯合方案是必要的。（第305-309頁）。

[38] Soothill, "The Proposed University for China in its Relation to Missions," *The Missionary Echo* (1912): 51.

席，盧維（Seth Low）則是美國大學委員會主席。根據這項計劃，校址會設在華中的漢口、武昌地區。後來委員會差派博施（Boxer）教授來華學習中文，並準備籌備辦大學事宜，委員會又邀請筆者為這所大學的首任校長。一九一一年，筆者把山西大學堂移交官辦後便返回英國與委員會會面，我料不到他們要我負責籌備建大學的經費。[39]

百年大會上的議題

士思勳爵代表團訪華是一九〇七年，時間正好與在上海舉行的第三次全國基督教傳教士大會契合。蘇慧廉和士思勳爵都參加了這次大會。

在古老的上海徐家匯藏書樓，翻看大會的會議紀要，我期待從中找出華中聯合大學的緣起。

密密麻麻的記錄，顯示了會議議題的豐富和討論的熱烈。其中，關於中國基督教教育的商討很充分。由卜舫濟（Francis Lister Hawks Pott）倡議的創設「聯合大學」計劃更成為議論的焦點。卜舫濟是美國聖公會傳教士，聖約翰大學校長，在當時赫赫有名。

卜氏也是百年大會教育組的主席，他指出目前中國基督教教育正面臨著莫大的機會，教會大學和不同的差會機構應該考慮聯合資源力量，創辦一所「超宗派性的聯合基督教大學」（Inter-denominational union Christian University）。在他的宏偉藍圖裡，「聯合大學」要建成集法學、醫學、民政、建築、森林學、農學、教育學和工藝學於一體的綜合性大學，一所能代表中國最高學術水平、體現基督教高度文化、具有金字塔尖地位的最高學府。

這個建議立即引起不少的迴響，支持者很多，但反對的聲音也頗強烈。

著名傳教士庫壽齡和狄考文便是反對者。他倆都是最早在山東創建教會學校的傳教士，有過聯合辦學的實踐。庫壽齡抱

---

[39] 蘇慧廉：《李提摩太》，第282頁。

怨山東聯合後，原先的辦學特色蕩然無存：「我在山東的實踐證明那兒的聯合帶來了太多的摩擦。我想自由比聯合更重要。……我們在試圖聯合的過程中失去的太多。牛津和劍橋合併後也會節約大量的經費，但誰敢提出這樣的建議呢？我堅信，越多元越好。我們在華北各差會的不同，不在於我們彼此神學、宗教上有何不同，而完全是工作程式上的不一致。老實說，雖然我們是為同一目標而努力的共同體，但聯合後我們就更難彼此相愛了。」狄考文也認為：「假如你同時招收兩三百個學生，而又要加以個人的影響，這是非常困難的。」

　　當然，也有傳教士以實踐經驗支持卜舫濟的建議。支持者的主要理由是聯合的行動意味著主辦差會經濟負擔上的減輕和學校教育及學術水平的提高。當時擔任華北協和大學校長的謝衛樓[40]便引述了自己在北京的經驗：「我看不到任何因聯合而令我們不再相愛的情況，要知道，義和團那年我們的一切都已蕩然無存。」[41]

　　士思勳爵是贊同聯合說的，他在會上提了更具體的設想——牛津劍橋聯合計劃。他說：「他在離開英國前，與英國前任駐京代表歐及內特·薩通[42]及牛津大學、劍橋大學的代表會晤時就提出，在英國國內呼聲日盛的教育聯合是必要的。他認為，不僅在英國，就連在美國，也都可以開始進行一些聯合項目。」士思認為：「目前基督教教育在華的發展最必要的是要擴大規模，成立大學，而不是學院。學院只是一個小單位，無論從規定還是財政方面事事都要受制於人，而大學則不然。大學可以制定自己的章程、制度、考試標準，甚至到將來，一旦發展壯大，大學不僅只是教育機構，還是科研基地。這不僅是

---

[40] 謝衛樓（Devello Zelotos Sheffield，1841-1913），美國公理會傳教士，1869年來華，曾任華北協和大學首任校長。著有《萬國史》。

[41] 吳梓明：《基督宗教與中國大學教育》（北京：中國社會科學出版社，2003），第53頁。

[42] 即薩道義（Ernest Mason Satow，1843-1929），英國人。1861年進英國外交部，1895－1900年任日本公使；1900－1906年任駐華公使。1906年被委任為英國樞密院委員。著有《1815-1871的遠東》《一個外交官在日本》等。

對中國適用，對於世界的任何地方都是一樣的。」他還建議，如果會議委員會決定在中國建立這樣一所大學，他們應該主動聯繫各國的母會，或者通過其他渠道，使這所大學的監管權能與母會的傳教事業取得聯繫。[43]

　　不過，因支持與反對的聲音都很大，大會對於是否共建聯合大學這一議題沒有做出最後的定論。大會決定成立專門的教育委員會，對此議題做進一步的討論與考察。

華中聯合大學

　　儘管百年傳教大會沒對聯合大學的議案做出最後的決定，但此次會議之後，由大會產生的教育委員會及支持聯合的傳教士都積極投入以聯合為主旨的實踐工作中。

　　一九一〇年，美國浸禮會、美以美會、長老會、基督會在南京聯手，組建金陵大學。

　　同年，美國浸禮會、美以美會、英國聖公會、公信會和加拿大聯合會在成都聯合組建華西協和大學。

　　一九一四年，美國南北長老會在杭州聯合組建之江大學。

　　一九一六年，美國長老會和美國基金會在廣州聯合組建嶺南大學。

　　一九一六年，美國長老會、公理會、英國倫敦會、美國洛克菲勒財團、哈佛燕京社等在北京聯合組建匯文大學。後改建為燕京大學。

　　這一批卓越的教會大學，日後成為中國高等教育近代化進程中的奠基石與排頭兵。

　　由英國教會人士牽頭的華中聯合大學也在積極籌建中。蘇慧廉所屬的英國聖道公會在一九九一年的《傳教士回聲》上刊登了一則喜訊：

　　我們令人尊敬的弟兄蘇慧廉先生又一次被委任光榮的任務。他已被選聘在華中組建教會大學。牛津劍橋聯合計劃委員會

---

[43] 衛末：〈二十世紀初期基督教新教關於建立基督教聯合大學的討論〉，清華大學碩士論文（2007）。原文稱士思為賽西爾。

及由十六位教授與大學校長組成的委員會，都任命他擔任此職。

　　蘇先生的職責將是巨大的：他要籌集二十五萬英鎊，要建造合適的建築，包括所有與建設一所現代大學相關的工作。

　　……

　　我們知道，蘇先生將勝任這項工作。我們同時也將欣喜地看到，他將利用他更大的影響力把基督的福音傳播得更遠。我們衷心祝福蘇先生，並為他禱告。這項新任務將不會降低他對溫州工作的興趣。他仍將在他的假期，每年到訪溫州一次，並以如此獨特的角色，來主持我們的聯區會議。[44]

　　國外大學校長的首要職責是籌集辦學經費，接下校長聘書的蘇慧廉自然明白肩頭的責任。但二十五萬英鎊不是小數，這其間，他也曾指望從英國庚子賠款中分到一杯羹，不過最終沒有成功。雖然沒有查到一手的檔案顯示蘇慧廉如何在籌款期間四處奔走，但其間的艱辛可想而知。

　　在一九一一年十一月八日舉行的一次研討會上，蘇慧廉以《中國與教育》為題，呼籲英國各界捐款：

左　|　5.5　蘇慧廉1911年於劍橋大學留影。（TME）
右　|　5.6　當時的漢口，漢江蜿蜒而過。《傳教士回聲》
　　　　1913年卷上的這張照片可能是蘇慧廉所攝。

---

[44] *The Missionary Echo* (1911) :195.

事實上，中國需要就教育方面的政策進行改革，目前的革命運動可能會加快改革的進程。

　　我要表明的是，當中國的少年無法在他自己的國家獲得需要的教育，那麼只能去國外留學。目前這種情況下，對於他本人，對於他的國家，甚至對於我們國家，都是一種損失。因此我認為，如果現在讓他在自己國家裡的一所設施齊全、師資充裕的大學接受教育，生活在與自己相同的人群中，不用改變生活習慣，要比去西方接受教育明顯好很多。在這樣的狀況下，他的個性也會和智慧同步發展。綜合上述原因——由牛津大學和劍橋大學帶頭，之後是倫敦大學，我們希望不久的將來所有英國一流的大學都能這樣做——成立了委員會，謀劃在中國建立西方文化傳統的大學。不僅僅是在英國本土成立委員會，為了避免在高等教育領域可能的衝突，加拿大和美國的四所大學也成立了委員會，其餘的大學毫無疑問也將這樣做。哈佛、哥倫比亞、加利福尼亞和多倫多大學的委員會都有大學校長這樣很有影響力的委員。

　　我們的目標是籌集一筆二十五萬英鎊的資金——一半來自中國，一半來自英國——在明年復活節之前到位。當革命運動過去後，中國會歡迎我們，而且我們可以吸收到中國最好的學生。

　　這所大學將要在牛津和劍橋的基礎上進行一些必需的改造——需要建立一個合適的教學和考評體系，建立擁有自我管理的宿舍區和住宅區。這所大學會對學生智力發展進行獨有的督導，宿舍和學堂將影響他們的精神生活。

　　為了協調各種因素，宗教信仰將不再成為選擇教授的標準，我們選擇的教授將是學習型的、有執教能力和基督徒品格的人。大學本身不會對學生的宗教信仰施加任何影響，對於所有的基督徒、非基督徒，不管怎樣的信仰都同樣歡迎。無論是不是基督徒，在學校的宿舍裡都須遵循相關的紀律。

　　目前已經有三所教會學校同意加入，並且已經開始在大學校園內建立宿舍，我們將從政府的公辦學校和私立學校接受學生，當然學費也不會便宜。

當我們籌集到必要資金的時候，我們的藝術學院（包括古典藝術、語言學、歷史學）、科學院（包括數學）、工程學院、醫學院、法學院（包括經濟學）和哲學院都將成立。我們已經收到很多大學教師的職位申請，其中有兩位已經來到中國。

以下是我們的呼籲——

1.致有愛心的人，並願意將中國作為一個施予同情的地方。它擁有豐厚的自然資源，卻很貧窮；成千上萬的人由於饑荒和瘟疫痛苦地死去；戰爭摧毀了這個地方——所有的這些悲哀都需要心懷人類責任的有愛心之人。

2.致有愛國之心的人。你不會希望盎格魯-薩克遜在世界的話語權降低，也不希望我們的國際利益減少。美國已經在教育方面做了很多工作，而英國還只是袖手旁觀，是時候讓英國有點行動了。

3.致有商業意識的人。你應當認識到，一旦其他國家的人成為中國未來的政治家、公務員、教師、工程師和商人的校長，對於我們而言將是多大的損失。德國人和美國人都已經注意到這個事實。在中國，伴隨教育的發展將是市場的開發，目前中國的購買力雖只占極小部分，但隨著資源的開發，中國的購買力將會增加。這樣做雖然將增加中國的商業競爭力，但我們並不需要恐慌，日本和其他國家已經給了我們答案，它們均因為教育水平的提高，經濟狀況也有明顯的增長。在過去的十二年中，日本飛速發展，對英國的進口也增加了一倍。對於一個人口四千萬的國家，教育如此重要，那麼對於一個人口四億的國家，它的重要性又將如何？

4.致我們的政治家們。你們對中國問題的關注一直在增加，這個擁有四億人口的國家正在不遠處用增長的加速度追趕我們。鐵路帶來的巨大影響是發明者斯蒂芬森都始料未及的，它將從北京至倫敦的時間縮成了十二天半，以後或許還會縮減至一週。對於這樣一個鄰近的國家，怎樣用政治解決問題？在和睦友好和互利合作方面，還有比為中國提供幫助更好的辦法嗎？通過教育，不是戰爭，這樣的幫助融合了精神和信仰，即便是非基督徒的中國人都樂於接受。

5.致支持傳教的人們。對他們呼籲是不必要的,因為教會的領袖和傳教士團體的領導人都已經認同了這項事業。那些來自各個學院院長對教學和考試體系方面的不同意見,會給大學各團體盡可能大的自由空間。人們都認為這既能培育好學生們的智力,也能培育好他們的人格,是一件功在千秋的好事,因此這也必然要求各個團體要保持一致,把中英的互惠和福祉放在心上。

這所大學是否能夠建立,要看英國和美國的富裕階層能夠提供多少援助和支持,但是它所帶來的影響——對於中國人而言是可以接受的影響——與任何一個單一機構所起的影響不可同日而言。女士們、先生們,感謝你們真誠的聆聽。[45]

蘇慧廉言辭懇切,但並不是所有的英國人都被打動。蘇慧廉的老朋友莫理循便是反對者之一,他在一九一四年七月給蘇慧廉的一封信中提出了一個或許代表不少英國人的觀點:

我從未能理解,為什麼我們應該在像中國這樣富庶的國家,或一個其富庶因為自己坐失良機而未獲發展的國家中廣行施捨,以幫助其教育。看來我是反對這種竭盡全力來鼓勵在漢口建立大學的合作精神的。在香港有一所大學是件好事,但我希望中國人自己來管一下他們的教育,當然由外國人幫助他們。[46]

蘇慧廉這樣回函:

我一直主張如果英國想保持揚子江流域為英國「範圍」的話,唯一的辦法是要施加影響,使這個地區得到好處。做到這一點有許多辦法,而促進教育發展是其中重要方法之一。作為一個國家,我們損害中國夠多的了。現在是我們作為國家,為中國做點好事的時候了。[47]

辦一件大事,有不同的聲音是正常的。蘇慧廉頂著壓力勇往直前。功夫不負有心人,經過三年的努力,到一九一四年,蘇慧廉竟然籌到了三十萬英鎊。據說李提摩太對這項計劃即將付諸實

[45] W.E.Soothill, *China and Education, with Special Reference to the University for China* (London: Centra Asian Society, 1912).
[46] 《莫理循通信集》,駱慧敏編(劍橋大學出版社,1976),第二卷,第330-331頁。轉引自許美德、巴斯蒂:《中外比較教育史》(上海:上海人民出版社,1990),第79頁。
[47] 裴克安:《牛津大學》(長沙:湖南教育出版社,1986),第109-110頁。

施也興致勃勃，因為他對於中國的另一個希望眼看就要實現。但一九一四年不是個普通的年份，一場後來波及全世界的戰爭在歐洲爆發。這場戰爭史稱「第一次世界大戰」，戰爭打亂了一切。

《儒釋道三教》

蘇慧廉總是忙碌著，但讓人驚訝與佩服的是，他的學術研究並未因事務繁忙而耽擱。一九一三年，厚厚的《儒釋道三教》（圖5.7）在英國出版。這是演講報告的彙編，一九一二年，蘇慧廉曾應邀赴牛津大學皇后學院（Queen's College），以資深傳教士及中國通的身分為即將赴華的傳教士授課（圖5.8）。該書由十二個報告組成，蘇慧廉將他所瞭解的儒教、佛教、道教及相互的關係，以通俗並且是西方人容易明白的方式一一道來。

其實早在溫州傳教期間，蘇慧廉就對中國宗教有了初步的研究。他的第一本著作《中國傳教紀事》，四分之一的篇幅是對當時流布於溫州的各種宗教的觀察。當時溫州是多神崇拜的地方，早在東甌王時代，便以「敬鬼」著稱於世。一位英國駐溫領事說，在他所到過的所有中國城市中，溫州是最崇拜偶像的地方。[48]

蘇慧廉在諸神濟濟的溫州，曾走訪了幾十座廟宇，並將它們分類，看哪些該歸於孔子，哪些歸於老子。「這裡面有東嶽大帝廟、有平水王廟、藥王廟、赤帝廟、魁星閣、白馬殿、海神廟、掌管婚姻的天妃宮等等，和其他的一些寺廟。佛教和尚明確地不予承認，道士對此有所保留，它們到底該歸屬於何家神聖？」「我的助手和我很快就像陷在北方泥地裡的大車一般，不知所措了。」[49]

在溫州還「不知所措」的蘇慧廉，後來成了中國宗教問題的專家。蘇慧廉的年代，新教在華傳教事業中的一個重要課題，

---

[48] J.W. Heywood, "The 'Religions' Life of Wenchow, "*The Missionary Echo* (1896): 55.

[49] 蘇慧廉：《晚清溫州紀事》，第158-159頁。

便是如何處理與中國其他宗教傳統的關係。當時大部分傳教士均把中國的傳統宗教視為異教主義（Heathenism）的一部分，是謬誤和黑暗的。其中，僅有李提摩太、丁韙良[50]、林樂知等一小部分較為開放的傳教士承認中國傳統宗教中的諸多優秀因素，他們呼籲傳教士應以福音成全它們，而不是摧毀他們。[51] 蘇慧廉的態度也是開放的，他反對以蔑視的態度對待中國宗教，強調尊重中國文化和宗教是來華傳教士應該具備的品格。[52]

儒釋道三教中，蘇慧廉對佛教最有研究。他雖為基督教傳教士，但對佛教並非全盤否定。他說，在整個遠東地區，佛教作為一種宗教對人們的生活和思想有著深遠的影響。「我個人認為，就其形式上來講，大乘佛教並不是基督教傳教士的敵人，而是我們的朋友；因為它已經使得中國人對接受基督教內核不再陌生。」[53] 不過，蘇慧廉稱大乘佛教為朋友，並非是基

| 5.7　《儒釋道三教》封面。

---

[50] 丁韙良（William Alexander Martin，1827-1916），字冠西。美國北長老會傳教士，1850年來華。曾任京師大學堂總教習。著有《花甲記憶》《北京之圍》《中國人對抗世界》《中國人之覺醒》等，是清末在華外國人中首屈一指的「中國通」。

[51] 姚西伊：《為真道爭辯——在華基督教新教傳教士基要主義運動（1920-1937）》，第252頁。

[52] The Three Religions of China, 19-22. 轉引自李智浩：〈佛教典論的基督化詮釋——論蘇慧廉的佛教研究〉，載《天國、淨土與人間：耶佛對話與社會關懷》（北京：中華書局，2008），第243頁。

[53] The Three Religions of China, 123. 轉引自李新德：〈蘇慧廉及其漢學研究〉，載《基督與中國社會》（香港：香港中文大學出版社，2006），第177-198頁。

於平等對話的基礎上。在他後來撰寫的《中國與英國》一書中，介紹基督教新教文化在中國的傳播歷程時，作為對比，他稱中國佛教為「次等」宗教，並認為中國人不會永遠滿足於次等宗教，他們最終將尋求到最好的宗教 ——基督教。[54]

《儒釋道三教》在西方學界影響甚廣。上世紀二十年代，美國著名歷史學家賴德烈就預言：「此書一定會長久地成為這一課題最有用的入門書之一。」[55] 他的預見後被證實，該書不斷再版，一九四六年還推出了法文版。在西方人撰寫的關於中國宗教及文化的著述中，經常見該書書名出現在參考文獻之中。 中國近

| 5.8 蘇慧廉（第二排左五）應邀赴牛津大學皇后學院舉辦講座。（TME）

---

[54] William Edward Soothill, *China and England* (London: Oxford University Press, 1928), 161-163。亦參考李新德：〈蘇慧廉及其漢學研究〉。

[55] 賴德烈：〈過去七年的中國史研究〉，見朱政惠：《美國學者論美國中國學》（上海：上海辭書出版社，2009），第12頁。此文原載*American Historical Revieew*, Jul. 1921. 賴德烈（Kenneth Scott Latourette，1884-1968），美國人。1909-1910年任美國學生志願海外傳教運動秘書，1910-1917年曾為長沙雅禮學校教員，1918年回美國後歷任丹尼森大學、耶魯大學歷史學教授，一直從事基督教傳教史和中美關係史的研究。著有《早期中美關係史（1784-1844）》《中國的發展》《基督教在華傳教史》《遠東簡史》《革命時代中的基督教》《1945-1951年美國有遠東的記錄》《基督教史》等。

代大儒張君勱也曾注意到這本書，不過，他對蘇慧廉認為儒家是宗教，儒家思想中含有中國宗教的原始觀念的解釋並不認同。[56]

第五節　華工與青年會

赴法華工

在此前可見的蘇慧廉簡介中，亦有提到其曾在歐洲青年會履職，但對具體情況語焉不詳。[57] 那段時間蘇慧廉在幹什麼？這個疑問近幾年一直在我心中，直到在上海圖書館讀到《民國日報》一九二六年三月十日上的一則報導。當時蘇慧廉隨英國庚款代表團訪問中國，有記者在上海採訪了他：

（蘇氏）一九一一年回國，提倡在中國中部設一大學，曾募得三百萬金鎊，惜大戰發生，計劃完全失敗。蘇氏即在牛津劍橋二大學，任教授職，同時頗為青年會效力。法國華工之青年會，乃蘇氏所創辦者。蘇氏夫人在大戰時，則在倫敦照料假期中之華工譯員，若輩有規定之假期，每十人為一隊，來倫敦休息二星期，飲食起居以及遊覽，統由夫人辦理。[58]

歐戰？赴法華工？青年會？我決定沿這些線索繼續尋找。

第一次世界大戰也稱「歐戰」。戰爭前期中國並未捲入，但到了一九一七年，是否參戰成為擺在北京政府面前一道必須要做的選擇題。戰，國貧民弱；不戰，中國在新的國際格局中，又將處於何種地位？當時紛爭很厲害，民國史上有名的「府院之爭」、張勳復辟其實都與這道題目有關。

這時，梁士詒[59]提出一個「以工代兵」的驚人構想——他認為以中國當時的財力兵備，「不足以遣兵赴歐，而以工代

---

[56] 張君勱：〈中國歷史上的儒家及其與西方哲學之比較〉，載《二十世紀儒學研究大系・儒家學派研究》（北京：中華書局，2003），第56頁。

[57] 一戰期間蘇慧廉的職務，常見的說法是「任基督教青年會宗教工作主任幹事。」《溫州基督教》《溫州基督教史》皆採用此說。

[58] 〈英國續派庚款委員到滬〉，《民國日報》，1926年3月10日。

[59] 梁士詒（1869-1933），字翼夫，號燕孫，廣東省三水人。光緒進士。清

兵，則不獨國家可省海陸運輸餉械之巨額費用，而參戰工人反得列國所給工資，中國政府不費分文，而獲戰勝後之種種勝利。」[60] 此即為二十萬華工奔赴法國前線的來由。中國也以此巧妙的方式捲入歐戰，並在日後成為協約國成員，站到了勝利的一方。

台灣近代史專家陳三井所著之《華工與歐戰》，是該領域最權威也最翔實的專著。書中附有招募勞工的合同全文，其中第二十五條這樣寫道：「原則上每一百二十五名工人，需用翻譯一員。…… 此項翻譯員須身家清白，通曉中文，並曾習法文……。雇傭期為二年，……薪水每員合同定為法幣一百五十佛（法）朗，於每月底支給。」[61] 為幫助這批「苦力」在異國生活，當時有四百位受過大學教育的學生應徵充任翻譯。

陳三井繼續寫道：

| 5.9　蘇慧廉夫婦與來倫敦遊覽的中國
翻譯。（TME）

末民初中國政壇重要人物，官拜民國總理。素有交通系首腦、二總統、五路財神等稱呼。

[60] 陳三井：《華工與歐戰》（台北：中央研究院近代史研究所，1986），第9頁。

[61] 同上，第200-201頁。

若干翻譯到法之前，意欲一方面工作，一方面求學，惟到法之後，多住曠野，終日勤勞，白晝因無暇讀書，夜晚欲覓師亦不可得，頗違初意，乃紛紛求去。但華工翻譯向不敷用，除非不得已，英人豈肯聽其自去。為求挽留起見，駐英使館特與英人商議，擬特設學額，俟戰局告終，擇翻譯之優秀者補給學費，留學英島，如此一則可收鼓勵之效，堅其職守，不生中途求去之想，一則亦可造就人才。但此案遭英陸軍部批駁，改為給假遊歷倫敦辦法。凡在法工作滿一年者，可輪流前往倫敦遊歷二星期，每班以十人至十二人為限。到倫敦時由英國青年會派員擔任接待，並導遊名勝古蹟。估計前後享受此優待之翻譯達二百四十一人，於翻譯工作情緒之穩定不無貢獻。[62]

　　「到倫敦時由英國青年會派員擔任接待，並導遊名勝古蹟。」讀到這句話時，我睜大了眼睛。這不正與《民國日報》那篇報導相吻合嗎！

　　我後來又找到了路熙自己的記錄：

　　在服事中國三十七年經歷中，一九一八至一九一九在利頓石（Leytonstone）哈欽森寓所（Hutchison House）的生活給了我們從未有過的榮幸。

　　我們傾心於接待一百八十五位中國翻譯，他們從法國來，每班十人，每次逗留兩週。

　　……

　　這些人是英國當局與九萬華工之間的翻譯。他們能說英語，有的流利，有的稍有點遲疑。

　　他們常在隔週的週二抵達。這些帶著沉重行李已很疲倦的陌生人，一下子就擠滿了我們的大廳。他們用了一整夜通過氣候惡劣的海峽，並且幾乎一天已沒有進食。

　　但這些來自中國的年輕人受到熱烈的歡迎。他們住進了寬大明亮的房子（這也可能是他們第一次接觸到西方的物質文明），洗個熱水澡，吃頓美食，他們的臉上隨後就洋溢著微笑。

---

[62] 同上，第134-135頁。

這要感謝青年會，是它給了這些青年人體會西方社會可誇耀的一面，以有別於在法國的悲慘生活。

當費爾法克斯（Colonel Fairfax）給蘇慧廉寫信，談他有讓這些翻譯去倫敦短暫訪問的想法時，問青年會是否可承擔接待與歡迎？蘇慧廉馬上諮詢亞瑟‧亞普[63]（Arthur Yapp）爵士，亞普爵士回覆：「當然可以，如果你能承擔。」蘇慧廉答應了，當然，是青年會來承擔費用。[64]

哈欽森（G. A. Hutchison）先生提供了一幢有悠久歷史的房子，作為接待旅店。哈欽森是英國《男孩週報》（Boy's Own paper）的創辦人兼編輯。

因人手不夠，蘇慧廉還找多諾芬（J. P. Donovan）先生來幫忙。多諾芬民國初年曾任上海郵政局郵政總辦，當時已退休回英。但這份工作對這位被路熙稱為「中國人的老朋友」的老人並不輕鬆，當他在車站接待第三批到訪的青年人時就病倒了。還有些曾在中國服務過的英國傳教士也過來幫忙，仍忙不過來時，蘇慧廉就來填空。蘇慧廉夫婦帶他們遊覽大英博物館、西敏寺、國會大廈、泰晤士報，英倫美景及政治文明給這些中國年輕人留下了一生難忘的印象。

青年會

其實早在一九一六年，蘇慧廉便被借調到英國青年會任幹事。[65]當時歐戰烽火已燃，幾十萬華工聚集法國。當這些年齡在二十至四十歲，來自窮鄉僻壤的中國勞力，突然置身於一個文化背景迥異、語言隔閡的異國世界時，誰給他們伸出援手？

查閱與這段歷史相關的資料時，可看到很多熟悉的名字：李石曾、蔡元培等人於一九一六年發起華法教育會，為在法工人設立華工學校；蔡元培撰寫華工學校講義，並親自講授；汪

---

[63] 亞瑟‧亞普（Arthur Yapp，1869-1936），時任英國青年會負責人。
[64] W.E.Soothill, "When East Comes West," *The Missionary Echo* (1920): 41-42.
[65] *The United Methodist Church: Report of the Missions(Home and Foreign) for the Year Ended April, 1916.* 111.

| 5.10 華工中的基督教青年會。
（《文明的交融：第一次世界
大戰期間的在法華工》）

精衛建議對華工增開《現代政府》一課；晏陽初倡議基本中國
字彙和集體教授法，由識字華工教不識字之同胞。

再繼續查，竟發現很多人與事的背後都有一個共同的組織
——基督教青年會。汪精衛向青年會建議，開設《現代政府》
一課；晏陽初也是受青年會的委派，從美國來到法國。他後來
主編的《華工週報》在華工中影響深遠，該報的主辦單位就是
青年會。

基督教青年會是個國際性的組織，它以服務人群，培養高
尚的基督徒德行為宗旨。青年會為作戰軍人服務，始於美國南
北戰爭期間。華工到歐洲戰地工作，華工便成為青年會服務的
對象。據統計，英國與北美基督教青年會先後設立一百二十餘
所服務中心，為華工服務。[66]

為華工服務的義工來自世界各地，因為是去幫助中國人，
北美及歐洲的中國留學生反應最為積極。據說，當時在美國的
中國留學生中有八十餘人響應號召赴法。這批年輕的學子中，

---

[66] 陳三井：〈基督教青年會與歐戰華工〉，載《中央研究院近代史研究所
集刊》，第十七期。

後來享大名者有晏陽初、蔣廷黻[67]、林語堂等。曾為黃仁宇《萬曆十五年》作序的美國著名歷史學者傅路德[68]當時也是應徵赴法的青年會一員。服務華工的經歷，幾乎影響了他們一生的信仰與道路。

青年會的標誌是一紅色的三角形。三角形的三邊分別代表德、智、體三育。後納入我國教育方針的德智體全面發展的提法，實源於青年會的宗旨。青年會後來還在三育的基礎上加上群育，構成德、智、體、群四元目標，以此作為活動的準則。

青年會服務華工的工作，也是按「德智體群」四元全面展開的。

德：青年會在華工中發起進德會、萬國改良會等組織，禁聚賭、酗酒、宿娼、打架、無故休工，提倡青年人潔身自愛。在美國明尼蘇達大學圖書館所藏的青年會檔案中，有一封青年會幹事科爾（G. H. Cole）一九一八年十一月二十三日寫給蘇慧廉的信，其中也提到在法華工好賭的情況：「此間中國人中，賭博如此盛行，以致我們難以找到一種可取代的娛樂形式，現在看起來最好的取代物是業餘戲劇表演。」[69]

智：青年會開設各種識字班、補習班、進修班、語言班，幫助華工在工作之餘，提高文化水準。「凡目不識丁者，可於六週內認字速成。凡略能讀與寫者，則備有常用國字表可於數週內教習。而於受過較高教育者，則開辦英文、法文、地理、歷史、數學、中國古典等班，分別講授，並輔以幻燈、電影等

---

[67] 蔣廷黻曾任YMCA秘書。1912年，適值辛亥革命爆發，蔣負笈留美，先入密蘇里州派克學堂接受中等教育，三年畢業，轉學俄亥俄州奧伯林學院主修歷史。1918年加入由基督教青年會組織的「哥倫比亞騎兵隊」，赴法國為華工服務。1919年夏，復返美入哥倫比亞大學研究院專攻歷史，1923年獲博士學位。

[68] 傅路德（Luther Carrington Goodrich，1894-1986），又稱富路特，出生於北京通州，富善之子。曾任哥倫比亞大學中文榮譽教授，研究中國史。著有《中華民族簡史》《印刷：關於一個新發現的開場白》《蒙古統治下在中國的西亞人和中亞人以及他們轉化為漢人》等。與房兆楹合編《明代名人傳》。

[69] International Work in China, Box 36, China Correspondence and Reports Nov-Dec 1918. University of Minnesota Libraries.

電化工具，以加強教學效果。又有公共問題，諸如衛生、森林、築路、民族意識、歐洲市民權力等課程之講授。」[70] 晏陽初當時就是在華工中教授識字法，並由此產生了「平民教育」的思想。他後來提出「3C」，即孔子（Confucius）、基督（Christ）和苦力（Coolie）救中國的思想，並終身實踐。晏陽初一九四三年被評選為「當今世界上貢獻最大、影響最廣的十大名人」。這名單中有愛因斯坦、杜威、亨利‧福特，晏陽初是唯一的中國人。

體：青年會在華工中組織足球隊、棒球隊，舉辦兵操練習，還舉辦運動會。體育不僅可強身，而且可增加娛樂，並提高工作效率。

群：群育，按今天的話講，有點類似團隊觀念的培養。青年會在華工中組織俱樂部、劇團、戲曲班、同樂園，以慶祝會、遊樂會、表演等形式，加強同胞之間的融合，亦在外邦樹立華工群體良好的形象。

在法國馬賽工作的華工王佛仁寫了首歌，可看出當時大家對青年會的喜愛：

諸同胞，由外來，辛辛苦苦到馬賽。坐號房，心不快，一天到晚不自在。

青年會，善招待，華工同胞莫見外。早九點，把門開，直到四點都可來。

學國文，把字猜，又念又記真是快。學寫信，上講台，編好做好真是快，天天聽講莫懈怠。

筆紙墨，不用買，隨時需要無妨礙。有報看，有棋賽，許多玩意真奇怪。

有電影，暢心懷，星期二五兩點開。諸同胞，勿徘徊，須知有利毫無害。

歎光陰，最可愛，今日過去不再來。同胞呀！勿疑猜，請到青年會裡來。[71]

---

[70] 陳三井：《華工與歐戰》，第129-130頁。
[71] 陳三井：〈基督教青年會與歐戰華工〉。

蘇慧廉任英國青年會華工事務方面的負責人，但在他自己留下的文字裡，我至今沒有找到對這段經歷的詳細記錄。一九三五年蘇慧廉去世，英國《泰晤士報》報導其生平時，沒有忘記這段履職：

蘇慧廉在歐戰期間回到英國，在組織華人翻譯倫敦活動的同時，成為青年會宗教事務的負責人。……為表彰服務華工之功績，他被中國政府授予文虎勳章[72]，此前他還曾獲頒雙龍寶星勳章。[73]

蘇慧廉這次獲得的是三等文虎勳章。在英國官方一九二〇年三月一日發佈的一份公報上，如此闡述蘇慧廉的獲勳理由：

蘇慧廉牧師這次是因在華工中組織青年會而獲頒文虎勳章，其實，在此之前他為中國所作的貢獻，可列出一份長長的記錄：他是聖道公會的傳教士，在溫州服事廿五年；他是山西大學堂的校長；在組建華中聯合大學的過程中，也被推舉為校長；他還是一系列關於中國著述的作者。在歐戰期間，他是青年會宗教事務部門的主任幹事。稍後，他還在利頓石經營一家旅館，為訪問倫敦的華工翻譯提供服務。[74]

這是蘇慧廉第二次獲得中國國家勳章，第一次是即將離開山西大學堂時，獲二等雙龍寶星。兩次勳章頒佈的時間相隔不到十年，可中間已換了好幾任元首。

這就是那時的中國，動盪是它的主旋律。

抱犢崮餘響

一九二三年五月六日凌晨，在縱貫中國東部的交通大動脈津浦鐵路上，一列北上的特別快車，在經過山東臨城附近時，車頭突然出軌。數百名土匪明火執杖，劫持了數十名旅客，其

---

[72] 北京政府1912年發佈〈陸海軍勳章令〉，凡民國陸海軍人於平時戰時著有勳勞，或非陸海軍人及外國人於陸海軍特別任務中著有勳勞者，皆得分別給與勳章。勳章分白鷹、文虎兩種勳章，每種均分九等。

[73] "W.E.Soothill, The Chair of Chinese at Oxford," *The Times,* May 16, 1935.

[74] "Westminster Gazette," Mar 1, 1920. 轉引自 *The Chinese Recorder* 51 (1920): 365。

中包括二十餘位外國人。一英國人因抗拒被當場擊斃。這就是民國史上震驚中外的「臨城劫車案」，其在西方世界引起的反響，幾與「庚子事變」相類。

劫車案的黑手是抱犢崮土匪頭子孫美瑤。他得手之後將「肉票」押上抱犢崮，然後向北京政府提出條件。

此案的材料甚多，各種版本的故事與傳說也充斥坊間。在雙方僵持的三十七天時間裡，匪方與政府如何討價還價，北京政府又如何與各國公使上下其手，此處暫不贅述。最後的結果是，所有人質平安獲釋，匪部被收編為官軍，震驚中外的劫車案以孫美瑤當上「山東新編旅」旅長而暫告一個段落。

查閱與劫車案相關的材料時，有幾個細節頗耐人尋味：

一、匪徒為讓車頭脫軌，事先將路軌拆掉了兩節。這一工作頗有技術含量，非普通土匪可為。二、火車被打劫，北洋軍方聞訊趕來，雙方交火。匪方後來派出一名洋人及翻譯前去聯絡，聲稱若再不停止追擊，就槍殺所有乘客。北洋軍遂停止了追擊，匪眾於是驅趕著中外人質逃回抱犢崮。大字不識一個的土匪窩中，怎麼還有精通外語者！[75] 美國石油大王洛克菲勒兒

| 5.11 文虎勳章。（嘉德拍賣圖錄）

<hr />

[75] 南雁：〈臨城土匪大掠津浦車〉，載《東方雜誌》（第二十八卷第8號，1923年4月25日），第2-3頁。

媳的妹妹露茜·奧爾德里奇（Lucy T. Aldrich）也不幸成為人質。在她寫給家人的信中，也提到「許多土匪懂英語，只要他們願意，就能說上幾句。」[76]

這些懂技術，「能操外國語音者」即是「舊時法國遣回之參戰華工」。[77]

上海師範大學歷史系教授郭緒印幾年前曾親臨山東抱犢崮考察，當看到不少有「技術含量」的洞穴猶存時，他不禁感歎：「第一次世界大戰期間，皖系軍閥控制的北京政府參加了協約國一方，派五萬名華工到歐洲戰場作後勤工作。大戰結束後，協約國各國軍隊凱旋回國，而腐敗的北京政府，竟將五萬名華工丟在歐洲不管不問，他們中的一小部分歷經千難萬苦才返回中國，因生計無著，來到抱犢崮成為土匪中重要的一支。這批人會工兵技術和設計工事，所以在抱犢崮山頂開鑿成兩大水池，以儲蓄可供飲用的清水。」[78]

臨城劫車案當時震驚世界，時在英國的蘇慧廉應該知道此事。不過，其中有華工參與之細節，他知道嗎？《聖經》上說：「指望結好葡萄，反倒結了野葡萄。」[79]

據陳三井教授研究，民國其間此起彼伏的工人運動也與這批歸國華工有關。華工在歐洲時，因與較高生活水準有過接觸，接受了「人當為更好的地位而奮鬥」的新觀念。同時在法其間，也受到工會組織的洗禮，懂得罷工、工人聯合的價值。「至歐戰結束前夕，民族主義、無政府主義與馬克思主義已為若干華工領袖所拳拳服膺，深信不疑。他們利用華工之不滿情

[76] 露茜·奧爾德里奇：〈週末，我當了抱犢崮土匪的「洋票」〉，載《我和土匪在一起的日子：民國匪案洋人親歷記》，徐有威、貝思飛編（團結出版社，2009），第20-22頁。此文原載美國《大西洋月刊》（Atlantic Monthly）1923年6月號第672-686頁，標題為 A Weekend with Chinese Bandits。

[77] 《赴法勤工儉學運動史料》（北京：北京出版社，1979），第二冊（下），第790頁。

[78] 郭緒印：〈「臨城劫車案」始末〉，載《文匯讀書週報》，2005年11月11日。

[79] 《聖經·以賽亞書》5：2

緒，發動各式各樣之罷工，以遂其政治目的。」[80] 也正因此，「在某些官方機構，返國華工甚至被看成一個『潛在的布爾什維克』（Potential Bolshevik）那樣可怕。」更有甚者，「還博得中國工人世界的『不祥之人』（Stormy Petrel）之惡稱。」[81]

中國的工人運動也就是在此際開始成為一股革命力量。

---

[80] 陳三井：《華工與歐戰》，第142頁。
[81] 同上，第186頁。

第六章　牛津（1920-1925）

你往後看多遠，就能往前看多遠。

——邱吉爾

第一節　英國漢學

沃爾頓街上的「中文系」

今日牛津大學裡的中國人，將該校中國學研究所（Institute for Chinese Studies）戲稱為牛津大學中文系。「中文系」坐落於沃爾頓（Walton）街上一幢典雅的老樓裡（圖6.3）。上世紀九十年代，邵逸夫捐助該學科，於是校方從牛津大學出版社調撥出這幢小樓，整合了原分散於牛津各院的漢學資源，集合成中國學研究所。現在它是牛津的漢學中心。

在「中文」圖書館閱覽室的牆上，我看見了蘇慧廉的照片（圖6.1）。黑白肖像照下有行小字：一九二〇至一九三五。

一九二〇年，蘇慧廉接受牛津大學的聘請，擔任漢學講座教授。按中國人的演算法，一九二〇年，蘇慧廉正好是六十歲。六十，是個可以告老還鄉的年齡。在中國近四十年的經歷、結交了大批中國精英、會流利的中文、還熟研中國傳統典籍，蘇慧廉顯然已成為「中國通」。美國中國學嚴格意義上的開創人之一賴德烈在一篇發表於一九一八年的歷史學述評裡就認為，蘇慧廉是英國傳教團為中國學術歷史提供的首屆一指的人才之一。[1]

如果把時間往前推一百三十年，當時整個英國還找不到一個懂中文的人。一七九二年馬戛爾尼（George Macartney）訪華，需要一個會中文的人擔任翻譯。英國政府沒辦法，只得向歐洲其他國家求助。後幾經周折，才在義大利那不勒斯中國學院找到兩名中國學生。[2]

---

[1] 賴德烈：〈美國學術與中國歷史〉，朱政惠：《美國學者論美國中國學》（上海：上海辭書出版社，2009），第2頁。此文原載 Journal of American Oriental Society, Vol.138, 1918.

[2] 黃鴻釗：《中英關係史》（香港：開明書店，1995），第36頁。

這種狀況一直延續到十九世紀二十年代。一八二三年，英王贊助成立了不列顛及愛爾蘭皇家亞洲學會，一八二七年該學會會報開始刊登有關中國的文章；一八三六年倫敦大學設立中文教授職務；一八七六年牛津大學也設立了中文教授一職。一九一六年倫敦大學開辦亞非研究學院。末代皇帝溥儀的英文老師莊士敦[3]回英之後就是在這裡充任漢學教授。

以後杜倫大學、利茲大學、約克大學、愛丁堡大學、中倫百科學院、紐卡斯爾大學也相繼開設了中文系。英國的漢學研究就這樣一步步走來。

牛津漢學

我站在閱覽室裡，逐張看牆上的圖片（圖6.2）。

這是理雅各，牛津漢學的開山鼻祖。

一八七六年，已從香港返回英國的理雅各出任牛津大學漢學講座教授，他是牛津史上第一任漢學教授。 理雅各擔任此職

┃ 6.1 執教牛津時的蘇慧廉。（牛津大學提供）

---

[3] 莊士敦（Reginald Fleming Johnston，1874-1938），英國人，牛津畢業後考入海外殖民部，歷任香港政府官員及威海衛行政公署長。1918年被溥儀聘為英語教師。回英後任倫敦大學漢學教授。著有《紫禁城的黃昏》《基督教在華傳教事業評議》《佛教徒的中國》等。

上 | 6.2 閱覽室的牆上掛了牛津歷任漢學教授的照片，最
右邊那張便是蘇慧廉。（2009年3月31日攝於牛津）

下 | 6.3 沃爾頓街上的牛津「中文系」。（2009年3月31
日攝於牛津）

二十二年，直至一八九七年逝世。牆上還有張照片，畫面就是一塊黑板，上面寫著幾行漢字。這是他一八九七年十一月九日那天留在黑板上的文字。理雅各是在講課時突然中風倒地去世的，這些粉筆字成了他的絕筆。

理雅各的門生遍佈英倫，包括蘇慧廉與山西大學堂西學齋首任總教習敦崇禮。

這是布勒克（Thomas Lowndes Bullock），他於一八九九年接替去世的理雅各出任牛津漢學教授，直至一九一五年去世。

布勒克是外交官，曾在英國駐中國領事機構中供職二十八年，先後擔任駐華漢文副使、代理漢務參贊，駐九江、營口、煙台等地領事等職。從外交界退休後，出任牛津教職。可能是他的前任水準過高，布勒克因此相形見絀。更何況，在講究學術的牛津，他又非正途出身。他留下的漢學著述似乎僅有一本《漢語書面語漸進練習》（*Progressive Exercises in the Chinese Written Language*）。

英制大學，每個學科還只有一名教授，此人為學術帶頭人，同時兼系主任。系裡其他的老師都是講師。牛津早期的講座教授多是終身制。理雅各去世，布勒克繼任。布勒克去世，蘇慧廉繼任。但布氏一九一五年便去世了，蘇慧廉直至一九二〇年才接任。

第二節　選舉風波

北京的隱士

如果沒有讀到《北京的隱士——巴克斯爵士的隱蔽生活》[4] 這本書，我不知道牛津漢學講座教授一職的競爭會如此激烈。

---

[4] Hugh Trevor-Roper, *Hermit of Peking, The Hidden Life of Sir Edmund Backhouse* (London: Macmillan, 1977). 1986年齊魯書社出版中譯本，譯者胡濱，書名為《北京的隱士——巴克斯爵士的隱蔽生活》。Edmund Backhouse亦有譯作白克好司、拜克豪斯、巴恪思。

書作者休‧特雷弗‧羅珀（Hugh Trevor-Roper）是西方現代史研究領域的著名人物。他的成名作是一九四七年出版的《希特勒的末日》（*The Last Day of Hitler*）。

出版於一九七六年的《北京的隱士》是羅珀研究中國近代史的一部重要史學著作。書中被稱為北京隱士的人叫艾德蒙‧巴克斯（Edmund Trelawny Backhouse，圖6.4）。在這個曲折的故事裡，蘇慧廉只是個小小的配角。

巴克斯是英國人，出身於貴格會[5]家庭。至十九世紀，這個家族已在英國貿易界嶄露頭角。巴克斯的父親喬納森‧巴克斯（Jonathan Edmund Backhouse）擁有貴族頭銜。

巴克斯一八八六年進入牛津大學莫頓學院（Merton College）。他在牛津的學習生涯有個良好的開端，曾獲得過獎學金，並被發現具有語言天才。不過，後來的檔案材料表明，他在牛津不僅沒有獲得學位，並涉嫌一些騙取錢財的醜聞。這個出身於貴族家庭的紈絝子弟，花錢過於大方，在大學時就欠下高達二萬三千英鎊的債務。這件事對這個有名望的家族而言

| 6.4 巴克斯。（Hermit of Peking）

---

[5] 貴格會（Quaker），又稱公誼會或教友派（Religious Society of Friends），為基督教新教一派別。成立於十七世紀的英國。該派反對任何形式的戰爭和暴力，不尊稱任何人也不要求別人尊稱自己，不起誓。主張任何人之間要像兄弟一樣，主張和平主義和宗教自由。

是個醜聞,父親在為他清償了債務後即通知他,不能再指望獲得一般的遺產。

很可能是因為這件事,巴克斯離開了家,來到了遙遠的中國。當時是一八九八年,他在上海找到赫德,希望以他的語言天賦在海關謀份差事。他的中文是在赴中國前去劍橋突擊學會的,只用了三個月。他的老師是剛接替威妥瑪出任劍橋大學漢學教授的翟理思。

後來是莫理循發現了巴克斯。在一份材料中,他這樣介紹巴克斯:「一個貴格教徒家庭的紳士,父親是當年的銀行家,下院議員,達令敦皮斯家和其他貴格教徒家的親戚。……巴克斯是一個有特殊天賦才能的人。除其他語言外,他會說、會看、會寫現代希臘語和俄語,還認識三千個漢字。因為他見多識廣,我很喜歡他。」[6]

巴克斯後來就擔任莫理循的助理。莫理循雖是「中國通」,但並不識漢語,以前只能依賴李鴻章的英文秘書畢德格[7]為他譯述一些中國的官方消息,而李鴻章又十分樂意利用他巧妙地對《泰晤士報》施加影響。現在有了巴克斯,莫理循可謂如虎添翼,巴克斯也由此在北京站穩了腳跟。

巴克斯的語言天賦及學術才能應是不容置疑的。一九〇一年還被任命為京師大學堂的法律和文學教授。不過,今人對他這一段與北大有關的經歷幾無所知。

巴克斯在中國居住了近半個世紀。他後來暴得大名,主要是與另一位英國人,曾參與營救過康有為的濮蘭德合著了《慈禧外傳》[8],在這本轟動西方的「非虛構作品」裡,巴克斯回憶他眼中的慈禧及兩人「親密接觸」的往事。他自稱「外國的榮

6　羅珀:《北京的隱士》,第24頁。

7　畢德格(Willian N. Pethick),美國人。1874年來華,任天津副領事,後辭職,專任李鴻章英文秘書。

8　*John O Bland and Edmund Backhouse, China under the empress Dowager : being the history of the life and times of Tzŭ Hsi; Compiled from state papers and the private diary of the comptroller of her household* (London: William Heinemann, 1910).

第六章　牛津(1920-1925)　379

祿」，從一九〇二年到一九〇八年慈禧去世，一直是慈禧的情人。一九〇二年巴克斯二十九歲，慈禧六十八歲。[9]

在該書第十七章還收錄了巴克斯於一九〇〇年八國聯軍攻陷北京時「發現」的《景善日記》[10]的譯文。這部日記公開發表後，國內外學者聚訟紛紜。後來主流的西方學者均認為《景善日記》是巴克斯的偽作，巴克斯當然一口否認。不過，在就真贋爭論的過程中，巴克斯已淪為一個偽君子的形象。羅珀寫這本《北京的隱士》，有很大的推動力來自他要以扎實的史學功底論證巴克斯——一個偽造者、一個欺詐者、一個不折不扣的騙子、一個狂鬱綜合病症的患者——如何和他的同夥為了維持他們在北京的生計，偽造並販賣中國文學「名著」，其中就包括宮廷檔案和日記，他們正是以此為基礎編寫了關於慈禧的那些書。

巴克斯豪舉

我在牛津大學博多林圖書館四處亂竄，就是為了尋找一塊記有巴克斯大名的功德碑。按中國人的思維，這個碑應高高地樹立在圖書館正門外的廣場上。最終，我是在館內樓梯轉角處發現了它（圖6.6）。一塊白色的大理石碑鑲嵌在牆上，第二行倒數第二個名字就是——艾德蒙・巴克斯從男爵。

二等從男爵巴克斯能在功德碑上佔有一行字，緣於一九一三年把收藏的一萬七千卷中文書籍和手稿捐贈給博多林圖書館。此後八年中，他又陸續捐贈了一萬卷書。按照專家的說法，這些贈書使牛津大學的中文藏書突然增加了近四倍，並使

---

[9] 詳見巴恪思：《太后與我》，王笑歌譯（雲南人民出版社，2012）。

[10] 景善（1823-1900），字荄亭，滿洲正白旗人。同治年間進士，官至禮部右侍郎。光緒二十六年（1900）七月二十一日，八國聯軍已侵入北京，當晚他被其長子推墜入井溺死。出現於《慈禧外傳》中的《景善日記》，據悉是1900年8月18日，即八國聯軍佔領北京後的第四天，由巴克斯在景善書房裡獲到，此後又由他譯為英文刊載於《慈禧外傳》中。後來，濮蘭德徵得巴克斯的同意，將日記的英文譯稿贈給大英博物館，並於1924年在某報刊上發表。濮蘭德還說，事後他問過巴克斯關於日記的中文底本一事，巴克斯推說因生計困難，早已將其賣掉了，或者是不慎燒掉了云云。總之，除了巴克斯以外，世界上根本就沒有第二個人見過《景善日記》的中文底本。

| 6.5　享譽全球的牛津博
多林圖書館。（2009年
4月1日攝於牛津）

得該校擁有了歐洲最好的中文館藏。

　　一萬七千卷書是個什麼概念？根據牛津圖書館的史料記
載，當時這批書被裝在二十九個板條箱裡，重量超過四噸。當
然，比數量更重要的是它的價值，現已成為博多林鎮館之寶的
六卷《永樂大典》亦在其中。

　　除了如雷貫耳的《永樂大典》外，這其中還有「三部珍
貴的早期刊印的書籍，巴克斯也許過於熱情，把它們說成是宋
版書。這三部書是：印刷精美、保存完好的《春秋左氏傳》；
《孔子家語》，以及《古今紀要》。」[11]寫這篇熱情洋溢的文
章讚揚巴克斯捐贈的人叫翟林奈[12]，是當時大英博物館管理東方
書籍和手稿的館員。他的父親就是大名鼎鼎的漢學家翟理思。
翟林奈認為，後兩部書的年代分別屬於明代和元代。還有一套
叢書，也受到巴克斯的特別推薦──清朝雍正皇帝時重印的卷
帙浩繁的《古今圖書集成》，計五千多冊。

---

[11] 羅珀：《北京的隱士》，第74頁。翟林奈此文刊登在1913年12月2日的
《泰晤士報》。
[12] 翟林奈（Lionel Giles，1875-1958），翟理思之子，生於中國。1900年進
大英博物館圖書館負責管理東方書籍。譯有《孫子兵法》《論語》等。
編有《欽定古今圖書集成索引》。

二〇〇九年春，我有幸在牛津博多林圖書館的地下書庫裡，「瞄」了巴克斯當年捐贈的寶貝一眼。該館現東方部主任何大偉破例帶我入庫，他邊開燈給我數「巴克斯」書架之數。寫著「巴克斯」名字的書架有十幾排，約占博多林中文善本的半壁江山。

　　按羅珀的分析，巴克斯如此慷慨，目的就是想接替布勒克出任牛津大學漢學講座教授一職。

　　為了錢？絕對不是。因為牛津漢學教授的薪金「公認是很少的，每年只有一百五十英鎊」。[13] 這點錢與他所捐贈的金額是不相稱的。按照一九一四年的估值，他首批捐贈物約值四千五百英鎊。

　　可能是布勒克的學術資歷不夠，當時英國漢學界的知名人物，如翟林奈、莊士敦都希望他能盡快辭職，而巴克斯幾乎肯

| 6.6 巴克斯在這個捐贈功德碑
　　上佔有一行字。（2009年3月
　　30日攝於牛津）

[13] 羅珀：《北京的隱士》，第93頁。

定地將接替他。正如莊延齡所說的，巴氏此時已被公認為牛津大學漢學教授職位的確定繼承人。莊延齡對巴克斯甚為尊敬，他認為，沒有任何其他人能夠和巴克斯競爭牛津的該項教授職位。[14] 不幸的是，布勒克沒有辭職的打算。

彷彿是為了加重競爭砝碼，巴克斯一九一四年又給牛津寄出了第二批書籍和手稿，共有七十六箱，其中包括四百六十三卷圖書、十五件手稿。他聲稱，第二批禮物的價值超過第一批，值九千六百英鎊。

贈送的第二批書籍很及時地寄到牛津。說及時，是因為布勒克教授於一九一五年三月去世。現在輪到巴克斯正式申請漢學教授職務的時候了，他在申請信中寫道，他非常喜歡漢學教授的職務，但他擔心，一位前領事館人員肯定會得到它。[15]

巴克斯信中提到的前領事館人員，因文獻不足，我一時不知指誰。不過，由此可見，當時競爭此位的絕不僅是巴克斯一人。

如果一九一五年即決定第三任牛津漢學教授人選，巴克斯當選的概率很大。不幸的是，那時正是歐戰最激烈的時候，歐洲的命運繫於戰火，牛津大學遂決定延遲推選一事。

塵埃落定

一九二〇年初，歐戰風雲消散。牛津大學有權選舉漢學教授的人們終於可以圍坐一桌了。

巴克斯在這個關鍵時候，又一次表示要贈送禮物。他說如果博多林圖書館願意預付一千英鎊，他將可為該館買到非常珍貴的六部手稿和十二幅手寫卷軸。面對如此好事，館長同意了這項建議。

但這時已有些不和諧的聲音在私下傳遞：第一批贈書中的部分遲遲沒有到達，有消息顯示，它們根本就沒有啟運；也有人對其贈品的真假提出疑議；還有學人對《古今圖書集成》的版本

<hr>

[14] 同上，第97頁。
[15] 同上，第101頁。

表示懷疑，認為該書並不是真正的雍正四年（1726）的宮廷初印本（又稱殿本），而是一八九五年至一八九八年間第三次翻印的石印本。蘇慧廉後來到牛津也認同這個結論。三十年代，時任北平圖書館寫經組組長的向達前往牛津為中文藏書編目時，進一步證實了蘇慧廉對《古今圖書集成》版本的判斷及評價。[16]

《古今圖書集成》的石印本，在藏書界習稱「同文版」或「光緒版」，這是該書的第三次翻印。光緒十六年（1890），光緒皇帝下令石印《集成》，由上海同文書局承辦。完成於光緒二十年（1894）的石印本，照殿本原式印出一百部。此版增刊了龍繼棟所作《考證》二十四卷，訂正原書引文錯訛脫漏之處約兩萬條，這是最早的「銅活字版」和第二次重印的「扁字體版」所不具有的。因此，這也是辨別石印本的最簡單方法。二〇〇九年我在牛津書庫參觀時，何大偉就告訴我，牛津的《圖書集成》是有考訂的。

儘管這是第三次印本，但因校正詳細、加工精審，從整體質量而言，勝過殿本。清政府當時為此耗白銀五十萬兩，成品主要用於贈送外國或頒賞大臣。巴克斯當時在中國，作為一個與清廷高層有往來的外國人，他具備得到一套石印本的可能。

一九二〇年夏，牛津大學舉行了新任漢學教授的選舉。

有選舉權的人們到底沒有選巴克斯。六年來，他繼任該項職位被認為是確定無疑的，通過慷慨贈送書籍使此事更有把握。但這時他突然被拒絕給予這個期望已久的職位。我們不知道那些有選舉權的人們受到了什麼影響。他們沒有選巴克斯，而挑選了一位以前當過傳教士的有能力的學者蘇慧廉。[17]

羅珀在這裡第一次提到蘇慧廉。儘管同為英國人，他對蘇慧廉瞭解很少。

牛津選舉的塵埃落定後，巴克斯便乏善可陳了。按他自己的說法，因為幾次捐贈，他已一貧如洗。

---

[16] 羅珀：《北京的隱士》，第128頁。

[17] 同上，第112頁。

一九二六年，蘇慧廉為處理中英庚款一事來到中國。在北京時，蘇慧廉還專門去見了巴克斯，當時他住在北京石駙馬大街十號。蘇慧廉「和巴克斯進行了一次令人愉快的談話。巴克斯神情沮喪，身體不好，蓬頭散髮，衣服破爛，腦子反常。我懷疑他是故意穿破爛衣服，以表明他的貧困！」羅珀對巴克斯不依不饒。

　　巴克斯仍向蘇慧廉聲稱他的手稿是真實的，「我們的那部《古今圖書集成》也是原來的版本。」蘇慧廉說：「它很顯然不是原版，」但即使是十九世紀末年的重印本，「也總有一天將是特別珍貴的。」[18] 蘇慧廉這個帶安慰性質的預言是對的，即便是第三版的《古今圖書集成》在清末便已罕見，當時在北京琉璃廠，一整套便索價白銀一萬兩。這一版受青睞，除了校印最精外，還有個因素是存世數量不多。當時僅印了一百套，印好後一部分運到了外地，但留存在上海棧房的五十套，不幸毀於一場意外的大火。

　　據羅珀考證，蘇慧廉一九二六年在京時，對巴克斯至少作了四次訪問。他在第二次訪問後加上了一個附言：「可憐的傢伙，我抱著最大的同情對待他。」[19]

　　我至今沒有在蘇慧廉自己留下的文獻中，找到關於巴克斯的記錄。羅珀堅持認為，蘇慧廉被巴克斯「爭取了過去」。「他哀歎他一貧如洗，所穿的破衣爛衫給蘇慧廉留下了很深的印象，威脅要在北京的大街上行乞，這些是他所患的那個病症的另一部分。」[20]

　　巴克斯一九四四年一月八日死於北平一家叫聖邁克的天主教醫院。他晚年皈依了天主教。[21]

---

[18] 同上，第127頁。
[19] 同上，第127頁。
[20] 同上，第326頁。
[21] 巴恪思：《太后與我》，第262頁。

第三節　書齋裡的革命

牛津聖三一

根據牛津大學檔案館提供的資訊：一九二○年十一月十六日，蘇慧廉正式註冊成為牛津大學三一學院（Trinity College）的漢學教授。也就在同一天，牛津授予他文學碩士學位。[22]

也許是因為按牛津的教授任職條件，他必須有一個學位，所以校方做了如此的應急處理。

巴克斯競爭牛津漢學教席時，也曾擔心自己的學歷。其實，當選的蘇慧廉也是沒有正式學歷的。（儘管早在一八九一年，劍橋大學便授予他榮譽文學碩士學位。[23] 但榮譽學位與正式學位還是有些區別的。）在英國，他的學校生涯只到十二歲。赴華前，雖受過些神學與漢語的教育，但也只是些實用並零星的知識。

但這並不妨礙他成為一名卓越的學者，一位享譽歐洲的漢學家。英國聖道公會曾把他的畫像陳列在總部大樓裡，稱他是自學成材的典範。[24] 蘇慧廉的母語是英語，他就是通過自學，掌握了法語、拉丁語、希伯來語、希臘語、中文及梵文。

蘇慧廉赴任的三一學院是牛津最著名的學院之一，位於牛津城中心，已有四百多年的歷史。都說它的校園很漂亮，其花園與聖約翰學院（St. John's College）花園、威德漢（Wadham）花園並稱「牛津三美」。可惜我去參觀的那個上午，它不對外開放。

《李提摩太在中國》

蘇慧廉一生筆耕不輟。在牛津，客觀條件讓他有更多的精力從事研究與寫作。據我的初步整理，蘇氏一生有十餘本專著行世，其中絕大部分是在牛津完成的。[25]

---

[22] 牛津大學檔案館（Oxford University Archives），致筆者的郵件，2009年2月20日。

[23] *The Historical Register of University of Cambridge, Supplement 1911-1920*, 61.

[24] *Catalogue of the Pictures at the Methodist Mission House.*

[25] 詳見附錄《蘇慧廉著述目錄》。

一九二四年，《李提摩太在中國》（圖6.8）在倫敦出版。這本至今還是研究李氏最權威的著作是他在牛津完成的第一本書。

　　李提摩太一九一〇年離開太原後，回上海繼續他在廣學會的工作。廣學會對中國近代化產生的巨大影響，是無論怎麼形容都不為過的。李提摩太作為它的負責人，從接掌那天起，在中國人的心目中，就成為廣學會的同義詞。

　　一九一五年，李提摩太七十歲。這個已入古稀之年，並且健康狀況也開始變得不穩定的老人決定回家。他向廣學會提交了最後一份年度報告，在這份報告裡，他說：

　　多年以前，他們感到，中國需要外國人的幫助。這是因為，當他們閱讀中國學校的教科書時，他們感到其中缺乏四種東西：一是缺乏真正的科學，二是缺乏真正的歷史，三是缺乏真正的經濟學，四是缺乏真正的宗教。……廣學會來到中國，幫助她發現問題，使她與其他國家並肩發展。[26]

　　隔了近一個世紀，在蘇慧廉撰寫的李氏傳記中讀到這幾句話時，我還是被他的深邃觸動了。這四種缺乏，我們今天補齊了嗎？

　　李提摩太回到英國後，住在倫敦。當時正是歐戰，蘇慧廉也在倫敦。蘇慧廉說李提摩太住在一間公寓裡，房子很小。他的身體也很虛弱，但情緒仍然高漲。他閱讀、寫作、思考，主題是世界和平、戰後文明、偉大的宗教、近代中國的影響力等。一九一九年春，曾擔任過他秘書的梁啟超來看他，並帶來了自己的十卷本著作。蘇慧廉說，這是李提摩太晚年最高興的一天。[27]

　　李提摩太當年四月十七日去世。

　　他的遺體在戈爾德斯格林（Golders Green）火化，這場安靜的儀式由富勒敦牧師和T・里夫利・格洛夫博士舉行。他的幾位中國老朋友出席了儀式，中國和日本公使館成員都到場，浸禮會和它的傳教士協會、廣學會以及各種傳教協會也都派了

---

[26] 蘇慧廉：《李提摩太在中國》，第303頁。
[27] Soothill, *Timothy Richard of China*, 325.

代表參加。但是人們總是禁不住想起，現在這個小規模的葬禮與可能在他所瞭解和尊敬的國度上的葬禮所形成的鮮明對比。在他自己的國度，他是一個陌生人；而在遠東的「陌生人」中間，他被百萬人民視為聖人。

闞斐迪出席了葬禮。他回來後向蘇慧廉提到一個場景，「主辦者從眾多的花圈中，選擇了日本公使館送來的花圈，放在他的心臟上方。因為他的心真的在東方待了五十年。中國是他所熱愛的，日本也是他所熱愛的，他看不出為什麼要恨她們。東方是他所熱愛的，西方也是他所熱愛的，他努力用相互服務的紐帶將雙方連接在一起。雖然許多人都是他的信徒，但是到現在為止尚無人能夠取代他的位置。」[28]

李提摩太去世後僅半月，中國就爆發了以「科學」與「民主」為號召的五四運動。

遙望東方

蘇慧廉在牛津的教學工作，是每週主持兩次講座和兩次研討會。這些講座的內容，後來經整理相繼出版。

一九二五年由牛津大學出版社出版的《中國與西方》[29]是他給現代史地專業的學生以及進行東方研究的學者做有關中國與西方關係講座的結集。全書分十五章，從古希臘羅馬時代的中西交往一直談到民國時期的中外關係。因為面對的是西方的普通讀者，蘇慧廉儘量用淺顯的語言，以提綱挈領的方式，講述他瞭解的中國。畢竟在這片土地上生活了四十年，他有自己近距離的觀察與視角。

蘇慧廉撰寫這本書時，中國正陷於軍閥的混戰之中。他在中國見過太多的動盪了。也正因此，他對孫中山及其領導的革命評價不高，認為他是個破壞者，而不是建設者。[30]

---

[28] 蘇慧廉：《李提摩太在中國》，第307-308頁。
[29] W.E.Soothill, *China and the West: A sketch of their Intercourse* (Oxford: Oxford University Press, 1925).
[30] Soothill: *China and the West*, 175.

上左 │ 6.7 穿學位服的蘇慧廉。
（TME）

上右 │ 6.8 蘇慧廉撰寫的李提摩
太傳記。

下 │ 6.9 蘇慧廉在牛津期間的
著述。

對於中國的未來，他這樣寫道：「中國的復興終將到來，但在這同時，數以百萬計的中國人或將死於饑餓，或被拉壯丁，也可能做了土匪或強盜。在畸形、病態的政府高壓統治之下，這群受治於高壓下的中國人，也是全世界最勤勞、最充滿希望、最易統治的人。」[31]

《中國與西方》出版後，他的同事，也是溫州傳教事業的後繼者郭多瑪[32]牧師寫了篇書評，高度評價此書，並稱這位在聖道公會擁有極高聲譽的前輩像個希臘的智者，「他長於講故事，在這點上總有過人之處。」[33]

蘇慧廉在牛津的演講及上課講義還彙編為另外兩本書：一九二七年出版的《中國簡史》[34]與一九二八年出版的《中國與英國》[35]。

《中國與英國》由牛津大學漢學教授寫成，緣於一系列的普及講座。蘇慧廉教授曾任山西國立大學校長，其著述飽含對中國問題的第一手的觀察和研究。他的文字謹慎且冷靜，可算得上是英國觀點的最好闡述。作者不僅沒有激烈指責中國的「幼稚」，反而通篇都不忘強調中國對於自己國家的處境所要承擔的職責。他也專門就一些問題的流行看法進行糾正，例如一八四〇年的戰爭與鴉片的關係。他這麼寫道：「鴉片，激化了衝突，但是它並非是起因。如果說鴉片是這場戰爭的起因，那麼美國獨立戰爭的起因豈不是茶葉了嗎？」[36]

《中國與英國》的體例、篇幅與《中國與西方》相似，也分十五章，從英國與中國早期的交往與衝突說起，一直談到民國的建立與民族主義的興起。此書至今仍是史學界研究中英關

---

[31] Soothill, *China and the West*.轉引自一篇署名C.W.C的書評，原載*The Geographical Journal*,Vol.68, No.1(Jul 1926), 84。

[32] 郭多瑪（T.M.Gauge），英國聖道公會傳教士，1910年抵達溫州。1913年與同在溫州傳教的Ada Holt結婚。1917年返回英國。1927年去世。

[33] T.M.Gauge, "China and the West," *The Missionary Echo* (1926): 53.

[34] W.E.Soothill, *A History of China* (London: Ernest Been Limited, 1927).

[35] W.E.Soothill, *China and England* (Oxford: Oxford University Press, 1928).

[36] J.B.C, "*China and England* by W.E.Sothill," *Pacific Affairs*,University of British Columbia, Vol.1, No. 5(Oct.,1928). 29.

係的重要參考書。[37]

在《中國與英國》的序言中，蘇慧廉深情地寫道：「不管我如何評述中國，我都是帶著一種對中國和中國勞苦大眾的真摯情感。我曾服務於他們，並在他們中間度過了半生。今天的中國又一次重蹈災難的覆轍，他們的領袖在帶領民眾走向渴望和平與富強的道路上正經歷患難。中國的未來需要耐心，也需要持續的同情。」[38]

這篇序言寫於一九二八年一月。就在這個寒冷的早春，在遙遠的遠東，里昂・托洛茨基逃離蘇聯，而蔣介石正脫下新婚禮服，換上威武的軍裝，出任北伐軍全軍總司令。

第四節　翁之憙的旅歐日記

旅歐鴻爪

維京（Virgin）航空，倫敦回上海。我打開閱讀燈，開始翻看翁之憙八十年前的日記。弦窗外是沉沉的夜色，但透著些微亮光，宛如似是而非的歷史。

這本名為《旅歐鴻爪・英國》的日記（圖6.10），是翁以鈞先生提供給我的。前段時間，打撈翁家與蘇家的故事時，我請他爬梳家族史料。他沒想到，在一輪的翻箱倒櫃中，竟還能從九十多歲老父親的書櫥裡找出這本塵封了近一個世紀的祖父手跡。

一九二五年，年僅二十九歲的翁之憙（圖6.11）以英文翻譯的身分，隨同徐樹錚（圖6.14）訪問歐洲。徐樹錚是民國顯宦，北洋皖系將領。段祺瑞執政時，為其最信賴的智囊和助手，人稱「小扇子」。

一九二〇年直皖大戰，皖系失敗，徐樹錚亦遭通緝，並被列為安福政治集團的中心人物。他在日本人幫助下逃到上海租

---

[37] 張玉法在《中國現代史史料指引》（台北：新文豐出版公司，1990，第320頁）〈中英〉一節中列舉此書為重要的外交史料。

[38] Soothill, *China and England*, Preface.

左 │ 6.10　翁之憙旅歐日記。
　　（翁以鈞提供）
右 │ 6.11　赴歐前的翁之憙。
　　（翁萬戈提供）

界，不料英人素忌皖系，遂被拘。後經唐紹儀、朱慶瀾等人奔
走，孫中山亦通電抗議，租界才令徐樹錚出洋，以此方式避一
避。北洋歷史，翻手為雲覆手雨。不久，馮玉祥京師倒戈，囚
曹錕，逐吳佩孚，段祺瑞又成了元首。

　　馮玉祥倒戈的那天，正是徐樹錚離港赴歐的日子。段祺瑞
召徐入京，徐以行囊已就，力辭不赴。段無奈，遂委任考察各
國政治專使，出遊歐美日本諸國。

　　「中國考察歐美日各國政治專使團」就這樣隆重出發了。
他們於一九二五年四月十六日抵達英國，我手中的翁之憙日記
就開始於這一天。

五月二日　週六　晴

（一九二五年五月）二日　　星期六　　晴

　　七時起，九時一刻隨專使赴車站Paddington Station購赴牛
津Oxford車票，人各二十四先令六本士來回票。九時五十分開
車，朱代辦[39]亦來同行。十一時後到，蘇教授Prof. W. E. Soothill

---

[39] 指時任北京政府駐英國使館代辦使事朱兆莘。朱兆莘（1879-1932），
字鼎青，廣東花縣人。曾任北京大學商科主任、總統府秘書、諮議等。
1918年任駐美國三藩市總領事。1921年任駐英使館代辦使事。後選任國
際聯盟理事會和萬國禁煙會議中國代表、駐義大利全權公使、外交部政

來接，同乘散雇汽車赴Christ Church College學校。牛津大學凡有廿二處，總名為牛津大學，有教務部統轄，考試規定課程。晤監督W. White。滿壁圖書，窗明几淨，令人生無限之美感。由校員領看藏書樓、畫像陳列室、教堂（一千二百年建築甚古），繼遊Magdalen College學校，參觀藏書樓、教室、飯堂，後至Bodleian Library圖書館參觀，藏書約四百萬卷，即編書目已二百冊。男女學生在內，翻閱參考書，極形肅靜。學生所住齋舍，每人一臥室，一起坐室，極整潔安適。唯校舍外觀極舊，石級或舊木樓梯、長磚廊，其古風猶未改。綠草如茵，樹木蓊翳，遊乎花園則（有鹿苑）鹿群間逸，野花遍地，老樹槎枒，恍然有田園之思。在此讀書，真仙境哉。

至蘇家，晤其夫人，有兩女郎與蘇同居，所謂Paying Guest是也。意即付錢之客。往往有無子女或經濟不豐之人家或屋宇過大之家，均招致兩三女生，同時負保護監督之責。飯時談極歡。據云牛津居民凡五萬人，學生占四千，其中中國學生不過七人，印人甚多。（蓋一層學費太昂，二層功課難不易考入。）飯後坐談良久，四點到University College學校，應Sir Michae Sadler[40]茶會之約，晤中國學生五六人，內有女生安徽萷女士，英人士者甚多。五點到Examination College學堂內講堂，專使上台演講數語。予譯畢，即將專使所作《說樂》譯文宣讀，來聽者六十餘人，極滿意。六點畢，回蘇寓，有學生（香港人）利澤Dick Lee以汽車來送，七點五十分火車開，九點十五分到倫敦。晚飯於杏花樓，歸後不適。[41]

牛津在倫敦郊區，坐車只需兩個小時。徐樹錚一行考察過的基督教堂學院（Christ Church College）、莫德林學院（Magdalen College）、博多林圖書館，我也都一一走過。創建於一五二四年的基督教堂學院是牛津規模最大的學院之一，校園內建築、景色美侖美奐。電影《哈利波特》不少內景就攝自此處。鹿苑（Deer Park）是莫德林學院一景。每年五月，

務次長等職。
[40] 指Michael Ernest Sadler，時任牛津大學大學學院院長。
[41] 本節日記均摘自翁之憙《旅歐鴻爪・英國》。暫難辨認之處用□代替。

青年人從莫德林橋縱身躍入川流不息的查韋爾（Cherwell）河中，這是該校，也是牛津一年一度的盛景。

徐樹錚赴牛津，除參觀考察外，還發表了演講。中國的達官貴人，至今還以在牛津登台演講為榮。陸軍上將徐樹錚精書法，擅詩詞文賦，才氣橫絕一時。文武全才的徐樹錚在牛津演講，主題是關於中國古今音樂的演變。

蘇慧廉是此代表團在牛津的地陪。不過，翁之憙對蘇氏記錄不多，只提到他家住了兩個付費客人。蘇慧廉在牛津的薪酬不高，他用這樣的方式補貼家用。

布拉德莫路四號

按中國人的說法，翁之憙應稱蘇慧廉為世伯，蘇是他父親翁斌孫的好友。蘇翁兩家為世交。翁之憙在倫敦期間，謝福芸也幾次去看他。

五月二日的牛津行，翁之憙只停留了一天。他有點意猶未盡。五月十六日，逢兩天的假期，這也是他在英國的第一個假期。翁之憙決定再赴牛津，去看望蘇慧廉夫婦。

十六日　星期六

專使以予連日甚忙，特准假兩日。早九點赴Paddington Station車站購赴牛津Oxford五等票（來回十先令九本士），十一時半到。蘇夫人Mrs Soothill來接，因同乘電車至其家，晤蘇總教及其同居兩女郎Miss Esabella Symington & Miss Fred Mercer。談宴甚歡，飯後與蘇總教出步牛津，公園中樹木陰翳，流水縈迴，映帶成趣。男女生約知心侶蕩舟其中Punting，真同仙境。心神為之頓爽。忽憶吾父在生，酷愛佳山水，今不肖乃得此，傷慟不已。晚蘇夫人在蘇總教書房中為予設一楊妃榻，衾褥簡而潔，設一燭奴。其中書甚多，有佛典不少。蘇君正與一日本佛教徒名加藤者從事譯述蓮花經也。十時半睡，甚安適。睡前在客所坐談，見櫃中陳列中國景泰藍瓷器甚多，有吾父在晉時所贈，觸目驚痛。

今日晤一地學大家Sir Aurel Stein。又日人加藤,甚精悍。
夜中雷雨。得牛津大學中國學生利君函,約明日午餐。

Aurel Stein就是考古學家斯坦因。斯坦因與蘇慧廉父女都
有密切的往來。蘇慧廉曾極力主張中英庚款委員會資助斯坦因
的第四次中亞考察,惜未果。[42]

蘇慧廉牛津的家在布拉德莫(Bradmore)路四號(圖
6.13),我也去過。我最早是從《泰晤士報》蘇慧廉的訃聞
裡知道這個位址的。訃告上說他去世在「4 Bradmore Road,
Oxford」,我當時猜想這應是他的寓所。

二〇〇九年春在牛津時,我拿了這位址,與何大偉一起去
尋訪。路上何大偉問我,蘇慧廉是不是很有錢,因為布拉德莫
路所在的地段,在牛津屬高檔住宅區,房價頗高。

[42] 王冀青:《斯坦因第四次中國考古日記考釋——英國牛津大學藏斯坦
因第四次中亞考察旅行日記手稿整理》(蘭州:甘肅教育出版社,
2004),第570頁。

從博多林圖書館出發，步行約十分鐘便抵布拉德莫路。此路不長，我倆分頭看兩邊的門牌，幾分鐘後便站在了四號樓前——這是幢聯排別墅（Townhouse）。

何大偉眼尖，在右側牆上發現一塊牛津托幼中心的牌子，於是他判斷此屋的所有者是牛津大學。「可見當時僅提供給蘇教授使用，僅有使用權，沒有所有權。」我予以補充，由此冰釋了蘇慧廉家境富裕的疑惑。

四號樓的房門雖緊閉著，但從窗台、花園的種種跡象，可知此屋已住著新的主人。我不敢貿然敲門，於是就在樓前拍了張照片。

屋內的陳設只能想像了。翁之憙說他的房裡中國景泰藍瓷器甚多。不論是蘇慧廉夫婦，還是謝福芸，都喜歡中國的藝術。謝福芸還說，她母親與她丈夫特別愛好中國的刺繡，他們的藏品都被帶回牛津。[43]

翁之憙這次在牛津住了一夜。第二天，十七日，正好是個禮拜天。

早六點，猶聞簷滴，八時止，天氣佳□，與蘇君談佛儒釋三教，甚暢。惜予學力不足以副此談話，往往吶吶耳。十一時半與蘇君步於公園，到 Mansfield College Chaple 禮拜堂聽 D r. Macaulay 講經。此公為蘇格蘭人，所講述不甚明晰。予耳遲鈍不能全了了也。十二時蘇君送予至 Pembroke College 利君處，即在其家舍外室午餐。同座有莫君，亦粵中富翁子。利君托予向專使索捐學生年會費。又告予蘇小姐（即謝立山夫人）所著 *Two Gentleman from China*[44] 中之香港中國人精舍圖即其家也。飯後利君以汽車同乘出遊郊外，行過 Berkshire & Eynsham 等處。四點回蘇寓吃茶，茶會中男女賓七人，其中多學生（有美國一人名 Site）。茶會後女郎 Miss Mercer 鼓琴。（S 女郎早間乘汽車出遊未歸。自開汽車，蓋富家女。）客散蘇君外出，予與蘇

[43] Hosie, *The Pool of Ch'ien Lung,* 153.
[44] 指謝福芸《名門》一書。書名應為 *Two Gentleman of China*。

夫人及女郎Mercer出步公園，天陰微雷，蘇□先歸，予獨與女郎閒步縱談。女郎頗喜賽馬等事，並言居蘇君家，宗教思想過盛，約束亦嚴。已而談所治學，極歡洽，莫色合，雷聲驟起，乃匆匆同歸，及門，雨大作矣。晚飯後女郎Miss Symington亦由倫敦歸。予洗兩人一唱歌一鼓琴，清婉可聽。Mrs Mercer 為予歌*I want to be happy*一曲，時已十點半，蘇君由學校宴會歸，以為禮拜聖日，不應鼓琴而歌，兩女不懌，匆匆互道晚安歸寢。予得與蘇君夫婦長談至夜分，蘇君慫予將先文恭公日記[45]節譯，以餉海外讀者。及論徐專使，謂其成見太深，自信太切，予唯唯應應不敢有所妄議。在蘇君之意，亦縱談中國時局人才乃及此也。（雨俄止）又謂中國考察事太多，如此匆匆過眼雲煙，恐難收若何之成效也。云云。（並謂朱邇典公使亦有此說。）

禮拜聖日不事歡娛，蘇慧廉是虔誠的基督徒。蘇慧廉現在的職業雖是教授，但他仍兼任聖道公會海外傳教委員會委員，並在該會牛津教區參與侍奉。信仰是他終身的志業。

十八日，週一，晴。翁之憙要走了。

晨餐前即有女僕來叫，女僕甚勤慎，約二十餘歲，並司庖事。（予行時給以五先令。）餐畢，蘇君夫婦送予至市上，雇一馬車，蘇夫人送予至車站。蘇夫人似有淚痕，惜別之意盎然。語予曰：予老矣，海外重聚，殆如夢寐，此日為別，何時得晤？吾子勉力成偉大事業，一切願上天佑子也。汽笛鳴叫，車動，猶見白巾一點，遠遠搖蕩而送予也。惆悵久久。

翁之憙的日記是毛筆寫的，其中英文用鉛筆橫寫。經八十年歲月侵蝕，已經漫漶的字跡讓我讀得很累。辨認十來頁，即要閉眼讓眼睛歇一歇。把頭頂的閱讀燈關了，我要靜下來想一想，「車動，猶見白巾一點」的歷史瞬間。

---

[45] 文恭公，即翁同龢。最新版《翁同龢日記》（八卷）2012年1月由中西書局出版，翁萬戈整理編輯，翁以鈞校訂。

右 ｜ 6.13　牛津布拉德莫路蘇慧廉故居。（2009年3月30日攝於牛津）
左 ｜ 6.14　徐樹錚。（《段祺瑞幕府與幕僚》）

徐樹錚

　　「中國考察歐美日各國政治專使團」五月下旬離開英國，前往瑞士。在此後半年的行程中，他們還考察了義、德、俄、比、美、日等國。因這是中國政府派出的官方代表團，「使車所至：上至君相，下逮士庶，莫不殊禮相待」[46]，接見徐樹錚的君相包括墨索里尼、史達林、托洛茨基、美國總統柯立芝及日本天皇等。

　　一九二五年十二月十日，徐樹錚率專使團回到上海。稍事休整，即北上晉京，向段祺瑞彙報考察所得。十二月二十九日，徐樹錚回滬，專列行至廊坊車站時，被馮玉祥所部卡住。徐樹錚被請下車，押至站東不到一里的地方，一槍斃命。

　　一九二五年，正是直奉皖各路軍閥明爭暗奪最激烈時。

　　「徐樹錚一回來就挨了槍子，我爺爺從此不求仕進了。」二〇〇九年盛夏的一個下午，天津，翁以鈞把他爺爺的日記交給我時，這麼感歎了一句。

---

[46] 段祺瑞：〈陸軍上將遠威將軍徐君神道碑〉，載徐道鄰：《徐樹錚先生文集年譜合刊》（台北：商務印書館，1962），第121頁。

第七章 庚款（1926）

假使我又見了你，隔了悠長的歲月，
我如何致意？以沈默，以眼淚。

—— 拜倫

第一節　悲傷的庚款

庚款與退款

數年前找到的蘇慧廉第一張正面照片，來自《胡適及其友人（1904-1948）》中的一張插圖。照片攝於一九二六年，那年蘇慧廉隨中英庚款代表團再次踏上中國的土地。

庚子年國變後的巨額賠款讓中國喘不過氣來。賠款因是針對庚子事件而設，故稱「庚子賠款」，簡稱「庚款」。根據《辛丑合約》，賠償金為四點五億海關兩，當時中國人口約為四點五億，「外國人要每個中國人都賠一兩」，這演義出來的說法，讓中國人至今仍覺義憤填膺。

對於這段往事，中國的教科書把焦點放在「國恥」兩字上，一般只說「庚款」是列強強加給中國的巨額賠償，對賠償的起因則有意無意忽略，更少有提起部分庚款後來的退回，及在中國建設事業上發揮的巨大作用。

第一個實施「退款外交」的是當時日漸崛起的美國。一九〇四年前後，中美關係出現前所未有的低潮。[1]

為了改善關係，中國駐美公使梁誠向美國國務卿海約翰（John Hay）進言，希望能退回部分庚款，以此示好中國人民。美國所收的庚款數額，當年僅是憑推測而定的。當時的實際負責人就是海約翰，他深知個內隱情，因此對於梁的要求心領神會。後經伍廷芳、唐紹儀等人的進一步交涉與努力，美國退款的意願更加明晰了。

---

[1]　一因美國虐待華工，中美之間禁工條約的續約問題爭執頗多。由此，全國掀起一場波瀾壯闊的抵制美貨活動。二因中國堅決收回粵漢鐵路，中美摩擦也很大。見王樹槐：《庚子賠款》（台北：中央研究院近代史研究所，1974），第275頁。

7.1 這是庚款代表團成員的另一張合影。前排從左到右依次是丁文江、安德生、威靈頓、王景春。後排從左到右依次是瓜特金、蘇慧廉、莊士敦與胡適。瓜特金與莊士敦是委員會的秘書。(《胡適及其友人(1904-1948)》)

　　這中間還要提到一個美國傳教士明恩溥[2]，這位一八七二年便來到中國，後來在魯西北生活了幾十年的洋人，對中國有很深的瞭解。他所寫的《中國人的氣質》(*Chinese Characteristics*)《中國鄉村生活》(*Village Life in China: A Study in Sociology*)，在很大程度上影響了西方人的中國觀。

　　一九〇六年春，明恩溥正在美國，當他獲悉美國有退款想法時，便請《觀察》(*Outlook*)雜誌編輯阿博特(C. M. Abbott)介紹，於當年三月六日晉見了美國總統老羅斯福(Theodore Roosevelt)。[3]

[2]　明恩溥(Arthur H. Smith，1845-1932)，美國人。基督教公理會傳教士，1872年來華，1877年到魯西北賑災傳教，在山東恩縣龐莊先後建立小學、中學和醫院；兼任上海《字林西報》通訊員。著有《中國的文明》《中國人的氣質》《中國鄉村生活：社會學的研究》《中國在動亂中》《王者基督：中國研究大綱》《中國的進步》《今日的中國與美國》《漢語諺語俗語集》等。

[3]　明恩溥晉見羅斯福詳情，可參閱賓德〈美國退回庚款紀詳〉，載《新教

明恩溥親歷過義和團，「正是這種經歷，使他覺得，無論對中國人還是外國人，都有必要尋找一種方式，使類似義和團這樣的事件不再發生，而最好的途徑莫過於教育，可以通過教育幫助中國人接受西方的思想，變得與西方、特別是與美國親近起來。他由此萌生一個想法，建議美國政府退還一部分庚款，用於中國的教育，讓他們派學生去美國學習，以改變中國『仇洋』的現狀。」[4] 他的這個想法，與李提摩太當年倡議創建山西大學堂很相似。明恩溥與李提摩太很熟，也是蘇慧廉的好友。

　　明恩溥的構想打動了總統。一九〇七年十二月，老羅斯福在國會諮文中正式提出：「我國宜實力援助中國厲進教育，使此巨數之國民能以漸融洽於近世之境地。援助之法，宜招導學生來美，使這個人口眾多的國家能逐漸融合於近代世界，援助的方法，宜將庚子賠款退贈一半，招導學生來美，入我國大學及其他高等學校，使修業成器，偉然成材，諒我國教育界必能體此美意，同力合德，贊助國家成斯盛舉。」[5]

　　總統提案在參眾兩院都獲通過。一九〇八年七月，美國駐華公使柔克義[6]正式通知中國，從一九〇九年起至一九四〇年止，將美庚款之半數1078.5286萬美元逐年逐月退還。並規定，該款由中美組成董事會共同管理，專門用於選送中國留美學生和開展中美文化科技交流。

　　庚款留學由此啟動。當時清政府還將載漪的府邸「清華園」闢為留美預備學堂，這就是清華大學百年歷史的開端。載漪即端王，義和團失敗後被定為「禍首」，因全家發配新疆，清華園人去樓空。截止辛亥前，有三批計一百八十名學生成功

育》第一卷第一期（1919年2月）。
4　程新國：《庚款留學百年》（上海：東方出版中心，2005），第13頁。
5　陳學恂：《中國近代教育史教學參考資料》，下冊，第257頁。
6　柔克義（William Woodville Rockhill，1854-1914），美國外交官，曾任美國國務院秘書長、第一助理國務卿，1901年代表美國簽訂《辛丑合約》。1905年繼康格任駐華公使。1909年任駐俄大使，後又任土耳其大使。1903年回國，1914年被袁世凱聘為私人顧問，來華途中病死於檀香山。著有《釋迦牟尼的生平及其教派的早期歷史》《喇嘛之國》《藏族人類學筆記》等。

赴美，其中有梅貽琦、胡適、趙元任、竺可楨等。

美國退款之舉，震動列強。但英國發表聲明，說對中國的賠款「沒有理由做出任何變動」。不料，世界局勢隨後發生劇烈變化：中國辛亥革命、世界一次大戰、俄國十月革命……，世界像個萬花筒，讓政治家都措手不及。

一九一七年，中國宣佈加入協約國，作為敵對方的德奧兩國的庚款隨即予以合理停付。當年一月三十日，中國又與英、法、美等協約國商定，為積極應戰，從該年起緩付庚款五年，並免加利息。

一九一七年，俄國發生十月革命。因政權更替，中國即停付賠款。

一九一八年歐戰結束，中國成了戰勝國。這是中國幾十年來第一次在國際戰爭中取得勝利。戰勝的中國認為，賠款是懲戒戰敗國的手段，更何況，懲戒的對象清政府已倒台，這時仍要一個戰勝國繳納昔日的戰爭賠償金毫無道理可言。於是，政府與民間逐步形成共識，不僅要停付賠款，而且還要讓有關國家無條件退還已付的部分。[7]當然，解決歐洲諸國的領頭羊——英國的退款問題，似乎成為一把打開歷史糾結的鑰匙。

自美國退還庚款後，除政府在外交上與各國交涉退款事宜外，中國民間也掀起退款運動。最活躍的是教育團體。當時教育經費緊張，教育界人士多寄希望於庚款的退回。再加上有美國退款用於教育的先例，業界的活動更為熱烈。

由蔡元培、范源濂、黃炎培、陶行知等賢達領銜的中華教育改進社，是當時國內最大的教育團體。改進社專設賠款部，由范源濂任主任，並推定專人接洽各國庚款。如蔣夢麟、郭秉文負責美國，胡適、顧維鈞負責英國，蔡元培、李煜瀛負責法國，大有決戰一場的氣勢。

---

[7] 台灣中研院近代史研究所王樹槐教授是海內外公認的庚款問題專家，他在其名著《庚子賠款》一書中認為，中國最終能少付賠款，最重要的原因是為當年提出分年償付之辦法。賠款約定的三十九年間，不論是世界歷史，還是金額幣制，都發生了很大變化。這些變化，給中國創造了少付賠款的機會。

蔡元培出場

歐戰期間，中國曾與協約國達成緩付五年庚款的約定。一轉眼，就到了一九二二年。

一九二二年十二月，英國政府發表宣言，稱準備將中國應付未到期的庚款計一千一百萬英鎊（英國當時分得的份額約為一千七百萬英鎊）退還中國，以作為有益於兩國教育文化事業之用。

宣言發表後，在華英國教會和部分商人意欲取得對這筆退款的控制權。他們提出，英國應將退還的庚款用於維持英國人在華舉辦的教育事業、醫學事業以及由英國人管理的中等教育和附屬小學，並用作英國式工業教育津貼等。此消息傳出，中華教育改進社立即帶頭抵制。與此同時，中國留英學生會也成立退款興學會，配合國內進行活動。改進社還敦促北京政府，授權當時正旅居法國的北大校長蔡元培為特命代表，前往英國。

一九二四年三月二十九日，蔡元培由巴黎抵達倫敦。當時，英國國會對退款議案已通過二議，彼時正閉會，擬於十一月間舉行的下屆議會上通過。事情尚未定局，這讓蔡元培覺得還有活動的餘地。他的斡旋隨即展開：

三月三十日，蔡元培出現在英國媒體前，從《泰晤士報》到《每日郵報》，他逐家登門拜訪，借此發表自己的觀點。

四月四日，他登門拜訪老朋友、著名哲學家羅素（Bertrand Russell）。

四月五日上午，蔡元培拜會了牛津大學大學學院（University College）院長沙爾特（Michael Ernest Sadler）。「蔡先生闡明退款用於教育的主張，『伊甚表同情。』」[8] 在英國，上層文官百分之五十以上都出自牛津大學，所以沙爾特院長的意見對英國政府甚具影響。這次會晤被媒體報導後，事態出現了轉機。

---

[8] 高平叔：《蔡元培年譜長編》（北京：人民教育出版社，1998），第二卷，第667頁。

對牛津，蔡元培並不陌生。據《蔡元培年譜長編》記載，三年前（1921年）的五月五日他曾來過：

午前到圖書館，由館長及華文教員蘇齊爾（Soothill）招待，並晤柴易斯教授（Seis）。柴氏研究古代文明，發明巴比倫文讀法；年已八十餘，曾三至中國。館中藏有王右軍墨蹟手卷，有謝惠連跋，宋元明人題字，望而知為偽者。有宋版《左傳集解》（有吳文定朱筆評語）及黃東發《古今集要》。[9]

蔡元培當時見到的王羲之手跡贗品、宋版《左傳集解》及黃東發《古今集要》，都是巴克斯的捐贈品。不過，後人考證，這兩本書雖十分精美，但並非宋版。

蔡元培在牛津碰到的華文教員蘇齊爾就是本書的主人公蘇慧廉。只是那時，蔡元培對這個負責接待，能操一口流利漢語的英國人還不甚瞭解。更不知道，這個洋人在未來的庚款退還行動中將擔負重要的角色。

中庸的建議

一九二五年五月二十六日英國國會正式通過中國賠償用途法案，決定履行一九二二年宣言，將庚款餘額退還中國。

這個文檔現在還可看到，它從頭至尾都沒有出現「退還」二字，只是說建立一種中國賠償基金，用於教育或其他中英兩國共同有益之事。很顯然，有關庚款如何運用，英政府希望是在它的主導下進行，甚至理論上還屬於英國內政。

按此精神，這筆賠償基金的用途及分配由英外交大臣與諮詢委員會商議後決定。諮詢委員會由十一人組成，全部由英外交部認命，其中兩人為中國人。

成立諮詢委員會的構想是蘇慧廉一九二四年提出的。一九二二年英國雖已決定退還庚款，但對這筆錢如何管理與使用還有頗多問題。當時有人建議仿美式退還，由中國人控制；也有人建議仿日本辦法，由英國控制。蘇慧廉是「中國通」，他

---

[9] 高平叔：《蔡元培年譜長編》，第二卷，第395頁。

知道中國人的想法，於是提了個中庸的建議——

在英國設諮詢委員會（The Statutory Advisory Committee），
經英國外交部核可，派一駐華代表，與中國政府所派之代
表合作，其下設計一中央諮詢委員會（The Central Advisory
Committee），由中英教育界人士擔任委員，兩邊人數相等，中
英兩國輪任主席，討論庚款分配使用事宜，向中英兩代表提出
建議，中英兩代表分別向其政府建議；如有必要，亦可組織地
方委員會。此種建議，具有相當平等的精神。[10]

一九二五年最後批准的方案，多少還可看出蘇慧廉建議
的影子。蘇慧廉的同事郭多瑪獲知蘇受聘英國政府為庚款提供
解決方案時，稱讚他是個非常合適的人選。在與蘇的共事經歷
中，他知道蘇慧廉是個能領會各方思想，但同時又能迅速給出
滿足各方要求之解決方案的領導者。他甚至稱讚蘇慧廉是個
「有政治家風采的傳教士」。[11]

衰衰諸公

英國人所說的諮詢委員會，中國人稱為顧問委員會。中
國委員胡適回憶道：「這個中英庚款顧問委員會原案規定為十
一人，其中至少須有女委員一人，中國委員二人。後因原擬的
朱爾典（Sir John Jordan）死了，改定為中國委員三人。委員
會主席為柏克司敦伯爵（Earl Buxton），副主席為衛靈頓子
爵（Viscount Willingdon），女委員為安德生女爵士（Dame
Adelaide Anderson），英國委員中有牛津大學華文教授蘇狄
爾（W. E. Soothill），有曼哲斯脫大學董事長倪丹爵士（Sir C.
Needham），有滙豐銀行倫敦董事長阿提斯爵士（Sir Charles
Addis）。中國委員三人，為丁文江、王景春、胡適。」[12]

名單中的英國人，中國人可能僅對朱邇典有點瞭解。其
實，此中衰衰諸公，個個都大有來頭。

---

[10] 王樹槐：《庚子賠款》，第445-446頁。
[11] T.M.Gauge,"China and the West," *The Missionary Echo* (1926): 53.
[12] 胡適：《丁文江的傳記》（合肥：安徽教育出版社，1999），第59-60頁。

主席柏克司敦伯爵（Earl Buxton），曾任英國郵傳部大臣、貿易部長、南非總督。

副主席湯瑪斯（Freeman Freeman-Thomas），人稱威靈頓勳爵（Viscount Willingdon，圖7.2），做過孟買、馬德拉斯（Madras）總督，後又出任加拿大總督。

其中唯一的女委員安德生（Dame Adelaide Anderson），曾任英國內政部工廠安全視察女委員長。謝福芸在她的書中，也有提到她父親的這位同事，說她一直致力於改善英工廠裡的婦女和年輕人的工作條件。為避免洗衣店的女工有時候會把手伸到機器裡，她發明了一種方法。她的貢獻曾受到女王的表彰，並被授予榮譽稱號。[13] 安德生與中國早有聯繫，她曾協助上海市議會調查童工問題。

胡適尚未提到的英方成員還有：克拉克爵士（Sir William Clark），英國海外貿易局局長；芒西（G.A. Mounsey），英國外交部遠東事務局局長。諮詢委員會還有兩個秘書，分別是瓜特金（Frank Ashton Gwatkin）與莊士敦。

莊士敦，遜清皇帝溥儀的英語老師。莊氏給溥儀當了六年的老師，這六年，「正是溥儀從十三歲的童年到十九歲的青年的成型期，莊氏替他開闢了一個嶄新的世界」。[14] 一九二五年，英文名叫「亨利」（Henry）的溥儀在日本人的秘密策劃下離開北京，莊氏遂告「失業」。正在這時，庚款顧問委員會「受命前來中國調查如何使用這筆資金，同時隨行人員中需要一位會講漢語的英國官員來擔任秘書。莊士敦顯然是理想的人選，外交部強烈推薦他進入該委員會」。[15] 庚款委員會一年期的工作結束後，莊士敦重回威海衛，出任行政長官。莊氏一九三二年回英，任倫敦大學亞非學院漢學教授。莊士敦是個古怪

---

[13] Hosie, *Portrait of a Chinese Lady and Certain of Her Contemporaries,*251-252.

[14] 周明之：《近代中國的文化危機：清遺老的精神世界》（濟南：山東大學出版社，2009），第106頁。

[15] 史奧娜・艾爾利著、馬向紅譯：《回望莊士敦》（濟南：山東畫報出版社，2009），第110頁。

的人，晚年出人意料地將個人檔案全部燒毀，要不，我們可能
還能從中找到些有關蘇慧廉的蹤跡。

胡適名單中的牛津大學華文教授蘇狄爾便是蘇慧廉。因為
國人對其名字漢譯的不同，以致我們相當長一段時間不知道蘇
慧廉曾直接參與過這起重大事件。

中方委員

英國庚款顧問委員會設有中國委員席位，當時國內對哪幾
位中國人將就任甚為關注。在民國時人的書信中，可見到很多
議論。

最先就定下來的兩人是胡適與丁文江（圖7.3），據說都是
哲學家羅素向英方推薦的。

被外國人稱為Dr. Hu Shih的胡適博士，是眾所周知的人
物。一九二六年他不過三十六歲，但已暴得大名。

丁文江（1887-1936），字在君，時任地質調查所所長。他是
中國地質科學的奠基人，在當時有「中國的赫胥黎」之稱。丁氏
乃民國一位特殊人物，其事功之駁雜，時人罕有出其右者。

一九二六年對丁文江而言，也是人生的轉折點。當年二
月，「丁文江作為中方三代表之一，再次南下上海與英國為應

左 ｜ 7.2 威靈頓勳
爵。（維基百科）
右 ｜ 7.3 丁文江。

對五卅慘案後中英關係的新變化而派出的衛靈頓中國訪問團進行磋商。正是在這次行程中，丁接受了孫傳芳的邀請，出任淞滬商埠督辦公署總辦一職。丁對出任該公職持謹慎的態度，據胡適說，他首先就商於胡與王景春，隨後又向英方代表，有豐富政治經驗的衛靈敦子爵請教，在得到肯定的答

覆後才接受了孫的邀請。」[16]

主旋律的歷史幾乎要把丁文江遺忘，很大的原因便是他出任此職。在主流的史觀裡，孫傳芳是反動軍閥，那丁文江便是他的「幫兇」。如此簡單界定，丁氏的思想綱領「少數人的責任」，也就被直斥為親英美派知識分子「自我誇張的高傲態度和強烈的政治野心」。

一九二五年朱邇典突然去世，中方委員臨時決定增加到三席。增補誰為新委員，各方開始較量。

上海領事館最初推薦三人：郭秉文、李登輝、黃炎培。這三人社會地位都不低，但英方皆未採納。後又由胡適、丁文江推薦兩人——徐新六、羅文榦，不過，亦未入選，據說原因是中國外交總長王正廷已有人選：時任中國東方鐵路總裁的王景春（圖7.4）。[17]

王景春（1882-1956），字兆熙，直隸人。畢業於北京匯文大學，曾任美國使館翻譯。一九〇四年赴美，先後就讀於耶魯大學、伊利諾斯大學（University of Illinois），獲經濟學碩士與鐵路管理博士學位。他的專業是鐵路，曾任交通部司長。中方希望庚款的用途能有部分考慮鐵路，因此王景春成為理想的人選。其實，中國鐵路也是英國工業界覬覦的在華投資專案之一。鐵路在百年前對於經濟的重要作用，宛若今天的互聯網。

王景春是基督徒，二十年代曾任北京青年會董事會主席、哈爾濱青年會會長。[18]

---

[16] 谷小水：《「少數人」的責任——丁文江的思想與實踐》（天津：天津古籍出版社，2005），第142頁。

[17] 王樹槐：《庚子賠款》，第457頁。

[18] 貝德士：〈中國基督徒名錄〉，《社會轉型與教會大學》（武漢：湖北教育出版社，1998），第399頁。

| 7.4 王景春。

　　經歷諸多周折，三位中方委員終於在一九二六年二月八日
聘就。不過，早在半個多月前，幾位負責先遣調查的英方委員
已經坐上了遠洋的輪船，由倫敦向上海緩緩駛來。

第二節　威靈頓代表團

　　英國做出的方案，因控制權實際還掌握在英人手中，自然
引起中國人的反對。同時也有人對諮詢委員會中方人數過少表
示不滿。徐志摩發表〈這回連面子都不顧了〉一文，諷刺英國
擬利用庚款發展實業及傳教事業。英人做事，一向謹慎，於是
決定先派遣一個代表團來華調查，調查後再決定分配原則等進
一步事宜。

　　派遣代表團，英國人變得「智慧」了，中英人數對等，每
方各三人。這起碼在面子上讓中國人覺得好受些。

　　代表團由威靈頓勳爵帶隊，因此亦稱作威靈頓代表團。三
位中方成員即為諮詢委員會中的中方委員——胡適、丁文江、
王景春。英方成員除威靈頓外，還有安德生女士與蘇慧廉。蘇
慧廉於一九二六年一月四日向牛津大學請假，申請赴華。[19] 英

---

[19] 原信藏牛津大學Duke Humfrey圖書館，檔案號VB/3B。

方於一九二六年一月十五日從英國出發，經一個多月的航行後，於二月二十四日抵達上海。

庚款代表團訪華在當時的中國是件大事。一九二六年二月二十五日的《申報》「本埠新聞」以頭條的位置予以隆重報導，標題是〈威林敦昨午抵滬〉（圖7.5）。

英國庚款委員會委員長威林敦勳爵 Viscount Willingdon G. B. E. G. C. I. E. 及其夫人，由倫敦渡大西洋至坎拿大，特乘昌興公司之亞細亞皇后號輪來滬。該船於昨日上午十一時駛抵浦江，即在招商局北棧碼頭停泊。爵士及夫人亦就該處上岸，同船來滬者有英政府派往印度之陸軍少長惠勒氏。威氏此次來滬，英領署早得電訊，故英總領事巴爾敦氏，率同領署人員前往碼頭歡迎外，華人方面有交涉員許秋帆、交署交際科長楊筱堂、鐵路局長沈成枃、總商會代表徐可升及胡適之等。淞滬警察廳並派軍樂隊前往奏樂，表示歡迎。威君登陸後，與諸人握手為禮。略事寒暄畢，即偕赴英領事館休憩。

總商會定今日中午邀宴威氏，由交涉員、英領事、英商會會長暨會董陪席，昨已發出請柬矣。

同為代表團成員的蘇慧廉與安德生並沒有同船抵達。

香港特別任務

蘇慧廉與安德生直到三月八日才抵達上海。晚到兩周，是因為轉道香港，去執行一項特別任務。

早在一九二二年，當英國政府宣佈願意將賠款運用在「教育及其它能使中英兩國互惠」的用途上時，香港大學便開始關注這筆款項。一九二五年英國國會正式通過中國賠償法案後，香港總督（兼任香港大學校監）金文泰（Cecil Clementi）即向英方反映，希望申請一百萬英鎊，用於改革港大的中文教育。

香港大學創辦於一九一二年，至三十年代仍處於財政拮据之中。金文泰聲稱要用這筆錢創建中文系，因為港大當時還只開辦些傳統的經學課程，由幾位科舉時代的廣東名儒如賴際熙、區大典等主持。

後來英國決定派出威靈頓代表團訪華，金文泰覺得最關鍵的遊說時機到來。他寫信給威靈頓，重申了港大擬創建中文系的理由，並希望代表團能訪問香港。

但此時中國的政治背景有點特別，孫中山領導的廣州國民政府與北京政府正在唱對台戲。當時英國承認的是北京政府，但同時又感覺到蓬勃發展的廣州政府隨時有可能成為中國的新主人。「其間最穩妥的外交策略，當然是在正式承認北京政府的同時，又和廣州的國民政府保持友好關係。」程美寶教授這麼說。[20] 現任教於廣州中山大學歷史系的程美寶是香港人，在牛津攻讀博士時，曾對庚子賠款課題產生興趣。她研讀了收藏在牛津大學Rhodes House的金文泰檔案，得出如上結論。

就在金文泰竭力為港大爭取庚款的時候，由廣州國民政府和中國共產黨領導的省港大罷工，嚴重打擊了香港的經濟和社會，香港政府和廣州國民政府的關係空前惡劣。

在金文泰邀請代表團赴港考察時，廣州政府也向威靈頓一行發出邀請。如何平衡各種關係，難題擺在英國人的面前。

我曾就蘇慧廉與安德生二月底秘密訪港一事諮詢程美寶教授。她說自己「當時主要看的是金文泰的檔案和外交部檔案，範圍比較狹窄，沒有特別注意蘇慧廉的角色。因此，你的問題，我只能從邏輯推理——蘇慧廉和安德森女士在一九二六年

左 ｜ 7.5 《申報》報
導庚款代表團
訪華。
右 ｜ 7.6 謝福芸。
（The Master
Calleth for
Thee）

[20] 程美寶：〈庚子賠款與香港大學的中文教育——二三十年代香港與中英關係的一個側面〉，載《中山大學學報》（社會科學版，1998年第6期）。

往上海途中經過香港參觀香港大學，與港大爭取庚款有關，
這樣的猜想應該是沒有什麼疑問的，但他們的立場如何，則
無從得知。」[21]

　　我目前已看到的蘇慧廉材料中沒有提及他赴港的目的與經
過，但以他當時的身分，在如此關鍵的時刻專程繞道香港，使
命不可謂不重。蘇慧廉訪港後，英國代表團做出了慎重的決定
——既不去香港，也不去廣州。

　　一九二六年三月十日的《申報》，刊登了蘇慧廉與安德生
抵達上海的消息。報導中沒有提到他倆遲到的原因，也沒提到
香港之行。

　　這篇報導還說，蘇慧廉帶著妻子路熙、女兒謝福芸（圖
7.6）同抵上海。

　　謝福芸此行充任秘書。謝氏新寡，謝立山爵士因病於一九
二五年三月十日在英國桑當（Sandown）去世，享年七十二歲。

　　謝立山是聲名卓著的英國皇家地理學會（The Royal
Geographical Society）成員，在英國學界乃至全球地理學界享有
較高的聲譽。他的成就與中國聯在一起。作為一個探險家，他
去過除新疆以外的中國所有省份，並留下了大量的調查報告。
尤其是晚年編寫的中國商務地圖（Philips' Commercial Map of
China）具有很高的學術價值。被中國人稱為花梨木的珍稀樹種
紅豆樹也是他在中國旅行時發現的，從此紅豆樹的學名就以他的
名字命名為Ormosia Hosiei，中國植物界音譯為「何氏紅豆」。
英國《泰晤士報》在刊登謝立山的訃聞時，稱他是英國領事界不
論是過去還是現在，對中國內部事務瞭解最透徹的人。[22]

禮查飯店

　　二〇〇八年冬天，我步入上海黃浦江畔的浦江飯店。八十
二年前的那個春天，蘇慧廉一行就下榻於此。當時，它的名字

[21] 程美寶，致筆者郵件，2008年10月11日。
[22] 轉引自 The Missionary Echo (1925): 91。

叫禮查飯店[23]。

民國時，禮查飯店是上海乃至中國最好的西式酒店，來華的名人多宿於此。今天浦江飯店的大廳裡還掛著愛因斯坦、羅素、卓別林等人的照片。

蘇慧廉辛亥時離開中國，一九二六年重返。一轉眼十四年過去了。但這十幾年，中國發生了太多的事。不要說外國人，連中國人都搞不明白，現在該信奉什麼主義，中國該何去何從？

謝福芸的眼睛，密切地觀察著少年時便熟悉的中國，但她的眼裡透露出不少的狐疑：

汽車在南京路上的電車軌道上顛簸前行，數不清的霓虹燈晃花了我的眼睛。在燈光的照耀下，這裡與皮卡迪利（Piccadilly）大街一樣輝煌。有著高挑圓頂的大商店和人行道兩旁的閣樓看起來很醒目，街邊還有一個像阿拉丁山洞的劇院。夜色靜謐，絲綢店和金店已經打了烊，但大商場裡面還可以看見展示衣服的塑膠模特、絨毛毯子、裝修好的樣板臥室，還有汽車。世界其他商場裡有的東西，在這裡都可找到它們的身影。沒有哪個城市像上海一樣霓虹閃爍，這無疑是很幼稚的品味，但卻受到大眾的歡迎。……

你可以發現，東方——還有非洲——在物質方面都得到了快速的發展，而不是慢慢從蒸汽時代爬行到電氣時代。在鐵路發展之後人類又開始對天空的征服。東方在很短的時間內接受了我們幾個世紀的科技積累，也就是說，東方突然就與愛因斯坦面對面了，而在此之前，他們尚不知牛頓為何方神聖。他們在知道盧梭之前就遇見了列寧，卡爾·馬克思也比笛卡爾率先闖入視域。

這讓人感到十分困擾，他們似乎在一瞬間就接受了人類幾個世紀的豐富成果。中國就在喧鬧之中以激進的方式進行了改

---

[23] 禮查飯店（Richards Hotel），道光二十六年（1846）由西人禮查（Richards）創建，是上海開埠以來第一家西商飯店。1857年移址外白渡橋北（即現址），更西名為Astor House Hotel。1907年擴建，為當時上海最豪華的西商飯店，也是中國及遠東最著名的飯店之一。中國第一盞電燈1882年在這裡亮起，第一部電話也於1901年在這裡接通。

變，而在我們眼中，中國還沒有做好全面的準備來迎接思想和生活各領域的改變。過猶不及，上海就是這種改變的縮影。[24]

二○○九年十月一日，我正好也在上海。整個城市裡，擠滿了剛看完大閱兵電視轉播的人群。南京路上，五星紅旗與霓虹燈交相輝映。「沒有哪個城市像上海一樣霓虹閃爍，這無疑是很幼稚的品味，但卻受到大眾的歡迎。」我覺得謝福芸這句話，對今天依然是很好的描述。

許是勞途奔波，許是年老體衰，路熙一到上海就病得很重。

她常常需要冰塊。酒店經理已經吩咐廚房要對病人特別照顧，但廚房在送過一次之後，就把我們給忘了。專門負責我們房間的服務生，按照東方的傳統理應為我們打點必要的日常生活所需，但他對我們的要求總是視而不見。他總是自顧自地站在角落裡，和同伴討論政治問題，並不時地提出自己的看法。當我請他從廚房拿點冰塊來時，他面無表情地看著我，並顯得很不耐煩。兩個小時後冰塊才送來。有次我問他，究竟和同伴爭論什麼問題，需要花費那麼長的時間。他笑笑，有點自嘲。

「光說說有什麼用呢！」他說：「我們能做的只是紙上談兵！我們被壓制！可是，我們該如何去戰鬥？中國的前途只有

| 7.7　早年禮查
飯店明信片。

---

[24] Hosie, *Portrait of a Chinese Lady and Certain of Her Contemporaries*, 162-163.

死路一條。所有人都無能無力！我們不夠強大！中國也不夠強
大──沒餘力，沒餘力！」[25]

　　當時是一九二六年的春天，離五卅慘案、省港大罷工等
群體事件的發生還不到一周年。在中國人看待世界的觀念史
上，一九二五年又是一個轉捩點，全國「至少有二十八個城
市在『五卅慘案』後發動示威遊行，其中多數還發生攻擊英
國人與日本人的事件。」[26] 群眾暴動、學生示威、工人罷工，
以及與之相關的逮捕行動，成為每天報紙上都有的新聞。抵
制英貨，仇視洋人，一股新的愛國主義精神自庚子年後再度
彌漫中國。

　　謝福芸為照顧多病的母親，與打掃房間的小工多有接觸。

　　一個小工從門背後轉了出來。保持房間乾淨整齊應該是服
務生的事情，小工只負責掃地，但是出於善心，他還是做完了
服務生的那部分工作，並將整個房間都擦拭一遍。我們之間有
一種說不出的默契。也許是我對母親的孝心感動了他，於是他
用自己的方式給了我很多力量。母親病重其間，我與護士在很
多方面都依賴於他。有次他扭頭朝服務生的方向看了一眼，低
聲和我說：「那是個無用的傢伙！」後來又加了一句：「那些
年輕人都一樣，廚房裡的廚師和他們是一路貨色。我希望我能
夠服務得更好一些，廚房裡我的一些親戚也是這樣的想法，而
不像這些──這些──自稱愛國的人！我是絕對不可能變成一
個愛國者的！」他這樣說的原因是因為他十五歲的兒子正受到
感召，要加入軍隊為中國的統一而戰。

　　有次他還替那個服務生幫我去廚房拿冰塊，但是沒有成
功。回來的時候，對我說：「小姐，你得自己去廚房拿了。廚
房裡的人壞透了，他們挖苦諷刺我不算，還拿刀和擀麵杖恐嚇
我。我告訴他們那位外國太太病得很重，他們說：這有什麼，
外國人都死了才好呢！他們把我晾在那裡很久。」

<hr>

[25] 同上，163-164。
[26] 史景遷：《追尋現代中國──革命與戰爭》，第445頁。

所以我只能自己過去一趟。開始的時候他們都表現得很禮貌，後來就充滿了敵意——直到我說那是我「年邁的母親」急需的，這份孝心才使他們讓步。[27]

一九二六年早春的中國，北伐的征程尚未啟動，國民黨的清共也還沒拉開序幕。「初春的上海到處都是灰塵迷漫」，謝福芸站在禮查飯店的窗口看街景。「我在飯店裡的臥室正對著蘇聯領事館，每天早上對面都會飄來濃烈的煙霧，這讓我莫名其妙地就對共產主義充滿了敵視。」[28]

二○○八年冬天的一個上午，我退到對面的人行道上，想給浦江飯店拍張全景。飯店正對面今天還是俄國領事館，使館門口的中國衛兵面無表情地警告我——不許靠近。

蘇慧廉答記者問

抵滬後蘇慧廉就忙開了。三月十日的《民國日報》刊登了一則消息：

英國續派庚款委員到滬　蘇喜爾教授與安德臣夫人

英國庚子賠款委員長威林頓，抵滬後略事接洽，今已北上。昨又派來中國之委員二人，抵此。即蘇喜爾教授與安德臣夫人，乘馬里亞船自英國啟程，取道蘇彝士運河而來中國。蘇教授現寓禮查飯店，將候威公爵於本月中旬返滬後，共商進行辦法。先從調查各大城入手，再以所得與中國委員會議處分及使用賠款之事。上海泰晤士報記者，昨往訪談話，叩以將來辦法。蘇答云，目下尚未定奪。此次英國處理退還賠款，注重在華人得平等之參與。將來決定辦法，亦當得有華人同意。務期雙方有益，免去種種誤會。蘇氏此來，有其夫人及女何西夫人同行，何夫人充秘書。蘇氏於一八八二年來華，在中國已三十年。……[29]

蘇慧廉十號還接受了《字林西報》記者的採訪，《申報》曾予以轉載。我在上海圖書館近代文獻閱覽室找到《申報》三

---

[27] Hosie, *Portrait of a Chinese Lady and Certain of Her Contemporaries*, 164.

[28] 同上，163。

[29] 《民國日報》，1926年3月10日。

月十一日的這篇報導。

英庚款委員蘇希爾之談話

　　字林報云。記者昨訪英庚賠委員會蘇希爾委員。蘇稱，英國退還之庚子賠款，今後將如何支配，此時猶未能預言，須待到滬各委員詳細考慮，希望下星期內當可開會討論此事。英政府於此極願中英雙方代表權絕對平均，而英國國內之顧問委員會，尤深具此種印象，以為在華調查時，無論何事，均應以雙方同等人數為標準，而英國絕無欲以多數高壓少數之意也。惟是中國方面組織同樣顧問委員會，乃華人之權。英政府派某等來華，以相同之人數與華委員會商。若輩亦皆任為英國顧問委員會委員者也，在英國方面，並無欲令若輩居於少數之意，實主張同等表決權之原則，而某等亦將極重視華委員之勸告。至庚款用途之支配，該會接有計劃書不少。聞

| 7.8　被譽為近代建築里程碑的禮查
飯店，今天依然屹立在黃浦江畔。
（2008年11月16日攝於上海）

荷蘭擬將其所退賠款充調查疏□黃河之用，英庚款委員會中亦會提出建築鐵路疏浚河道之計劃，加以相當考慮。渠私人意見，以為中國政局穩定之後，無論築路治河等計劃，助其舉辦者必眾。且以英國所退庚子賠款數目鉅，其易耗於開辦等費，故對於此類計劃，考慮時應非常審慎。渠個人於庚款用款，毫無成見。今委員會目的，乃求一為負責任華人與負責任英人俱所贊成之計劃，因此委員會亟願詳聆此輩人士之意見。而英政府之志願，亦即完成此志而已。威林敦勳爵將於本星期杪回滬，故希望下星期初即可開始調查。辦公之所，當在上海，但於必要時，將赴他埠考察。渠與滬人士已略有非正式接洽，尚未確切討論。今歡迎負責任團體開送關於此事之意見。再有一層，復須鄭重聲明者，則華委員三人之意見，於英國之委員會中甚有力量者也。此行得威林敦勳爵同來，良可欣慰。威氏寬厚長者，樂聞他人之言，故極相宜。再渠認教會中若欲用此款以傳教，殊屬不智，所以聞各教會有不請此款不受此款之決議，頗為欣慰。蓋此款雖為英國退還中國之賠償，僅似取消債務，其實英國人民將多納同額之款於國庫，以資抵補。故渠對於教會不用此款以作宣傳之態度，非常贊成也。云云。

當時，國內教育界及社會領袖人士都很關切處置英國庚款的辦法，紛紛參與討論。胡適還專門發表了一封公開信，以此表明中國委員的原則與立場。

我們三個中國委員雖無他長，至少有一點可以與國人共見，就是都肯細心考慮，為國家謀永久利益；都有幾根硬骨頭，敢於秉著公心對國人對外人說話。我們的任務有兩點：（一）審查輿論，替英庚款計劃一個能滿人意的董事會，助其組織成立；（二）博訪各方面的意見，規定用途的原則，以免去原案「教育或其他用途」有太空泛的危險。關於這兩項任務，我們深盼得你們和北京各位朋友的指教與援助。[30]

———
[30] 胡頌平：《胡適之先生年譜長編初稿》（台北：聯經出版事業有限公司，1984），第二冊，第628-629頁。

海上蹤跡

蘇慧廉抵滬時，威靈頓勳爵已赴北京拜會段祺瑞及各方人士。現在全體委員都已抵達上海，可以正式開會議事了。三月十六日在上海召開了第一次全體委員會議。三月二十二日，在禮查飯店舉行記者招待會，宣傳此行的意圖，並澄清各界對英國庚款的誤解。當晚蘇慧廉還與黃炎培見了面。[31]

胡適在日記中為蘇慧廉在上海的行蹤留下了寶貴的記錄：[32]

四月廿三日，上午十一點，英商會。下午一點，Mrs. Soothill (As for Hoise)〔蕭塞爾夫人（議會方面）〕。

此蕭塞爾夫人指謝福芸。

四月廿七日，一點，Foreign Y.M.C.A.（Shanghai Club）〔外國青年基督教聯合會（上海俱樂部）〕

上海青年會俱樂部，當時還在四川路。上海YMCA成立於一九〇〇年，宋慶齡之父宋耀如是發起人之一。

五月四日，上午十點，與Professor Soothill〔蕭塞爾教授〕同去看麥倫書院（兆豐路七十六號）。

麥倫書院（Medhurst College）是教會學校，由英國倫敦會創辦於一八九八年。一九五三年收歸國有，並改名為繼光學校，以紀念當時的戰鬥英雄黃繼光。

據蘇慧廉自己記載，在上海時，他曾受邀去聖約翰大學訪問並演講。其間，遇見了顏惠慶、施肇基及顧維鈞。

第三節　告別溫州

藝文內爭

由於工作太累，代表團五月二日起休假兩週。於是蘇慧廉

---

[31] 黃炎培：《黃炎培日記》（北京：華文出版社，2008），第二卷，第259頁。
[32] 《胡適全集》（合肥：安徽教育出版社，2001），第三十卷，第567頁。本書引用之胡適日記均來自此書，不再一一出注。

決定回溫州訪友。[33] 中國有很多地方可去，溫州最讓他魂夢牽繞。就在上一年，蘇慧廉還從姑媽留給他的遺產中拿出部分，捐贈這座他生活了二十五年的城市，因為那裡發生嚴重的旱災。[34]

　　但一九二六年的溫州，與中國其他城市一樣，也正發生翻天覆地的變化。中國基督教此時已進入「面對國家及社會挑戰時期」[35]。他一手締造的藝文學堂亦已停辦。《溫州近代史》這樣記錄這段歷史：

　　（一九二五年）六月初，省立十中學生會接到上海學生總會求援電報，立即由溫獨支發動和領導，召開全城中等學校學生代表緊急會議，恢復五四時期成立的溫州學生救國聯合會（後稱溫州學生聯合會），同時召集各界團體組成溫州救國會，並派代表赴各地宣傳慘案真相，促其建立救國會或滬案後援會，組織遊行示威和捐款濟難。六日，溫州城區各界人民罷工、罷市、罷課，舉行五卅慘案後援萬人大會，會後遊行示威，隊伍經過東洋堂、三井洋行、英美煙草公司、亞細亞火油公司和天主教堂時，齊聲高呼：打倒帝國主義！廢除不平等條約！為死難同胞報仇！嚇得洋老闆緊閉大門。晚上，溫州救國會召開會議聽取上海學聯代表報告慘案經過，決議捐款援助上海工人，抵制仇貨、提倡國貨。同時各學校、團體上街化裝宣傳，「有藝文中學及崇真小學[36]，系教會所設立，因學生痛此，血潮澎湃，出發演講募捐。該校長（英人）禁止出校，學生大憤，即行立誓脫離。」風潮一起，溫州救國會立即召集緊

---

34 Hosie, *The Pool of Ch'ien Lung*, 132.

35 魯珍晞（Jessie Lutz）將1949年以前的中國基督教歷史劃分為四個階段：開拓與準備時期（1807-1860）、基礎的建立及發展時期（1860-1900）、教會興旺及成長時期（1900-1925）、面對國家及社會挑戰時期（1925-1949）。

36 溫州內地會1902年創辦的一所男子書院，地點在離花園巷教堂不遠的鐵井欄17號。內地會同時辦有女校育德書院。兩所學堂都是小學，學生畢業後，擇優送藝文中學。崇真與育德是晚清時期溫州著名的新式學校，除教授《聖經》或四書五經外，還開設算學、美術、英語等課程。著名實業家吳百亨（1894-1973）是該校畢業生。劉廷芳母親李靈也曾擔任育德女校校長。

急會議討論兩校學生求學的善後問題。終於藝文師生三百多人公推原教師谷暘（寅侯）主持籌備甌海公學。[37]

甌海公學是現溫州第四中學的前身。溫州四中校史這樣記錄：

六月八日，英國教會在溫主辦的藝文學堂學生因集會聲援受到校長英國牧師蔡博敏等人的粗暴壓制，群情激昂，衝出校門，脫離帝國主義所操縱的學校，投身反帝救國運動。

藝文教師谷寅侯、陳竺同、林省中、虞明素、江蓬仙等支持學生的正義行動，另有一些跟教會關係密切的教師力勸學生返校協商解決善後。兩種意見在學生臨時住處玉堂里四明銀行展開了辯論，愛國師生一致贊同谷寅侯的倡議：集資辦學，奪回教權。

溫州救國會撥款一千元支持辦學。南京旅寧溫州學生同鄉會聞訊派代表李仲騫、胡品芳專程返溫參加籌建工作。愛國師生推選谷寅侯為主任，陳竺同、林省中、許文良、李仲騫、吳孝乾為委員，在沈記老屋設立籌備處。學生代表瞿正川、潘哲等也參加工作，群策群力，廣泛聯繫。陳竺同、江蓬仙選定蛟翔巷底九山仁濟廟（俗稱平水王殿，即今四中禮堂及其兩廂、門廳舊址）為校舍。谷寅侯先自勸請父兄和溫州耆宿呂文起率先捐資。經過二十來天努力，取得社會各界支持，在縣學文廟開會決定創辦甌海公學……成立校董會，公推呂文起為董事長，谷寅侯為校長，報請省教育廳批准立案。於是一邊鳩工庀材，修繕廟宇為校舍，趕製校具；一邊發函邀請分散在全國各地大中院校的溫州知名教師和學有專長的青年前來任教。八月準備就緒，開始招生。除原脫離藝文來校就讀的學生外，溫州五縣以至處州的青田、龍泉、慶元等地前來報名的也很踴躍……從此九山河畔，落霞潭邊，響起了「教權曾旁落，一旦得收回，艱矣，快哉」的校歌，大家揚眉吐氣，慶賀溫州又增添一所中國人民自辦的中等學校。

---

[37] 胡珠生：《溫州近代史》，第313頁。

瓯海公學雖然校舍狹隘，設備簡陋，但是應聘來校任教的教師人才濟濟，使藝文學堂黯然失色，不久便停辦了。[38]

一九二五年，谷暘（字寅侯）三十一歲，蔡博敏五十歲。蔡氏一九〇三年來到溫州，一直擔任這所教會學校的校長。谷寅侯其實是蔡博敏的學生。早年就讀於藝文，一九一六年畢業後赴另一所教會學校南京金陵大學深造，金陵畢業後重回藝文，擔任該校英語與數理化課老師，成為蔡博敏的同事。一九一四年藝文成立青年會，他還曾出任智育部長。[39]

中國人留下的關於藝文師生憤然離校的記錄中，幾乎都要說到一個細節，那就是蔡博敏「親自持槍在校門口恐嚇，阻撓學生上街宣傳。」[40] 他「窮兇極惡地揮舞手槍，守住校門，不准學生外出。在忍無可忍的情況下，全校學生起而反抗，相率衝出校門參加遊行。蔡博敏為了貫徹其奴役中國人的政策，竟懸牌開除為首的學生十多人。陳竺同老師這時挺身而出，先向蔡博敏講理，要求收回成命，蔡置之不理，反威脅教師，於是陳師與谷寅侯、林醒中等先生帶領一些學生離開藝文中學，接著大批學生也不滿蔡博敏的奴化教育而跟了出來……藝文中學遭到溫州人民的唾棄，從此停辦。」[41]

我後來在英國循道公會的檔案中，找到蔡博敏本人對此事件的記錄：

進行有效的大規模宣傳對蘇聯來說可謂駕輕就熟，學生團體中激進的成員則是他們的高徒。溫州本地五家媒體，全部都反基督教或反外國人（比如英國人），並且至少有一家持布爾什維克立場。儘管明知報導的內容不屬實，一則關於藝文學堂校長用左輪手槍恐嚇學生的新聞還是重見報端。近期當地學

[38] 〈溫州第四中學（原瓯海中學）校史〉，載《溫州第四中學七十周年校慶紀念刊（1925-1995）》(1995)，第134-135頁。
[39] 〈溫州藝文中學校青年會〉，載《青年》（第十九卷第五期，1916），第189頁。
[40] 劉安民：〈溫州著名的教育家谷寅侯先生〉，載《溫州文史資料》第三輯，第95頁。
[41] 周夢江：〈懷念陳竺同老師〉，載《溫州讀書報》，2009年1月13日。

聯（藝文學生並非學聯成員）舉行了一次公開演出，旨在「重現」去年學生集體離校的情景。在該劇中，校長便被描寫成手持一把左輪手槍。在他們的宣傳活動中，英國始終被塑造成帝國主義，依賴武力來獲取想要的一切。教區長更是不斷被當地媒體冷嘲熱諷，並妖魔化。[42]

藝文的這段歷史不禁讓人想起上海聖約翰大學一九二五年六月三日發生的「國旗事件」。英人校長卜舫濟反對罷課學生在校園降半旗為五卅死難者默哀，從而引發愛國師生離校，另組光華大學。聖約翰大學史研究者認為，卜舫濟和聖約翰當局堅持「教會學校在政治衝突中應嚴守中立」的法律立場，這便使學校在中國的民族主義運動中處於困難和尷尬的境地，甚至嚴重傷害了學生的愛國感情並破壞了學校多年苦心經營樹立起來的聲譽。[43] 這段評價應該也可用在蔡博敏與藝文之上。據統計，在一九二五年六月到九月，全國因五卅慘案而引發的教會學校風潮就達五十餘起。[44]

在中國近代史上，「民族主義是一個非常複雜的命題，它像一根敏感而脆弱的神經，稍有撥動，就能引發喧天的風潮，

| 7.9　蔡博敏。
（TME）

[42] T.W.Chapman, "Student Agitation in China, " *The Missionary Echo* (1926): 176.
[43] 徐以驊、韓信昌：《海上梵王渡——聖約翰大學》(石家莊：河北教育出版社，2003)，第25頁。
[44] 舒新城：《收回教育權運動》（上海：中華書局，1927），第91-95頁。

| 7.10 1911年前後的藝文師生合影，
不知其中是否有谷寅侯？前排兩個洋
人是蔡博敏與郭多瑪。（TME）

其後果甚至讓撥動者自己都無法預料和控制。」[45]

溫州中華基督教自立會

一九二五年五月三十日下午，上海數千名工人、學生、群
眾聚集到南京路，遊行抗議內外棉株式會社日人槍殺中國工人
顧正紅，要求釋放因聲援工人罷工而被捕的學生。

在激動的人潮裡，有個溫州年輕人的身影。他叫路得，比
谷寅侯大兩歲，也是藝文的校友。他受溫州聖道公會的委派，
去上海參加中華全國基督教協進會[46]年會。

路得出生於溫州市一個貧寒的基督教家庭，教會小學畢
業後即跟隨做篾匠的父親學藝，後以善制米篩而聞名市井。

[45] 吳曉波：《跌盪一百年》（北京：中信出版社，2009），下冊，第137頁。
[46] 中華全國基督教協進會（National Christian Council of China），是基督教
新教在中國的一個聯合組織，目的在於推動基督教本地化。1922年在上
海成立。余日章和誠靜怡分別任會長及總幹事。1950年代停止活動。

他信教很虔誠，常一邊打箋，一邊讀《聖經》。包蒞茂醫生發現了這個極具潛質的少年，於是送他去藝文學堂讀書。藝文畢業後，又於一九一五年春送南京金陵神學院（Nanking Theological College）深造。在金陵其間，他的聰明及天生的領導力受到畢範宇[47]博士的青睞。金陵畢業後返溫，成為聖道公會活躍的傳道人。這個長於教書及組織工作的年輕人後被按立為牧師，一九二〇年調任溫州城西教堂。自蘇慧廉始，英人主持的聖道公會便注重培養本地傳道人。

教內人叫他路得，更多的人尊稱他為尤牧師。他的全名叫尤樹勳（圖7.11），字建人。

一九二五年，尤樹勳三十三歲。上海街頭巨大的人潮與激情的氣氛一下子便感染了他。他「親睹上述情況，非常激憤。返溫後，即召集教牧人員及信徒代表二十餘人，去見英傳教士海和德，提出三點要求：1、代電英領事，請其秉公從速解決此案。2、發表宣言反對英人暴行。3、允許教會自立，由中國人自己辦教會。海說：『你們切勿以我英國人有錯，此慘案實由華人自取其咎，因華人受赤俄的迷惑，擾亂租界的治安，捕兵開槍實屬正當防衛，何過錯之有？所請拍電英領事一節，不能照行。』尤等見傳教士與巡捕房原為一丘之貉，便憤然拂袖而別，毅然離開循道會，籌建自立會。」[48]

尤樹勳由此成了溫州中華基督教自立會的先驅。一九二五年七月二十六日成立的該會推舉李筱波醫生為會長、陳啟梅為長老，尤樹勳自任牧師，會址亦暫設他的住所——八字橋教堂中。後因此堂為聖道公會教產，海和德不同意作自立會活動場所，於是另在滄河巷租得兩間半平房，權作教堂。被自立會推舉為首任會長的李筱波醫生，是白累德醫院的第一批華人學徒，師從英人霍厚福，學成後在白累德任職。一九一八年自立

---

[47] 畢範宇（Frank Wilson Price，1895-1974），美國長老會傳教士，生於嘉興。在美國讀完大學後回華，任教於金陵大學。曾譯孫中山《三民主義》為英文。抗戰時期為國民黨做宣傳工作，與宋美齡很接近。著有《中國的鄉村教會》。

[48] 支華欣：《溫州基督教》，第13頁。

門戶，創辦溫州私立伯蘭氏醫院。「伯蘭氏」與「白累德」在溫州話裡音近，並且伯蘭氏醫院就開在白累德的正對面。所以你既可理解為它是想借白累德的光，也可說它顯示了中國人不畏帝國主義的豪情。

中國近代史上，又一批青年為苦難的民族點起熊熊的火把。

史景遷說：「五卅慘案呼應五四運動，也昇華為愛國的象徵以及重振士氣的怒吼，然而一九二五年的中國局勢已與一九一九年之際大不相同。不管是國民黨、共產黨、抑或是兩黨的合作，正準備將中國人心中的憤慨與挫折納入自己的黨組織中。中國人固有的民族主義正召喚著俄國的組織專才策動有意義的政治行動。」[49]

後來的歷史確實如此。「中共溫州獨立支部以『五卅』反帝愛國運動為契機，把推行教會自立活動，作為開展反帝反封建的國民革命運動的一個組成部分，動員各界予以支持。同時深入細緻地做好尤樹勳的思想工作，在黨組織的培養和教育下，一九二六年十一月六日，尤樹勳加入了中國共產黨，成了中共溫州獨立支部十二名成員之一。一個基督教的牧師加入中國共產黨，在全國實屬罕見。從此以後，尤樹勳的思想境界更高了，膽子更壯了，推行自立活動更積極，更自覺了。他經常與獨立支部人員一起深入各縣鄉村，一面做革命的秘密工作，醞釀組織農會，一面到各教堂講道，傳達五卅慘案各地反帝愛國活動情況。」[50]

一九二四年十二月成立的「溫獨支」是浙南地區最早建立的共產黨組織，直屬中共中央領導。「溫獨支」當時由鄭惻塵、胡識因夫婦領導。鄭惻塵是溫州最早的共產黨員。尤樹勳從上海回來後，鄭即發展他加入溫州工商各界五卅慘案後援會和愛國救亡十人團，鼓勵並支持他脫離與外國教會的關係。自

---

[49] 史景遷：《追尋現代中國——革命與戰爭》，第445-446頁。
[50] 支華欣、鄭頡峰：〈教會自立的先驅尤樹勳〉，載《溫州文史資料》第九輯，第213-214頁。另，據1926年11月20日的〈溫州獨支十一月報告〉，尤樹勳（此稱尤建人）是「新入會的2人」之一。見《中共溫州獨立支部與國民革命運動》（北京：中共黨史出版社，1998），第51頁。

立會成立大會召開時，鄭惻塵還親臨會場，作題為〈自立會與革命事業〉的演說。[51] 胡識因就是我們在前面已提到過的胡世英，一個來自永嘉貧困山區的苦孩子，曾就讀於藝文女校。

花隨夢已空

蘇慧廉一九二六年踏上溫州的土地，迎接他的就是教會的分崩與藝文的離析。他是五月六日抵達溫州的。對這位貴客的到來，教會組織了最熱烈的歡迎儀式。藝文全體教師及一百名學生代表坐船到甌江口迎接。當蘇慧廉搭乘的輪船在濃濃的大霧中出現時，迎接的小船飛奔而去，霎時船頭鞭炮震天，鑼鼓齊鳴。

溫州城裡的中國人也要來看看這個能講中國話像中國人一樣的老外。據當時負責溫州教區的孫光德記述，從蘇慧廉來到蘇慧廉走，來看他的人一直絡繹不絕。[52]

蘇慧廉在溫州其間，去了白累德醫院。同行的謝福芸說自己看見一個英國醫生，坐在一間充滿了氣味也充滿了病人的房

| 7.11 尤樹勳。
（TME）

---

[51] 尤樹勳：〈溫州中華基督教自立會成立經過〉、陳仲雷：〈溫州地區最早的中共黨組織〉，載《中共溫州獨立支部與國民革命運動》，第301-304頁、第272-273頁。

[52] Irving Scott, "Professor Soothill Revisits Wenchow," *The Missionary Echo* (1926): 152.

間裡，正抱著一個頭上長了膿包的中國孩子。[53] 這個英國醫生便是施德福。施德福是蘇慧廉離開溫州後才赴任的，那時很多溫州人稱他為「菩薩」。謝福芸說，二十五年前溫州人一半有眼疾，從最輕微的眼炎到最嚴重的失明，現在隨著衛生條件的改善與醫療水平的提高，這個狀態已得到明顯的改善。[54]

不論是蘇慧廉的記錄，還是謝福芸的回憶，都沒有提到重返藝文校園。蘇慧廉說：「溫州，一股不公正的針對藝文學堂的聯合抵制活動正被政治化。如同中國其他英國學校一樣，它是無辜，與發生在上海的不幸事件毫無關聯。」[55]

蘇慧廉訪問溫州其間，正逢海和德六十壽辰，於是教會舉辦了一次特別的活動，借此感謝兩位老人。蘇慧廉與海和德握手，表示祝賀。握手時蘇慧廉很清楚，這位後繼者時下正面臨著怎樣的壓力。「由五卅事件激發出來的民族主義——它的精神也許是對的並且值得讚美——讓他最精心培養的一位牧師意欲將整個教會與差會脫離關係，並佔有教會的物業及資金。他同時要求所有來自差會的奉獻必須移交給中國教徒全權管理。幸運的是，除了一家教會，其他的都站在海和德這一邊。」[56] 蘇慧廉在文中沒有寫出這位自立牧師的名字。

對於溫州之行，謝福芸特別提到灰突突的舊城牆剛被修繕一新。牆縫中長滿了紫羅蘭和蕨類植物的城牆，曾是她少年時常去散步的地方。她說，當時的溫州社會上有兩派觀點，保守派認為要將城牆作為一個古老的博物館保存下來；革命派則認為應該徹底摧毀它，仿效上海，在原址上修建道路或是電車軌道。「革命認為窮人最需要做的是打碎舊的體系，而中國的農夫農婦最渴望的則是一條軟毛巾、一塊肥皂、一個搪瓷臉盆，他們更願意擁有這些。」謝福芸說出了她對革命的理解。[57]

---

[53] Hosie, *Portrait of a Chinese Lady and Certain of Her Contemporaries*, 70-71.

[54] 同上，74。

[55] W.E.Soothill, "My Visit to China, 1926," *The Missionary Echo* (1926): 182.

[56] 同上，182。

[57] Hosie, *Portrait of a Chinese Lady and Certain of Her Contemporaries*, 66.

五月九日一早，蘇慧廉一家離開溫州。那天是禮拜天，很多教徒從鄉村匯聚到城西教堂，想聽一聽蘇慧廉的佈道。但因回上海的輪船近期僅此一班，蘇慧廉只能在禮拜前離開。海和德若干年後仍記得，當時已很虛弱的路熙，在那天早上，用溫州話向眾人道別——「Tsae-Whai（再會）」。[58]

　　這是蘇慧廉夫婦最後一次光顧溫州，這一年蘇慧廉已六十五歲。

　　春與人俱老，花隨夢已空。

　　蘇慧廉離開後不久，尤樹勳在甌海公學的《六八特刊》上發表〈英牧師在溫州宣傳亡中國之術〉文章，回顧「自一九二五年以來，西方傳教士對教會自立活動的忌恨，進一步看清了他們以不平等條約為護符，以軍艦武力為後盾，以金錢為誘餌，名為傳教實為推行殖民主義的真實面目」[59]。

　　蘇慧廉應該沒有讀到這篇慷慨激昂的文章。他回到英國後，應《傳教士回聲》的邀請，於一九二七年二月撰寫了篇〈差會與中國〉。他的心如火，但筆仍是冷靜的。

　　對於中國人基於理性和正義的愛國主義，我們大不列顛民族給予極大的同情。不過一個沒有自尊的民族只會盲目於「主權權力」，而無視根本的「主權義務」。今日中國遺憾地喪失了這些「義務」，不僅對中國人，也對外國人。

　　回溯往昔，我們可以無愧地說，我們教會一直竭力做到最好，無論是在方針的確定還是在最終的結果上。舉一個教區的例子，就說溫州吧，為了將它發展成為自立、自養、自傳[60]Self-governing, Self-supporting and Self-propagating的教會，我已經謀劃了超過三十年。我的同事，包括中國和英國的，都一直為

---

[58] J.W.Heywood, "The Late Mrs W.E.Soothill," *The Missionary Echo* (1931): 87.

[59] 支華欣、鄭頡峰：〈教會自立的先驅尤樹勳〉，載《溫州文史資料》第九輯，第214頁。

[60] 上世紀五十年代的「三自革新運動」，採用了十九世紀教會自立運動的口號（稍微修改為自治、自養、自傳），實際上，它無論在改革方式或定義方面皆與教會自立運動有別。見趙天恩、莊婉芳：《當代中國基督教發展史1949-1997》（台北：中國福音會出版部，1997），導論。

此不懈努力。我曾反覆對中國教會說，我們不可能永遠當他們的「保姆」。如今，自治能力超過溫州教會的，在中國幾乎沒有。這些年來，我們也一直努力將自身從教會事務中擺脫出來，從而投身到更為廣闊的福音事業中去。這樣做，無疑是明智的，不過也需要時間來實現，原因不在我們，而在於要考慮到那些實力較弱小的基督團體。不過，就像我時常和英國朋友們說的那樣，即便中國的教會能夠自治，我們也不能認為經濟上就可輕鬆很多。相反，壓力會一直存在，並且越來越大。中國的教會能夠獨立在本土開展工作並引領那裡的人們在道德和精神上成長，可能還需要數十年甚至一百年的時間。而中國要想對外傳教，第一要務便是要讓中國數以百萬計的海外移民接受福音，其中還要培養出中國自己的傳教士。

…………

對於未來——明智的人都不願去干涉中國或中國教會。就我們而言，只要有人能勝任中國教會的工作，我們非常樂意雙手將其奉上，絕不吝嗇及勉強。相反，當中國人真的不需要我們的時候，我們將輕鬆地舒口氣。不過，對於教會而言，誰才是「中國教會人」呢？僅是那些年輕、急躁的政治家，還是那些自說自話推選出來的人？我們怎麼能接受絕少數人為權力而爭鬧不休。心智堅定的中國人有他們的權力，讓他們自己決定吧。如今的動盪有消極的一面，但如果能夠帶來我們所有人都希望看到的獨立與自我發展，也不失為一件好事。差會這些年來制訂的政策都是為了使中國教會穩步向自治與自養的方向發展。我建議，現在可以更進一步明確，給當地教會提供津貼的同時，委派中國人擔任委員，獨立處理教會事務。這也正是中國事務委員會必須考慮的地方。

當我們的職責結束之際，顯而易見且不容忽視的是，所有的教內兄弟姐妹，不論是中國人還是英國人，都要忠誠地團結在一起。[61]

---

[61] W.E.Soothill, " Missions and China, " *The Missionary Echo* (1927): 42-43.

背影

胡適記錄了代表團的行程：「三月的大部分，在上海聽取中英兩國人士意見。三月二十七日到四月五日，在漢口。四月七日以後，在南京。四月十六日以後，在杭州。四月下旬，在上海。五月中旬，在北京。五月下旬，在天津。」[62]

我從四處爬梳來的材料中，打撈蘇慧廉滄桑的背影。

在漢口，蘇慧廉一行與吳佩孚面談多次。《吳佩孚先生年譜》「民國十五年」條有如下記錄：

（三月）二十九日英庚款委員會代表團抵漢口，先生請以大部分造粵漢鐵路、川漢鐵路，及其它鐵路，以路款收入為教育經費。[63]

在漢口及武昌，蘇慧廉走訪了博學書院（Grittith John College）、博文書院（Wesley College）及文華書院（Boone College），這是當時武漢地區三大教會學校。在文華書院，他還特別參觀「文華公書林」。一九一〇年由美國聖公會傳教士韋棣華（Mary Elizabeth Wood）女士捐資創辦的這所圖書館，是近代中國第一座公共圖書館。

一九二四年，文華書院、博文書院大學部、博學書院大學部聯合組成私立武昌華中大學，校址在文華書院內。華中大學就是今華中師範大學的前身。站在華中大學的校園裡，蘇慧廉也許會想起民國初年自己籌建華中聯合大學的那段經歷，如果不是歐戰，武漢地區的教育歷史將與他緊密相連。

在南京，蘇慧廉一行考察了金陵大學、金陵女子大學。蘇慧廉說，金陵女大裡中國傳統宮殿式風格的建築給了他很美好的印象。據謝福芸回憶，在金陵大學他們還遇見了該校創辦人之一的美國傳教士文懷恩[64]。蘇慧廉走後不到一年，文懷恩被

---

[62] 胡適：《丁文江的傳記》，第104-107頁。

[63] 《吳佩孚先生年譜》（1960），第40頁。

[64] 文懷恩（John Elias Williams，1871-1927），美國北長老會傳教士，1899-1906年在南京傳教，1907年到日本，在東京早稻田大學中國留學生中工作。1908年回華，致力於組建金陵大學，任副校長。1927年3月24日，北

騷亂士兵槍殺。此舉直接導致了「南京事件」發生，此後，一半以上的外國傳教士撤離中國。

一九二六年六月四日的《吳宓日記》有這樣的記錄：

晴。午飯後，乘人力車入城，至姑母宅中。

四時半，至東四頭燕京華文學校，赴該校邀茶會。到會者多所謂北京研究國學之中外名流。有戴聞達J. J. L. Duyvendak、蘇慧廉William Soothill及 Davis （of Pan-Pacific Union）等之演說，又參觀其圖書館等。七時，散。[65]

六月，蘇慧廉一行已來到北京。是月中旬，應胡適之邀，赴北京大學參加該校學術研究會的閉會儀式。在會上，他與胡適都做了演講，蘇慧廉主要介紹中英關係及牛津大學的狀況。[66]

《顧頡剛日記》一九二六年七月八日這樣寫道：

寫仲沄信。到適之先生處，未晤。到第一院圖書館，為蘇錫爾教授訊問阜昌《禹跡》、《華夷》兩圖也。[67]

《禹跡》《華夷》是繪製於宋代的兩張古地圖，南宋天會十五年（1137）刻石成碑，至今仍保存在西安碑林。作為中世紀製圖學方面的兩塊最重要的碑石，早已引起全球地理學界的矚目。包括沙畹[68]、青山定雄、李約瑟在內的一批漢學家都撰文考證它的繪製者及來龍去脈。作為英國皇家地理學會的成員，蘇慧廉也關注這兩塊石碑，他考證後認為《華夷》圖的繪製者是唐代著名的地理學家賈耽（730-805）。李約瑟後來在撰寫

伐期間進入南京城的軍隊進行激烈的排外活動，文懷恩遇害。

[65] 《吳宓日記》（北京：三聯書店，1998），第三冊，第175頁。

[66] 參見〈北大學術研究會舉行閉會式啟事〉，載《北京大學日刊》（第1936號，1926年6月18日）；〈牛津與中國〉，載《北京大學日刊》（第1941號，1926年6月24日）。轉引自桑兵：《國學與漢學——近代中外學界交往錄》（北京：中國人民大學出版社，2010），第160頁。

[67] 《顧頡剛日記》（台北：聯經出版事業股份公司，2007），第一卷，第765頁。該日日記並注：Prof. Soothill，4 Bradmore Road Oxford （蘇慧廉，英國庚款委員）。

[68] 沙畹（Edouard Chavannes，1865-1918），法國人。1889年來華，為公使館隨員，同時研習漢學，1893年任法蘭西學院漢學教授。與高第合編《通報》，譯著有大量關於中國歷史的作品，如《西突厥史料》《華北考古圖譜》等。1908年10月赴太原考察時，曾拜會蘇慧廉。與謝福芸也有交往。

《中國科學技術史》（*Science and Civilisation in China*）時，將蘇慧廉的觀點收錄在注解裡。[69]

顧頡剛，中國古史研究的佼佼者，當時還是個年輕人，在北大研究所國學門擔任助教。顧氏後來與蘇慧廉應還有進一步的交往，其一九二六年九月三十日的日記還提到，曾將《古史辯》贈送蘇慧廉。

蘇慧廉一行在北京還訪問教會學校，其中包括協和醫學院、燕京大學等。

謝福芸是個作家，她寫下的見聞總是多了些生動的細節。

我母親的艙室裡面堆滿了她在中國的欽慕者所送的鮮花，是用百合花、康乃馨和薔薇做成的花籃和花環。

「大多數是年輕的男子。」我們打趣地和母親說。歐戰期間，父親和母親曾在倫敦經營一間旅舍，接待服務於華工的中國翻譯。那些人，雖然現在也不年輕了，但沒有忘記曾獲得的恩惠。現在又能在中國重逢，大家歡欣無比。[70]

當時路熙已近晚年，長途的跋涉讓她更加虛弱。

在北京，蘇慧廉一家人在幾個中國年輕人的陪同下還一起遊覽了頤和園。

我們穿過松樹林向高處攀登。父親走在前面，不停向我們招手。魏小姐與香花也興致盎然。今天天氣溫暖，樹木隨著微風輕擺。母親走不動了，於是坐在路邊的涼亭小憩。父親從山頂折了回來，攙著她的胳膊往上走，還不時留意讓她歇歇腳。我和魏小姐、香花一起在山頂等他們。

「看！」我指著腳下的風景說，「簡直就是人間仙境。」

但是她們的眼睛看著我的父母慢慢走上了山頂，而沒有關注我指示的美景。魏小姐的嘴唇有點哆嗦，我抓住她的胳膊，問她為何如此悲傷？「我看到了比亭台樓閣更加動人的風景，」她慢慢地說。「你的父親和母親彼此攙扶一起走上來，

---

[69] 李約瑟：《中國科學技術史》（北京：科學出版社，1976），第五卷地學，第一分冊，第134頁。

[70] Hosie, *Portrait of a Chinese Lady and Certain of Her Contemporaries,*195.

你父親會耐心地等你的母親，幫她打傘。唉！這樣的場景什麼時候會發生在中國夫妻之間？對你們而言這也許不算什麼，你認為所有的父母親都會這麼做。」

「中國以後也會這樣的。」我斷言道。

「我和香花到死都等不到那天了。」她搖搖頭說，「北京有一種說法，男人得花十五塊錢買隻驢子，花五塊錢就能買到一個老婆。」

「千真萬確，」香花附和著說，眼睛裡充滿了怒火。

我沉默了。[71]

香花就是Lo小姐，原山西巡撫寶棻的女兒。

第四節　蘇慧廉與胡適

結束為期三個月的各地調查以後，庚款代表團於一九二六年五月中旬匯聚北京，撰寫書面報告。報告書完結後，英方成員相繼離開中國。顧問委員會定於當年八月在倫敦舉行全體委員會議，屆時他們將再次聚首。

據胡適記載，「六月十八日安德生女士起程回國。六月十九日衛靈敦團長也離開北京回國了。王景春先生七月出國，經美國到倫敦開會。蘇狄爾教授留在北京，七月裡在哈爾濱和我會齊，同搭西伯利亞鐵路去英國開會。」[72] 當時丁文江已接受孫傳芳的委派，擔任淞滬商埠督辦公署總辦，所以沒有同行。

關於胡適與蘇慧廉的交往，目前沒有找到更多的材料能證明他倆早在英國庚款代表團訪華前就已認識。蘇慧廉比胡適整整大了三十歲，應算他的長輩。因此，就年齡而言，比胡適大六歲的謝福芸更容易與胡適交上朋友。

我發現胡適與蘇慧廉的關係，也源自讀到謝福芸的第一本中國題材的小說《中國女士》。記得剛拿到書時，隨手一翻，

---

[71] 同上，282-283。
[72] 胡適：《丁文江的傳記》，第104-107頁。

就看見了胡適的照片（圖7.12）。儘管沒有文字說明這是胡適，但適之先生儒雅的形象，我們畢竟熟悉。

火車上的訪談

這張插圖所在的第二十一章取名〈哲學之門〉，謝福芸筆下的胡適是個邏輯學教授。她詳細記下與這個博學的教授在火車上的對話。《中國女士》一書一九二九年初版於倫敦，因此這些發生於火車上的訪談，應發生在她隨庚款代表團訪問各地的時候。

我們第一次認識是在火車上，窗外一派田園風光。果園正開花，果樹精心修理過，雖然不夠科學。看不見一棵雜草，每一列每一行都筆直筆直的。響起布穀鳥的叫聲。

「聽！」他說。「你知道它在叫什麼嗎？『布穀，布穀！』傳說裡講，從前有個懶惰的農夫，任憑土地荒蕪下去。他死後，遭到天譴，每年春天回來，化作布穀鳥，呼喚農人不要學他的樣子！」

「這個故事太迷人了，」我說。

「是啊，」他回答，「像我們所有的傳說一樣，很實際，很唯物。你們的詩人稱布穀鳥為『漫遊的聲音』，而這個聲音給我們實在的建議。我們之間的區別就在這裡。我們中國人特別唯物。西方向東方尋求所謂神秘主義和靈性純屬瞎鬧。印度人甚至比我們更缺少精神靈性。」

「哦，不是吧？」我認為他在談話中掩蓋真情，以中國的方式表示禮貌的謙虛，就反對道。「還有祭祖呢。一個如此徹底相信死亡沒有終結人類生命的民族肯定不怎麼唯物。」

但他不以為然。「你很清楚，」他回答，「我們的鬼魂是最唯物的。他們要吃喝，要有錢花；死前要是塵世的富人，還要有汽車僕人，這些都是紙做的，燒了送過去。祖先一樣俗：如果他們的棺木埋的方向不對，或時間不對，或者葬禮儀式不合適，他們會回到人間，出沒於子孫居住的屋子，破壞他們的事兒。所以，在死人的事情上，我們中國人毫無精神性可言。」

我問他：我在為一家英國報紙寫描述中國人生活的文章，能不能引用他？

　　「當然可以，」他說，「這類東西我在書裡講過二十遍，你顯然沒看過。但你最好正兒八經地寫一篇我的訪談錄。」

　　那可是新鮮的經歷，我肯定地說。我挺感興趣的。

　　「很好，」他命令道。「問我問題吧。中國和美國的報紙跟我做過無數次訪談。」後來，他在歐洲也接受過訪談。

　　「關於中國唯物的問題？」我怯怯地問。「我想您忘記了基督徒。您知道，一九〇〇年時，一萬名教徒寧願死，也不放棄信仰。這不怎麼唯物，您說是吧？」

　　「宗教，」他強調說，「是人民的鴉片。這話有人說過，我重複一遍，堅信它是對的。大煙鬼什麼都做得出來。所有宗教的基礎都是神話。看看《創世記》！」[73]

| 7.12　謝福芸拍攝的胡適。（Portrait of a Chinese Lady and Certain of Her Contemporaries）

---

[73]　謝福芸對胡適的訪談詳見《中國女士》（紐約版）第二十一章。北京大學郝田虎副教授曾將該章譯出，並以〈哲學之門——胡適印象記〉為題，發表於台北《傳記文學》（第八十五卷第二期，2004年8月）。本節相關譯文採用郝譯。筆者在考證書中人物原型時，與郝先生有過交流，並受其啟發，特此致謝。

「宗教是人民的鴉片」這句後來被中國人不斷引用的馬克思名言，沒想到在胡適的年代便已流行。

謝福芸是個虔誠的基督徒，對聖經《創世記》耳熟能詳，她於是與胡適展開了激烈的辯論。

他接著說，上帝存在的概率太小了，為了實際目的，不值得考量。

「我是無神論者，不是不可知論者，」他強調說。「我不迎合虛幻的東西。我不是說我不知道上帝是否存在，而是說我相信上帝不存在。只有物質生活，沒有精神生活。」

當這兩個年輕人在為有無上帝激烈辯論時，蘇慧廉正好經過他們的身邊。他聽到這些對話後，便把手放到胡適的肩上，盯著坐在那裡的他。謝福芸說他父親的眼睛是「那麼真誠，那麼蒼白，幾乎要透出光亮」。

「親愛的伙計，」爸爸親切地說，「看到你的人都不會相信你是物質的。你本人就不符合你的理論。」

教授笑了。他沒有感到不快，這不合邏輯。但生活不是邏輯的，而是生物的。生活中總有不可預知的東西，總有生長的因素。沒有人能夠為任何人或任何民族說明未來生活的情形。用最科學的方法培育出來的玫瑰花，誰能在開花之前畫出它的精確圖畫呢？我於是和他爭論起來。

胡適是個寬容的人，但也不是個容易被說服的人。

「婦人之論！」他表示不屑。「但關於宗教，謝天謝地，我永遠拋棄了教堂之類的迷信。我最後一次進教堂是在十年前，我再也不想去那個地方了。」

胡適說自己最後一次進教堂是在十年前，那時他還在美國讀大學。其實，在美國就學期間，胡適還差點入教，成為一個基督教徒。[74] 後來有段時間，他還熱衷收集各種版本的《聖經》。

---

[74] 白吉庵：《胡適傳》（北京：人民出版社，1993），第54-57頁。

有人告訴我們，他之所以在宗教面前披起厚厚的甲殼，是因為一段痛苦經歷：他的一個西方基督徒朋友結果證明是偽君子。任何青年的信仰都會因此動搖，不管是對朋友還是對朋友創造者的信仰。但教授不乏公正。他在英國時，報紙上正在熱烈爭論傳教使團的價值。其中一方宣稱，中國的一切麻煩都肇始於傳教使團。我們的教授竟然寫文章為傳教使團辯護！作為無神論者，他無補於他們的信條；但作為愛國者，他宣佈，傳教使團對中國進步的貢獻超過任何團體。

「但是，感謝上天，」他激動地衝我叫嚷，「我可以說，我從未受過傳教團的影響，我不虧欠任何教會、任何宗教一個大子、一個小時的教育！」

接受謝福芸的採訪時，胡適還只有三十五歲。謝福芸直接記下的這些內容，不經意間保留了年輕胡適的真實思想。海峽兩岸對這位「譽滿天下，謗亦隨之」的偉人的研究已經汗牛充棟，這篇英文採訪稿，可能能為胡適思想研究，特別是他宗教觀研究，提供第一手的材料。

胡適除了在美國讀大學時有過一回入教的衝動外，一直都是個堅定的無神論者。晚年在台灣，看見梅貽琦的夫人為病中的梅先生做禱告、唱讚美詩，還覺得不可理喻。「他還沒有死，一屋子愚蠢的女人在唱著歌祈禱，希望升天堂。——這些愚蠢的女人！。」[75]

謝福芸還記錄了胡適的家庭生活：

他告訴我，他父親是鄉官，家境還算寬裕。

「我的母親，」他接著說，因為現實主義者必須袒露全部事實，尤其是讓他感到苦澀的事實，「我的母親是個純樸的村姑，當時十八歲。父親娶她時已經老了，我出生後不久他就去世了。」他想讓我知道，是這樣的婚姻致使他身體不怎麼強壯。但好的結果是教授腦力超人，他的身體也不是弱不禁風，

---

[75] 胡頌平：《胡適之先生晚年談話錄》（北京：新星出版社，2006），第206頁。

否則他無法完成那麼多工作。他年輕時早早地訂了婚，那個村姑他沒有見過。當他留美回國，榮歸鄉里時，履行了長輩們以他的名義訂下的婚約。他不應該違反傳統的制度和家族的承諾。他心地純潔，操行嚴謹。學問是他真正的妻子。至於大利拉的妖魅伎倆，他像金剛石一般不為所動。和她一起待上五分鐘，他就會煩得要命，儘管她翩翩而來。

胡適的父親叫胡傳，字鐵花，胡適的生母叫馮順弟。胡適侍母極孝，可能源自這段家史。

蘇慧廉也許帶謝福芸拜訪過胡適在北京的家，因為謝福芸說自己在北京見過胡適的太太江冬秀。

一個和善的家庭婦女，個頭不高。她大約發現她傑出的丈夫實在麻煩。例如，中國社交界對明星的要求非常多；教授一天內會收到六份晚宴邀請，拒絕哪一家都不禮貌，甚至是侮辱！

「同樣，我的一個名人朋友受邀擔任十二所大學的校長，情面難卻，他不能不答應。但他最近不顧得罪人，發了封公開信，宣佈他從此以後不再接受校長頭銜。光上海就有四十所所謂大學，這中間肯定有不合格的，朋友發誓說他不會參與支持它們。按照老規矩，你給大學者寫過一封信，從此永遠就可以自稱他的學生。」教授解釋說。

「但您一天晚上不能吃六頓飯！可憐的胃！」我建議說。

「當然不能了，」他回答。「我在一家宴會上夾一筷子，就趕到下一家。邀請的主旨在於談話。我待一陣子，談一會兒。儘管這樣，還是不利於消化。我太太說我的胃像牛一樣，我認為確實如此。」

「他是活受罪，」教授夫人告訴我，這大概不差。「他赴宴赴得很累，因為每一家都希望他發表談話，有意思的談話；回到家後他還要伏案寫作，直到凌晨三點。他說只有這段時間電話鈴不響。」

教授聰明地說：「到了英國，我就待在大英博物館，那裡沒人打擾。」

他說，他結婚時已經告訴了新娘，他的家裡不允許任何宗教教義和儀式，新年敬鬼也不准。他們有三個兒子。他認為孩子有獨立思想的權力，不應該先入為主地接受任何宗教教條。孩子年輕時灌輸宗教偏見非常不妥當。如果他們長大了願意信仰，那是他們自己的事。

　　「在這方面，應該說，我太太給了我很大支持，」他補充說。「我還想說，我立下規矩時，她毫無怨言地接受了，這讓我感到吃驚。」

　　胡適在坊間有怕老婆的傳聞，是不是這樣，無從考證。胡適與江冬秀育有三個孩子，次女素斐早夭，留下兩個兒子，胡祖望與胡思杜。胡思杜後留在中國，一九五七年被劃為「右派」，當年九月二十一日懸樑自盡。

　　謝福芸對胡適的神學觀點很感興趣，而胡適認為對他的採訪不應該僅問他對《創世記》和唯物主義的看法。「你應該問，我寫了多少本書，書的內容是什麼？」胡適直接提示謝福芸。謝福芸於是轉了個話題：

　　「如果紅軍佔領中國呢？」我問。「您說不定是受害者。」

　　「那也好，」他表示同意。「只要能推動國家進步，我心甘情願。」他認為，俄國的紅色恐怖被大大誇大了。當時，中國南方各省的恐怖還沒有發生。對講求實際的東方人來說，這類情感沒有被證實就是不真實的。

　　那時還僅是二十年代，沒有多少人相信紅軍真會佔領中國。

　　謝福芸在這一章，寫下了她對胡適的欣賞：

　　教授在一本英文新書裡——這一作品肯定耗盡了他血管中的每一滴血——徹底拋掉了驕傲，書裡的話一定會讓他的許多同胞驚駭莫名。不是因為他們認為不真實，而是太真實了，毀滅性的真實，不能說出來。教授寫道：

　　「我認為，現在需要的是宗教懺悔般的深刻體認，即我們中國百事不如人，世界上每一個現代國家都比我們好上許多。我們必須承認，我們貧窮得可怕，我們的百姓災難深重；文明的民族應當為此感到驚詫。」

但接著往下讀：

「我們的家庭大多是罪惡的淵藪，充斥著壓迫和不公，私刑和自殺。」

「這一切只有責備我們自己。我們女人裹腳裹了一千年，抽鴉片抽了幾百年，結果民族虛弱，道德敗壞……我們只是吞下我們的祖先和我們自己罪過的果實。」

他最後寫道：「我們再不要欺騙自己了，得意洋洋地說帝國主義列強阻礙了我們民族的進步。讀一讀日本現代史吧，讓我們在羞慚和懺悔中永遠丟掉自負和自欺。」

「然後，當我們徹底地、誠心地懺悔了，讓我們莊嚴虔敬地下定決心：我們必須做小學生。」

教授寫下這些話勇氣可嘉。滿懷清教徒般的熱情，像崇拜上帝一樣崇拜真理的思想家不會錯到哪裡去；他的話對他那一代人不無益處，他們最好聽一聽。如果有個上帝要求犧牲和服務的話，那就是真理的上帝；從長遠看，真理的上帝賞罰公正。

這裡是施洗者約翰的呼喚，儘管他沒有衣獸皮，居荒野。他的叫喊是以赫胥黎為名義的懺悔，他的福音書是達爾文的進化論。

近來的動盪和喧囂中，他思索著，權衡著。他認定，赫胥黎和達爾文比馬克思和列寧更偉大，更永恆：這是靈魂做出的重大抉擇。

莫斯科插曲

蘇慧廉在哈爾濱與胡適會齊，「七月二十二日，兩人同搭西伯利亞的鐵路前往英國。」[76] 西伯利亞鐵路上個世紀初開通後，是亞洲前往歐洲的最快捷路線。

---

[76] 胡頌平：《胡適之先生年譜長編初稿》，第二冊，第642頁。

蘇慧廉在哈爾濱時也沒閒著，由他英譯的佛學名著《妙法蓮華經》[77]（圖7.13）就是這年在哈爾濱定的稿。

從哈爾濱到倫敦，中間要經過莫斯科。七月三十日胡適抵達莫斯科，並停留了三天。其間，參觀了蘇聯的革命博物館和監獄，並到中山大學演講，盛讚蘇聯一九一七年革命的成功。這三天的行程，胡適自認為很受教育。這在當時他寫給好友張慰慈的信中可看出：

> 此間的人正是我前日信中所說的有理想與有理想主義的政治家，他們的理想也許有我們愛自由的人不能完全贊同的，但他們的意見的專篤，卻是我們不能不十分頂禮佩服的。他們在此做一個空前的偉大政治的新試驗，他們有理想、有計劃、有絕對的信心，只此三項已足使我們愧死。我們這個醉生夢死的民族怎配批評蘇聯。[78]

胡適一生中僅這一次到訪蘇聯，蘇聯當時的現實還一度改變他的思想，他甚至認為可以容忍犧牲一點自由以圖專政治國。

不過，徐志摩即提醒他注意，因為胡適當時只看到蘇俄的國家統一與貌似強大，並沒有看到國家強大與民眾弱小的關係。徐志摩這個在許多人的眼裡只懂得談情說愛的浪漫詩人，其實目光如炬。他是二十年代對蘇聯有著最清醒認識的很少數的幾個自由主義知識分子之一。不過，他的所思所想與「左翼」相悖，一直不合革命潮流。當然，胡適後來對這段被「赤化」的經歷，有所反思。

看胡適思想史上的這段插曲，我有時不免胡思亂想。那幾天胡適下車去莫斯科，如果主張漸進改良而非革命性變革的蘇慧廉也同行，那又會是個怎樣的結果？胡適臨離開蘇聯時，還意外地與共產黨理論家蔡和森邂逅，那一刻蘇慧廉如果也在場，這三個人又將有怎樣的思想碰撞？

歷史就這樣，在不經意間又開了軌道。

---

[77] W.E.Soothill, *The Lotus of the Wonderful Law* （Oxford: Clarendon Press, 1930）.

[78] 白吉庵：《胡適傳》，第245-246頁。

倫敦迎接胡適

蘇慧廉可能是另有要事，所以胡適經停蘇聯時，他沒有下車。也因此，他比胡適早幾日抵達英國。

一九二六年八月四日，星期三。這一天的傍晚，胡適抵達倫敦。胡適以為沒人知道他是今天到達，沒想到的是，當走下火車，蘇慧廉、安德生及王景春已在車站迎候。故友重逢，他很開心。「回館，與兆熙同餐，談甚久。與Soothill談。」[79]

一九二六年八月六日，星期五。胡適在日記中寫道：「Soothill（蕭塞爾）來邀我同去外部與Gwatkin（瓜特金）同去，見著Mounsey（莫塞）君。一點半，到Willingdon（惠靈頓）家吃午飯，談甚久。」莫塞即芒西，另一位外方委員，時任英國外交部遠東事務局局長。瓜特金則是庚款委員會的秘書，著有《和服》《再見》等日文小說。

十月五日，庚款委員會召開第二次會。六日，召開第三次會。當天蘇慧廉邀飯，並談甚久。可能是意猶未盡，第二日，胡適還早起，去看望蘇慧廉夫婦和謝福芸。[80]

經過幾輪會議，諮詢委員會於十月十八日提出最後報告，建議如下：

一、解散諮詢委員會，另組一基金委員會，設於中國。基金會由十一人組成，中國六人，英國五人，初由中國政府任命，但必得英政府之同意，以後由委員推選，任期三年，可連選連任，主席中英均可擔任，由該委員會推選。中英人數之比，至一九四五年為止。以後可以華員代替英員。每年向中英兩國提出財務報告，同時中英兩國亦可派觀察員與會。

二、庚款基金：每年支十五萬至三十五萬英鎊作為補助之用，餘款作為基金，共可得三百五十萬至五百萬英鎊，作為生利之用。

---

[79] 《胡適全集》，第三十卷，第224頁。
[80] 同上，第361頁。

三、庚款用途：1、補助農業、教育及農業改良，其中農業方面30%，科學研究23%，醫務與公共衛生17%，教育事業30%。2、投資方面。鐵路，完成粵漢鐵路未完成之部分，約計二百八十里，約需五百萬鎊，如有困難，則用之於水利；河務工程，直隸水利，約需三百二十萬英鎊；導淮水利，約需兩百萬鎊。

但中國政局變化的速度，遠快於庚款委員的會議討論。此報告完成後僅月餘，國民革命軍即開始北伐，中國局勢大變，因此，該計劃未能立即付諸實施。[81]

牛津地陪

倫敦會後，胡適於十一月二十一日至二十四日訪問牛津並講學。蘇慧廉作為牛津漢學教授，自然要盡地主之誼。在胡適日記中，可見蘇氏的接待記錄。

十一月二十一日，星期天。

早十點十分，去Oxford〔牛津〕，十一點半到。Prof. W.E. Soothill〔W.E.蕭塞爾教授〕在站上接我，因天氣甚好，他帶我去看All Souls' College〔心靈學院〕、Magdalene College〔瑪格拉林學院〕、Christ' Church〔基督教堂〕。到他家，見著Mrs. Soothill &Lady Hosie〔蕭塞爾夫人和霍西女士〕。

蘇慧廉帶胡適參觀牛津的線路，與一年前接待徐樹錚的幾乎一樣。這個導遊有點「死板」。

晚上到Trinity College〔三一學院〕會餐，見著院長Bluckistone〔布魯克斯東〕。

這是蘇慧廉任教的學院。

飯後到New College〔新學院〕赴Oxford Philosophical Society〔牛津哲學社〕旁聽。Prof. L. I. Russell（of Birmingham）〔L.I.羅素教授（來自伯明罕）〕讀一篇論文，題為Value & Existence〔《價值和生存》〕，淺直的很，已可駁詆。隨後到會諸人（全數十一人，連我與Soothill〔蕭塞爾〕在內）有討論

---

[81] 王樹槐：《庚子賠款》，第453-454頁。

的，我始終不曾開口。討論的有Lindsay（Master of Balliol）〔琳賽（巴勒特學院院長）〕，Rose（Aristotelian Scholar）and I. A. Smith〔羅斯（亞里斯多德研究學者）和I.A.史密斯〕，但大體很無聊，Smith尤為武斷，很失望。〔F.C.S. Schieler（F.C.S.舍勒）不曾來；他還在美國。〕

十一月二十二日，星期一。

Prof. Soothill〔蕭塞爾教授〕帶我去看Bodleian Library〔鮑德列恩圖書館〕。這是一個很有名Library，但他的Catalogues〔目錄〕實在不高明，比起美國的Library Catalogues〔圖書館目錄〕來，這裡真是上古時代了。

此間的中國書部更是大笑話！Soothill自己動手編了一個書目，不知費了多少年月，僅成一小小部分。我偶一翻看，其中錯誤大可駭人聽聞！《花間集》目云：「這是一冊日本詩歌，廣政十年在kyoto〔西京〕印的。」（原文是英文）我問他，怎麼知道是Kyoto（西京）印的？他也莫名其妙。翻開一看，書上明寫著「大蜀歐陽炯敘」！

下面兩片是我替他改換之後偶然丟在外套袋裡的：

一是《三國演義》片的下半：A late reprint of the edition of 瑞聖歎Jui Sheng-T'an of the 金dynasty with commentary by 毛宗岡Mao Zong-kang〔本版新印本，金朝人，瑞聖歎作，毛宗岡評注。〕「金人瑞聖歎」變成了「金朝人，姓瑞，名聖歎」！

二是《宋文鑑》片：

D179 4 casas 24 vol. 宋文鑑

Sung Wen Chien

A minor of Sung literature first imperially published in 1179 with a preface by 周必大Chou Pi-ta, Other Prefaces in 1504 by胡淳安and胡韶識。

〔D179 4函24卷　宋文鑑

宋文鑑，一一七九年奉詔初刊，周必大序，一五〇四年胡淳安和胡韶識又序。〕

與此片同類的是《楚辭》片上寫著注者名王逸上！

館中的書以「中國學大家」Backhouse〔柏克候斯〕收藏的為基本。Backhouse是一個大渾人，他所收的寶貝有一卷王羲之的字，上面有王詵的跋，文理的荒謬已可笑了，還有謝惠連的一跋。

最可笑的是一部黃震的《古今紀要》，裝潢甚精，題為「宋本」！Backhouse跋云：「此書的是宋本，其中稱『太祖』，則其該當在九七五年之後；而『煦』字不缺筆，則其刻當在一〇六三年之前，真可寶貴也。」這種人之荒謬不通，真不可恕！他竟不查一查黃震生於什麼時代，也不看看書中內容！

這是段很有趣的紀錄，被胡適稱為「中國學大家」的Backhouse就是前文已提到的北京隱士巴克斯。他的捐獻至今仍是「飽蠹樓」[82]的重器。每逢有貴賓光臨，牛津都要拿出來「秀」一下。胡適比蔡元培更長於版本考據，他今天著實在老外面前賣弄了番。估計當時蘇慧廉會有些臉紅。

下午Prof. Soothill〔蕭塞爾教授〕家中開茶會，歡迎我，其意甚可感。來賓幾十人，多有甚知名之士。

是夜在University College〔大學學院〕會餐，主人為院長Sir Michael Sadler〔邁克爾・塞勒爵士〕，此人甚可愛敬。

當天下午，為胡適的到來召開的茶話會是在蘇慧廉家中舉行，英國人邀請客人至家中喝下午茶，是個隆重的禮節。當晚，「甚可愛敬」的塞勒爵士就是此前蔡元培遊說的沙爾特，他也曾請徐樹錚喝茶。

第三天，十一月二十三日，星期二：

Mr. G. F. Hudson〔G.F.赫德森先生〕請我吃早飯。此君年僅二十三歲，現為All Souls College Fellow〔心靈學院研究員〕，此為Oxford〔牛津〕最高的榮譽。他有志研究中國文字，可惜不得良師益友。

下午，到Examination Schools〔考試院〕講演「The Chinese Renaissance」〔中國之文藝復興〕，聽眾大多是白髮老

人，少年人甚少。此因Soothill〔蕭塞爾〕不曾廣告之故；他僅在Oxford Gazette〔牛津大學校報〕上登了一條佈告。然今天的聽眾，據Prof. I.A. Smith〔I.A.史密斯教授〕說，要算Oxford〔牛津〕最多的聽眾了！（其實不過百餘人）

晚上，到New College〔新學院〕會餐，院長Dr. Fisher〔菲希爾博士〕作主人。此君為有名的史學家，曾作教育總長，其人甚可愛敬，略如Sadler〔塞勒〕。

下午來聽講演的人不多，胡適多少有點埋怨蘇慧廉的意思。胡適在這天的日記本中附貼了一張《牛津大學校報》的剪報，其上刊登有此次演講的英文公告。[83] 胡適在牛津所做的〈中國之文藝復興〉演講，後發表在《國際問題學會年報》。[84]

胡適在牛津停留了四天，十一月二十四日中午離開。之後去了利物浦、伯明罕等地，直至一九二六年十二月三十一日啟程離英。

一九二六年最後一天的日記中，他這樣寫道：

早起，寫信與Prof. Soothill & Lady Hosie（蕭塞爾教授和霍西女士），與冬秀、與ROSE（羅斯）。

到使館辭行。

從胡適的日記可看出，蘇慧廉是他在英國的重要朋友。

胡適告別蘇慧廉後直接去了美國，他沒有馬上回中國。一九二七年，中國正亂雲飛渡。

台北紀念館的偶遇

二〇〇九年四月中旬，我到台北的胡適紀念館參觀。位於南港的紀念館，是胡適一九五八至一九六二年在中央研究院工

---

[83] 胡適日記「1926年11月23日」條下注解：「此下原附一則刊登於《牛津大學校報》的英文佈告。譯文如下：東方語言和文學、中國語教授W.E.蕭塞爾：北京大學倫理學教授胡適博士將用英語為本校教授演講「中國之文藝復興」，地點在考試院，時間為11月23日，星期二，下午5點。原附剪報從略。——編者」見《胡適全集》，第三十卷，第420頁。

[84] *Journal of Royal Institute of International Affairs* (Nov 1926), 265-283.

作時的住宅。為緬懷老院長，他的舊居被完好地保存了下來。

　　參觀胡適書房時，我竟然在書架上發現一本蘇慧廉著作《明堂：早期中國王權之研究》[85]（圖7.14）。明堂是古代帝王祭天配祖、朝覲諸侯的地方。該書是蘇慧廉晚年治中國古代君權神授制度的力作，一九五一年由英國老牌的拉特維斯出版社（Lutterworth Press）出版，當時他已去世十六年。

　　在中國歷史、文學和宗教研究上享有盛譽的蘇慧廉先生一九三五年辭世的時候，書桌上擺滿了可觀的作品，這是他經年專研的成果。手稿如今在經過赫德遜（G. F. Hudson）和蘇慧廉之女謝福芸的編輯後，被冠上了《明堂》的標題，以及令人印象深刻的副標題：「早期中國王權之研究」。那些熟悉馬克斯·韋伯（Max Weber）關於中國宗教和政治分析的人們，以及那些或是持贊許態度，或是持否定態度，但都在湧向中國歷史的人們都將會抱有極大的興趣來閱讀此書。[86]

　　這是著名人類學家弗里德（Morton Herbert Fried）教授為此書撰寫的書評。時任職於哥倫比亞大學的弗里德以提出社會分層理論而在學界享有很高的聲譽。

　　因館方對陳列文物有規定，我無法從書架上取下此書。我本還想看看該書的扉頁上是否有謝福芸題贈胡適的手跡。

　　後來館方專為我查閱了此書：

　　經檢視*The Hall of Light：A Study of Early Chinese Kingship*一書並無任何題贈或注記，而胡適先生的英文藏書中亦只有此書為蘇慧廉（W. E. Soothill）所作。

　　但查詢本館資料庫相關資料時，有一封英文書信為一九五二年二月十五日由Amy S. Eppenheim致胡適函，為Lady Hosie詢問是否收到此書，故估計此書應為謝福芸女士所贈，但尚待查證。[87]

---

[85] W.E.Soothill, *The Hall of Light:A Study of Early Chinese Kingship* (London: Lutterworth Press, 1951）.

[86] *American Anthropologist,* New Series, Vol.55, No.4 (Oct 1953)，584.

[87] 台北胡適紀念館，致筆者郵件，2009年4月30日。

他們後來還給我胡適檔案系統的檢索密碼，讓我有幸看到了這封信的影印件。這封寫於一九二五年初的信，清晰表明謝福芸在該書出版後即寄贈了一本給胡適。當時，胡適與謝福芸都已是年逾古稀的人物。自一九二六年上海相識，他們的友誼一直持續。

左　｜　7.13　英譯《妙法蓮華經》書影。
右　｜　7.14　《明堂》封面。

第八章　暮年（1927-1935）

中國的未來需要耐心，也需要持續的同情。

——蘇慧廉

第一節　大地輈環吾倦矣

端坐在牛津大學韓弗理公爵圖書館（Duke Humfrey's Library）閱覽室（圖8.1）裡，等待蘇慧廉檔案。

有種被周圍氣場震撼的感覺。抬頭看天花板，均是手繪的牛津各學院校徽。兩邊牆上則掛著我不知其名的油畫肖像。所坐的書桌，舉手可及之處都是幾百年前的舊書，硬封、精裝，一排排立在架上。這座以英國國王亨利四世的兒子格洛斯特公爵（Humphrey Plantagenet, Duke of Gloucester，1390-1447）大名命名的圖書館，已有六百多年的歷史了。這位被定為叛國罪、後死於獄中的王子，生前是位藏書家。他捐獻的書籍成了牛津圖書館最早的收藏。

韓弗理公爵圖書館以收藏名人手稿而聞名全世界。在這裡，我找到了兩包與蘇慧廉有關的檔案。這也是該校目前能找到的所有蘇慧廉檔案。

這兩包標號為VB/3B的檔案，其中與蘇慧廉直接相關的僅一小疊，我數了數，也就二十三張。二十三張檔案，其實是蘇慧廉與校方的十八通往復信件。其中除一封寫於一九二六年一月赴華之前外，其餘的都寫於他重返牛津之後。

訪學哥大

一九二七年十二月八日，蘇慧廉給牛津大學克雷格（E. S. Craig）教務長寫了這樣一封信：

親愛的克雷格：

來信收悉，謝謝。遵照校長的建議，現將我的想法陳述如下：

個人而言，我更願意留在家中，在四個月裡每週召開兩次講座和兩次研討會。看著學子純真的神情，對我而言真是一

種熱烈的召喚。而且，家中舒適的條件也是其他地方無法比擬的。但是：

1、在中國以外，只有兩所大學講授漢學，它們都在美國。之前我曾謝絕其中一所提供的報酬優厚的教席，而現在我覺得，在得到校方同意的前提下，接受這份邀請是我的職責。

2、我相信，這種邀請此前只發出過兩次。一次是在戰前，發給劍橋大學的翟理思教授，還有一次是發給巴黎的伯希和教授。現在他們邀請我，這可能會被視為是我們這所大學的榮譽。也許本校無需再增添輝煌，但對於我個人而言，可以說是一種榮耀。

| 8.1　牛津韓弗理公爵圖書館閱覽室。

3、研究成果將會為本校所用，並且可能會由哥倫比亞大學出版社出版。

4、哥大的一位（漢學）教授在過去三四年時間裡曾就一本漢梵英佛教辭典和我斷斷續續地進行過合作。我們的合作雖卓有成效，但未曾謀面。現在能夠相見並且交換意見，我們均感欣喜。此外，我曾經希望能夠得到一點點庚子賠款用於出版，但在本校，似乎看不到任何可能。現這份邀請，我沒有向這位教授透露任何，但共同的合作應會加快我們的研究，並且可能挽回我過去至少整整兩年時間的損失。

5、中國的混亂局勢讓我感覺困擾。美英協調一致，則能夠對此有所幫助，但若分歧，恐怕難有裨益。華盛頓的中國公使雖一度反對過我們，但他是我的老友。也許我能夠幫助到他或某些美國人。當然，這不能肯定，不過，這定會是個開始。事唯進展，方知可能。

6、給我的費用不菲，計三千美元。

此行赴美，沒有任何私人的原因。

您忠誠的蘇慧廉[1]

美國哥倫比亞大學的邀請名單，把蘇慧廉排在翟理思、伯希和（Paul Pelliot）之後，蘇氏在當時西方漢學界的地位可以想見。

翟理思之漢學成績，前已提及。伯希和也是上一世紀大名鼎鼎的漢學家。有人評價：「如果沒有伯希和，漢學將成為孤兒。」這個精通十三門外語的法國人最為廣傳的成就是對敦煌學的研究。一九○八年，他以探險家的身分來到敦煌。此前一年，英國探險家斯坦因已從莫高窟取走了七千餘卷古文書。伯希和以流暢的漢語和看護莫高窟的王圓籙道人談判，最後以五百兩官銀的價格，將親自選定的二千餘古經卷捆載而去。後來人們才發現，不懂中文的斯坦因帶走的文件中有很多價值平

---

[1] 此信原件落款日期不清，牛津大學檔案館給筆者的郵件中認為寫於12月3日。筆者認為此信寫於8日，因為此批檔案中，另一信寫於當月7日，Craig希望蘇慧廉列明赴哥大的理由，因此該信應寫於7日之後。

8.2 蘇慧廉手跡。
（牛津韓弗理公
爵圖書館提供）

平，而伯希和選中的幾乎均是絕品，其中就包括唐代新羅僧
人慧超所著的《往五天竺國傳》、景教的《三威蒙度贊》。

蘇慧廉時下正與人合作編撰《中英佛學辭典》[2]，合作
者Lewis Hodous，漢名何樂益[3]，是當時美國研究佛學的漢學
家，著有《中國的佛教和佛教徒》（*Buddhism and Buddhists in
China*）與《中國的風俗》（*Folkways in China*）等書。何樂益
曾入華研究，與中國佛學界人士有頗多的交往。

蘇慧廉信中提到的時任中國駐美公使的老友可能是指施肇
基。施肇基歐戰期間任駐英大使，其間與陸徵祥、顧維鈞、王
正廷等人組成中國代表團出席一九一九年巴黎和會。一九二一
年赴美，轉任駐美公使。蘇慧廉去哥大期間，施氏仍在任上。

一九二八年一月二十八日的《紐約時報》報導，蘇慧廉已
被選聘為哥倫比亞大學一九二八年春季的漢學訪問教授。[4]位於

---

[2] *A Dictionary of Chinese Buddhist Terms: with Sanskrit and English
Equivalents and a Sanskrit-Pali Index* (London: Kegan Paul, Trench,Trubner
& Co., LTD, 1937）.

[3] 亦譯為郝德士。

[4] "Persons Again Heads Columbia Trustees; University Announces
Gifts Totaling $27,425--One Is for Labrador Expedition," *The New York Times,*
January 28 , 1928, 3.

美國紐約市中心的哥倫比亞大學，作為常春藤盟校，至今仍是世界最具聲望的高等學府之一。胡適、顧維鈞、蔣廷黻、馬寅初、宋子文、朱友漁[5]、馮友蘭都是哥大的畢業生。

在美期間，蘇慧廉遇見了加拿大知名學府麥吉爾大學（McGill University）負責人，他推薦中國老友翁之憙出任該校漢文教習。翁之憙在當年四月四日的日記中寫道：「蘇慧廉君來函云，遇坎拿大MCGILL大學總教，因著予為漢文教習，成否不可知云云，其意可感。第如此國如此家，能否遠遷異國，尚未能決耳。因此又躊躇不禁矣。」[6]

藝文復校

蘇慧廉在美國哥大停留了一個學期，一九二八年秋天返回牛津。

一九二八年的秋天，也有一批外國人從英國回到溫州，準備藝文的復校。五卅運動後，特別是一九二七年「南京事件」後，排外聲浪高漲，聖道公會駐溫的英國人曾一度離開。

一九二八年秋天，在中國近代史上又是個轉折點。被外人稱為民國「黃金十年」（Golden Decade）就從這個秋天開始，它的標誌性日期是這年的「雙十節」。這天，完成了北伐與「清黨」的蔣介石在南京出任國民政府主席。

這是一個嶄新的中國。謝福芸將她第三本記述這其間中國故事的書，命名為《義勇中國》。她把蔣介石與宋美齡的合影放在封二（圖8.3），並將《論語‧顏淵篇》中子貢問政，孔子回答「自古皆有死，民無信不立」這段作為全書的引言。

謝福芸在該書中也記錄了一九二七年排外風潮中的溫州教會：

---

[5]　朱友漁（1886-1986），上海人。美國哥倫比亞1911年哲學博士。曾任上海聖約翰大學社會學教授、中華聖公會雲貴教區主教、中華聖公會中央辦事處總幹事。1950年12月赴香港，轉道美國。在1951年的基督教控訴運動中，是首先被控訴的四名基督教領袖之一。蘇慧廉經朱友漁介紹認識何樂益。

[6]　《翁之憙日記》，未刊，翁以鈞提供。

到了一九二七年民族主義大暴亂的時候，難民、士兵、共產黨員、持異議者輪流佔據城西教堂。他們就在一排一排的長凳上安頓下來，有的甚至在塗漆的柱子上打上釘子，掛上繩子晾衣服；更有甚者，在教堂的牆角生火，結果在牆上留下了永久的黑斑。

與人禍相比，摧枯拉朽的颱風也算不了什麼了。當民族主義暴亂鬧得最凶的時候，教會裡年紀最輕、頭腦最靈活的主任牧師就集會宣稱教會的所有財產都歸他們所有，並不隸屬於英國的某個慈善機構。他還將教堂裡的部分財產轉移到了另外一個地方。這樣做帶來的一個弊端就是教會被分流了。跟著他走的那部分教友多是些知識分子以及經濟條件較好的，而留在教會的大多是勞苦大眾。留下來的兩三百人保持忠心，堅持陪伴在那些發現了他們、教育了他們並且愛他們的人身邊，是這些人給他們建造了醫院，並教會他們的女人讀書識字。最後，外國人無法在溫州待下去了，這些窮苦人繼續留在教堂，耐心地等待著他們重新回來，他們堅信自己不會被拋棄。現在，和我走在一起的二十六歲的孫光德（圖8.4）就是其中一位，他離開溫州一年以後又重新回來。在堅守十二個月後，又有兩個年輕人，其中一個還帶著妻子加入進來。局面發生了很大變化。[7]

藝文學堂於一九二九年九月恢復招生，但次年便再遭停辦。在上海圖書館浩如煙海的文獻裡，我找到這份標為「教字第八五三號」的浙江省教育廳指令。時任教育廳廳長陳佈雷簽署指令：

呈悉。該校因基金無著，暫行停辦，應予照準。各級學生並准一律給予轉學證書及成績單，俾使轉學。

仰即遵照！此令。[8]

「基金無著」是外交用語，教會方面認為「如果委曲求全，將不符合傳教基金的用途」[9]。蔡博敏在一篇〈藝文學堂為

---

[7] Hosie, *Brave New China,*194.

[8] 《浙江省教育行政週刊》（第二十四期，1930）。

[9] " Our Wenchow College Closed,"*The Missionary Echo* (1930) :85.

什麼關閉〉的文章裡，則表述得更為直接：「如果不被允許傳播基督教，我們教會學校也就失去了真正的存在理由。給這個國家提供一種世俗教育並非我們的職責，而且當一個教會學校不再具有基督化影響力，它也是站不住腳的。」[10]

當時的背景是國民政府新頒佈《私立學校規程草案》，規定「私立學校如係外國人所設立，其校長或院長，須以中國人充任」；「私立學校如係宗教團體所設立，不得以宗教科目為必修課，亦不得在課內作宗教宣傳。」[11] 開端於一九二二年「非基運動」[12]的收回辦學主權至此得以制度性落實。

左 │ 8.3 《義勇中國》的封二即是
　　蔣宋合影。
右 │ 8.4 孫光德。（《夏鐸》）

---

[10] T. W. Chapman, "Why our Wenchow College was Closed," *The United Methodist Church: Report of the Missions(Home and Foreign) for the Year Ended April, 1930*, 53.

[11] 教育部〈私立學校規程草案〉，載《中華基督教教育季刊》（第五卷第一期），轉引自《普遍主義的挑戰》，第418頁。

[12] 非基督教運動是由中國知識界眾多派別於1922年至1927年發動一場文化戰線上的反帝國主義運動。這是繼義和團事件後，中國爆發了另一次蔓延全國、且規模更大的反教事件。一種觀點認為，根據近年俄羅斯解密的歷史檔案記載，此次運動是在俄共（布）與共產國際遠東局、青年國際的直接指導下，由中共發起並領導的政治鬥爭。俄共及共產國際將不斷發展的基督教及其事業以及在中國青年中日漸滋長的親美思想視為中國人走俄國革命道路的障礙，因此，發動非基督教運動旨在打擊西方在華宗教勢力，削弱西方影響，喚起中國青年的民族主義情緒，並且在青年中擴大共產黨的影響。他們通過反對基督教會實現反帝目標的策略在實踐中獲得一定成效，但也表現出左的傾向。詳見陶飛亞：〈共產國際代表與中國非基督教運動〉，載《近代史研究》（2003年第5期）。

高徒費正清

一九二九年，蘇慧廉年近古稀。

這年的一天，年邁的蘇慧廉接到校方的通知，要求他指導一名來自美國的青年學生。這位名叫約翰・金・費爾班克（John King Fairbank）的學生還只有二十出頭，是來牛津攻讀博士學位的。他畢業於美國哈佛，當年獲得牛津大學的羅德斯國際獎學金[13]。外交史及一次大戰原因的探討是當時西方學術界的熱點，這個青年想做十九世紀中英關係的課題。

蘇慧廉長於漢語及中國典籍，但對外交史沒有太深的研究。於是在指導費爾班克學習漢語、熟悉中國情況的同時，又介紹他認識了另一位「中國通」──馬士。

「蘇博士是個寬厚長者，他向我解釋，他剛巧在校對他的《漢語佛教術語詞典》，但樂意在午茶之際的任何時間接見我，並同意無論如何會與退職隱居在倫敦郊外的馬士寫信聯繫。」費爾班克這樣回憶。[14]

馬士一八七四年哈佛畢業後即考入中國海關，歷任各埠海關幫辦、副稅務司、稅務司。他在赫德手下做了三十五年海關業務，直至一九〇九年退休。馬士著有《中華帝國對外關係史》（*The International Relations of the Chinese Empire*）《東印度公司對華貿易紀事（1635-1834）》（*The Chronicles of the East India Company Trading to China,1635-1834*）等書，是系統研究中國外交關係的第一位西方學者。馬士對中國的熟悉和對他的引導，使費爾班克感覺「找到了一位精神上的父親，或者可以說是精神上的祖父」。

在蘇、馬兩位導師的影響及推薦下，也為了完成博士論文〈中國關稅的起源1850-1858〉，這個當時年僅二十五歲的美國

---

[13] 羅德斯獎學金（Rhodes Scholarship）是根據英籍政治家和金融家塞西爾・羅德斯（Cecil Rhodes）增進英語國家間團結的遺願而於1902年在牛津大學設置的教育資助金。

[14] 費正清：《費正清對華回憶錄》，陸惠勤、陳祖懷等譯（北京：知識出版社，1991），第21頁。

青年於一九三二年來到中國，並在中國外交史權威蔣廷黻的推薦下，到清華大學做講師。他在清華認識了著名建築學家梁思成，並與梁思成、林徽因夫婦成了好友。他們幫他取了個中國名字——費正清，這個名字後來與如下稱號連在一起：美國最負盛名的中國問題觀察家、美國中國近現代史研究領域泰斗、頭號中國通、哈佛東亞研究中心創始人。

費正清晚年撰寫回憶錄*China Bound: A Fifty-year Memoir*，其中有多處提到蘇慧廉：

我自學漢語始於蘇慧廉博士送給我一本布勒克著《漢語書面語漸進練習》，是一九二三年經瞿理思修訂的第三版。這是一本內容充實的自學手冊，使初學者通曉簡單的古典文學語句，附加逐詞（或逐字）的英文譯文。[15]

對一個最初是學習印歐語系的專家來說，學習漢字需要改變一下方法。好比從走路轉變為游泳。當然我馬上發現大多數漢字是簡單漢字的組合。一般左邊一半是同屬部首，象口、手、水、土等，而右邊一半提示這種組合可能發什麼音。蘇慧廉博士實際上編了一本有用的袖珍「語音」字典。人們用這種方法在漢字迷宮中熟習發音。而且甚至能夠在字典中找到漢字。[16]

到一九三一年春天，我更加相信自己將要成為一個專門研究中國問題的後起之秀。我說服蘇慧廉博士為我進行一次布勒克的古漢語句子書面測驗，並對我的真誠的努力出具一份書面證明。[17]

一九三六年，費正清返回牛津完成他的博士論文答辯。不過，他沒有再遇見蘇慧廉，蘇慧廉已於一九三五年去世。

---

[15] 《費正清對華回憶錄》，第23頁。
[16] 同上，第24頁。
[17] 同上，第29頁。

第二節　告別

路熙去世

一九三一年早春，正在華盛頓做中國問題演講的謝福芸收到父親從牛津發來的電報——路熙病了。

其實，路熙早就病了，只是他們瞞著謝福芸，以便她能安心在美國完成講學工作。病中的路熙還給女兒寫信，在信的結尾，她說「我想到華盛頓的演講，我要擁抱你」。這是路熙的絕筆，也是謝福芸讀到的母親最後的話語。

謝福芸明白，跨洋電報上的「病了」，對一個七十五歲的老人意味著什麼。她馬上結束了美國的工作，趕上了回英國的最後一班輪船。

但是在船上的音樂會中，我收到了無線電報，要求我看一首《啟示錄》裡的詩歌。我知道，母親離開了我們。我僅僅趕回去瞻仰她的遺容：甜美而溫柔的微笑，安詳如同可愛的百合。[18]

謝福芸在為母親的遺作《中國紀行》撰寫後記時，回憶起最後這段時光。

她在該書的序言中還這樣寫道：

在中國古老的商港，一位灰髮主婦為生活操勞。我看到她和生於山中的婦女，在華南的山谷中步行，採摘山茶花和玫瑰。後來在華北，她已經邁入了成熟穩重的中年期，在危險的羊腸小徑中，她快馬加鞭飛馳而去。冒險探索的心，對於她如同呼吸般不可或缺。

我見過她為貧窮的中國婦女製作複雜的刺繡花紋，或者流連品味中國小姑娘的第一次作文，或者一個身穿雜色上衣的小女孩跪在石板上，又是尊敬又是畏懼看著她。

第一次世界大戰期間，我父母每次帶著十個年輕的中國翻譯，見證倫敦的奇蹟。最近，我還看到一些感謝的詩歌說：

---

[18] 蘇路熙：《樂往中國》，第398頁。

「彩虹色的公共汽車在房子間飛梭，地下鐵裡螢火蟲飛翔。」

　　到倫敦居住後，她喜歡中國物品的顏色、線條和網格，背景是灰色的北京地毯，廟宇的掛毯畫有龍紋，有嵌格銅邊的山西櫃子、花紋的花木椅。這些東西，她經常自己擦拭。[19]

　　《中國紀行》一書在路熙去世的當年，便由謝福芸整理完成，並交英國著名的霍德·斯托頓（Hodder and Stoughton）出版公司出版。因這本書，讓我們得以看見一個以新娘子身分來到中國的英國女人，一生與中國緊密相聯的故事。

蘇慧廉也走了

　　一九三一年十一月，蘇慧廉從牛津給溫州教會郵寄了妻子的一本遺作。在畫著江心圖案的扉頁上，他與謝福芸一起簽名（圖8.6）。這可能是蘇慧廉最後一次與溫州的聯繫。[20]

　　這一年蘇慧廉正好七十歲，他老了，也病了。牛津韓弗理公爵圖書館藏檔中，有資料顯示一九三二年冬天他曾在聖托馬斯（St. Thomas）醫院住院五週。[21]

　　母親去世後，謝福芸便在牛津照料父親。她說蘇慧廉最後的三年，一直臥床，深受病痛折磨。[22]

　　一個叫華五的中國留學生，記錄了蘇慧廉臨終的一幕：

　　蘇熙老病了一兩年才死。在他生命的最後幾年中，他進醫院去開了幾次刀，到了最後一次雖則開了刀，病體卻沒有康復，在病榻上度了一兩年的光陰。一盞燈點到最後，油完了，自然會熄滅。在一九三四年春間，當著蘇熙老最後入醫院時，我買了一束白的玫瑰花走去看他，他坐在床上，精神好像還不錯。後來他由醫院搬回了家裡，我再去看他，面容大不如前，有若西去的斜

---

[19] 同上，序，第2-3頁。

[20] 此書現保存在愛樂德之子朗召手中。筆者2010年8月到訪諾里奇（Norwich）時曾目睹。參閱拙文〈英倫「尋寶」三記〉，載《悅讀Mook》第十九卷，2010。

[21] 蘇慧廉1932年11月21日致校方信。原件藏牛津大學Duke Humfrey圖書館，檔案號VB/3B。

[22] Hosie, *Brave New China*, 1.

陽，一見便知道他不能久留。最後一次我立在他的病榻前，他的
兩眼望著我，好像有無限的衷曲隱藏在裡面，終於用著顫動的聲
音對我說：「國家是不會亡的，一個人可以死去，一個民族絕不
會消滅。短時期的受外國壓迫，在長久的歷史中，不算什麼一回
事，你們不要太悲觀。努力，努力向前去。」我聽了這幾句話，
心裡受了極度的感動，想到平生對於蘇熙老有好感亦有惡感，但
此時我萬分欽佩他的意見，這是不朽的名言，他不僅對我一個
人說，他是對全中國的人說的。「鳥之將死，其鳴也哀；人之將
死，其言也善。」我默念著，在淒慘的意味中，離別了蘇熙老。

　　這篇題名〈英國的漢學家〉的文章，一九三七年發表在
《宇宙風》第四十三期。

　　幾個月後，蘇熙老逝世的消息傳到了耳邊，我馬上寫了
一封信給他的女兒表示我的哀悼。一個七十幾歲的人死去了，
正如黃葉落地，本是自然的結果，不應過分的悲傷。在《泰晤
士報》上，我看見蘇熙老的傳略，覺得其中有許多話推崇太過
分，恭維亦不得體，未知出自何人手筆，但就文章看去，頗似
他的女兒所作。在教堂裡，我看見蘇熙老的黑棺材被人抬進
來，又被人抬出去，頓時我感到人生的短促與事業的寶貴。平
心而論，蘇熙老有他的長處，也有他的短處，但他的立身處
世，實比許多從中國歸來的歐洲人來得高明。就學問方面說，
蘇熙老對於中國的文字與經史，確曾費一番苦工夫去研究，他
的思想我們盡可不贊成，但他的治學精神終是值得佩服。[23]

　　華五的真名叫郭子雄，是徐志摩的學生，曾留學英倫，讀
的是政治經濟，很可惜四十年代便英年早逝。[24]

　　華五說，英國《泰晤士報》上有蘇慧廉的傳略。我常去的
加拿大UBC大學圖書館雖有全套的《泰晤士報》，但我又該從
何處入手，尋找這篇傳略呢？

[23] 華五：〈英國的漢學家〉，載《宇宙風》（第四十三期，1937）。
[24] 劉危安：〈憶華五〉，載《論語》（第一百二十八期，1947）。

殘缺的訃聞

　　沒有想到，這本淘自美國一家名為Ronald Purmort 書店的
《儒釋道三教》初版本內，竟然有一則剪報（圖8.7）。被原書
主人貼在封二的剪報雖殘缺，但開頭兩句尚清晰可讀：

　　《紐約時報》電訊：倫敦，五月，十四日，牛津漢學教授
威廉‧愛德華‧蘇西爾今天去世，享年七十四歲。

　　「《紐約時報》」，「五月十四日」——我在UBC大學圖
書館縮微膠片庫中，找出該日期前後幾天的《紐約時報》。快
速流覽，並比對剪報殘頁的樣式，終於在一九三五年五月十五
日的《紐約時報》第二十一版找到蘇慧廉去世消息的全文。

　　蘇慧廉是英國人，美國的《紐約時報》刊登他的訃告，我
想英國的《泰晤士報》也必有他去世的消息。

　　把《泰晤士報》一九三五年五月十四日以後幾日的報紙找出，
果然，該報五月十五日的第一版就刊登了蘇慧廉的訃告（圖8.8）：

　　蘇慧廉，一九三五年五月十四日在牛津布拉德莫路四號去
世，享年七十四歲。蘇慧廉牧師是牛津大學漢學教授，葬禮將於
五月十七日（星期五）下午兩點半在牛津衛斯理紀念教堂舉行。[25]

　　《泰晤士報》隨後版面還刊登了頗為詳細的蘇慧廉生平資
料，這應該就是華五認為有點推崇過份的那篇文章。

　　我買到這本貼有剪報殘頁的蘇慧廉著作是二〇〇七年秋天，
也就是在這年的春天，我決定去尋找已去世七十多年的蘇慧廉。

第三節　蘇慧廉之後

陳寅恪接棒

　　蘇慧廉之死為後世留下許多空白。這些空白，首先反映在
牛津漢學教授位置上。誰將成為牛津繼理雅各、布勒克、蘇慧

---

[25] *The Times,* May 5 ,1935，1.

上左 ｜ 8.5　《中國紀行》書前的路熙
照片。

上右 ｜ 8.6　由蘇慧廉父女共同簽名的
《中國紀行》。（朗召提供）

下左 ｜ 8.7　殘缺的剪報。

下右 ｜ 8.8　刊有蘇慧廉訃聞的《泰晤
士報》。

廉之後的第四任漢學教授？

　　香港程美寶教授1998年就讀牛津時，曾閱讀了一九三五年至一九四七年間該校有關聘任漢學教授的檔案。據她調查，一九三五年五月，即蘇慧廉去世的當月，牛津大學便正式宣佈要另覓人選以填補漢學教授之空缺。不過，要為這所世界級的名校找個滿意的人選並不是件容易的事。他們找了三年，直至1938年才發現一個叫Ying Chiuh Chen的中國人。[26]

　　在牛津的檔案裡，Ying Chiuh Chen有時也寫作Tchen Yinkoh，它對應的中國名字是陳寅恪——中國近代最卓越的史學家之一。

　　據蔣天樞所撰的〈陳寅恪先生傳〉一文記載：

　　己卯（民國二十八年、一九三九）春，先生五十一歲，仍在西南聯大，授「魏晉南北朝史」、「隋唐史」，並為研究生開「白居易」。旋於是年春季，受英國牛津大學漢學教授之聘。並授予英國皇家學會研究員職稱。[27]

　　陳寅恪被牛津聘為漢學教授，在當時就廣為人知。但我們現在才知道，他赴牛津，是去接蘇慧廉的班。

　　聘任華人到牛津這樣一所在西方學術世界享有盛名的大學擔任教授，這則消息在當時積弱的中國，足以振奮國人。著名女史學家陳衡哲評之曰：「歐美任何漢學家，除伯希和、斯文赫定、沙畹等極少數外，鮮有能聽得懂寅恪先生之講者。不過寅公接受牛津特別講座之榮譽聘請，至少可以使今日歐美認識漢學有多麼個深度，亦大有益於世界學術界也。」[28]

　　一九三九年六月二十一日，吳宓宴餞即將遠行的陳寅恪於昆明市海棠春，並作〈己卯端陽餞別陳寅恪兄赴英講學〉詩：

　　國殤哀郢已千年，內美修能等棄捐。

　　澤畔行吟猶楚地，雲中飛禍盡胡天。

[26] 程美寶：〈陳寅恪與牛津大學〉，載《歷史研究》（2000年第三期）。參見拙文「陳寅恪受聘牛津緣起」，載《悅讀（Mook）》，第二十五卷，2012。

[27] 蔣天樞：〈陳寅恪先生傳〉，載《陳寅恪先生編年事輯（增訂本）》（上海：上海古籍出版社，1997），第226頁。

[28] 《陳寅恪先生編年事輯（增訂本）》，第118頁。

朱顏明燭依依淚，亂世衰身渺渺緣。

遼海傳經非左計，蟄居愁與俗周旋。[29]

四海兵戈迷病眼

喝完吳宓餞行的酒，陳寅恪帶著全家由昆明到達香港。當時已是一九三九年的夏天，當他們準備轉乘輪船赴英就任時，德國開始入侵波蘭，第二次世界大戰爆發了。

二戰打亂了全世界的計劃，陳寅恪只能先返回昆明。

第二年夏天，陳寅恪再次來到香港，準備再赴英倫。不過，這次又沒有成行。其女陳流求記錄：「父親原準備全家一同赴英，後因母親不能勞累，決定一人前往。在香港候船，值歐戰起，地中海不能通航，父親只能暫在香港大學任課，為客座教授。那時我們住在太子道，離九龍城不遠，乘公共汽車到輪渡，渡海後再轉電車到港大。單程需近兩小時，條件是很艱苦的。」[30]

陳門弟子蔣天樞則感歎，「是年舊曆十月二十日，太平洋事變作，日本人佔領香港，先生離香港大學閒居。如非日本挑起太平洋戰爭，先生赴英倫事或終能成行，雖已發現眼疾，倘得良醫治療，將不致失明。際遇之顛連如此！」[31] 不過，據程美寶的考證，陳寅恪第二次未能成行，其實還另有隱情。[32]

二戰的炮火，在一九四五年終於停熄，但命運好像對陳寅恪特別不公。據其年譜記載：

乙酉（一九四五），先生五十六歲。

正月，因生活困難，營養很差，左眼視網膜剝離加重，終致失明。雖經醫生施手術，未奏效。並因手術時把視網膜搞皺，致後來無法再弄平。[33]

---

[29] 同上，第118頁。

[30] 同上，第127頁。

[31] 《陳寅恪先生編年事輯（增訂本）》，第227頁。

[32] 詳見程美寶：〈陳寅恪與牛津大學〉。

[33] 《陳寅恪先生編年事輯（增訂本）》，第228頁。

陳氏有〈甲申除夕病榻作時目疾頗劇離香港又三年矣〉詩：

雨雪霏霏早閉門，荒園數畝似山村。

攜家未識家何置，歸國惟欣國尚存。

四海兵戈迷病眼，九年憂患蝕精魂。

扶床稚女聞歡笑，依約承平舊夢痕。[34]

雖然四海兵戈，但牛津還在等著陳寅恪的到來。

一九四五年八月十日，日本宣佈投降。「本年秋，英國牛津大學約先生赴倫敦療治目疾。希能痊復，仍留牛津講學。於是由成都搭機去昆明，再經印度乘水上飛機去倫敦。抵英倫後，由於第二次大戰方結束，國外生活亦不好，營養較差，雖經用電針貼合視網膜，由於網膜皺在一起，無法復原。」[35]

雙目失明的陳寅恪，這時不得不放棄牛津的職位。他的辭呈是通過當時在倫敦的聯合國教科文組織中國代表、武漢大學教授陳源轉達的。這封寫於一九四五年最後一天的信至今還保存在牛津大學的檔案中。從陳寅恪通過第三者轉達的話中，隱隱然可以感覺到先生為無情的命運捉弄而不能遂其志的無奈。

一九四六年一月二十一日，牛津大學正式公佈陳寅恪因健康不佳辭職。第四任漢學教授，在陳身上「空轉」了八年。

一九四六年春天，雙目失明的陳寅恪乘輪船歸國。我在其詩集中找到了這首〈丙戌春遊英歸國舟中作〉詩：

百尺樓船海氣寒，憑欄人病怯衣單。

遠遊空負求醫意，歸死人嗟行路難。

蠶死光陰春黯澹，龍吟風雨夜迷漫，

人生終古長無謂，乾盡瀛波淚未乾。[36]

---

[34] 胡文輝：《陳寅恪詩箋釋》（廣州：廣東人民出版社，2008），上卷，第209頁。

[35] 同上，第228頁。

[36] 胡文輝：《陳寅恪詩箋釋》，上卷，第290頁。

繼任者

　　陳寅恪一九四六年正式辭職後，牛津大學另聘德效騫[37]為第五任漢學講座教授。德效騫也是傳教士出身，早年在中國傳教，譯有《前漢書‧本紀》英文本三卷。他和前任們一樣，在其任內，注重中國語言、文學和哲學，積極推動中國古代文獻的譯介。

　　繼德和美之後，霍克斯[38]、龍彼德[39]、杜德橋[40]相繼擔任牛津大學漢學教授。霍克斯在一九六一年五月二十五日就職演說中，提到他的前輩蘇慧廉。[41] 杜德橋也曾與我談及蘇氏：「對學術界而言，他最大的功績，是與人合作編撰《中英佛學辭典》。它是我案頭的參考書，也是很多人的參考書。」[42]

《中英佛學辭典》

　　「本辭典行將付梓之際，蘇慈爾教授竟然不幸長辭人世，所幸編輯工作終告完成。」《中英佛學辭典》的合作者何樂益

---

[37] 德效騫（Homer Hasenpflug Dubs，1892-1969），又名德和美，美國人。年幼時隨父母赴中國傳教，童年在湖南度過。1918年作為聖公會傳教士再次來到中國。從事古代中國史的研究和翻譯，譯有《前漢書》《荀子的著作》等。1947年至1959任牛津大學漢學教授。

[38] 霍克斯（David Hawkes，1923-2009），英國人。早年曾赴北大求學。精研楚辭、杜詩，所譯《楚辭：南方之歌》《杜詩初階》為世所重。還曾翻譯《紅樓夢》（前八十回）。1960-1971年擔任牛津大學漢學講座教授，其間主編牛津東亞文學叢書。

[39] 龍彼德（Plet van der Loon，1920-2002），荷蘭人。精研中國戲曲和道教，搜有大量罕見的版本和孤本。曾被歐洲科學基金會任命為道藏研究計劃指導委員會主席，1948年出版《宋代叢書中的道教書籍：評論和索引》。對中國古代戲曲史，特別是南戲，有深厚的造詣，尤對明清以來閩南和台灣劇本、散曲涉獵廣博。1948-1972年任劍橋大學中文講座教授，1972-1988年擔任牛津大學第七任漢學講座教授。1982年榮任歐洲漢學協會會長。

[40] 杜德橋（Glen Dudbridge），英國皇家科學院院士、牛津大學大學學院研究員，1989年起任牛津大學漢學講座教授。主攻中國古典文學、宗教和神話，同時對傳統中國社會史也有濃厚的興趣。著有《西遊記：十六世紀中國文學發展的研究》《李娃傳》《唐代的宗教經歷和凡俗社會》等。

[41] 〈古典、現代和人文的漢學——漢學教授大衛‧霍克斯就職演說〉，載《牛津大學》，第159-160頁。

[42] 杜德橋，致筆者郵件，2008年1月29日。

教授，在該辭典序言的開篇就這麼寫道。「蘇教授臨終前之長期臥病中，本辭典正文及索引仍在渠督導下，由荷茜女士作最後校訂。」[43]

這是蘇慧廉學術生涯的壓軸之作，也是扛鼎之作。

編纂這部辭典，蘇慧廉前後花了十年時間。一九二八年訪學哥大，很重要的工作就是與時在美國的何樂益見面，「迨至渠在紐約哥倫比亞大學任客座教授一學期及余短期訪問牛津大學期間，彼此始有機會面商有關未決之問題。」[44]

編纂一部中英文的佛學辭典，對於一個外國人，並且是信仰基督教的外國人而言，其難度是可想而知的。蘇慧廉自己也說，在編撰時遇到兩個主要的困難，「首為其無數之通常漢文語詞之為專門命意及為特別用法，其次則為多數之音譯字彙」。[45]

蘇慧廉進一步解釋，「關於第一點困難，凡致力於參究漢文佛典而軼離於梵文背景之了悟者，大多鑄成虛謬之瞭解，實緣佛教經典根本為移譯品或為比擬之移譯品也。職此，多數固有之漢文語詞，近乎用以包容異國傳來之各意義，蓋各個不同之漢文譯者，俱能精通各該梵文之原意也。各譯者又各自創造不同之術語，甚至同一語詞經最後確定採用，而其涵意則迥異於中國人正常使用之術語或語詞。」「另一同等嚴重之困難為梵文之英譯，多數翻譯者所為不同之譯字，予人莫大之困難。」[46]

但蘇慧廉憑著扎實的漢語及佛學功底，以敏銳的理解力與出色的翻譯能力，終於將深奧的佛學術語翻譯成簡潔的英文。

《中英佛學辭典》在蘇慧廉去世兩年後正式出版。與艾德[47]一八七〇年出版的《中國佛教學習手冊》（*Handbook for*

---

[43] 郝得士：〈郝得士教授序〉，載《中英佛學辭典》（台北：佛光出版社，1988），第12頁。

[44] 同上，第12頁。

[45] 蘇慧廉：〈蘇慈廝教授自序〉，載《中英佛學辭典》，第7頁。

[46] 同上，第7頁。

[47] 艾德（Ernest John Eitel，1838-1908），德國人。1862年赴華，1865年進倫敦會，曾任香港總督軒尼詩爵士的私人秘書。著有《客家人的歷史》《風水——中國自然科學的萌芽》《中國佛教學習手冊》等，

the Student of Chinese Buddhism）一起，被學界稱作絕無僅有的兩本英漢佛教術語辭典。當然蘇慧廉這本，不僅內容更為豐富，而且解釋更為準確。[48]

幾年前我與史學家王伊同教授提起蘇慧廉，他第一反應就說蘇慧廉是《中英佛學辭典》的作者。在西方漢學界，蘇慧廉的名字與這本辭典緊緊聯繫在一起。

二〇〇九年春天，我在台灣大學圖書館還看到該辭典的新版影印本，出版人便是著名的的星雲大師。星雲大師早在一九六二年便將該書引進台灣。[49] 僅在台灣，《中英佛學辭典》就有多家出版社以不同的書名出版（圖8.9）。[50]

重逢

一九三六年七月，相繼失去了丈夫、母親、父親的謝福芸，決定再去中國看看。此前，她從牛津給溫州白累德醫院的護士長薛美德[51]寫了封信，希望代為聯繫一個屆時可投宿的地

| 8.9　台灣大學圖書館裡各個版本的《中英佛學辭典》。（2009年4月21日攝於台北）

還編有《廣州方言漢英辭典》。

[48] 李新德：〈蘇慧廉與中國宗教文化的西傳〉，載《池州學院學報》（2011年第2期），第55頁。

[49] 星雲主持出版的版本，名為《中英佛學辭典》，聖剛法師、李武忠教授、曾萊定教授做了增補，附中梵巴文檢字索引。筆者見過1962年初版本、1971年第二版及1988年第五版。

[50] 筆者見過的版本有《漢英佛學大辭典》（中國佛教月刊社1957年初版，台灣成文出版社1976年又出此版的影印本）、《最新漢英佛學大辭典》（台灣新文豐出版社1982年版，十六開本）。

[51] 薛美德（B.Petrie Smith），英國人。1923年來溫任白累德醫院護士，後任護士長。1928年創辦白累德護士職業學校，任校長。

方。「收到來信之後，薛美德就在醫院裡大聲說出了我要去中國的消息，其他的中國護士又將這消息告訴了她們的親戚和朋友。中國是一個沒有秘密的國家，從南到北都一樣。」謝福芸說。[52]

蘇慧廉的女兒要來的消息也傳到上海一個溫州保姆的耳中。保姆叫金崇美，蘇慧廉早年僕人金先生的二女兒。 甲申教案時，金先生為蘇慧廉擋住了一塊飛來的石頭，蘇慧廉一直記得這段恩情。金先生夫婦去世後，蘇慧廉與路熙就收養了他們的三個女兒。「我母親把我和弟弟留在英國，結束她的第一個假期返回中國後，就為中國的女孩子們建立起了一座寄宿學校，她們仨姐妹是第一批學生。事實上，正是因為她們，母親才建起了那座寄宿學校。母親用溫暖的雙臂擁抱著她們。當我還是小孩子的時候，母親叫我『達玲』，於是『達玲』成為了金家大女兒的名字。三個女兒在我們小小的生活空間裡一起長大成人。對她們而言，我的父母和教堂就是她們的父母和家。我猜想，因為她們屬於所有人，所以才會感到滿溢的愛。隨著時間的增長，當我們離開溫州以後，前面的兩個女兒相繼嫁人，夫家都是老實本分但沒有受過多少教育的農民，金家原本來自山村。她們都生養了幾個小孩，並為此而辛勤勞作。」[53]

當謝福芸回憶起當年與金家三姐妹一起成長的諸多往事時，她已來到上海，並邂逅了另一位碰巧認識金崇美主人的英國傳教士。「一整年來，每次我遇見她，她都問我你在不在中國，因為她知道你要來中國了。碰巧昨天我見到了她的女主人，我告訴她你已經到了。」

接下去的那個週一，我爬上了位於上海最繁華街道中心位置的一家教堂的樓梯，上面的主日學校就是我們相約見面的地方。當門打開時，我幾乎要從樓梯上摔了下去——有十四個人出現了，除了崇美的雇主，其他都是南方那個港口的人。他們一年前就知道蘇慧廉的女兒要到中國了。他們輕輕拍著手歡迎

---

[52] Hosie, *The Pool of Ch'ien Lung,* 137-138.
[53] 同上，131。

我。他們排練過，為的是向我展示他們對西方歡迎儀式的瞭解。儘管我已經有了白頭髮，但她們還是認出我，因為我現在的臉很像我母親。他們叫著，簇擁著我，還說要讓我玩個小遊戲。

「經過了這麼多年，你老了，我們也有很多變化。我們知道你特別想見你的姐妹崇美，我們把她藏在我們中間了，你能找到她嗎？」

接著人群就推來推去，最後排成一排，大家都微笑著。我的姐妹崇美！是的，我猜想她一定在想著我的父母曾為她做過的事情，以及在此之前，她的父母曾經為我自己做過什麼。有三十年了，我都快把她給忘了。我看著每一張臉，先把其中的四個男人剔除出去，但到底哪一個是崇美？我的良心受到自責。……

當他們看到我實在不能從人群中找到她時，就把崇美推到了我的面前。這是一個瘦小乾巴、神情疲憊的老女人。她的嘴角有著因長期忍受痛苦而留下的皺紋，她的牙齒也破碎了，好在還很乾淨。她羞怯地盯著我，小聲地問：「你是達玲小姐嗎？」達玲是我小時候的稱呼。[54]

當天中午，金崇美在她好心主人的陪同下來到謝福芸的住處。在有陽光的客廳裡，謝福芸聽只會說溫州話的崇美流著淚細說別後三十年來的苦難歷程。

金崇美的丈夫遭遇過土匪的綁架，雖然回來了，但因精神受到了很大的創傷，回家後沒幾天就死了。當時，他們的獨子已經十九歲。為了延續家族香火，在辦完丈夫的葬禮後，她就給兒子辦了婚禮。她原本就一貧如洗，一場葬禮加一場婚禮，讓她欠下了一百元的債務及每月四元的利息。為了還債，她來到上海，期望在這裡能多賺幾個錢。

一九三二年，日本人的腳步已邁進上海。金崇美到上海後就發現，很多人與她一樣窮困潦倒。她即便幸運地找到了工作，雇主還是很好的人，但每月所得也僅是四塊錢，只夠付利息。還本，成了她一輩子似乎都無法解決的問題。

「我非常害怕耶穌會出現在天上的雲間，看著我，最後發

---

[54] Hosie, *The Pool of Ch'ien Lung*, 139-140.

現我負債纍纍。」金崇美這時已是淚流滿面。

謝福芸在聽她述說的時候，就想自己能幫她點什麼。

我覺得如果僅是讓崇美接受了這些錢，她會一直覺得不安的。這樣的施捨，像她這樣一個獨立的勞動婦女，心裡不會覺得高興。因此我就在腦海裡琢磨起來，想要設計一些方法，讓她覺得是她賺到了這些錢。突然之間，我的母親，也就是崇美的教母，彷彿從燦爛星空給了我啟示。

……

「崇美，」於是我說，「如果你償還了債務，能夠自由地回到你的家人和孩子身邊，你是否會對天父充滿感激，並且願意向你身邊的人講述祂的憐憫，哪怕是在深山裡的小村莊？」

「哦，我會的，我會的，」她流著淚說，不過這時的眼淚是歡樂的眼淚。「哦，沒有比這更高興的事了。在城市裡，我太無知了，沒有辦法去說、去教，這裡需要的是年輕的聰明人，但是農村的女人們認為我是很聰明的，因為我讀過書，識字。哦，我多麼高興呀！我的雙腳將永遠不會疲憊，哪怕到我老去的時候。」

……

因此我想出個辦法，我先付一百元為她支付第一筆債務，然後給她回家的費用，三年內每個月再給她六塊錢作為工資，這樣她就成為我母親的代表，盡她所能在山村裡傳播上帝的仁慈，傳播我母親曾教給她們的那些關於神的家的純真教條。而憑藉每個月的六塊錢，她可以慢慢地把利息還掉。[55]

「上帝沒有忘記我！」金崇美再次來看望謝福芸時，突然屈下了膝蓋。謝福芸急忙扶住她，她的頭貼在謝福芸的胸口，說出了這句話。

金崇美就這樣回家了。

我後來在英國國家檔案館閱讀謝福芸申請一項政府補貼時提交的個人材料時才知道，謝福芸並不富有。一九三六年她決定資助金崇美時，甚至還沒想好，這筆不小的數目該從哪裡支出。

---

[55] 同上，142-143。

| 8.10 謝福芸。
（倫敦大學提供）

　　「是真的。當我正要安排這些事情的時候，發生了一件很不尋常的事情。我突然收到一張支票，數額剛好和我所需要的差不多，並且還略多一點。我父親曾經在中國出版過一本書，也是他的第一本書，這是他的稿費。父親去世後，公司一直在像崇美一樣苦苦等待我的到來，以便將稿費交給我。」[56]

　　「也可以說是你父親自己向曾經給過他幫助的人還清了債，」聽謝福芸講這個奇異故事的人，這時幾乎是喊了出來。

　　「是的，」謝福芸笑著點了點頭。這時她會想起已在天堂的父親母親，想起他們在她小時候就要她背誦的一段《聖經》經文：

　　我知道你的行為，你略有一點力量，也曾遵守我的道，沒有棄絕我的名。看哪，我在你面前給你一個敞開的門，是無人能關的。[57]

---

[56] Hosie, *The Pool of Ch'ien Lung*, 147.
[57] 《聖經・啟示錄》3：8。

後來

> 我們向前生活，但我們向後理解。
>
> ——索倫·克爾凱郭爾

1948年

一九四八年夏，已獲美國普渡大學（Purdue University）碩士學位並事業初成的翁萬戈攜妻將女回到闊別十年的祖國。翁萬戈就是謝福芸筆下「Li Chen」翁之憙的第三個兒子，當時翁之憙已過知天命之年。

在表姐夫王錫恒招待的家宴上，翁萬戈從一位軍人的口中得知前線的消息。此人是王錫恒父親王懷慶的舊部，剛從東北敗退回來。酒酣耳熱之際，他告訴翁萬戈，國民黨大勢已去。

當時翁萬戈三十歲。第二天他就回到天津，將屬於他名下的祖傳名畫、古籍及雜物整理裝箱，運往美國。徐蚌會戰炮火紛飛時，這批包括《翁同龢日記》手稿在內的「中國文化寶藏」悄悄運抵紐約。二〇〇九年夏，翁萬戈與我聊天說及這段六十年前的往事時，還對當年的當機立斷倍感驕傲。

一九四八年十一月，翁萬戈坐上了西北航空公司最後一班飛往美國的航班。他至今清晰記得抵達紐約的時間是十一月二十九日。他當時沒想到，下一次回來看望父母會是三十一年之後。

一九七二年，翁萬戈的生父、「Li Chen」翁之憙去世。翁之憙一九二五年經歷徐樹錚之死後便絕意仕途，他後來一直在開灤礦務局工作，直至一九四九年中華人民共和國成立。一九五〇年，翁之憙將家藏古籍捐獻給北京圖書館。「幸此一舉，使翁氏幾代人辛苦珍藏的古籍得免『文化大革命』的浩劫」。[1] 古籍是倖免於難了，但他自己終未能逃脫厄運。在「文革」中被打成「封建餘孽」，遭到抄家、批鬥，不久病逝。

一九七九年，已是世界著名收藏家的翁萬戈回天津祭掃雙親陵園。

---

[1] 謝俊美：《常熟翁氏》，第404頁。

鄉愁是一方矮矮的墳墓，

我在外頭，

母親在裡頭。

1951年

一九五一年，由丁則良撰寫的《李提摩太——一個典型的為帝國主義服務的傳教士》，作為「抗美援朝知識叢刊」在全國盛大發行時，解放軍第四十軍新華支社記者渠川正以飽滿的革命熱情奔走在鴨綠江畔。渠川是謝福芸筆下「Flower」翁之菊的兒子，當時還僅二十出頭。渠川一九四九年燕京大學肄業後，便參加了革命。因為從小到大讀的都是教會大學，英文好，所以在前線還兼任「打響抗美援朝第一槍」的第四十軍軍長溫玉成的翻譯。「我這樣的身骨也在戰場上待了五年。」已八十有餘的渠川對我說到這段往事時，哈哈大笑。

這一年，同時在朝鮮揮灑青春與熱血的還有溫州第一代西醫李筱波的外孫孫牧青。孫牧青一九三〇年出生於上海，只比渠川小一歲。孫牧青年輕時也愛好寫作，一九四九年主動報名參加上海文藝處招收文藝工作學員的考試。他收到錄取通知書時才知道，這是為部隊招生。一九四九年八月，孫牧青被分配到解放軍第廿六軍文工團。翌年十月，參加中國人民志願軍，跨過鴨綠江。

李筱波的女兒李蕙風在上海藝專讀書時邂逅了孫牧青的父親孫道濟，孫道濟的俊朗、激情及以天下為己任的胸懷，深深吸引了這個美貌的富家閨秀。一九二九年，李蕙風不顧家人反對，毅然與孫道濟結婚。

孫道濟一九二四年加入中國共產黨，是中共「溫獨支」最早的黨員之一。一九二五年，溫州各屆召開追悼孫中山大會，孫道濟撰一長聯：

黨喪導師，國傷保姆，溯平生四十載，歷劫茹辛，頻經九死，亡命同張儉，受謗等盧梭，滿清慘酷未能戕，袁曹勢焰未

能撓，隨仆隨起，再接再厲，獨挽狂瀾於已倒；

勳名日月，事業山河，讀遺書數萬言，深思妙解，卓絕一時，好辯若孟軻，兼愛若墨翟，湯武征伐不為己，夏禹勤勞不為功，至剛至大，乃聖乃神，千秋定論更無倫。[2]

為理想甘灑熱血的孫道濟一九四一年「去了上海就沒有回來」，死因至今不明。「我母親寧可接受父親因肺病復發病故的說法。」已是滿頭白髮的孫牧青這樣告訴我。

「小時候，我的外婆曾對我說：『你的爸爸是共產黨，是土匪，把你媽害得好苦。』不過，幼時的我覺得父親不像人們所說的土匪。」「我母親自從嫁給我父親以後，就過著驚恐、擔憂、貧困的生活。父親不幸早逝，她獨力支撐著家庭，帶著我們三個兒女顛沛流離在逃亡的路上。我母親賢淑文弱，又不善處事，其痛苦自不堪言。」「我的外公、外婆雖不承認我父親這個女婿，但我的母親是他們最疼愛的女兒。在我們生活最窘迫的日子，幸虧有外婆家的接濟和隨著他們逃難流亡。」「我是她的兒子，是她唯一的希望，從小她教育我不要介入政治，要像外公那樣做一名濟世的醫生。但我沒能順遂她的心願。我在政治上屢遭厄運，使她失去希望。晚年她逢人便說：『我兒子是好人，我是他的母親，我最瞭解他。』『文革』期間她為我再遭厄運而憂憤成疾含恨而逝！享年六十四歲，我沒能為她養老送終報答慈母的恩情，我將悔恨負疚終生。」[3]

孫牧青的坎坷人生是從朝鮮歸來開始，先是被打成「託派」，後又戴上「右派」的帽子，直至一九八五年才得以平反。

「你外公從白累德醫院出來，自立門戶，又是溫州中華基督教自立會的負責人，也挺革命的。為什麼如此不容忍你父親這個革命者？」二○○九年夏，在他家中，我有點貿然地問他。

「你爸爸是共產黨，所以坐國民黨的牢。後來是共產黨了，你們家還是有人坐牢。我老師當年就說，你們家一定是祖墳風水不好。」師母在一邊打趣地說。

---

[2] 《中共溫州獨立支部與國民革命運動》，第187頁。
[3] 孫牧青：《我和我家》，未刊。

孫牧青老人坐在我對面，有燈光照在他的白髮上，沒有笑。

1972年

一九七二年的一天，人到中年的尤振民正在上海郊區奉賢的一所幹校努力勞動。突然，有人來通知他——「你父親快不行了。」

他的父親就是尤樹勳，一九二五年五月三十日下午，在上海南京路被街頭一幕感動，然後回溫州高舉民族大旗，創立溫州中華基督教自立會的那個年輕人。

尤振民要趕去的地方是位於上海虹口的提籃橋監獄。「三年自然災害期間，他因在勉勵會工作，與各地教友有聯繫，知道有人餓死，於是向『三自』教會及政府反映，沒想到就此被打成了右派，後還以現行反革命的罪被判入獄十年。」年逾八旬的尤振民向我解釋其父被捕的原因。[4]

「我趕到提籃橋時，人已去世一天了。我看他樣子，面容還安靜。因為是反革命，只准用最便宜的骨灰盒。」

「這是你們父子的最後一面吧。他生前的最後一面，你還有印象嗎？」

「生前最後一面是三四個月前的探監。」

「你們見面時，有說什麼？」

「當時管得嚴，什麼也不能說。能說的，也就是好好改造。」

一九七二年的谷寅侯（圖4），這位曾與尤樹勳一起激烈反對帝國主義侵略的藝文教師，也在憂憤與困頓中即將走向生命的終點。因「造反派」奪權，先生「從住了四十來年的房裡被趕至樓梯下的一間斗室。一九七五年因病臥床，……同年十二月與世長辭」。[5]

---

4 1927年國民黨清黨，尤樹勳逃離溫州，來到上海。後在上海天安堂任牧師十餘載，抗戰勝利後在中華基督教勉勵會任總幹事，直至1958年。由尤樹勳作詞的《新歲初臨歌》，曾收入《普天頌讚》（上海：廣學會，1936，第401首），現收入《讚美詩（新編）》（第181首），至今仍在教徒中傳唱。
5 劉安民：〈溫州著名的教育家谷寅侯先生〉，載《溫州文史資料》第三

先谷寅侯一年辭世的還有藝文女校早年的畢業生、中共溫州獨立支部首任書記胡識因。因托派、脫黨、叛徒等罪名，八十一歲的胡識因於一九七四年三月在困惑與落魄中死去。胡早年喪夫，沒有生育，去世時身邊沒有親人，是幾個教徒為她料理了後事。[6]

　　我再問尤振民老人：

　　「你父親在牢裡，是否還信仰基督教？」

　　「這我不知道。不過，他剛被打成右派時，在家還是唱讚美詩的。他還對我說，人要純潔如鴿，靈巧如蛇。」

　　「您對父親的印象是什麼？他是個怎樣的人？」

　　「他的性格是很強的，認定對的事很堅定的。人很正直，也很嚴格，是個既慈愛又嚴厲的人。」

　　二〇〇九年十一月五日，我與尤振民老人在上海南京路的一間咖啡廳裡聊天。這家叫K5的咖啡廳位於上海美術館頂樓。這裡是浦西的制高點，端坐位置上便可環視周邊林立的高樓。滿眼都是國外大品牌的霓虹廣告，經歷幾番沉浮，上海又一次成為遠東最繁華的都市。

　　「你知道我們現在坐的地方以前是什麼嗎？舊社會的跑馬俱樂部。」自一九三一年隨父避難上海，已在這座城市生活了七十餘年的尤振民，向我介紹他所知道的歷史。

1991年

　　一九九一年，在安徽馬鞍山市一所中學當物理老師的姜平下決心攻克英語，要不沒法與外國傳教士交流。「我那時也服事於家庭教會，一個偶然的機會接觸到外國來的傳教士。其實安徽師範裡的外教，基本都是傳教士。安徽師範是我的母校。」二〇一〇年一月的一個下午，姜平牧師來我家做客，我問起他的信仰歷程。

輯，第101頁。

[6] 據筆者2012年3月14日採訪溫州黨史研究者陳鈞賢。

上 ｜ 1 1948年翁萬戈（左一）回
國探親。後排右二為翁之憙。
前排左邊的小男孩是翁以鈞，
中間的小女孩是翁以思。（翁
萬戈提供）

下左 ｜ 2 孫牧青唯一一張有父親的
照片。這張斑駁的舊照因夾在
相框後的襯紙裡而逃過歷次運
動的劫難。

下右 ｜ 3 徐定鼇的女兒徐玉潔。
（姜平提供）

現為加拿大烈治文（Richmond）浸信會福音堂（Richmond Gospel Baptist Church）牧師的姜平是中國第一位華人稅務司夏廷耀的外孫，也是溫州第一代華人牧師夏正邦的曾外孫。

「我的英語進步很快，這是上帝的帶領。一九九四年，一個傳教士推薦我去加拿大讀神學。我在路德會的一家神學院獲得碩士學位，後又讀了Regent。」Regent就是維真神學院，位於溫哥華UBC校園內，是一所國際性的基督教福音派神學教育研究機構。

姜平一九九八年維真畢業後就全職從事傳道工作。那時開始不斷有大陸人移民溫哥華，於是，他就利用自己來自大陸說國語的優勢，開始向新移民傳福音。二〇〇一年，姜平被按立為牧師，走上了與曾外祖父一樣的道路。

「你的信仰是不是也開始於夏正邦？」我這樣問姜牧師。

「有一點關係，不是完全關係，但又有關係。給我影響的是外婆，她是個非常虔誠的基督徒。我的印象裡，就是她每天拿個放大鏡，讀一本很大開本的《聖經》。」

姜平的外婆叫徐玉潔（圖3），徐定鼇的女兒。嫁給夏正邦的兒子夏廷耀後，生育了六個孩子。「我母親是老五，我們夏家至今全部都是基督徒。」

「你以前聽說過你曾外祖父的傳道故事嗎？」

「聽我外婆、母親都說過，說他堅持要去玉環島，他認為人說的與做的要一樣。不過，在你給我這些材料前，我對他的瞭解比較支離破碎。我後來想起，小時候聽大舅說有外國人給他寫過書，他在美國留學時，還去翻過。現在看來，這個外國人就是蘇慧廉。」

我認識姜平牧師也是偶然。二〇〇三年我們一家來到了溫哥華，在這片全然陌生的土地上，隨機選擇了烈治文的一間家庭旅館。房東是香港人，週日去教堂，我太太也隨去。房東進了粵語堂，我太太走進一間講國語的房間。她就這樣遇見了姜牧師。那時我們不知道他與溫州的關係，連他自己都不知道，他的曾外祖父叫夏正邦，他的太公叫徐定鼇。

2009年

　　二〇〇九年七月四日下午四點三刻，朗召帶著夫人、兒子、兒媳及兩個金髮碧眼的小孫女，搭乘MU5028航班由香港飛抵溫州。他們從新西蘭出發，這次快要繞地球一周了。朗召是英國循道公會溫州最後一任教區長愛樂德的長子。朗召告訴我，他父親一九五〇年九月六日離開溫州，是最後一批離開溫州的外國人之一。

　　二〇〇九年的夏天，一種俗稱「豬流感」的「甲型H1N1」病毒讓中國的入境口岸處於如臨大敵的狀態。下飛機前的例行檢查，朗召的兩個小孫女被測出體溫不正常。一小時後，她倆即被確診為H1N1病毒攜帶者，這是溫州第一次自行確診甲流患者。結果是朗召全家被強制隔離七天。

　　朗召也快八十歲了。他希望在有生之年，帶兒孫來看看他與他父親常常夢回的「第二故鄉」。朗召的童年就是在溫州度過的，他在溫州生活了十年，至今還記得溫州知名小吃及主要街巷的名稱。

　　這趟中國行，他做了周密的安排。我在半年前就收到他的郵件，郵件裡他興奮地告訴我，哪天會抵達香港，在溫州將住

｜ 4　晚年谷寅侯。（溫州四中提供）

哪家酒店。他們在溫州的行程是七月四日至九日，頭尾六天，現在正好覆蓋了隔離期。生活就這樣充滿了意外。

在接下去的一週裡，他們一家六口被「住」進溫州郊區一家經濟型酒店。溫州媒體對這一「國際事件」也表示關注（圖5）。七月六日，我將各報對他們的報導匯總，郵件給困居在酒店的朗召。

「他們怎麼不說，我們為什麼遠道而來溫州？」朗召在郵件裡不解地問我。

2011年

二〇一一年最後一天的下午，我在溫哥華給何大偉寫信：

David：

久未聯繫，近來可好。我還在寫蘇慧廉傳，不過終於寫到尾聲了。

今有一事希望得到你一如既往的幫助：二〇一一年是蘇慧廉誕辰一百五十周年，溫州《甌風》編輯部特別製作了紀念筆記本，以資懷念這位對我家鄉很重要但又差點被遺忘的人物。一百五十年，一百五十本限量編號本，其中的No. 1還想託你送到蘇慧廉的墓前。我一直記得二〇〇九年春天與你一起在牛津尋找他墓地的那個陽光明媚的中午。……

| 5　《晚年谷寅侯》2009年
7月5日的報導。

我的郵件發出的下午，這本貼有江心圖案藏書票、編號為No.1的筆記本已在溫州龜湖路一家郵局裡整裝待發。這是本紅色布面、相當別緻的筆記本。扉頁有一段毛筆小楷恭錄的金句，出自《聖經》最後一篇《啟示錄》：

　　不再有黑夜。他們也不用燈光、日光，因為主神要光照他們，他們要作王，直到永永遠遠。[7]

| 6　2012年1月23日，何大偉與他的牛津同事將這本紅色的筆記本敬獻在蘇慧廉的墓前。這一天是蘇慧廉的生日，也是中國農曆的新年。（Laura Newby 攝）

---

[7]　此句出自《啟示錄》22：5，由溫州基督徒女書法家樓曉勉恭錄於扉頁。

附錄

蘇慧廉年譜簡編

1861年（清咸豐十一年　辛酉）

　　1月23日，蘇慧廉出生於英國英格蘭約克郡哈利法克斯城。父威廉・蘇西爾，母瑪格麗特。

1867年（清同治六年　丁卯）六歲

　　11月，內地會傳教士曹雅直抵達溫州，此為溫州基督新教開教之年。

1875年（清光緒元年　乙亥）十四歲

　　4月，英國偕我公會闞斐迪等赴浙江南部視察，並於4月16日抵達溫州。

1876年（清光緒二年　丙子）十五歲

　　9月13日，中英《煙台條約》簽訂，溫州被闢為通商口岸。

1877年（清光緒三年　丁丑）十六歲

　　4月1日，溫州海關建立。

　　8月8日，戴德生來溫視察，停留約一周。

　　英國偕我公會通過闞斐迪的建議，決定在溫州設立傳教點。

　　10月底李慶華抵達寧波，12月11日前往溫州。

1878年（清光緒四年　戊寅）十七歲

　　李華慶在溫州嘉會里巷建立傳教站並開始工作。

1879年（清光緒五年　己卯）十八歲

　　李華慶在嘉會里巷寓所內創辦學塾，此為藝文學堂的雛形。

1881年（清光緒七年　辛巳）二十歲

　　6月8日，李華慶在寧波去世，享年二十六歲。

1882年（清光緒八年　壬午）二十一歲

　　9月9日，哈利法克斯布倫瑞克偕我公會教會為蘇慧廉前往中國舉行歡送會。

　　9月13日，蘇氏搭乘「尼扎姆」號離開英國，17日到達直布羅陀，28日抵達蘇伊士。10月在可倫坡換「倫巴第」號船，後經馬來西亞、新加坡、香港等地，11月2日終抵上海，全程五十天。抵滬稍事採購，當天即轉赴寧波，3日清晨抵達。

1883年（清光緒九年　癸未）二十二歲

1月12日，蘇慧廉在闞斐迪牧師的陪同下抵達溫州。當晚即舉
行禮拜。

春夏間，蘇慧廉去上海、寧波出差。

1884年（清光緒十年　甲申）二十三歲

春，蘇慧廉赴寧波參加偕我公會中國年會。

10月4日，溫州爆發甲申教案，多處教堂被毀。蘇慧廉避難上
海。在滬期間，初遇李提摩太。

路熙來到中國，年底與蘇慧廉在寧波結婚。

1885年（清光緒十一年　乙酉）二十四歲

元旦，新婚的蘇慧廉夫婦返回溫州。因住所毀於甲申教案，
暫住江心。下半年喬遷新落成的「白屋」。

6月，蘇慧廉在嘉會里巷原址主持重建被毀的教堂。

11月21日，路熙在寧波誕下女兒謝福芸。

蘇慧廉在樂清鯉嶴首建外縣聚會點。

1886年（清光緒十二年　丙戌）二十五歲

蘇慧廉在溫州開辦戒煙所。

城市教堂（即今城西教堂）重建完工，分街頭教堂與禮拜教
堂兩部分。街頭教堂1901年前後被拆除，禮拜教堂後來則不
斷擴建。

1887年（清光緒十三年　丁亥）二十六歲

10月21日，路熙在赴寧波的輪船上誕下兒子維克多。

1888年（清光緒十四年　戊子）二十七歲

3月20日，內地會薊教士與奧利弗（Jenny C. Oliver）在溫州結
婚，蘇慧廉主持婚禮。

1889年（清光緒十五年　己丑）二十八歲

4月21日，曹雅直在法國戛納去世，享年六十一歲。

蘇慧廉編寫之《聖詩溫州土白》由內地會印書館印行。

1890年（清光緒十六年　庚寅）二十九歲

5月7日至20日，蘇慧廉夫婦參加在上海舉行的全國第二次傳
教士大會。

謝立山出任英國駐溫州署理領事。

1891年（清光緒十七年　辛卯）三十歲

11月，海和德抵達寧波，後來溫協助蘇慧廉工作。

蘇慧廉按立夏正邦、戚品三為牧師，此為偕我公會首批本地
牧師。

是年蘇慧廉曾赴北京。

1892年（清光緒十八年　壬辰）三十一歲

春，路熙帶孩子回英國。蘇慧廉送至香港。香港分別後，去
了廣州、汕頭及廈門，然後回溫州。

蘇慧廉翻譯的溫州方言版《馬太福音》單行本由大英聖書公
會出版。

1893年（清光緒十九年　癸巳）三十二歲

中秋前後，蘇慧廉回英述職並休假。

蘇慧廉父親威廉・蘇西爾在英國去世，享年五十七歲。

1894年（清光緒二十年　甲午）三十三歲

1月20日，溫州偕我公會首位醫療傳教士霍厚福抵溫。

2月6日，偕我公會溫州診所開張。

12月1日，蘇慧廉夫婦返回中國。

蘇慧廉翻譯之溫州方言版《新約聖書：四福音帶使徒行傳》
在英國出版。

1895年（清光緒二十一年　乙未）三十四歲

3月6日，蘇慧廉在城區竹馬坊租地一塊，量計一分八厘。

3月12日，內地會舉辦「曹師母薛孺人五旬志慶」活動，蘇慧
廉與會祝壽並致辭。

6月，平陽發生蕭家渡教案。楓林教案隨後發生。

偕我公會在溫州創辦女塾，路熙主持。

1896年（光緒二十二年　丙申）三十五歲

11月，謝道培抵溫。

12月，海和德離溫前往寧波

1897年（光緒二十三年　丁酉）三十六歲

1月20日，蘇慧廉在城區竹馬坊租地一塊，量計五分六厘。

2月17日，定理醫院正式開張。

4月9日，蘇慧廉偕謝道培去楠溪傳道並考察，在楓林被圍毆。[1]

1898年（光緒二十四年　戊戌）三十七歲

年初，城西教堂擴建完成。

---

[1]　*The Missionary Echo* (1928): 206-207.

5月19日，溫州爆發「鬧荒毀衙案」。初夏路熙去北戴河療養，蘇慧廉隨後亦抵，後兩人同赴北京。「百日維新」9月21日夭折，9月22日蘇氏夫婦離京返溫，9月29日回到溫州。

1899年（光緒二十五年　己亥）三十八歲

12月，山邇獲夫婦及謝道培夫人一起來溫。

12月29日至31日，溫州偕我公會召開第一次聯區會議。

蘇慧廉編撰之《四千常用漢字學生袖珍字典》《聖詩溫州土白》相繼出版。

1900年（光緒二十六年　庚子）三十九歲

3月7日，蘇慧廉夫婦離開上海回英國述職並休假，此前溫州教會舉行歡送會。夏正邦撰寫《蘇牧師行述》，刊發於《萬國公報》《中西教會報》。

4月21日至5月1日，蘇慧廉與闞斐迪在紐約參加世界傳教大會。5月底蘇慧廉回到英國。

夏，義和團運動爆發。溫州神拳會也開展反洋教鬥爭，瑞安、平陽等地部分教堂被毀。7月11日溫州城裡之外國人逃往上海、寧波避難。

10月，英國政府鑑於前來溫州的英籍船舶和僑民不多，決定溫州領事由駐寧波領事兼任，不再派專職領事駐溫。

1901年（光緒二十七年　辛丑）四十歲

2月，蘇慧廉從英國起身，4月6日回到溫州。路熙及孩子暫留英國。

包蒞茂醫生抵溫，接替霍厚福出任定理醫院院長。

1902年（光緒二十八年　壬寅）四十一歲

4月6日，城西教堂舉行獻殿大典。該堂自1885年開始重建，經幾輪擴建，終告落成。

11月26日，蔡博敏抵溫，擔任藝文學堂校長。此前，蘇慧廉曾短暫赴上海考察南洋學校及聖約翰大學。

12月14日，夏正邦葬禮在甌江邊舉行，蘇慧廉致悼詞。

蘇慧廉翻譯之溫州方言版《新約聖書》在溫州出版。

1903年（光緒二十九年　癸卯）四十二歲

3月4日至8日，美籍瑞典著名佈道家、協同會（The Evangelical Alliance Mission）創辦人范嵐生（Fredrik Franson）博士在溫州主

持偕我會與內地會聯合舉行的佈道會。

10月20日，藝文學堂舉行新校園落成典禮，李提摩太赴溫參加。

11月14日，蘇慧廉離開上海經西伯利亞回英國，探望病重的路熙。在英期間，拜訪白累德，獲得在溫州建新醫院的全部資助。

1904年（光緒三十年　甲辰）四十三歲

5月，蘇慧廉夫婦回到中國，6月19日抵達溫州。謝福芸同行。

1905年（光緒三十一年　乙巳）四十四歲

2月18日，偕我會為建造新醫院，在大簡巷購地七畝八分。

1906年（光緒三十二年　丙午）四十五歲

1月30日，溫州白累德醫院舉行開院典禮。

8月15日，山西大學堂西齋總教習敦崇禮病逝。蘇慧廉受李提摩太之聘接任此職。

1907年（光緒三十三年　丁未）四十六歲

4月25日至5月7日，蘇慧廉在滬參加百年傳教士大會。

5月，蘇慧廉經西伯利亞短暫回英，此間招待山西大學堂西齋第一批留英學生。

7月，蘇慧廉抵太原，出任山西大學堂西齋總教習。此前曾赴日本考察學務。

10月，法國著名漢學家沙畹赴太原考察，其間拜會蘇慧廉。[2]

蘇慧廉傳教回憶錄《中國傳教紀事》在英國出版。

偕我公會與同宗派的教派聯盟為聖道公會，此為英國循道宗的第一次聯合。

1908年（光緒三十四年　戊申）四十七歲

農曆新年之際，蘇慧廉回訪溫州，並停留三周。

1909年（宣統元年　己酉）四十八歲

農曆新年之際，蘇慧廉回溫州視察。

夏間，蘇慧廉夫婦回英國，停留不到六周即返回。

太原青年會創立，蘇慧廉出任第一任會長。

蘇慧廉在北京拜訪學部侍郎嚴修，建議設立術語部。10月，

---

[2]　張廣達：《史家、史學與現代學術》（桂林：廣西師範大學出版社，2008），第164頁。

學部正式創立編定名詞館，嚴復任總纂，王國維任協修。

1910年（宣統二年　庚戌）四十九歲

2月4日，蘇慧廉回溫州視察工作。

5月3日，據山西巡撫丁寶銓奏《大學堂西學齋合同屆滿請獎教員折》，蘇慧廉獲賞二品頂戴並三代二品封典。

12月14日，李提摩太辭任山西大學堂西齋督辦之職，西齋由政府收回。

蘇慧廉翻譯之《論語譯英》在日本出版。

1911年（宣統三年　辛亥）五十歲

農曆新年之際，蘇慧廉回溫州視察。

2月，蘇慧廉代表英方向山西政府辦理移交西齋手續。

3月11日，蘇慧廉赴天津拜訪翁斌孫。4月24日下午，蘇慧廉偕女謝福芸再次來訪，並為翁家人拍照。

7月，蘇慧廉離開太原，先到北京，後返回英國，與牛津劍橋聯合計劃委員會見面，籌劃在漢中建立華中聯合大學。此前獲聘擔任該校校長。

9月，謝福芸參與創辦的培英女校在北京開學。

11月8日，蘇慧廉在英國參加一研討會，並做《中國與教育》專題發言。

劍橋大學授予蘇慧廉榮譽文學碩士學位。

1912年（中華民國元年　壬子）五十一歲

2月29日，北京兵變發生，路熙、謝福芸避難英國使館。

8月，蘇慧廉應邀赴牛津大學皇后學院，為即將赴華的傳教士提供培訓。

1913年（中華民國二年　癸丑）五十二歲

1月2日，謝立山與謝福芸結婚。

蘇慧廉著《儒道釋三教》在英國出版。

1914年（中華民國三年　甲寅）五十三歲

7月16日，蘇慧廉在哈利法克斯參加聖道公會教會會議。

施德福醫生來溫，接替包蒞茂出任白累德醫院院長。

蘇慧廉在英國南肯辛頓酒店邂逅馬嘉理的姐妹。

1916年（中華民國五年　丙辰）五十五歲

蘇慧廉被借調至英國青年會，出任幹事。

是年蘇慧廉在英國，與李提摩太有過幾次見面。

1917年（中華民國六年　丁巳）五十六歲

　　蘇慧廉在赴法華工中創建青年會，並任宗教事務部主任幹事。

1918年（中華民國七年　戊午）五十七歲

　　蘇慧廉夫婦在英國利頓石創辦旅店，接待休假的華工翻譯。

1919年（中華民國八年　己未）五十八歲

　　春，梁啟超赴英國看望李提摩太。4月17日，李提摩太去世。

　　蘇慧廉母親瑪格麗特在英國去世，享年七十九歲。

　　是年蘇慧廉患病，並住院一月。

1920年（中華民國九年　庚申）五十九歲

　　夏，牛津大學舉行新任漢學教授選舉，蘇慧廉當選。11月16
　　日，蘇慧廉正式註冊成為牛津大學三一學院漢學教授。同一
　　天，獲授牛津文學碩士學位。

　　因服務華工成績卓著，蘇慧廉被北京政府授予「文虎」勳章。

1921年（中華民國十年　辛酉）六十歲

　　5月5日，蔡元培訪問牛津大學，蘇慧廉接待。

1922年（中華民國十一年　壬戌）六十一歲

　　4月23日，蘇慧廉在哈利法克斯布倫瑞克主日學校周年慶典上
　　佈道，次日還做了一場關於中國的演講。[3]

1924年（中華民國十三年　甲子）六十三歲

　　蘇慧廉向英國政府建議成立庚款諮詢委員會。次年被委任為
　　中英庚款委員會委員。

　　蘇慧廉著《李提摩太在中國》在倫敦出版。

1925年（中華民國十四年　乙丑）六十四歲

　　3月10日，謝立山在英國去世，謝福芸搬去牛津和父母同住。

　　4月16日，中國考察歐美日各國政治專使團抵達英國。5月2
　　日，訪問牛津，蘇慧廉接待。

　　6月8日，溫州藝文學堂部分學生因聲援五卅運動受到校方壓
　　制，教師谷寅侯等支持學生行動，脫離藝文，另辦新校。不
　　久藝文停辦。是年夏，尤樹勳脫離聖道公會，成立溫州中華
　　基督教自立會。

　　蘇慧廉著《中國與西方》由牛津大學出版社出版。

　　蘇慧廉向持續三年遭受旱災的溫州捐款。

3　*The Missionary Echo* (1922): 135.

1926年（中華民國十五年　丙寅）六十五歲

2月24日，中英庚款訪華代表團抵達上海。蘇慧廉因轉道香港，3月8日才抵上海。路熙、謝福芸隨行。代表團隨後在上海、南京、杭州、漢口、天津、北京等地考察。其間蘇氏與吳佩孚、胡適、吳宓、顧頡剛、顏惠慶、黃炎培等見面，並多次探訪巴克斯。

5月6日至9日，蘇慧廉攜妻女回溫州省親。

6月，蘇慧廉應胡適之邀，赴北大參加該校學術研究會閉會儀式，並做演講，介紹中英關係及牛津大學的狀況。

7月22日，與胡適會聚哈爾濱，同搭西伯利亞鐵路前往英國。

11月21日至24日，胡適訪問牛津，蘇慧廉接待。

1927年（中華民國十六年　丁卯）六十六歲

10月6日至7日，蘇慧廉在英國布里斯托爾（Bristol）參加一會議，討論中國問題。

蘇慧廉著《中國簡史》在倫敦出版。

1928年（中華民國十七年　戊辰）六十七歲

蘇慧廉被美國哥倫比亞大學聘為訪問教授，2月至6月在美國，秋天回到牛津。

10月29日太虛大師訪美期間，是日至東方文字學校講演〈佛法之過去現在及將來〉，蘇慧廉、謝福芸陪同。[4]

蘇慧廉著《中國與英國》在英國出版。

蘇慧廉為Elizabeth Goucher Chapman翻譯的英文本《三民主義》（*The people's three principles*）撰寫序言。

1929年（中華民國十八年　己巳）六十八歲

9月，溫州藝文學堂恢復招生，但次年再遭停辦。

費正清赴牛津攻讀博士學位，蘇慧廉擔任指導老師。

1930年（中華民國十九年　庚午）六十九歲

蘇慧廉譯《妙法蓮華經》在牛津出版。

1931年（中華民國二十年 辛未）七十歲

蘇路熙在牛津去世，享年七十五歲。3月30日，安葬於玫瑰山墓園。遺著《中國紀行》隨後在英國出版。11月，蘇慧廉給溫州教會郵寄該書一冊。

4　釋印順：《太虛大師年譜》（北京：中華書局，2011），第175頁。

1932年（中華民國二十一年　壬申）七十一歲

秋，蘇慧廉因病在牛津聖托馬斯醫院住院五周。

11月22日，闞斐迪牧師去世，享年九十。

英國聖道公會與循道會聯合，成立英國循道公會。

1935年（中華民國二十四年　乙亥）七十四歲

5月14日，蘇慧廉在牛津寓所去世，享年七十四歲。《紐約時報》《泰晤士報》相繼發文紀念。5月17日，葬禮在牛津衛斯理紀念教堂舉行。後落葬玫瑰山墓園。

1936年（中華民國二十五年　丙子）

7月，謝福芸重返中國，並於耶誕節前後訪問溫州。

1937年（中華民國二十六年　丁丑）

蘇慧廉與何樂益合編之《中英佛學辭典》在英國出版。

蘇慧廉翻譯之《論語譯英》經謝福芸編輯，作為牛津「世界經典叢書」之一，由該校出版社重新出版。

1938年（中華民國二十七年　戊寅）

1月，城西教堂舉行溫州循道公會六十周年紀念活動。

1939年（中華民國二十八年　己卯）

春，牛津大學聘請陳寅恪為繼任漢學教授。後陳因健康原因未赴任。

1946年（中華民國三十五年　丙戌）

蘇慧廉著《儒道釋三教》出版法文版。

1949年（己丑）

5月7日，溫州和平解放。10月1日，中華人民共和國成立。

年底，施德福夫婦離開溫州回國。

1950年（庚寅）

7月28日，中國基督徒「三自」宣言發表。

9月6日，溫州循道公會最後一位外國傳教士愛樂德離溫返英。

蘇慧廉著《中國簡史》修訂本在英國出版。

1951年（辛卯）

蘇慧廉遺著《明堂：早期中國王權之研究》在英國出版。

1953年（癸巳）

1月10日，白累德醫院被溫州市人民政府接辦，翌年改名為溫州市第二人民醫院。

1956年（丙申）

蘇慧廉之子維克多在英國諾里奇去世，享年六十九歲。

1958年（戊戌）

溫州基督教六大教派聯合，並將六個總堂合併，集中到城西教堂活動。

1959年（己亥）

2月15日，謝福芸在英國索爾茲伯里（Salisbury）去世，享年七十四歲。

1975年（乙卯）

蘇慧廉校譯之《法華三部經》在紐約出版。

1979年（己未）

12月14日，溫州市委統戰部宣佈開放「文革」期間關閉的教堂，恢復教會活動。

1996年（丙子）

4月30日，蘇慧廉重孫查理斯‧蘇西爾訪問山西大學，尋訪曾祖父蹤跡。

2002年（壬午）

山西大學舉行百年校慶，重修敦崇禮墓，並翻譯出版蘇慧廉所著之李提摩太傳記。

2007年（丁亥）

蘇慧廉著《李提摩太在中國》簡體中譯本由廣西師範大學出版社出版，此為1949年後大陸公開出版之第一本蘇氏著作。

溫州基督徒包思恩偕外孫女吳慧將蘇氏夫婦回憶錄全文譯成中文，分別取名《拓荒佈道》與《樂往中國》，自費印刷發行。

2008年（戊子）

12月18日至19日，溫州城西基督教會舉行創建一百三十周年暨教堂重建一百十周年紀念活動。

2011年（辛卯）

蘇慧廉回憶錄中譯本《晚清溫州紀事》由寧波出版社出版，譯者張永蘇、李新德。

蘇慧廉著述目錄[5]

1、*Wenchow Romanised Primer.* （《教會羅馬字溫州方言入門》）

2、*Revised Hymn Book，Character，and Romanised.* （《聖詩溫州土白》）Tai-chau：The China Inland Mission Press, 1889.

3、*NG-DA-KO CHAO-CHI YI-Sû CHI-TUH -GE SANG IAH SING SHI.* [6]（《教會羅馬字溫州方言馬太福音》）London: British and Foreign Bible Society, 1892.

4、*CHAÒ-CHŸ YI-SÛ CHI-TUH SANG IAH SÌNG SHÏ：SZ FUH-IANG TÀ SZ-DU AE-DJÜE FA ÜE-TSIU T'û' -V.* （《救主耶穌基督新約聖書：四福音帶使徒行傳》）*London: British and Foreign Bible Society, 1894.*

5、*The Student's Four Thousand 字 and General Pocket Dictionary.* （《四千常用漢字學生袖珍字典》）Shanghai: Presbyterian Mission Press, 1899.

6、*Wenchow，China，1900.* （《溫州，1900》）Shanghai:The American Presbyterian Mission Press,1901.

7、*NG-DA-KO CHAO-CHI YI-Sû CHI-TUH SANG-IAH SING-SHI* （《我大家救主耶穌基督新約聖書》），Wenchow：The China Inland Mission Press, 1902.

8、*A Mission in China.*（《中國傳教紀事》）London: Oliphant, Anderson & Ferrier, 1907. [7]

9、*The Analects of Confucius.*（《論語譯英》）Yokohama: The Fukuin Printing Company, 1910.

10、*China and Education, with Special Reference to the University for China.*（《中國與教育》）London: Central Asian Society, 1912.

11、*The Three Religions of China.*（《儒道釋三教》）London: Hodder and Stoughton, 1913 .

12、*Timothy Richard of China: Seer, Statesman, Missionary & the Most*

---

[5]　本目錄中之中文書名，除《儒道釋三教》《論語譯英》為作者自注外，余為筆者譯編。

[6]　書名為教會羅馬字，雖名為「我大家救主耶穌基督教新約聖書」，其實僅是《馬太福音》單行本。英文書名 *The Gospel of Matthew, in Wenchow Colloquial*。

[7]　此書還有美國版本：*A Typical Mission in China*（New York: Young People's Missionary Movement, 1907）。筆者做過比對，美國版比英國版少了第六章《洗禮》（Baptism），插圖也少五張。英國版可能是改定的正式版，也更常見。現藏於溫州市圖書館的夏鼐舊藏就是這個版本。

Disinterested Adviser the Chinese Ever Had.(《李提摩太在中國
——先知、政治家、傳教士和中國人未曾有過的最無私顧問》
）London: Seeley, Service & Co. 1924.

13、*China and the West: A sketch of their Intercourse.*（《中國與西
方：交流簡史》）Oxford: Oxford University Press, 1925.

14、*A History of China.*（《中國簡史》）London: Ernest Been
Limited, 1927.

15、*China and England.*（《中國與英國》）Oxford: Oxford
University Press, 1928.

16、*The Lotus of the Wonderful Law.*（英譯《妙法蓮華經》）
Oxford: Clarendon Press, 1930.

17、*A Dictionary of Chinese Buddhist Terms: with Sanskrit and English
Equivalents and a Sanskrit-Pali Index.*(《中英佛學辭典》)
London: Kegan Paul, Trench,Trubner & Co., LTD, 1937.

18、*The Hall of Light*：*A Study of Early Chinese Kingship.*（《明堂：
早期中國王權之研究》）London: Lutterworth Press, 1951.

19、*The Three Fold Lotus Sutra .*（英譯《法華三部經》）New York:
Weatherhill,1975. [8]

參考文獻

一、檔案

美國明尼蘇達大學圖書館：基督教青年會檔案
美國耶魯大學神學院圖書館：傳教檔案
台北胡適紀念館：胡適檔案
溫州市檔案館：溫州宗教檔案
香港大學圖書館：英國循道公會檔案
英國倫敦大學亞非學院圖書館：英國循道公會檔案
英國國家檔案館：謝福芸檔案
英國牛津大學韓弗理公爵圖書館：蘇慧廉檔案

---

[8] 此書由Bunnō Katō、Yoshirō Tamura、Kōjirō Miyasaka合譯，蘇慧
廉參與校譯。

二、專著

愛德華茲：《義和團運動時期的山西傳教士》，李喜所、郭亞平譯。天津：南開大學出版社，1986。

卞孝萱：《辛亥人物碑傳集》。北京：團結出版社，1991。

白吉庵：《胡適傳》。北京：人民出版社，1993。

巴恪思：《太后與我》，王笑歌譯。昆明：雲南人民出版社，2012。

Broomhall,Marshall. *The Chinese Empire*：*A General & Missionary Survey*. London: Morgan & Scott, 1907.

陳旭麓：《近代中國社會的新陳代謝》。上海：上海人民出版社，1992。

陳三井：《華工與歐戰》。台北：中央研究院近代史研究所，1986。

陳文秀、張民省、劉秋旺：《山西大學青年運動史》。北京：中央文獻出版社，2002。

陳毓賢：《洪業傳》。北京：北京大學出版社，1996。

陳元暉、潘懋元、劉海峰：《中國近代教育史資料彙編‧高等教育》。上海：上海教育出版社，2007。

陳學恂：《中國近代教育史教學參考資料》。北京：人民教育出版社，1987。

程新國：《庚款留學百年》。上海：東方出版中心，2005。

丁則良：《李提摩太──一個典型的為帝國主義服務的傳教士》。北京：開明書店，1951。

費正清、劉廣京：《劍橋中國晚清史（1800-1911）》。北京：中國社會科學出版社，1993。

費正清：《費正清對華回憶錄》，陸惠勤、陳祖懷等譯。北京：知識出版社，1991。

龔纓晏：《浙江早期基督教史》。杭州：杭州出版社，2010。

耿雲志：《胡適及其友人（1904-1948）》。香港：商務印書館，1999。

顧頡剛：《顧頡剛日記》（第一卷）。台北：聯經出版事業股份公司，2007。

高平叔：《蔡元培年譜長編》。北京：人民教育出版社，1998。

谷小水：《「少數人」的責任──丁文江的思想與實踐》。天津：天津古籍出版社，2005。

胡珠生：《溫州近代史》。瀋陽：遼寧人民出版社，2000。

胡珠生：《胡珠生集》。合肥：黃山書社，2008。

胡適：《胡適全集》（第三十卷）。合肥：安徽教育出版社，2001。

胡適：《丁文江的傳記》。合肥：安徽教育出版社，1999。

胡頌平：《胡適之先生年譜長編初稿》。台北：聯經出版事業有限公司，1984。

胡頌平：《胡適之先生晚年談話錄》。北京：新星出版社，2006。

胡文輝：《陳寅恪詩箋釋》。廣州：廣東人民出版社，2008。

胡衛清：《普遍主義的挑戰──近代中國基督教教育研究（1877-1927）》。上海：上海人民出版社，2000。

黃光濤：《文化怪傑辜鴻銘》。北京：中華書局，1995。

黃鴻釗：《中英關係史》。香港：開明書店，1995。

黃錫培：《回首百年殉道血──一九〇〇年義和團事件殉道宣教士的生命故事》。美國中信出版社、海外基督使團，2010。

黃炎培：《黃炎培日記》。北京：華文出版社，2008。

何凱立：《基督教在華出版事業（1912-1949）》，陳建明、王再興譯。成都：四川大學出版社，2004。

Hosie, Dorothea . *Brave New China* . London: Hodder & Stoughton, 1938.

Hosie, Dorothea . *Portrait of a Chinese Lady and Certain of Her Contemporaries*. New York: William Morrow and Company,1930.

Hosie, Dorothea . *Two Gentlemen of China,* Seeley. London: Service& Co, 1924.

Hosie, Dorothea . *The Master Calleth for Thee*. The Methodist Church.

Hosie, Dorothea . *The Pool of Ch'ien Lung* : *A Tale of Modern Peking*. London: Hodder and Stoughton , 1948 .

裘克安：《牛津大學》。長沙：湖南教育出版社，1986。

蔣廷黻：《中國近代史》（插圖本）。上海：上海古籍出版社，2004。

蔣天樞：《陳寅恪先生編年事輯》（增訂本）。上海：上海古籍

　　出版社，1997。

Kranz, Paul. *The key to the character problem, or, The Chinese Alphabet : four thousand most frequent characters according to Rev. W. E . Soothill 's phonetics, but divided into six classes of frequency with standard romanisation for self examination and private study.* Shanghai: Presbyterian Mission Press, 1910.

駱惠敏：《清末民初政情內幕——〈泰晤士報〉駐北京記者、袁世凱政治顧問喬‧厄‧莫理循書信集》。北京：知識出版社，1986。

羅珀：《北京的隱士——巴克斯爵士的隱蔽生活》，胡濱譯。濟南：齊魯書社，1986。

魯迅：《魯迅全集》（第八卷）。北京：人民文學出版社，2005。

李劍農：《中國近百年政治史》。上海：復旦大學出版社，2002。

李提摩太：《親歷晚清四十五年——李提摩太在華回憶錄》，李憲堂、侯林莉譯。天津：天津人民出版社，2005。

李約瑟：《中國科學技術史》。北京：科學出版社，1976。

李慶東：《段祺瑞幕府與幕僚》。杭州：浙江文藝出版社，2010。

林洙：《梁思成林徽因與我》。北京：清華大學出版社，2004。

賴平超、學愚：《天國、淨土與人間：耶佛對話與社會關懷》。北京：中華書局，2008。

梁家麟：《基督教會史略——改變教會的十人十事》。香港：更新資源有限公司，2002。

Latourette, Kenneth Scott. *A History of Christian Missions in China.* New York: Macmillan,1929.

馬士：《中華帝國對外關係史》。上海：上海書店出版社，2000。

馬悅然：《我的老師高本漢：一位學者的肖像》。長春：吉林出版集團有限責任公司，2009。

莫法有：《溫州基督教史》。香港：建道神學院基督教與中國文化研究中心，1998。

倪海曙：《中國拼音文字運動史簡編》。北京：時代出版社，

1950。

梅冷生：《梅冷生集》，潘國存編。上海：上海社會科學院出版
　　社，2006。

MacGillivray, Donald. *A Century of Protestant Missions in China (1807-1907)*. Shanghai: The American Presbyterian Mission Press, 1907.

Montgomery, P.H.S. *Introduction to the Wenchow dialect*. Shanghai: kelly and Walah, 1893.

彭澤益：《中國工商行會史料集》。北京：中華書局，1995。

Parker, Edward Harper. *China:Past and Present*. London: Chapman & Hall, 1903.

釋印順：《太虛大師年譜》。北京：中華書局，2011。

舒新城：《收回教育權運動》。上海：中華書局，1927。

沈嘉蔚：《莫里循眼裡的近代中國》。福州：福建教育出版社，
　　2007。

沈克成、沈迦：《溫州話詞語考釋》。寧波：寧波出版社，2008。

沈克成：《溫州歷史年表》。北京：北京電子出版物出版中心，
　　2005。

孫延釗：《孫衣言孫詒讓父子年譜》，徐和雍、周立人整理。上
　　海：上海社會科學院出版社，2003。

桑兵：《國學與漢學——近代中外學界交往錄》。北京：中國人民
　　大學出版社，2010。

桑兵：《晚清學堂學生與社會變遷》。桂林：廣西師範大學出版
　　社，2007。

蘇慧廉：《國外佈道英雄集（第六冊）——李提摩太傳》，梅益
　　盛、周雲路譯述。上海：廣學會，1924。

蘇慧廉：《李提摩太傳》，周雲路譯。香港：基督教文藝出版
　　社，1957。

蘇慧廉：《李提摩太傳》，山西大學外語學院《李提摩太傳》翻
　　譯組譯。香港：世華天地出版社，2002。

蘇慧廉：《李提摩太》，凌愛基譯。香港：基督教文藝出版社，
　　2007。

蘇慧廉：《李提摩太在中國》，關志遠、關志英、何玉譯。桂
　　林：廣西師範大學出版社，2007。

蘇慧廉：《晚清溫州紀事》，張永蘇、李新德譯。寧波：寧波出版社，2011。

沙百里：《中國基督徒史》。北京：中國社會科學出版社，1998。

史景遷：《追尋現代中國》，溫洽溢譯。台北：時報文化出版企業股份有限公司，2001。

史奧娜・艾爾利：《回望莊士敦》，馬向紅譯。濟南：山東畫報出版社，2009。

Scott, Irving . *Pictures of Wenchow*. London: The Cargate Press ,1947.

Smith, Henry; Swallow, John E. and Treffry, Willlam . *The Story of the United Methodist Church*. London: Henry Hooks, 1932.

Soothill, Lucy Farrar. *A Passport to China*. London: Hodder and Stoughton,1931.

Soothill, Willam Edward. *Wenchow Gospels & Acts*. London: British and Foreign Bible Society ,1894.

Soothill, Willam Edward. *The New Testament in Wenchow Colloquial*. Wenchow: The China Inland Mission Press, 1902.

Soothill, Willam Edward. *The Student's Four Thousand 字 and General Pocket Dictionary*. Shanghai: Presbyterian Mission Press,1899.

Soothill, Willam Edward. *Wenchow, China,1900*. Shanghai: The American Presbyterian Mission Press, 1901.

Soothill, Willam Edward. *A Mission in China*. London: Oliphant, Anderson & Ferrier, 1907.

Soothill, Willam Edward. *The Analects of Confucius.*Yokohama: The Fukuin Printing Company, 1910.

Soothill, Willam Edward. *China and Education, with Special Reference to the University for China*. London: Central Asian Society, 1912.

Soothill, Willam Edward. *The Three Religions of China*. London: Hodder and Stoughton, 1913 .

Soothill, Willam Edward. *Timothy Richard of China: Seer, Statesman, Missionary & the Most Disinterested Adviser the Chinese Ever Had*. London: Seeley, Service & Co. 1924.

Soothill, Willam Edward. *China and the West: A sketch of their Intercourse*. Oxford: Oxford University Press, 1925.

Soothill, Willam Edward. *A History of China*. London: Ernest Been

Limited, 1927.

Soothill, Willam Edward. *China and England*. Oxford: Oxford University Press, 1928.

Soothill, Willam Edward. *A Dictionary of Chinese Buddhist Terms: with Sanskrit and English Equivalents and a Sanskrit-Pali Index*. London: Kegan Paul, Trench,Trubner & Co., LTD, 1937.

Soothill, Willam Edward. *The Hall of Light*：*A Study of Early Chinese Kingship*. London: Lutterworth Press, 1951.

Stott, Grace. *Twenty-Six Years of Missionary Work in China*. London: Hodder and Stoughton, 1898.

湯清：《中國基督教百年史》。香港：道聲出版社，1987。

唐德剛：《晚清七十年》。長沙：嶽麓書社，1999。

Trevor-Roper, Hugh. *Hermit of Peking: The Hidden Life of Sir Edmund Backhouse*. London: Macmillan, 1977.

王美秀、段琦、文庸、樂峰等：《基督教史》。南京：江蘇人民出版社，2006。

王李金：《中國近代大學創立和發展的路徑——從山西大學堂到山西大學（1902-1937）的考察》。北京：人民出版社，2007。

王冀青：《斯坦因第四次中國考古日記考釋——英國牛津大學藏斯坦因第四次中亞考察旅行日記手稿整理》。蘭州：甘肅教育出版社，2004。

王治心：《中國基督教史綱》。上海：上海古籍出版社，2004。

王彥民：《徐樹錚傳》。合肥：黃山書社，1993。

王樹槐：《庚子賠款》。台北：中央研究院近代史研究所，1974。

文國偉：《循道衛理入神州》。香港：循道衛理聯合教會，1995。

吳梓明：《基督宗教與中國大學教育》。北京：中國社會科學出版社，2003。

吳梓明、李向平等：《邊際的共融——全球地域化視角下的中國城市基督教研究》。上海：上海人民出版社，2009。

吳曉波：《跌盪一百年》。北京：中信出版社，2009。

吳佩孚先生集編撰委員會：《吳佩孚先生年譜》。台北，1960。

吳宓：《吳宓日記》。北京：三聯書店，1998。

吳昶興：《基督教教育在中國：劉廷芳宗教教育理念在中國的實踐》。香港：浸信會出版社（國際）有限公司，2005。

吳相湘：《晏陽初傳——為全球鄉村改造奮鬥六十年》。長沙：嶽麓書院，2001。

偉烈亞力：《1867年以前來華基督教傳教士列傳及著作目錄》，倪文君譯。桂林：廣西師範大學出版社，2011。

許美德、巴斯蒂：《中外比較教育史》。上海：上海人民出版社，1990。

許宗斌：《簫台清音——樂清人文集羽》。北京：線裝書局，2001。

徐道鄰：《徐樹錚先生文集年譜合刊》。台北：商務印書館，1962。

徐中約：《中國近代史：1600-2000，中國的奮鬥》（第六版）。北京：世界圖書出版公司北京公司，2008。

徐國琦：《文明的交融：第一次世界大戰期間的在法華工》。北京：五洲傳播出版社，2007。

徐以驊、韓信昌：《海上梵王渡——聖約翰大學》。石家莊：河北教育出版社，2003。

徐逸龍：《楓林古鎮景物志》。北京：中華書局，2011。

徐有威、貝思飛：《我和土匪在一起的日子：民國匪案洋人親歷記》。北京：團結出版社，2009。

蕭功秦：《儒家文化的困境：近代士大夫與中西文化碰撞》。桂林：廣西師範大學出版社，2006。

行龍、李豫：《山西大學堂》（山西歷史文化叢書第六輯）。太原：山西人民出版社，2002。

行龍：《山大往事》。太原：山西人民出版社，2002。

謝俊美：《常熟翁氏》。北京：中國人民大學出版社，1999。

邢軍：《革命之火的洗禮——美國社會福音和中國基督教青年會（1919-1937）》，趙曉陽譯。上海：上海古籍出版社，2006。

熊文華：《英國漢學史》。北京：學苑出版社，2007。

夏鼐：《夏鼐日記》。上海：華東師範大學出版社，2011。

薛華：《前車可鑑：西方思想文化的興衰》，梁祖永、梁壽華、劉灝明等譯。北京：華夏出版社，2008。

游汝傑：《西洋傳教士漢語方言著作書目考述》。哈爾濱：黑龍江教育出版社，2002。

姚民權：《上海基督教史（1843-1949）》。上海：上海市基督教
　　三自愛國運動委員會、上海市基督教教務委員會，1994。

姚西伊：《為真道爭辯——在華基督教新教傳教士基要主義運動
　　（1920-1937）》。香港：宣道出版社，2008。

楊青：《楊青集》，謝作拳、伍顯軍編。上海：上海社會科學院
　　出版社，2005。

鄭張尚芳：《溫州方言志》。北京：中華書局，2008。

趙長天：《孤獨的外來者——大清海關總稅務司赫德》。上海：
　　文彙出版社，2003。

趙曉陽：《基督教青年會在中國：本土和現代的探索》。北京：
　　社會科學文獻出版社，2008。

趙天恩、莊婉芳：《當代中國基督教發展史1949-1997》。台北：
　　中國福音會出版部，1997。

趙曉蘭、吳潮：《傳教士中文報刊史》。上海：復旦大學出版
　　社，2011。

支華欣：《溫州基督教》。杭州：浙江省基督教協會，2000。

張棡：《張棡日記》，俞雄編。上海：上海社會科學院出版社，
　　2003。

張力、劉鑑唐：《中國教案史》。成都：四川社會科學院出版
　　社，1987。

張鳴：《近代史上的雞零狗碎》。西安：陝西人民出版社，
　　2008。

章開沅：《社會轉型與教會大學》。武漢：湖北教育出版社，
　　1998。

朱維錚等：《馬相伯傳》。上海：復旦大學出版社，2005。

朱政惠：《美國學者論美國中國學》。上海：上海辭書出版社，
　　2009。

周明之：《近代中國的文化危機：清遺老的精神世界》。濟南：
　　山東大學出版社，2009。

周厚才：《溫州港史》。北京：人民交通出版社，1990。

三、文章

陳三井：〈基督教青年會與歐戰華工〉。《中央研究院近代史研究所集刊》（第十七期）。

程美寶：〈陳寅恪與牛津大學〉。《歷史研究》（2000年第三期）。

程美寶：〈庚子賠款與香港大學的中文教育——二三十年代香港與中英關係的一個側面〉。《中山大學學報》（社會科學版，1998年第六期）。

端木敏靜：〈英人蘇慧廉與晚清溫州〉。《甌風》（第二集，黃山書社，2011）。

段懷清：《理雅各〈中國經典〉翻譯緣起及體例考略》。《浙江大學學報》（人文社科版，第三十五卷第三期，2005年5月）。

段懷清：〈他們為什麼翻譯儒家經典？——理雅各、蘇慧廉、辜鴻銘、林語堂及其儒家經典翻譯〉。《跨文化對話》（第十六期）。

傅美英、方裕謹：〈辛亥革命前清政府對革命書刊的封禁〉。《歷史檔案》（1982年第二期）。

宮宏宇：〈傳教士與中國音樂：以蘇維廉為例〉。《黃鍾》（武漢音樂學院學報，2008年第一期）。

郝田虎：〈哲學之門——胡適印象記〉。《傳記文學（台北）》（第八十五卷第二期，2004年8月）。

黃培量：〈溫州近代建築述略〉。《溫州文物論集》（浙江人民出版社，2009）。

李新德：〈蘇慧廉及其漢學研究〉。《基督與中國社會》（香港中文大學出版社，2006）。

李新德：〈「亞洲的福音書」——晚清新教傳教士漢語佛教經典英譯研究〉。《世界宗教研究》（2009年第四期）。

李新德：〈晚清新教傳教士的中國佛教觀〉。《宗教學研究》（2007年第一期）。

李新德：〈蘇慧廉與中國宗教文化的西傳〉。《池州學院學報》（2011年第二期）。

李新德：〈西方傳教士與地方近代化——以循道會傳教士蘇慧廉在溫州的活動為研究中心〉。《基督教思想評論》（第十三輯，上海人民出版社，2011）。

馬毅：〈高本漢早期學術行曆與《中國音韻學研究》的撰作〉。《中山大學學報》（社會科學版，2007年第一期）。

王輝：〈從《論語》三個譯本看古籍英譯的出版工作〉。《廣東外語外貿大學學報》（2003年第九期）。

王輝：〈理雅各與《中國經典》〉。《中國翻譯》（2003年第二期）。

王國強：〈試論《中國評論》在西方漢學史上的地位和價值〉。《史林》（2008年第三期）。

衛慶懷、張梅秀、王欣欣：〈兩件珍貴的山西大學校史資料〉。《山西大學學報》（1990年第三期）。

衛未：〈二十世紀初期基督教新教關於建立基督教聯合大學的討論〉。清華大學碩士論文（2007）。

沈迦：〈蘇慧廉與胡適〉。《傳記文學（台北）》（第九十七卷第二期，2010）。

沈迦：〈英倫「尋寶」三記〉。《悅讀（Mook）》（第十九卷，二十一世紀出版社，2010）。

沈迦：〈陳寅恪受聘牛津緣起〉。《悅讀（Mook）》（第二十五卷，二十一世紀出版社，2012）。

沈迦：〈曹雅直、李華慶、蘇慧廉抵溫時間考〉。《甌風》（第四集，黃山書社，2012）。

陶飛亞：〈共產國際代表與中國非基督教運動〉。《近代史研究》（2003年第五期）。

楊國楨：〈牛津大學中國學的變遷〉。《複印報刊資料·歷史學》（1995年第十期）。

趙曉陽：〈美國學生志願海外傳教運動與中國基督教青年會〉。《陝西師範大學學報》（2003）。

張小波：〈關於理雅各和辜鴻銘〈論語〉翻譯的對比研究〉。《株洲工學院學報》（第十四卷第四期，2000）。

四、資料

(一)文史資料、地方誌、年鑑

China Centenary Missionary Conference. Shanghai: Centenary Conference Committee,1907.

Catalogue of the Pictures at the Methodist Mission House. London.

《蒼南文史資料》，第十六輯（劉紹寬專輯），政協浙江省蒼南縣委員會文史資料委員會，2001。

《赴法勤工儉學運動史料》，清華大學中共黨史教研組編。北京：北京出版社，1979。

《光緒朝東華錄》，朱光壽編。北京：中華書局，1958。

《皇朝經世文新編續集》，甘韓輯。商絳雪齋書局，1902。

《近代浙江通商口岸經濟社會概況——浙海關、甌海關、杭州關貿易報告集成》，杭州海關譯編。杭州：浙江人民出版社，2002。

《近代浙江對外貿易及社會變遷——寧波、溫州、杭州海關貿易報告譯編》，陳梅龍、景消波譯編。寧波：寧波出版社，2003。

《近代中國專名翻譯詞典》，黃光域編。成都：四川人民出版社，2001。

《近代來華外國人名辭典》，中國社會科學院近代史研究所編。北京：中國社會科學出版社，1981。

《基督教詞典》。北京：北京語言學院出版社，1994。

《教務教案檔》。台北：中央研究院近代史研究所，1974-1981。

《清史稿》。北京：中華書局，1977。

《清末教案》，中國第一歷史檔案館、福建師範大學歷史系。北京：中華書局，1998。

《清季重要職官年表》，錢實甫編。北京：中華書局，1959。

《清季中外使領年表》，故宮博物院明清檔案部、福建師範大學歷史系。北京：中華書局，1985。

《瑞安市志》。北京：中華書局，2003。

Report of the Home and Foreign Missions of The United Methodist Free Church (1868-1907). London: The United Methodist Free Church.

Records of the General Conference of the Protestant Missionary of China. Held at shanghai, May 10-24,1877. Shanghai: 1877.

Records of the General Conference of the Protestant Missionaries of China. Held at shanghai, May 7-20, 1890 Shanghai: American Presbyterian Mission Press, 1890.

《山西文史資料》（各輯），中國人民政治協商會議山西省委員會文史資料研究委員會。

《山西大學百年紀事（1902-2002）》，山西大學百年紀事編纂委員會編。北京：中華書局，2002。

《山西大學百年校史（1902-2002）》，山西大學校史編纂委員會編。北京：中華書局，2002。

The United Methodist Church: Report of the Missions (Home and Foreign) (1908-1932). London: The United Methodist Publishing House.

The Historical Register of University of Cambridge, Supplement 1911-1920.

《溫州文史資料》（各輯），中國人民政治協商會議浙江省溫州市委員會文史資料委員會。

《溫州近代史資料》，溫州市教育局教研室、中學歷史教學研究會，1957。

《溫州海關志》，溫州海關志編纂委員會。上海：上海社會科學院出版社，1996。

《溫州海關關史畫冊》，溫州海關編。2003。

《溫州市教育志》，李方華主編。北京：中華書局，1997.

《溫州基督教城西教會創建一百三十周年暨教堂重建一百十周年紀念冊》，2008。

《溫州基督教花園巷教堂簡史（1877-2007）》（初稿），2007。

《溫州市第二人民醫院百年院史（1897-1997）》，1997。

《溫州第四中學七十周年校慶紀念刊（1925-1995）》，1995。

《外國地名譯名手冊》，中國地名委員會編。北京：商務印書館，1993。

《永嘉縣誌》。北京：方志出版社，2003。

《英國藍皮書有關辛亥革命資料選譯》，胡濱譯。北京：中華書局，1984。

《英國藍皮書有關義和團運動資料選譯》，胡濱譯。北京：中華
　　書局，1980。
《英語姓名譯文手冊》（第二次修訂本），新華通訊社譯名資料
　　組編。北京：商務印書館，1973。
《中華歸主——中國基督教事業統計（1901-1920）》，中華續行
　　委員會特委會。北京：中國社會科學出版社，1987。
《中國舊海關史料（1859-1948）》，中國第二歷史檔案館、中國
　　海關總署辦公廳。北京：京華出版社，2001。
《中共溫州獨立支部與國民革命運動》，中共溫州市委黨史研究
　　室、中共溫州鹿城區委黨史研究室編。北京：中共黨史出版
　　社，1998。
《讚美詩（新編）》，中國基督教三自愛國運動委員會、中國基
　　督教協會編。1991。

（二）報刊

China's Millions
《民國日報》
North China Daily News
《申報》
《生命月刊》
《通問報》
The Chinese Recorder
The China Review
The Kingdom Overseas
The Missionary Echo of the United Methodist Free Churches (1894-
　　1907)
The Missionary Echo of the United Methodist Churches (1908-1932)
The New York Times
The Times
The United Methodist Free Churches Magazine
《夏鐸——中華循道公會溫州寧波兩教區月刊》
《萬國公報》
《宇宙風》
《中西教會報》

（三）自印本、未刊稿

郭榮生：《閻錫山先生年譜》，自印本，1984。

林駿：《頤宜茨室日記》，稿本，溫州市圖書館藏。

劉紹寬：《厚莊日記》，清稿本，溫州市圖書館藏。

蘇慧廉：《拓荒佈道》，吳慧譯，自印本，2007。

蘇路熙：《樂往中國》，吳慧譯，自印本，2007。

孫牧青：《我和我家》，未刊本。

孫牧青：《一個文藝兵在朝鮮的戰地感受錄》，自印本，2011。

翁之憙：《旅歐鴻爪‧英國》，稿本，翁氏家藏。

翁之憙：《翁之憙日記》，稿本，翁氏家藏。

項崧：《株樹樓文集》，鈔本，溫州市圖書館藏。

王京等鄭求是後人：《永遠的懷念》，未刊本，1998。

（四）訪談

莫法有先生，訪談於中國浙江省溫州市，2001年。

支華欣牧師，訪談於中國浙江省溫州市，2001年。

鄭可麟先生，訪談於中國浙江省溫州市，2007年7月6日、 2008年4
　　月24日、 2010年3月27日。

沈棣芬女士，訪談於中國浙江省溫州市，2007年7月28日。

包思恩先生，訪談於中國浙江省溫州市，2008年2月23日。

鄔煥文牧師，訪談於中國浙江省溫州市，2008年2月27日。

高建國牧師，訪談於中國浙江省溫州市，2008年7月5日。

葉國啟牧師，訪談於中國浙江省溫州市，2008年7月9日。

徐秀清先生，訪談於中國浙江省溫州市永嘉縣楓林鎮，2008年 7月
　　15日。

楊曉國先生，訪談於中國山西省太原市，2008年7月23日。

徐道興牧師，訪談於中國浙江省溫州市永嘉縣碧蓮鎮，2008年9月
　　6日。

鄭張尚芳先生，訪談於中國北京市，2008年 11月 24日、2009年 7
　　月2日。

渠川先生，訪談於中國浙江省溫州市， 2009年3月7日、2010年 3
　　月 26日。

夏秀玲女士，訪談於中國浙江省溫州市，2009年3月9日。

湯金倉先生，訪談於中國浙江省溫州市，2009年3月11日。

翁以鈞先生，訪談於中國天津市，2009年6月30日。

朗召（Roger Aylott）先生，訪談於中國浙江省溫州市與英國諾里奇，2009年7月10日、2010年8月6-7日。

孫牧青先生，訪談於中國浙江省溫州市，2009年8月3日、2010年3月27日。

翁萬戈先生，訪談於中國上海市與美國萊姆鎮（Lyme），2009年8月16日、2010年9月23日、2012年6月20日。

谷傳綱先生，訪談於中國上海市，2012年8月9日。

谷愛華女士、谷傳聲先生，訪談于浙江省溫州市，2012年8月22日。

項燕淦女士，訪談於中國浙江省溫州市，2009年10月24日。

尤振民先生，訪談於中國上海市2009年11月5日。

姜平牧師，訪談於加拿大溫哥華，2010年1月6日、2011年7月15日。

胡珠生先生，訪談於中國浙江省溫州市，2010年3月25日。

戚蘭如先生、戚桂香女士，訪談於中國浙江省溫州市，2010年3月27日。

方保羅先生，訪談於中國浙江省溫州市，2011年8月1日。

夏欣女士，訪談於中國上海市，2011年8月12日。

陳鈞賢先生，訪談於中國浙江省溫州市，2012年3月14日。

谷傳綱先生，訪談於中國上海市，2012年8月9日。

谷愛華女士、谷傳聲先生，訪談于浙江省溫州市，2012年8月22日。

血歷史37　PC0264

新銳文創
INDEPENDENT & UNIQUE

日光之下
——蘇慧廉和他的時代

作　者	沈迦
主　編	蔡登山
責任編輯	蔡曉雯
圖文排版	彭君如
封面設計	陳佩蓉

出版策劃	新銳文創
製作發行	秀威資訊科技股份有限公司
	114 台北市內湖區瑞光路76巷65號1樓
	電話：+886-2-2796-3638　傳真：+886-2-2796-1377
	服務信箱：service@showwe.com.tw
	http://www.showwe.com.tw
郵政劃撥	19563868　戶名：秀威資訊科技股份有限公司
展售門市	國家書店【松江門市】
	104 台北市中山區松江路209號1樓
	電話：+886-2-2518-0207　傳真：+886-2-2518-0778
網路訂購	秀威網路書店：http://www.bodbooks.com.tw
	國家網路書店：http://www.govbooks.com.tw
法律顧問	毛國樑　律師
圖書經銷	貿騰發賣股份有限公司
	235 新北市中和區中正路880號14樓
	電話：+886-2-8227-5988　傳真：+886-2-8227-5989

出版日期	2012年12月　初版
定　價	660元

國家圖書館出版品預行編目

日光之下：蘇慧廉和他的時代 / 沈迦 . -- 初版. -- 臺北
市：秀威資訊科技, 2012.12
　　面；　公分. --（史地傳記）
　ISBN　978-986-5915-26-1（平裝）

　1.蘇慧廉(Soothill, William Edward, 1861-1935) 2. 傳記
3. 英國

784.18　　　　　　　　　　　　　　　　101020268

讀 者 回 函 卡

感謝您購買本書，為提升服務品質，請填妥以下資料，將讀者回函卡直接寄回或傳真本公司，收到您的寶貴意見後，我們會收藏記錄及檢討，謝謝！
如您需要了解本公司最新出版書目、購書優惠或企劃活動，歡迎您上網查詢或下載相關資料：http:// www.showwe.com.tw

您購買的書名：_____

出生日期：_____年_____月_____日

學歷：□高中 (含) 以下　　□大專　　□研究所 (含) 以上

職業：□製造業　□金融業　□資訊業　□軍警　□傳播業　□自由業
　　　□服務業　□公務員　□教職　　□學生　□家管　　□其它_____

購書地點：□網路書店　□實體書店　□書展　□郵購　□贈閱　□其他

您從何得知本書的消息？

　□網路書店　　□實體書店　　□網路搜尋　　□電子報　　□書訊　　□雜誌

　□傳播媒體　　□親友推薦　　□網站推薦　　□部落格　　□其他_____

您對本書的評價：(請填代號　1.非常滿意　2.滿意　3.尚可　4.再改進)

　封面設計____　版面編排____　內容____　文／譯筆____　價格____

讀完書後您覺得：

　□很有收穫　□有收穫　□收穫不多　□沒收穫

對我們的建議：_____

_____

_____

_____

11466
台北市內湖區瑞光路 76 巷 65 號 1 樓

秀威資訊科技股份有限公司　　　收

BOD 數位出版事業部

⋯⋯⋯⋯⋯⋯⋯⋯⋯⋯⋯⋯⋯⋯⋯⋯⋯⋯⋯⋯⋯⋯⋯⋯⋯⋯⋯⋯⋯⋯⋯⋯

（請沿線對折寄回，謝謝！）

姓　　名：＿＿＿＿＿＿＿＿＿　年齡：＿＿＿＿　性別：□女　□男

郵遞區號：□□□□□

地　　址：＿＿＿＿＿＿＿＿＿＿＿＿＿＿＿＿＿＿＿＿＿＿＿

聯絡電話：(日)＿＿＿＿＿＿＿＿＿＿＿　(夜)＿＿＿＿＿＿＿＿＿＿＿

E-mail：＿＿＿＿＿＿＿＿＿＿＿＿＿＿＿＿＿＿＿＿＿＿